D1673359

Veröffentlichungen
des Instituts für Sozialgeschichte e. V.
Braunschweig · Bonn

Herausgegeben von Dieter Dowe

Heidi Behrens-Cobet

Abschiede vom Proletariat?

Lebenslagen
und Bildungsgeschichten
ehemaliger Mitglieder
der Essener SAJ

Verlag J. H. W. Dietz Nachfolger

Die Deutsche Bibliothek – CIP-Einheitsaufnahme

Behrens-Cobet, Heidi:
Abschiede vom Proletariat? : Lebenslagen und Bildungsgeschichten
ehemaliger Mitglieder der Essener SAJ / Heidi Behrens-Cobet. - Bonn : Dietz, 1996
  (Veröffentlichungen des Instituts für Sozialgeschichte Braunschweig, Bonn)

ISBN 3-8012-4067-3
ISSN 0941-763 X

Copyright © 1996 by Verlag J.H.W. Dietz Nachfolger GmbH
In der Raste 2, D-53129 Bonn
Umschlaggestaltung: Manfred Waller, Reinbek
unter Verwendung eines Privatfotos von W. Kammer/Archiv Behrens-Cobet
Satz: Jung Satzzentrum Lahnau
Druck und Verarbeitung: Saarbrücker Druckerei und Verlag
Alle Rechte vorbehalten
Printed in Germany 1996

Inhalt

Vorbemerkung

Daß Menschen ihre Geschichte „nicht aus freien Stücken", aber doch „selbst" machen, diese Lassallesche, ausdrücklich über Karl Marx hinausweisende Einsicht hat für mich in den Lebensgeschichten älterer Männer und Frauen aus sozialdemokratischem Milieu eine überzeugende empirische Dimension gewonnen. Eigene Projekte einer historisch und biographisch orientierten Erwachsenenbildung seit Mitte der 80er Jahre klärten mich unerwartet über den Eigensinn einzelner auf. Die späte Wahrnehmung von Handlungsspielräumen und Binnensichten der Individuen, die erst zusammen mit den lange von mir favorisierten gesellschaftlichen „Verhältnissen" ein aufschlußreiches Bild ergeben, war Anstoß und Begründung für das nun publizierte Dissertationsvorhaben. Denn bildungsgeschichtliche Forschungsfragen über die Bedingungen beim Erwerb von Bildung einerseits und individuelle Bildungsambitionen andererseits sind bislang noch selten gestellt worden. Die vorliegende Arbeit ist 1993 im Fachbereich Erziehungswissenschaft der Universität Essen Gesamthochschule als Dissertation angenommen worden.

Die Diskussionen über qualitative methodische Zugänge und Verfahren in der historischen Bildungsforschung und über Oral History im allgemeinen sind inzwischen weitergegangen. Biographische Forschung, vor allem die Auswertung subjektiver Quellen, wird mehr und mehr als Teil des Methodenrepertoirs akzeptiert. U.a. ist das abzulesen an der Einrichtung einer Arbeitsgruppe „Biographieforschung" innerhalb der Deutschen Gesellschaft für Erziehungswissenschaft im Jahr 1994. Eine überfällige „Normalisierung" im Umgang mit Oral History und Oral Historians hat begonnen. Seit der Disputation der Arbeit im Jahr 1993 publizierte wichtige Neuerscheinungen zur Methodologie konnten jedoch nicht mehr angemessen berücksichtigt werden. Um die Weiterarbeit zu erleichtern, findet die Leserin/der Leser im Literaturteil neuere Veröffentlichungen einmal aus dem Blickwinkel der Historiographie (Winfried Schulze 1994; Alexander C.T. Geppert 1994; Berliner Geschichtswerkstatt 1994), zum anderen aus dem der Erziehungswissenschaft (Heinz-Hermann Krüger/Winfried Marotzki 1995; Peter Alheit 1994; Karin Derichs-Kunstmann u.a. 1995).

Den befragten Frauen und Männern aus der SAJ, die – bis auf wenige Ausnahmen – nach anfänglichem Zögern vertrauensvoll und ausführlich ihr Leben vor mir ausbreiteten, möchte ich herzlich danken. Frau Bick, Frau Hildebrand, Frau Kammer, Herr Eisenblätter und Herr G. erleben die Veröffentlichung ihrer Bildungserfahrungen nicht mehr mit.

Für geduldige inhaltliche Beratung und methodische Kritik bedanke ich mich bei Klaus Klemm von der Universität/Gesamthochschule Essen. Er kennt die bis heute wirksamen Benachteiligungen von Arbeiterkindern im Bildungssystem aus eigener Forschungstätigkeit und hat mich darin bestärkt, unbekannte lokale Spezifika und insbesondere die kollektiven und individuellen Lernanstrengungen ehemaliger SAJler/innen zu untersuchen. Mein Dank gilt daneben Dieter Langewiesche (Tübingen) für ein vielstündiges klärendes Gespräch in der Konzeptionsphase der Arbeit und insbesondere für seine Tätigkeit als Zweitgutachter. Fachlich unterstützt haben mich darüber hinaus Detlev J.K. Peukert (1950–1990) und Wilfried Breyvogel von der Universität GH Essen.

Bei der Suche nach Quellen und zeitgenössischer Literatur waren Heinrich Eppe vom Archiv der Arbeiterjugendbewegung in Oer-Erkenschwick, Herr Peter von der Stadtbibliothek und die Mitarbeiter und Mitarbeiterinnen des Stadtarchivs Essen äußerst hilfreich.

Für freundschaftlichen Zuspruch und unerschöpfliche Zuhör- und Diskussionsbereitschaft habe ich Justus Cobet, Jorinde Behrens, Mathilde Jamin, Paul Ciupke und Norbert Reichling zu danken; sie hatten Verständnis für die Phasen des isolierten Forschens und Schreibens und wußten jeweils im rechten Moment kommunikative Angebote zu machen.

Schließlich bitte ich André Gorz um Nachsicht dafür, daß ich seinen einprägsamen Titel „Abschied vom Proletariat" aus dem Jahr 1980 („Adieux au Prolétariat. Au delà du socialisme", Paris 1980) für meine Forschungsperspektive variiert habe.

Essen, im August 1995
Heidi Behrens-Cobet

1. Einleitung

1.1 Geschichte des Themas

Während mehrerer historisch-politischer Seminare zum Thema „Kindheit und Jugend in der Weimarer Republik"[1] am Ende der 80er Jahre, an denen auch ältere Sozialdemokraten/-innen, ehemalige Mitglieder der Sozialistischen Arbeiterjugend Deutschlands (SAJ), teilgenommen haben, standen unter anderem die Bildungschancen in den 20er und 30er Jahren zur Diskussion. Entgegen der Erwartung der Seminarleitung wurde die seither registrierbare stärkere Bildungsbeteiligung von Arbeiterkindern[2] nicht nur zustimmend aufgenommen, nicht als Realisierung einer alten sozialdemokratischen Forderung uneingeschränkt begrüßt. „Heute", hieß es vielfach, könne „jeder" studieren, auch „weniger Begabte". Die Möglichkeiten weiterführender Schullaufbahnen und der Wegfall des Schulgeldes seien zwar einerseits Errungenschaften, andererseits hätten diese bildungspolitischen Entscheidungen dazu geführt, daß heute viele Kinder Gymnasien besuchten und studierten, denen es nicht zukomme.

Insbesondere die Äußerungen der SAJler/-innen, die alle mehrere Jahre die „Hochschule des Proletariats" – wie die SAJ zeitgenössisch auch genannt wurde[3] – durchlaufen hatten, erstaunten uns Veranstalter; diese Veteranen setzten sich für ein stärkeres Sortieren von „Begabungen" ein. Nicht jede/r sollte also, nur so ließen sich die Äußerungen deuten, das „kulturelle Kapital" ohne überdurchschnittliche intellektuelle Anstrengung erlangen können, das einer Majorität der Arbeiterkinder in der Weimarer Zeit noch selbstverständlich versagt gewesen war. Die Seminarteilnehmer/-innen aus proletarischen Familien hatten sich im Gruppengespräch wieder vergegenwärtigt, welche sozialen Barrieren während ihrer Kindheit bzw. der Jugendphase im Bildungsbereich wirksam gewesen sind: Der Besuch einer „höheren" Schule bedeutete in den

---

1 „Waren es ‚schöne' Zeiten? – Leben und Arbeiten in den 20er und 30er Jahren"; veranstaltet vom Bildungswerk der Humanistischen Union NRW und dem Ruhrland-Museum Essen 1987 bis 1989 (geleitet von Gerd Böhme und der Verfasserin).

2 Eine Beteiligung, die nicht als linearer Fortschritt im Sinne einer „Eroberung" des Gymnasiums durch Arbeiterkinder gedeutet werden kann. In der Bundesrepublik ist vielmehr weiterhin von einer Benachteiligung der Kinder aus unteren sozialen Schichten auszugehen, und die Bildungsgeschichte seit den 70er Jahren, die Phase der Bildungsexpansion, verzeichnet auch Stagnationen, Umwege und Rückschläge, wie KLEMM 1987 nachweist; siehe auch KLEMM, Klaus, ROLFF, Hans-Günter und TILLMANN, Klaus-Jürgen, S. 22ff.; KÖHLER, Helmut 1992.

3 Zum Beispiel in einer Werbeanzeige in der Essener Arbeiter-Zeitung vom 20.3.1926, außerdem bei FRIEDEMANN, Peter 1987; siehe auch SEYDEWITZ, Max 1976, S. 40f.; Otto Bepler, Jg. 1912, in der Einführung PETER, Marianne o.J. (1992) sowie die Lebenserinnerungen meines Interviewpartners, Herrn G.

20er Jahren eine große finanzielle Belastung. Einige wenige Freiplätze und Reduzierungen des Schulgeldes konnten zwar in Anspruch genommen werden, doch waren diese häufig gebunden an gute Noten und an Wohlverhalten, wie das Bekenntnis zu einer der beiden großen Glaubensgemeinschaften. Der Besuch weiterführender Bildungseinrichtungen konnte darüber hinaus zur Entfremdung von den Sozialbeziehungen des Nahbereichs führen – im Bewußtsein der Befragten nicht selten ein Arrangement mit „bürgerlichen" Normen und Wertvorstellungen. Schließlich waren es häufig auch die Eltern der ehemals Jugendbewegten, die einem sozialen Aufstieg mit Hilfe traditioneller Bildungstitel skeptisch gegenüber gestanden haben.

Die Bewertungen der Teilnehmer/-innen unserer Gesprächskreise über die Weimarer Zeit haben Wirkungen gezeigt: Sie verstärkten mein bildungsgeschichtlich begründetes Interesse an den Lebensverläufen von SAJ-Mitgliedern und gaben dadurch einen Anstoß zu der nun vorliegenden Arbeit. Interviews im Rahmen von Forschungsprojekten zur Organisations- und Alltagsgeschichte der SAJ und zur Geschichte der Essener weltlichen Schulen hatten schon im Lauf der 80er Jahre meine Aufmerksamkeit auf Fragen der Bildung in Arbeiterfamilien gelenkt. Auffällig oft thematisierten die befragten ehemaligen „freien" Schüler/-innen und SAJ-Mitglieder ihre Bildung – sei es, indem sie zum Beispiel, bezogen auf die minoritären weltlichen Schulen, hervorhoben, wieviel mehr sie dort (verglichen mit konfessionellen Volksschulen) gelernt hätten oder wie sehr die sozialistische Erziehung ihr politisches Bewußtsein geprägt habe, sei es, daß sie ihren beruflichen und parteipolitischen Aufstieg – manche auch ihre persönliche Lebensgestaltung – auf die Zeit in der „Freien Schule" oder in der SPD-Jugendorganisation zurückführten.

1.2 Vorverständnis und Fragen

Ab 1918, mit der Regierungbeteiligung der SPD im Reich und in Preußen, besonders auch seit der stärkeren Mitwirkung der Partei auf kommunaler Ebene, erhielten sozialdemokratische Funktionäre und Funktionärinnen die Chance eines politischen und sozialen Aufstiegs und damit auch neue Möglichkeiten einer individuellen Lebensplanung. Von Parteiseite wurden jedoch solche Entwicklungen einzelner übersehen zugunsten einer weiterhin verbindlichen Orientierung an der „Kollektivität", an der Emanzipation als Klasse, und das hieß: Individuelles Aufstiegsstreben erschien demgegenüber suspekt und sollte nicht eigens gefördert werden.

Die Jugendorganisation der SPD, die „Arbeiter-Jugend", ab 1922 „Sozialistische Arbeiterjugend Deutschlands", nahm diese Intentionen der Sozialdemokratie auf; sie betonte gegenüber ihren Mitgliedern eine kompensatorische Funktion ihrer Bildungsarbeit mit klassenkämpferischer Perspektive. Das in der Volksschule vermittelte Wissen, und das wurde für die Republik ebenso konstatiert wie ehemals für die Monarchie, reiche für die anstehenden Aufgaben in Politik und Gesellschaft nicht aus. Otto Krilles Begründung eines sozialdemokratischen Bildungsanspruches war noch in den 20er Jahren repräsentativ für die SPD wie für ihre Jugendorganisation: „Wissen und Bildung sind Waffen, die wir zur Befreiung der Arbeiterklasse, zur Herbeiführung einer sozialistischen Weltordnung brauchen. Sie müssen schon in der Jugend geschmiedet und geschärft werden.“[4]

Für die SAJ war das Werben mit dem Etikett „Bildung“ allerdings nicht der Weg zum Erfolg in organisatorischer Hinsicht: Nur 1–3 % der abhängig beschäftigten Jugendlichen ließen sich reichsweit dadurch ansprechen.[5] „Ein durchgängig wirksames Moment für den Mißerfolg ist offensichtlich der im Programm enthaltene Bildungsanspruch, der – im Verlauf der Verbandsgeschichte mit steigender Tendenz – mit den Freizeitvorstellungen der Masse der Arbeiterjugendlichen kollidierte“.[6] Walter behauptet sogar, bei den in der SAJ Organisierten sei wiederum nur eine Minorität in erster Linie oder ausschließlich an der Bildungsarbeit interessiert gewesen.[7] Diese jedoch, so Giesecke, sei aufstiegsorientiert gewesen und hätte „verbürgerlichen“[8] wollen. Die Motive für eine SAJ-Mitgliedschaft lassen sich heute im einzelnen nicht mehr abfragen, doch vermuteten Spuren des Bewußtseins, mehrere Jahre einer Bildungsbewegung angehört zu haben, soll in den Deutungen der Interviews mit SAJler/-innen nachgegangen werden.

Für die vorliegende Untersuchung haben Lebensgeschichten von Männern und Frauen aus der SAJ Essen eine besondere Bedeutung gehabt, und zwar unter der doppelten Perspektive von allgemeiner Geschichte und individuellem Lebensverlauf. Dem Zugang liegt die Annahme zugrunde, daß Geschichte und privates Leben in der Biographie einen Zusammenhang bilden. Um diesen Kontext transparent zu machen, und insbesondere dann, wenn Lebensgeschichten als Bildungsschicksale ausgedeutet werden sollen, müssen die ‚objektiven‘ Bedingungen mit in den Blick genommen werden. Darunter verstehe ich sowohl historische Ereignisse und Prozesse als auch die wirtschaftliche Lage und die Bildungs- und Ausbildungschancen der zu untersuchenden Altersgruppen; zu den objektiven Bedingungen gehört ebenso das soziale Milieu, in dem die Befragten, die Kinder und Jugendlichen der 20er Jahre, aufgewachsen sind.

Die Eltern der SAJ-Mitglieder zählten vielfach zur „Arbeiteraristokratie“ Essens, d.h. die Väter waren meist Facharbeiter oder Handwerker, ein Teil von ihnen erlebte Berufswechsel und Zeiten von Arbeitslosigkeit. Die Mütter übten mehrheitlich keinen

---

4   KRILLE, Otto 1924, S. 20; Krille (1878–1954) war Arbeiterdichter und Funktionär in der Arbeiterjugendbewegung, siehe auch ders. 1975.
5   Vgl. SCHLEY, Cornelius 1987, S. 328; zeitgenössisch u.a. DRAHN, Ernst 1926, S. 195.
6   SCHLEY a.a.O.; die abgespaltene Sozialistische Proletarierjugend etikettiert denn auch die MSPD-Jugendorganisation als „reine Bildungs- und Erziehungsbewegung“, von der sie sich durch eine stärkere Betonung der *Aktion* programmatisch abzusetzen suchte, siehe „Die Arbeiterjugend und wir“, in: Die junge Garde Jg. 3 (1920), Nr. 5, S.88.
7   Vgl. WALTER, Franz 1987, S. 325f.
8   GIESECKE, Hermann 1981, S. 265; zur Bildungsorientierung auch PROSS, Harry 1964, S. 265.

Beruf aus bzw. trugen nur in Notzeiten zum Lebensunterhalt der Familie bei; viele halfen ehrenamtlich bei der „Arbeiterwohlfahrt" oder den „Kinderfreunden". Sie hatten eine Reihe politischer Funktionen, wenn auch nicht so zahlreich wie ihre Ehemänner, diese waren größtenteils in der Freizeit für die Partei und deren Kulturorganisationen oder auch für die Gewerkschaften tätig.[9] Der sozialdemokratische Organisationskosmos bestimmte die Lebensform und vermutlich auch das Bewußtsein dieser Familien. Die wenigsten SAJler/-innen hatten „indifferente" oder parteipolitisch anders festgelegte Elternhäuser, die der Solidargemeinschaft der SPD ausdrücklich nicht angehörten. Meine Arbeit hat auch den Anspruch, dem biographiekonstituierenden Charakter des häuslichen Milieus nachzugehen.

Darüber hinaus wollte ich wissen, ob die Lebensverläufe meiner Interviewpartner/-innen von Entscheidungen und Erfahrungen der frühen Jahre bestimmt worden sind, also irreversible Weichenstellungen zum mittleren und höheren Erwachsenenalter hinführten. Die Recherchen basieren auf der Vorannahme, daß Kindheit, Jugend, Erwachsenenalter und „Ruhestand" einen Lern- und Bildungszusammenhang darstellen[10], der jedoch im Fall der SAJ-Mitgliedschaft einen frühen, unverwechselbaren Bezugspunkt hat und durch den Charakter des „Bildungsvereins" nicht ohne anregende (oder auch abstoßende) Wirkungen auf die Jugendlichen geblieben sein kann.

Und wie, so eine weitere Frage, haben sich vermutete Bildungs- oder auch Aufstiegsorientierungen in den Biographien niedergeschlagen? Welcher Stellenwert wurde Lernen und Bildung von den befragten ehemaligen SAJ-Mitgliedern im Rückblick eingeräumt? Bereits nach den ersten Gesprächen zeigte sich, daß die Teilnahme an formalisierter Weiterbildung nur selten als Beleg für die Relevanz von Lernen und Bildung bei der/dem einzelnen herangezogen werden kann. Ein in den 70er Jahren entwickeltes Verständnis von Weiterbildung, das die Fortsetzung oder Wiederaufnahme organisierten Lernens nach einer Phase der Berufstätigkeit meint[11], stößt hier sehr schnell an seine Grenzen. Es müssen daher Selbstlernaktivitäten in die Frage nach der Bildung im Lebensverlauf einbezogen werden, denn unter den ehemaligen SAJler/-innen gibt es zahlreiche Autodidakten. Ein enger Bildungsbegriff würde im übrigen in der Gefahr stehen, die Kategorien des lebensweltlichen bzw. des Erfahrungslernens auszuklammern, die jedoch in dem, was die Befragten selber unter „Bildung" verstehen, eine herausragende Rolle spielen. Es kommt in dieser Untersuchung mit den Worten von Marotzki somit darauf an, „daß nach der subjektiven Verarbeitungsweise von Erfahrung in hochkomplexen Gesellschaften gefragt werden kann".[12]

Bourdieu unterstellt, daß sich im aufstiegsorientierten Bildungsverhalten der Arbeiterschaft hinter deren Rücken bzw. Bewußtsein Reproduktionsstrategien ihrer Klasse

---

9   Siehe den Überblick über die Sozialdaten der Interviewpartner und -partnerinnen im Anhang.
10 STEINBACH, Lothar 1980.
11 Vgl. DEUTSCHER BILDUNGSRAT 1970, S. 51.
12 MAROTZKI, Winfried 1990, S. 79.

manifestieren und die Betroffenen schließlich nur einer „Illusion der Chancengleichheit"[13] aufsitzen. In Bourdieus Untersuchungen sind Bildungswege formale Qualifikationen, also der Erwerb von Bildungstiteln. Die ehemaligen SAJ-Mitglieder würden aber unter Gesichtspunkten formaler Bildung nahezu völlig aus dem Blick geraten, deren autodidaktische Anstrengungen, der Besuch von Kursen etwa, ohne Zertifikate und Berechtigungen, wäre – in Bourdieus strenger Sicht – eine quantité négligeable. Insbesondere individuelle Fort- und Weiterbildungsbemühungen spielen aber eine herausragende Rolle für die Interpretation der Aufstiegshoffnungen und der Bildungserfahrungen meiner Interviewpartner/-innen und der Frage nach der Übereinstimmung oder Nichtübereinstimmung von sozialdemokratischer Bildungspolitik und individuellem Bildungsverhalten. Mit Hilfe der Bourdieu'schen Kategorien lassen sich Bildungssysteme und ihre Allokationsmechanismen analysieren, wie auch beispielsweise im Anschluß an die vom Humankapital-Ansatz und Bürgerrechtsforderungen getragene Reform in der Bundesrepublik der 60er und 70er Jahre geschehen.[14] Bourdieu hält an einem formationstheoretischen Zugang fest, der den Eigenheiten und Brüchen einzelner Lebensläufe keine Aufmerksamkeit zuteil werden läßt. Insbesondere die Exklusivität der hier untersuchten Kohorten würde verdeckt durch Verallgemeinerungen wie „Unterschichtangehörige" oder „Angehörige einer Klasse". Bourdieus Gedanke, daß das Bildungssystem die Individuen um die Früchte ihrer Anstrengungen letzten Ende betrüge, weil sich Bildungsbestrebungen einzelner und Gruppen doch nur innerhalb des gesellschaftlich erforderlichen Qualifikationsbedarfs bewegen, drängt sich zwar auf, wird aber der Arbeit mit den Erfahrungen und Selbstdeutungen ehemaliger SAJ-Mitglieder nicht gerecht. Zwar bestimmte der „kapitalistische Lebensplan" (F. Brandecker) noch die Existenz der Elterngeneration der hier Befragten, sie selber wichen aber bereits vielfach davon ab oder erprobten unter Mühen individuelle Strategien gegen gesellschaftliche Statuszuweisung[15] – für diese Strategien interessiert sich die vorliegende Studie.

Ich habe vermutet, daß im Verhältnis der illusionslosen Weimarer SAJ-Generationen gegenüber ihren Kindern und Enkeln das „Bildungsstreben" der Jugendbewegten aufgehoben war und ist und möglicherweise Wirkungen gehabt hat etwa in Form höherer Schulabschlüsse oder akademischer Bildungsgänge bei den Nachgeborenen. In den hier vorzustellenden Familien gab es häufig eine Weiterbildungs- und Aufstiegsorientierung, die dann in einem (weiteren) Bourdieu'schen Sinn als „kulturelles Kapital" an die Kinder und Enkelkinder „vererbt" worden ist.

---

13 BOURDIEU, Pierre und PASSERON, J.-C. 1971.
14 Siehe etwa TEICHLER, Ulrich, HARTUNG, Dirk und NUTHMANN, Reinhard 1976; bezogen insb. auf die Schulgeschichte des 18. und 19. Jahrhunderts LESCHINSKY, Achim und ROEDER, Peter Martin 1976; MÜLLER-ROLLI, Sebastian 1985.
15 Zum Verhältnis von Bourdieus bildungssoziologischer Perspektive und „biographischen Binnensichten", wie sie die Erwachsenenbildungsforschung einnehmen kann, siehe ALHEIT, Peter 1993(b), insb. S. 96.

Ausgedeutet wurden die Lebensgeschichten ehemaliger SAJler/-innen nicht nur im Hinblick auf die aktive Teilnahme an Bildungsveranstaltungen, autodidaktischen Anstrengungen und auf das Prestige von Bildung insgesamt, sondern auch daraufhin, wie Bildungs- und Aufstiegsbarrieren in der Jugendzeit und im weiteren Leben erfahren und evtl. erlitten wurden, denn „die kritische Würdigung von Biographien lebt davon, daß sie den Anteil des nicht gelebten Lebens bestimmt, daß sie unrealisierte Hoffnungen in Rechnung stellt, abgebrochene Alternativen aufdeckt, Personen und Situationen vorstellt, die sich im Lebensvollzug im rechten Moment nicht eingestellt haben".[16] Lebenspläne werden von „heteronomen Systembedingungen" (Schütze) und von historischen Ereignissen durchkreuzt, gerade in den Generationen, die in dieser Untersuchung befragt wurden.[17] Elder u.a. behaupten, daß die Sozialisationsnachteile, die die Heranwachsenden während der Wirtschaftskrise Ende der 20er/Anfang der 30er Jahre in Kauf nehmen mußten – viele der hier vorzustellenden Interviewpartner/-innen sind in dieser Krisenzeit aufgewachsen –, in späteren Jahren „in überraschendem Ausmaß wieder wettgemacht werden konnten".[18]

SAJ-Mitglieder waren zu einem Drittel Mädchen. Von seiten des Verbandes wurden sie als defizitäres Geschlecht angesehen, das besonderer Unterstützung bedurfte.[19] In Gesprächen mit männlichen Veteranen der Jugendbewegung wird heute noch betont, Mädchen seien damals in den Gruppen weniger an Referaten, Diskussionen und an Lektüre interessiert gewesen. Feministisch beeinflußten Erwartungen zum Trotz entsprechen diese Zuschreibungen häufig dem Selbstbild und dem Selbstverständnis von Frauen. Peukerts Resümee, in der SAJ „konnten jene begabten Arbeiterjungen aufsteigen, die sonst keine Chance gehabt hätten"[20], wirft jedoch vorerst eher ein Licht auf männerzentrierte Forschungsfragen denn auf die tatsächliche Stellung von Mädchen in den Jugendgruppen. Wir wissen gegenwärtig mehr über die widerspruchsvollen koedukativen Ansätze, wie sie von Naujoks, Kamburg/Tepaß, Klönne und Behn[21] diskutiert werden, als über weibliche Identitäten und die Interaktion zwischen den Geschlechtern. Bei allen von mir formulierten Fragen soll daher der Geschlechterdifferenz und dem Geschlechterverhältnis besondere Aufmerksamkeit zukommen.[22]

---

16 ZINNECKER, Jürgen 1982, S. 304.
17 Mit Biographien, die das Ende der Weimarer Zeit einschließen, beschäftigen sich auch FRANZKE, Jürgen u.a. 1984.
18 Zitiert bei KOHLI, Martin 1978, S. 19.
19 Siehe KAMBURG, Petra und TEPASS, Anne 1989; NAUJOKS, Martina 1984.
20 PEUKERT, Detlev J.K. 1990, S. 1919.
21 NAUJOKS, a.a.O. und 1984-85; KAMBURG/TEPASS, a.a.O.; KLÖNNE, Irmgard 1990; BEHN, Sabine 1989; Kasseler Quellen hat Heide ANDRES-MÜLLER (1992) ausgewertet.
22 Ein Desiderat der Frauen- und Alltagsgeschichte, dazu WIERLING, Dorothee 1989; HAGEMANN, Karen 1990(b); GILLIS, John 1980, S. 218f.; BENNINGHAUS, Christina 1991.

1.3 Das kaiserzeitliche ‚Erbe'

Die vorliegende Arbeit bezieht ihr Quellenmaterial, von wenigen Ausnahmen abgesehen, aus der Weimarer Zeit. Für die Vorphase, das Wilhelminische Deutschland, sollen die für unser Thema im engeren Sinn relevanten Aspekte – die Bildungspolitik der SPD, die Entstehung proletarischer Jugendgruppen und einige wenige Selbstzeugnisse – in aller Kürze vorgestellt werden.

Die Sozialdemokratie intendierte in der Kaiserzeit eine „Veredelung"[23] der Arbeiterschaft. Sie strebte die Partizipation des Proletariats an den bürgerlich-humanistischen Bildungsgütern an. Leitend war die Einsicht, daß die soziale Lage der besitzlosen Klasse nicht veränderbar sei ohne „neue Menschen". Dies sollte u.a. durch die radikale Umgestaltung des Bildungssystems geschehen, das hieß primär durch Einheitlichkeit, Weltlichkeit und Unentgeltlichkeit.[24] Zunächst aber bemühte sich die Partei, in realistischer Einschätzung der Machtverhältnisse um die Volksbildung. SPD und Gewerkschaften sorgten für den Auf- und Ausbau eigenständiger Arbeiterbildungseinrichtungen.[25] Bezirkliche und örtliche Bildungsausschüsse organisierten Vortragsreihen, künstlerische Veranstaltungen und bauten Bibliotheken auf. Auch über die sozialdemokratische Presse setzte die SPD ihr Bemühen fort, den Leser/-innen Bildung zu vermitteln. Ihre Aktivitäten bewegten sich zwischen elementarer Grundbildung und einer Orientierung an der Oberschichtkultur.[26] Doch nur eine Minderheit, die „Elite", so Langewiesche, nutzte die Angebote der sozialdemokratischen Arbeiterbewegung; die Zerstreuungs- und Geselligkeitsbedürfnisse der Basis seien dominanter gewesen.[27]

Die doppelte politische Zielrichtung – Veränderung des Bildungssystems und Ausbau der Angebote für Erwachsene – könnte den Anschein programmatischer Konsistenz erwecken: Die SPD-Führung nahm zwar seit dem Mannheimer Parteitag von 1906 Bildungsfragen als Feld der Gesellschaftspolitik ernst, gelangte aber in ihren bildungspolitischen Intentionen und der daraus abzuleitenden Praxis nicht zu transparenten Konzepten.[28]

Butterhof nennt die Bestrebungen der Sozialdemokratie „radikale bürgerliche Bildungspolitik"[29]; sie seien ein Versuch gewesen, den Anspruch der bürgerlichen Gesellschaft, wonach die soziale Herkunft nicht ausschlaggebend sein sollte für die Stellung des Individuums innerhalb eines Gemeinwesens, allgemein einzulösen. Die Etikettierung „bürgerliche Bildungspolitik" ist denn auch der Blickwinkel, unter dem die

---

23 EMIG, Brigitte 1980.
24 Zur Präzisierung dieser Prinzipien siehe SCHULZ, Heinrich 1919; NOHL, Herman 1961, S. 67ff.
25 TEWS, Johannes 1919, S. 62ff., 48ff.; LANGEWIESCHE, Dieter 1982; RÖHRIG, Paul 1991.
26 Vgl. LANGEWIESCHE 1980a, S. 225.
27 Ders. 1980b.
28 Vgl. WITTWER, a.a.O., S. 15ff.; CHRIST, Karl 1975.
29 BUTTERHOF, Hans Wolf 1978, S. 107.

„Doppelstrategie" der Sozialdemokratie häufig historisiert wird. Vassen kritisiert die kompensatorische Funktion der sozialdemokratisch intendierten Bildung: Diese sei weder emanzipatorisch noch selbstreflexiv gewesen, ganz zu schweigen von einer sozialistischen Bildungsalternative.[30] Daß es mit der Radikalität der SPD in Sachen Bildung stets haperte, will Bendele am Beispiel der ersten „Umarmung" durch den kapitalistischen Staat belegen: mit der Burgfriedenspolitik Kaiser Wilhelms während des Ersten Weltkrieges habe die Partei eine defensivere Position eingenommen und sich bei einem eher integrativen Kurs darauf berufen, daß das Klassenschulsystem ohnehin erst im Sozialismus aufzuheben sei[31], ein Vorgeschmack also auf die kompromißbereite Politik, die nach 1919 erforderlich wurde, um gemeinsam mit dem Zentrum und den Liberalen in Preußen und im Reich überhaupt regieren zu können.

Neben ihrer ‚bürgerlich' genannten Fixierung kennzeichnete die SPD-Politik der Kaiserzeit auch eine weitere Widersprüchlichkeit: Bildungs- und Aufstiegsmöglichkeiten für alle waren gewollt, und – eine Aporie? – gleichzeitig stand der „Individualismus" am Pranger. Die sozialdemokratische Partei konnte sich Emanzipationsprozesse explizit nur „in der Klasse für die Klasse" vorstellen und keinesfalls für Entfaltungs- und Karriereziele außerhalb der organisierten Arbeiterbewegung.[32] Der Slogan „freie Bahn dem Tüchtigen" sollte von der einzelnen/dem einzelnen nicht als Aufforderung zur Entwicklung der Persönlichkeit mißverstanden werden.[33] Individuelles Bildungsstreben, etwa ein Studium, war mit den Grundsätzen sozialistischer Bildungsvorstellungen, insbesondere mit den Prinzipien der Kollektivität und der Solidarität, kaum vereinbar. Hinzu kamen deutliche Affekte gegen Intellektuelle in den Reihen der Sozialdemokratie.[34]

Im deutschen Kaiserreich entstand, angeregt von den Niederlanden, neben der bürgerlichen auch eine proletarische Jugendbewegung; das waren 14- bis 18jährige Jungen und Mädchen, die sich (meist angesprochen über das Elternhaus) der Sozialdemokratie verbunden fühlten und eine auffallende Bildungsbereitschaft zeigten.[35] Um 1910 warb der Verband der Arbeiterjugendvereine in Berlin auf seiner auch im rheinisch-westfälischen Industriegebiet gebräuchlichen Beitrittserklärung mit „Rat und Hilfe in allen Angelegenheiten Eures Berufs- und Arbeitsverhältnisses, Gelegenheit zur Erweiterung und Vertiefung Eures Wissens, Spiel und Unterhaltung, Gelegenheit zur sportlichen Betätigung und zum Wandern"[36].

Während in der Wilhelminischen Zeit auf Reichsebene zunächst nur wenige SPD-Funktionäre der Kinder- und Jugendarbeit besondere Aufmerksamkeit schenkten – zu

---

30   Vgl. VASSEN, Florian 1983; GROSCHOPP, Horst 1985.
31   Vgl. BENDELE, Ulrich 1979, S. 183.
32   Vgl. SCHARFENBERG, Günter 1984, Bd. 1.
33   Vgl. KLUTH, Heinz 1955, S. 47.
34   Vgl. EMIG a.a.O., S. 113; AUERNHEIMER, Gustav 1985.
35   Vgl. KORN, Karl 1922, S. 29f.; LINSE, Ulrich 1978, S. 27.
36   Archiv der sozialen Demokratie der Friedrich-Ebert-Stiftung, Bonn, Nr. 83 1258.

ihnen gehörten Clara Zetkin und Heinrich Schulz[37] –, konnten die Jugendlichen in den einzelnen Orten häufig mit Unterstützung durch ältere Genossinnen und Genossen und auch durch die Bildungsausschüsse von Partei und Gewerkschaften rechnen. Referenten wurden zur Verfügung gestellt und Bibliotheken aufgebaut, die die Jugendlichen mitnutzten.[38] Für Essen wird dem Arbeiterbildungsausschuß eine zentrale Rolle bei der Gründung des ersten Vereins jugendlicher Arbeiterinnen und Arbeiter im Jahr 1907 zugeschrieben.[39] Das Reichsvereinsgesetz von 1908 verbot den Jugendgruppen jegliche politische Betätigung[40] und forcierte damit ‚reine' Bildungsangebote; es übertrug SPD und Gewerkschaften de facto jugendpflegerische Aufgaben, und beide Organisationen gestalteten sie selbstverständlich im Sinne ihrer (und nicht immer der Jugendlichen) Vorstellungen aus.[41] Cardorff sieht sogar die „Arbeiter-Jugend" von der SPD auf Bildungsarbeit „ausgerichtet"[42]. Christ deutet diese Entwicklung positiv: Von jenem Zeitpunkt an habe die pädagogische Zielsetzung der Arbeiterorganisationen explizit in einem „direkten Gegensatz" zu dem gestanden, was Kirche und Volksschule unter Jugenderziehung verstanden hätten; der Autor datiert damit erste Bemühungen zur Entwicklung eines demokratischen Bewußtseins.[43] Hinzuzufügen ist, daß die Arbeiterjugend-Organisation gerade die Lücke der sozialen Kontrolle zwischen Schulbank und Kaserne[44] ausfüllte, die nach den Vorstellungen Wilhelminischer Jugendpflege der Erziehung zu Vaterlandsliebe und Militarismus dienen sollte.[45] Herrlitz/Hopf/Titze zeigen denn auch auf, daß pädagogische bzw. bildungspolitische Überlegungen zur Einführung der Berufsschulpflicht für Lehrlinge und Jungarbeiter/-innen und auch das „Gründungsfieber" von Jugendpflege-Initiativen vor dem Ersten Weltkrieg in einem Zusammenhang stehen mit dem Aufkommen der sozialdemokratischen Arbeiterjugendbewegung.[46]

---

37 Angaben zu ZETKIN und SCHULZ bei WITTWER, a.a.O., S. 16f.; siehe auch Kap. 4, Anm. 10.
38 Die Satzungen des ersten, 1904 gegründeten Vereins der Lehrlinge und jugendlichen Arbeiter Berlins nennen als Vereinszweck ausdrücklich die „Errichtung von Bibliotheken und Leseräumen" und die „Abhaltung von Vorträgen und Unterrichtskursen"; siehe ZUR GESCHICHTEE DER ARBEITER-JUGENDBEWEGUNG IN DEUTSCHLAND 1956, S. 18.
39 Vgl. BAJOHR, Frank 1989. Zu berücksichten ist dabei auch, daß die Essener Sozialdemokratie der Kaiserzeit besonders viele junge Mitglieder hatte, mehr als ein Fünftel von ihnen war unter 25 Jahre alt, vgl. BAJOHR 1988, S. 90f.
40 Das Verbot bezog sich auf Jugendliche unter 18 Jahren, also auf die Adressatengruppe der Arbeiterjugendorganisation.
41 Die Kontrollfunktion, das Patriarchalische, von SPD und Gewerkschaften gegenüber den proletarischen Jugendgruppen hebt NIPPERDEY hervor; man sei den Selbständigkeitsregungen des eigenen ‚Nachwuchses' gegenüber eher abgeneigt gewesen (vgl. 1990, S. 116); siehe auch HÄGEL, Helmuth 1976.
42 CARDORFF, Peter 1980, S. 78.
43 Vgl. CHRIST a.a.O., S. 207; dazu auch SCHARFENBERG, a.a.O., S. 185f.
44 Vgl. PEUKERT 1987c, S. 95; HERRMANN, Ulrich 1991, S. 155.
45 Vgl. HERRLITZ, Hans-Georg, HOPF, Wulf und TITZE, Hartmut 1981, S. 100ff.; BAJOHR, Frank 1989, S. 27ff.
46 Vgl. HERRLITZ/HOPF/TITZE ebd.; STADELMAIER, Martin 1986, S. 28ff.;HERRE, Günther 1980; BERG, Christa 1991, S. 121, 130f.; LAQUEUR schreibt, in der Kaiserzeit hätten die Behörden die Arbeiterjugend für „höchst subversiv" gehalten (1978, S. 81).

Linse sieht in den neu entstandenen Jugendgruppen eine „organisierte Bildungsbewegung und ein Widerstandszentrum gegenüber einer inhumanen Arbeitswelt"[47]. Bildung sollte „zum Verständnis und zur tätigen Anteilnahme an dem praktischen und geistigen Leben der arbeitenden Klassen"[48] beitragen. In der Praxis waren das Vorträge über Geschichte, Gesellschafts- und Naturwissenschaften. Darüber hinaus wurde gemeinsam Belletristik gelesen, besuchte man Theatervorstellungen, machte Musik und traf sich zu ausgedehnten Wanderungen.

Die Arbeiterjugendlichen der neuen Vereine im Rheinland und in Westfalen haben vermutlich (konfessionelle) Volksschulen besucht. Jungen gehörten vielfach, wie die erwachsenen Sozialdemokraten, den Berufsgruppen Schlosser, Dreher, Maurer an, Mädchen waren Hilfsarbeiterinnen[49], lernten Verkäuferin, oder sie arbeiteten als Dienstmädchen.[50] Den Arbeiterjugend-Gruppen liefen jedoch die Mitglieder nicht ‚massenhaft' zu; rund 2 bis 6 Prozent[51] der Essener Arbeiterjugendlichen schlossen sich der Bewegung an, in der Mehrzahl junge Männer.[52]

Selbstzeugnisse aus der Arbeiterjugendgeneration der Kaiserzeit liegen uns nur in geringer Zahl vor, sie lassen aber erkennen, welch hoher Stellenwert der Bildung eingeräumt wurde, und ebenso zeigt sich ein nicht auf einen Fächerkanon verengter, ‚ganzheitlicher', Kunst- und Naturerlebnisse integrierender Bildungsbegriff.[53]

Die älteste meiner Interviewpartner/-innen, die Verkäuferin Betty Hildebrand, geb. 1903, ist während des Ersten Weltkrieges mit Hilfe ihrer 1899 geborenen Schwester Mitglied in der „Arbeiter-Jugend" geworden. In ihrem biographischen Rückblick fügen sich die Bildungsangebote des sozialdemokratischen Lagers und ihre individuellen Bildungsinteressen und -bestrebungen zu einer Einheit zusammen. So erzählt Betty H. schwärmerisch über Lichtbildvorträge, Erläuterungen des Sternenhimmels, Musikabende und vieles andere mehr:

---

47 LINSE 1978, S. 27.
48 EBERTS, Erich 1979, S. 42.
49 Von den 1907 in Deutschland gezählten 1 1/2 Millionen Fabrikarbeiterinnen entfielen ungefähr 1.430 auf die Stadt Essen, schreibt die (katholische) Essener Volkszeitung vom 5. Juli 1907 („Das Reich der Frau").
50 Vgl. BAJOHR a.a.O., S. 26.
51 Die Zahlenverhältnisse sind unübersichtlich: BAJOHR schätzt den Organisationsgrad auf rd. 2%, indem er die Abonnentenzahl der Zeitschrift „Arbeiter-Jugend" von 500 bis 650 ins Verhältnis setzt zur Gesamtzahl der Essener Arbeiterjugendlichen. Nach Berechnungen von Mathilde Jamin (Ruhrland-Museum Essen) machten die 500 Mitglieder der Arbeiterjugendorganisation im Jahr 1907 auf der Basis der Berufszählung desselben Jahres gut 6% aller jugendlichen Arbeiter zwischen 14 und 18 Jahren aus, einschließlich der jugendlichen Hausangestellten.
52 Abonnent/-innen der Zeitschrift „Arbeitende Jugend" waren Mitglieder oder Sympathisanten der „A.-J.", und ihre Zahl gibt Auskunft auch über die örtliche Akzeptanz. In Essen bezogen 1911/12 650 Jugendliche diese Zeitschrift, 1912/13 und 1913/14 jeweils 600, siehe JUGEND-SEKRETARIAT FÜR RHEINLAND-WESTFALEN 1914, S. 38; während des Krieges gingen die Abonnentenzahlen in Essen auf 450 bis 420 zurück, vgl. JAHRESBERICHT der Zentralstelle für die arbeitende Jugend Deutschlands 1916, S. 21.
53 Mit Kerscheinsteiners Bildungsbegriff des „geistigen Seins" hat HIRSCHBERG (1928) Arbeiterbildungsschicksale der Kaiserzeit untersucht.

„[...] denn kam Bescheid, da ist ein schöner Lichtbildervortrag, wer will, dann treffen wir uns da und da. Und da ist 'n Volkstanzabend und da ist – Eichendorff und so. Wir suchten ja alle die blaue Blume hinterher [...]. Und dann war das immer so, also zu Hause war ich kaum. Weihnachten oder Ostern oder Pfingsten, ich hatte immer wat vor, was mich interessierte. Und da waren auch immer welche, die auch dafür waren. War nie alleine, war immer so 'n Klübchen da, die auch alles sehen und hören und lernen wollten [...], waren alle aus der Arbeiter-Jugend"[54].

August Rathmann, geb. 1895, ist 1910 der „Arbeiter-Jugend" in Norddeutschland beigetreten; er beschreibt seinen durch die Jugendorganisation angeregten Lebensweg vom Tischler zum Juristen und Multifunktionär der SPD. Als prägend nennt er frühe Leseerfahrungen und Vorträge, das Simulieren von Parlamentsdebatten, aber auch Gesang und Spiel oder die vom „Olymp", d.h. von den Stehplätzen aus, genossenen Theatervorstellungen. Rathmann hat zu den entschiedenen Befürwortern akademischer Studien für Arbeiterkinder schon vor der erwarteten gesellschaftlichen Umwälzung gehört, denn Veränderungen, wie sie die Arbeiterklasse anstrebte, benötigten nach seiner Auffassung „ausgebildete instrumentelle Vernunft"[55].

Der Fabrikarbeiter Heinz Blievernicht, Jg. 1899, gehörte ab 1913 zur Altonaer „Arbeiter-Jugend". Große Teile seines Lebensrückblicks sind den Bildungserfahrungen in der Jugendgruppe gewidmet. Er beschreibt, welche Hoffnungen auf politische Partizipation und welche individuellen Entfaltungschancen in der proletarischen Jugendbewegung ihren Anfang nahmen:

„Wenn wir versuchten, mit unserer einfachen Volksschulbildung die Einführungen in die Gedankenwelt großer Sozialisten und gesellschaftliche Theorien zu verstehen, dann war das mangels ausreichender Vorbildung oft recht schwierig. Dabei war der Rat älterer Freunde und Sachkenner eine willkommene und notwendige Hilfe. Ich kaufte mir als erstes eigenes Buch das heute noch brauchbare ‚Volksfremdwörterbuch' von Wilhelm Liebknecht [...]. Ohne auf den Inhalt einzugehen, seien nun einige Bücher genannt, deren Titel auf den Text hinweisen. Wir lasen Curt Grottewitz: ‚Sonntage eines Großstädters in der Natur', Gustav Radbruch: ‚Kulturlehre des Sozialismus', Adelheid Popp: ‚Jugendgeschichte einer Arbeiterin' [...]. Ich glaube richtig zu urteilen, wenn ich sage, daß diese Bücher weit mehr von den Mitgliedern der Arbeiterjugendbewegung gelesen wurden als von der älteren Arbeiterschaft. Wir rezitierten sehr oft aus ihnen. So bestieg mancher junge Arbeiter die ersten Stufen einer verbesserten Bildung"[56].

Willy Dehnkamp, auch ein Veteran der norddeutschen Jugendbewegung, schränkt zwar ein, daß von *der* bildungshungrigen Arbeiterjugend nicht gesprochen werden

---

54 Interview mit Frau Hildebrand im Februar 1988.
55 Hans Mommsen in seinem Vorwort zu RATHMANN, August 1983, S. X; siehe auch DERS. 1925.
56 BLIEVERNICHT, Heinz 1983, S. 32f.

könne[57], aber für ihn besteht kein Zweifel am Bildungscharakter der Jugendorganisation, an der Funktion einer „Fortbildungsschule neben dem Beruf"[58]. Willy Dehnkamp hatte, wie viele seiner Freunde und Freundinnen aus der Arbeiterschaft, aufgrund der damaligen defizitären Volksschulbildung einen Nachholbedarf in Sachen Bildung[59]. Für Karl Stein aus Bochum, Jg. 1901, war die Arbeiterjugend-Organisation seine „Hochschule"[60]

Die eingangs referierte Position, wonach für die Sozialdemokratie der Kaiserzeit Bildungs- und Kulturgüter bloß der Kompensation gedient und einer Verbürgerlichung ihrer Anhängerschaft Vorschub geleistet hätten, sieht von den Bedürfnissen und Interessen eines aktiven Teils der Arbeiterbewegung ab. Subjektive Zeugnisse sollen daher der Frage nach den Intentionen der Partei und ihren Institutionen eine andere Richtung geben, indem die in der Bildungs- und Kulturarbeit enthaltenen Emanzipationsaspekte aufgegriffen werden, wie es beispielsweise Rector tut, der die „Sehnsucht" der Arbeiter, an der herrschenden Kultur zu partizipieren, nicht als „falsches Bewußtsein"[61] desavouiert. Zwar haben die Bildungsausschüsse von Partei und Gewerkschaften tatsächlich keine genuin „proletarischen" Bildungskonzeptionen entwickelt[62], dennoch ist es der Arbeiterbewegung vor dem Ersten Weltkrieg gelungen, eine Gegenkultur aufzubauen, die identitätsstiftend gewirkt hat und Phantasien entwickeln konnte über kulturelle Entfaltungsmöglichkeiten im Sozialismus – und das gilt ganz besonders für die ‚Avantgarde', die Mitglieder der Arbeiterjugendorganisation.[63]

1.4 Die gesellschaftliche Funktion sozialdemokratischer Jugendvereine

Die Mitglieder der Arbeiterjugendorganisation der SPD der Weimarer Zeit sind nicht aufgrund politischer und kultureller Dominanz zum Gegenstand dieser Untersuchung geworden. Vielmehr haben sie auch in den zwanziger Jahren ihren Minderheitenstatus

---

57 Daß es auch weniger bildungsbeflissen zugehen konnte, erfahren wir von Ludwig TUREK, der mit Beginn seiner Schriftsetzerlehre 1912 Mitglied der A.-J. in Stendal geworden ist: An zwei Abenden der Woche habe man sich in einer Gaststätte getroffen, „jeder ein Glas abgestandenes Bier vor sich [...], drei oder vier Lieder, ein Mühlespiel, ein Gesellschaftsspiel, das war damals der Abend bei der AJ" (1972, S. 45); siehe auch SEYFARTH-STUBENRAUCH, Michael 1985, Bd. 2, S. 771ff.
58 DEHNKAMP, Willy 1978, S. 67.
59 Ebd.
60 FRIEDEMANN, a.a.O.; HÜSER, Fritz 1978; zur „Lernbegierde" in Autobiographien von Arbeitern und Arbeiterjugendlichen der Kaiserzeit SEYFARTH-STUBENRAUCH, a.a.O., siehe auch Anmerkung 3.
61 RECTOR, Martin 1983; LANGEWIESCHE deutet die Gründung von Kulturorganisationen der Sozialdemokratie nicht selten auch als *gegen* die Intentionen der Partei gerichtet, vgl. 1982 sowie BRÜCKNER, Peter und RICKE, Gabriele 1975.
62 Vgl. TENORTH, Heinz-Elmar 1988, S. 238; STORM, Gerd, SCHOLING, Michael und FROHMANN, Armin 1986.
63 Van der WILL, Wilfried und BURNS, Rob betonen in diesem Zusammenhang der Rolle der Jungsozialisten (vgl. 1982b, S. 62).

nicht verloren. Die heute manchmal anzutreffende Verklärung des Ruhrreviers als ehemalige Hochburg der Arbeiterkulturbewegung ignoriert die Hegemonie des katholischen Zentrums, die noch für die Weimarer Phase galt. Die Sozialdemokratie bewegte sich damals trotz eines fast Zwei-Drittel-Bevölkerunganteils von Arbeiter/-innen im Stadt- und Landkreis Essen bei Wahlen nur um die 20 Prozent.[64] Und von der Jugendorganisation der SPD ließ sich lediglich eine Minderheit der 14- bis 18jährigen Mädchen und Jungen aus Arbeiterfamilien ansprechen – die katholischen und evangelischen Jugendvereine hatten ein Vielfaches jugendlicher Mitglieder.[65] Die politischen und kulturellen Verhältnisse in Essen sind daher weniger durch das sozialdemokratische Lager geprägt worden als umgekehrt die Praxis und die Identität des spezifischen SPD-Milieus sich auch dem Minoritätenstatus verdankten. Wir können davon ausgehen, daß das kulturell relativ abgeschottete Dasein der sozialdemokratischen „Solidargemeinschaft"[66] nicht selbstgewählt war, sondern als Ergebnis der politisch-weltanschaulichen und auch konfessionellen Polarisierungen der Zeit und der Region zu betrachten ist. In diesem Kontext spielte dann das organisatorische Netz der SPD eine abgrenzende Rolle.

Die gegenkulturellen Momente der sozialdemokratischen Jugendvereine sind denn auch im Rückblick sozial- und bildungsgeschichtlich von Interesse, beispielsweise die Frage, was den einzelnen oder die Gruppe motiviert hat, ‚gegen den Strom‘ zu schwimmen. Für Tenfelde ist die Gründung eines Vereins im Ruhrgebiet der Kaiserzeit ein „klassenspezifisches Sozialisationsinstrument" der Arbeiter/-innen gewesen[67], das verschiedene Funktionen erfüllen konnte, u.a. die Entfaltung von Bedürfnissen in einer ansonsten marktorientierten Gesellschaft, das Herstellen kommunikativer Fähigkeiten, das Einüben demokratischer Verkehrsformen und die Möglichkeit, eigene kulturelle Aktivitäten entstehen zu lassen.[68] Damit sind Funktionen angesprochen, die auch in den Essener Jugendvereinen der Sozialdemokratie vor, aber auch noch nach 1918/19 virulent waren.

Die befragten SAJ-Mitglieder haben sich jedoch innerhalb ihrer Lebensspanne nicht mit einem politischen „Insel"-Dasein begnügen müssen, denn in ihrem mittleren Erwachsenenalter erlebten sie den Aufstieg der Sozialdemokratie zur dominanten Kraft der Stadt bzw. des Bundeslandes Nordrhein-Westfalen und damit, wenn sie ihrer Partei treu geblieben sind, eine Bestätigung des gewählten politischen Weges. Schon vor 1933 hatten sich erste Diffusionen des Arbeiterkulturzusammenhangs gezeigt. Die Nationalsozialisten zerstörten das organisatorische Geflecht der Solidargemeinschaft vollständig, und die veränderte soziale Durchmischung der deutschen Bevölkerung

---

64 Vgl. KÜHR, Herbert 1973, S. 46.
65 Zahlen bei UELLENBERG, Wolfgang 1981, S. 19.
66 LÖSCHE, Peter und WALTER, Franz 1989.
67 TENFELDE, Klaus 1985, S. 23.
68 A.a.O., S. 31ff.; siehe auch WUNDERER, Hartmann 1980, S. 12f., 75.

wie auch ein Umdenken führender Sozialdemokraten nach dem Zweiten Weltkrieg ließ den alten identitätsstiftenden Zusammenhang der Arbeiterkulturbewegung nicht wieder entstehen. An ehemaligen Mitgliedern der Arbeiterjugendvereine läßt sich überraschenderweise beobachten, daß, obwohl die lebensweltliche und organisatorische Grundlage für eine Identitätsbewahrung längst verloren war, bei vielen aber ein rudimentäres Kollektivbewußtsein erhalten geblieben ist.

1.5 Unterschiedliche Erfahrungsgenerationen

Wir haben es bei den Interviewpartnern mit verschiedenen Kohorten zu tun, die nicht nur verbandsgeschichtlich je anders zu verorten wären, da sie einem jeweils modifizierten pädagogischen Konzept und anderen Funktionären ausgesetzt waren, sondern es handelt sich bei den zwischen 1903 und 1919 geborenen Frauen und Männern auch um zeitgeschichtlich unterschiedliche Erfahrungskohorten. Das heißt, der Erste und der Zweite Weltkrieg, die wirtschaftlichen Krisenzeiten der Weimarer Republik und der Nationalsozialismus haben Spuren in den Biographien hinterlassen. Da diese politischen Ereignisse in je unterschiedliche Lebensphasen gefallen sind, haben sich differierende Erfahrungsaufschichtungen ergeben.

Gemeinsam ist allen Altersgruppen die Einsicht in und Erfahrung von Ungleichheit und Diskriminierung in der Schulzeit, denn bis auf die für alle Kinder verbindliche vierjährige Grundschule[69] hat es wesentliche Korrekturen am dreigliedrigen Schulsystem in der Weimarer Republik nicht gegeben. Das einzelne (Bildungs-)Schicksal erschien prinzipiell unausweichlich und konnte in der Regel erst eine Wendung erfahren durch die Weiterbildungsangebote des sozialdemokratischen Lagers, durch Chancen eines innerparteilichen Aufstiegs und die Übernahme öffentlicher Funktionen, beispielsweise im Stadtparlament oder in sozialdemokratisch mitgetragenen Institutionen wie den Volkshochschulen. „Lebenslösungen"[70] sind mit dem Ende der Monarchie innerhalb enger Spielräume individuell gestaltbar geworden und mußten nicht mehr, wie es Seyfarth-Stubenrauch für die Kaiserzeit konstatiert, ausschließlich in Verelendung, Kampf oder Aufstieg bestehen[71]; jetzt schlossen sich „Kampf" und gesellschaftlicher Aufstieg nicht mehr völlig aus. Dabei scheint die verschrieene Aufstiegsorientierung zwei Seiten gehabt zu haben: eine „bürgerlich"-individualistische und

---

69 Das Grundschulgesetz von 1920 war dem Einheitsschulgedanken verpflichtet und löste die bis dahin üblichen Vorschulen – mit dem Ziel des Übergangs in eine höhere Schule – ab. Darüber hinaus hat es aufgrund der Unvereinbarkeit divergierender Länder- und parteipolitischer Interessen trotz mehrerer Anläufe allerdings keine weitere Reichsschulgesetzgebung gegeben; siehe WITTWER, a.a.O., insb. S. 206ff., 213f. und 279f.; HAMANN, Bruno 1986, S. 167ff.; HERRLITZ/HOPF/TITZE,a.a.O., S. 108ff. BRANDECKER, Ferdinand 1976, S. 52f.

70 SEYFARTH-STUBENRAUCH, a.a.O., Bd.1, S. 11.

71 Vgl. ebd. und Bd. 2, S. 388ff.

eine kollektive, die sich mit dem sozialdemokratischen Avantgarde-Bewußtsein der ehemals Jugendbewegten vertrug. In den Bildungsbiographien der befragten SAJler/-innen ist der Versuch zu erkennen, die eigene Persönlichkeit zu entfalten und gleichzeitig den Dienst an der Partei und der Idee des Sozialismus nicht zu vernachlässigen.

2. Methodisches

2.1 Der biographische Zugang

Die Sozialistische Arbeiterjugend Deutschlands war bisher als *Organisation* Gegenstand wissenschaftlicher Betrachtung.[1] Erst ansatzweise ist versucht worden, sich den Mitgliedern selber, ihren Motiven, Erfahrungen, ihrer Subjektivität zu nähern.[2] Peukert bezeichnet die Sozial- und Erfahrungsgeschichte der Arbeiterjugendbewegung als „unterbelichtet"[3]. Nach ‚Bildung‘ und ‚Lernen‘ in der Lebensgeschichte ehemaliger SAJler zu fragen war bisher für die Forschung nicht von Interesse. Erst die neuere Wissenschaftsentwicklung, die Verschiebung von organisations- und strukturgeschichtlichen Fragestellungen hin zu den ‚lebendigen Menschen‘, hat auch diese Perspektive eröffnet. Gerade Erziehungswissenschaftlern bietet der Umgang mit der biographischen Methode den Vorzug, „über Lernprozesse nicht anhand von ausschnittweisen Daten über Lernen argumentieren zu müssen, sondern die Lebensgeschichte als Lerngeschichte auffassen und untersuchen zu können"[4]. Wenn wir uns für die *Lebenskonstruktionen* der einzelnen interessieren, lassen sich diese mit einem „qualitativen" Zugang, auf der Basis des interpretativen Paradigmas, rekonstruieren.[5]

Biographische Aussagen machen unter anderem das Handeln außerhalb der Regeln institutioneller Strukturen sichtbar, also Autonomiespielräume der Beteiligten, durch die wir herauszufinden hoffen, aus welchen Gründen sich beispielsweise Zielsetzungen von Verbänden durchgesetzt haben oder aber auf Ablehnung gestoßen sind.[6] Darüber hinaus erlaubt die biographische Methode Einblicke in die Prozeßhaftigkeit des sozialen Lebens, auch wenn sich solche Prozesse als „heteronome Systembedingungen

---

1   Das trifft insbesondere auf die Verbandsgeschichtsschreibung zu, beispielsweise von LINDSTAEDT, Erich 1950/51; SCHNEIDER, Hartmut 1960; BEINERT, Heinz u.a. o.J. (1974); UELLENBERG, Wolfgang und RÜTZ, Günter o.J.(1984); NÜSSLEIN, Werner und STADELMAIER, Martin 1983; LIENKER, Heinrich 1987; SPEHR, Christoph 1991; außerdem EBERTS, a.a.O.; HARTMANN, Günter und LIENKER, Heinrich 1982; MOMMSEN, Hans 1984.

2   So BRÜCHER, Bodo und HARTMANN, Günter 1983; VEREIN ZUR ERFORSCHUNG der Geschichte der sozialistischen Jugendbewegung in Frankfurt a.M. e.V. 1980; PETER, Marianne 1990 und 1992; MERKEL, Wolfgang und OLDIGS, Beenhard 1987; GOCH, Stefan 1990; BECKER, Helmut, BRANDECKER, Ferdinand und DUDEK, Peter 1986 a und b; LENGKEIT, Reinhold 1989, S. 106ff.

3   1987b, S. 233; allgemeiner schon GILLIS, a.a.O., S. 218f. – Eine Bestätigung findet sich bei BRÜCHER, Bodo 1985.

4   FUCHS, Werner 1984, S. 147; siehe auch TENORTH, Heinz-Elmar 1985, S. 25; SIEBERT, Horst 1985.

5   Vgl. BUDE, Heinz 1984, weniger prätentiös SCHÖRKEN, Rolf 1990, insb. S. 18ff.

6   Vgl. FUCHS a.a.O., S. 142.

lebensgeschichtlichen Handelns" dem Vorstellungshorizont der Betroffenen zumeist entziehen[7]. Nach Schütze wird eine Erzählung von erfaßten und von versteckten Systembedingungen lebensgeschichtlichen Handelns und Erleidens bestimmt[8]; das Ausdeuten des Erzählten auf dem Hintergrund dazugehörigen Kontextwissens kann zum Sichtbarmachen, Verstehen und Einschätzen dieser Bedingungen und Prozesse beitragen.

Zwei weitere Überlegungen sprechen für die biographische Methode: Das Erzählen hat in der Arbeiterschaft eine herausgehobene Reflexionsfunktion. Schriftliche Befragungen oder standardisierte Interviews knüpfen an diese Funktion und an narrative Kompetenzen gerade nicht an. Wenn wir uns aber ein Bild machen möchten über Lebensentwürfe und Lebensverhältnisse von Angehörigen der Arbeiterschaft, spricht vieles dafür, sich für dasjenige methodische Instrumentarium zu entscheiden, das mit solchen mündlichen Traditionen der zu Befragenden am ehesten korrespondiert.[9]

Sich autobiographisch seiner Mit- und Nachwelt zur Kenntnis zu geben ist, von Ausnahmen abgesehen, ein Anliegen von Angehörigen des Bürgertums gewesen.[10] Erst seit den 1980er Jahren scheinen sich Vertreter der Erziehungswissenschaft wieder[11] für die Subjektivität derjenigen zu interessieren, „die bisher (auch biographisch) stumm geblieben sind"[12]. Die Hinwendung zu den Lebensgeschichten sogenannter kleiner Leute ist auch Parteinahme für ,geschichtslose' soziale Gruppen: „Durch Veröffentlichung von Lebensgeschichten aus stigmatisierten Milieus soll öffentliches Verständnis für Sinnhorizonte und Lebensentwürfe dieser Gruppen erreicht werden".[13]

2.2 Probleme des Ansatzes und der Methode

In der Arbeit mit Lebensgeschichten bieten sich weite Interpretationsspielräume. Es gibt, das sei vorweggenommen, keine *eindeutigen* Regeln des Auswertens und Deutens. Wenn auch der Ansatz der „objektiven Hermeneutik"[14] einen Weg aus der scheinbar uferlosen Subjektivität versucht, indem er kontextunabhängig und mit Hilfe

---

7 Vgl. ALHEIT, Peter und DAUSIEN, Bettina 1985, S. 61.
8 Vgl. SCHÜTZE, Fritz 1984, S. 99; dazu auch HILDENBRAND, Bruno u.a. 1984.
9 Vgl. BAHRDT, Hans Paul 1975, S. 9ff.; STEINBACH, a.a.O., S. 320.
10 Für die Arbeiterjugend beispielsweise RATHMANN, a.a.O.; SCHMIDT, Erich E. 1988, PÖPPEL; Walter 1984; BLIEVERNICHT a.a.O., BRANDT, Willy 1982; 1990; siehe auch Kap. 6, Anm. 17.
11 Dazu ALHEIT, Peter 1986, S. 289–292; HORN, Klaus-Peter und TENORTH, Heinz-Elmar 1991, S. 191. – In der Geschichtswissenschaft hat es in den vergangenen 15 Jahren eine heftige Kontroverse gegeben im Zusammenhang mit einem Perspektivenwechsel, der sich an den Begriffen „Alltag", „Subjektivität", „oral history" und damit an den Zugängen und Methoden entzündete, die inzwischen aber beigelegt erscheint; resümierend: HARDTWIG, Wolfgang 1993; SCHULZE, Winfried 1994; BERLINER GESCHICHTSWERKSTATT 1994.
12 BAACKE, Dieter 1983, S. 301.
13 FUCHS, Werner 1984, S. 138; siehe auch LIEBEL, Manfred und SCHONIG, Bruno 1978; ZINNEKKER, Jürgen 1982; FUCHS, Werner 1980b.
14 OEVERMANN, Ulrich u.a. 1979.

27

von Strukturkomponenten den „Formcharakter von Interaktionen" und „objektive Sinnstrukturen" ausdeutet, wird damit nach Auffassung seiner Kritiker das Problem des Fremdverstehens lediglich verschoben.[15] „Methodisch kontrolliertes Fremdverstehen" ist ein Postulat, das von mir als Explikation der Forschungsschritte und als Plausibilisierung der gefundenen Deutungen verstanden wird. Ein Beispiel für so praktizierte Hermeneutik gibt Bude: Er hat Mitglieder der Flakhelfer-Generation untersucht, um „Ablagerungen bundesrepublikanischer Geschichte im individuellen Leben einzelner" zu entdecken, und er verwendet den Begriff „Lebenskonstruktionen" für das, was er aus den sprachlichen Objektivatationen der Befragten herausinterpretieren möchte. Lebenskonstruktionen seien, so Bude, nicht abfragbar, sondern müßten vielmehr „aus den Lebensäußerungen einer Person irgendwie erschlossen werden"[16]. Um die Logik der verborgenen Konstruktion finden zu können, müsse zunächst versucht werden, „die Logik der Relationen zwischen den einzelnen Äußerungen zu entziffern"[17]. Das Forschungsziel Budes, die Erzeugungsregeln eines subjektiven Lebens nachvollziehbar zu machen, soll über das *Offenlegen des Deutungsprozesses* gelingen.[18]

Die Entscheidung für den biographischen Ansatz bedeutet, die Perspektive des erzählenden Subjekts einzunehmen.[19] Nur so lassen sich übereilte Typisierungen vermeiden. Denn biographische Texte sollten nicht als Material für herkömmliche empirische Untersuchungen oder als „Belege" für allgemein vermutete Zusammenhänge genutzt werden. Das „Exampling", die Illustration von Aussagen durch mündliche Quellen, wird zwar – auch in dieser Untersuchung – angewendet, doch der Logik einzelner Lebensgeschichten kann solche Praxis nicht gerecht werden. In Kapitel fünf insbesondere ist der Versuch gemacht werden, „mit den Berichten selbst in eine Art Dialog"[20] einzutreten. Ein solches „Zwiegespräch" dient dem Erschließen der Bedeutungs- und Sinngehalte aus den Interviewprotokollen. Dabei ist eigenen Vorannahmen und ersten Probedeutungen gegenüber ein prinzipielles Mißtrauen entwickelt worden[21]: Forschern widerfährt häufig, daß (alltags-)theoretische Vorannahmen, die in der ersten Interviewphase und auch während der Auswertung noch die Aufmerksamkeitsrichtung bestimmten, angesichts der vieldeutigen und widersprüchlichen Lebenserinnerungen und Deutungsmuster der Interviewpartner „zerbröseln"[22]. „Eine naive Interpretation verläßt sich, wie das Alltagshandeln, auf das Maß der konventionell eingespielten, der herrschenden Deutungen. Kritisch dagegen nennen wir eine Interpretation dann, wenn das methodische Mißtrauen des Interpreten sich nicht nur

---

15 Vgl. GESTRICH, Andreas, KNOCH, Peter und MERKEL, Helga (Hrsg.) 1988, S. 13f.; FISCHER, Wolfgang und KOHLI, Martin 1987, S. 44f.
16 BUDE a.a.O., S. 13.
17 Ebd.
18 Siehe das Beispiel a.a.O. S. 15ff.
19 Vgl. HEINZE, Thomas und KLUSEMANN, Hans-W. 1984, S. 186, 190.
20 LIEBEL/SCHONIG a.a.O., S. 140.
21 Vgl. HEINZE/KLUSEMANN a.a.O., S. 184; PLÖGER, Wilfried 1988, S. 112.
22 NIETHAMMER, Lutz 1983, S. 11.

gegen seine eigenen Vorbegriffe und Gesichtspunkte wendet, sondern auch darauf sich richtet, daß die Interpretation – dadurch, daß sie vorzeitig abgebrochen wird – nichts zum Vorschein bringen könnte als die ‚Mythen des Alltags‘ “.[23]

Mit Empathie also und mit pädagogischer Phantasie, wie Baacke[24] vorschlägt, sollen die Konstruktionen der Lebensgeschichten dieser Studie zu interpretieren versucht und – bezogen auf die oben genannte Fragestellung – die „Moral“ einer Lebensgeschichte jeweils herausgearbeitet werden.[25]

Die Deutungen sind mit den Interviewpartnern nicht diskutiert worden. Dieser Entscheidung lag die Auffassung zugrunde, daß mein bildungsgeschichtliches Interesse nur schwer oder gar nicht rückzukoppeln ist mit der Erfahrungsverarbeitung und den Deutungsmustern der Subjekte. Von dieser Überlegung hat sich auch Niethammer leiten lassen: „Die Hoffnung, durch das Befragen der historischen Subjekte auch schon die Voraussetzungen für eine Geschichtsschreibung geschaffen zu haben, in der sich diese Subjekte auch wiederfinden (und ohne Befremden lesen) können, konnten wir jedenfalls kaum einlösen“.[26]

Wenn einzelne Lebensgeschichten in einen identitätsstiftenden sozialen Kontext – wie den der SAJ – eingebunden sind oder waren, stellt sich die Frage nach den *kollektiven Anteilen* am individuellen ‚Schicksal‘. In den auf Arbeiterlebensgeschichten basierenden Studien der Industriesoziologie der 70er Jahre war die zentrale Forschungsfrage die nach „Wahrnehmungsformen und Dispositionen kollektiven Handelns“[27]. Die sozialwissenschaftliche Wende in der Pädagogik hat eine vergleichbare Perspektive eröffnet: Aus Furcht vor einem Rückfall in die geisteswissenschaftliche Richtung sind bis in die 80er Jahre hinein wenige Alternativen zu einem ‚soziologischen Blick‘ zu finden gewesen.[28] Die Verfasserin hat sich diesem, inspiriert durch die mit der ‚Alltagswende‘ zurückgewonnene Perspektive auf das Individuelle, zu entziehen versucht, indem sie die Komplexität und auch die Irritationen, die je einzelne Biographien erzeugen, bewußt aufnahm und vorschnellen Klassifizierungen und Typisierungen auswich.[29] Die Frage nach kollektiven Aspekten von Lebensgeschichten ist dennoch in den Interpretationshorizont eingegangen, denn die befragten ehemaligen

---

23 HEINZE/KLUSEMANN a.a.O., S. 191.
24 Vgl. BAACKE, Dieter 1983, S. 298.
25 Vgl. SCHÜTZE, Fritz 1984, S. 103.
26 NIETHAMMER a.a.O., S. 21; befürwortend dagegen ZINNECKER a.a.O., S. 305 und HEINZE/ KLUSEMANN a.a.O., S. 195f. und in einem allgemeineren Sinn BERGER, Hartwig 1974; FREYBERG, Thomas v. 1978.
27 OSTERLAND, Martin 1973, Kritik bei DEPPE, Wilfried 1982.
28 Einerseits Strukturen nachzeichnen zu können und andererseits „den Individuen mit ihrer Biographie Gerechtigkeit widerfahren zu lassen, davon ist die Disziplingeschichte unseres Faches allerdings noch weit entfernt“ (HORN/TENORTH, a.a.O., S. 191); im Grenzbereich von Soziologie und Erziehungswissenschaft ALHEIT/DAUSIEN, a.a.O.; ALHEIT, Peter und HOERNING, Erika 1989; MAROTZKI, a.a.O. (1990, 1991); siehe auch Kapitel 5, Anm. 2.
29 Vgl. dazu BAACKE, Dieter 1984, S. 19f., zur Individualität auch BERGMANN, Klaus 1991, insb. S. 195.

Arbeiterjugendlichen sind unter ähnlich beschreibbaren Lebens- und Arbeitsbedingungen und mit den Erfahrungen einschneidender historischer Ereignisse und Veränderungen aufgewachsen. Es wäre somit nicht verwunderlich, wenn sich der „Fall" zum Teil als Ausschnitt aus dem Ganzen erwiese. Die Interpretationen haben aber kurzschlüssige Verallgemeinerungen vermeiden wollen und ggf. dem Eigensinn[30] und den Widerständigkeiten der Individuen gegen die ‚Verhältnisse' Raum gegeben. Orientierend war in dieser Hinsicht ein „vorsichtig-tentatives" Deuten (Baacke).

Bourdieu[31] warnt vor der „biographischen Illusion". Er unterstellt, daß die Sinnkonstruktionen der/des einzelnen durch die „oral historians" quasi höhere Weihen erhalten, für sich genommen aber wissenschaftlich nichts aussagen. Für Bourdieu sind biographische Ereignisse definiert als Plazierungen und Deplazierungen im sozialen Raum bzw. sind Zustände der „Verteilungsstruktur der verschiedenen Kapitalsorten (ökonomisches, soziales und kulturelles Kapital – H.B.-C.), die in dem betreffenden Feld im Spiel sind".[32] Die Favorisierung der biographischen Methode sei ebenso absurd, „wie zu versuchen, eine Metro-Strecke zu erklären, ohne das Streckennetz in Rechnung zu stellen, also die Matrix der objektiven Beziehungen zwischen den verschiedenen Stationen".[33] Die auch in die westdeutsche sozial- und erziehungswissenschaftliche Diskussion eingeführte Kategorie des „Habitus"[34] gilt als „aktives Prinzip der Vereinheitlichung der Praktiken und Repräsentationen"[35]. Darunter versteht der Autor gruppenspezifische Ausprägungen solcher Sozialisationsprozesse, die im soziokulturellen Umfeld eines Individuums gültig sind. Ich stimme dagegen eher Niethammer zu, der den Habitus-Begriff, auf zeitgeschichtliche Untersuchungen bezogen, für wenig praxisrelevant hält: dem komplexen Problem der Beziehung zwischen individuellem und kollektivem Gedächtnis werde man mit dem Habitus-Begriff nicht gerecht, dieser sei nicht von ungefähr in Gesellschaften mit geringer Wandlungsgeschwindigkeit gewonnen worden[36].

Auf eine ausführliche Erörterung des Einwandes, die biographische Methode sei Verfahren der empirischen Sozialforschung in bezug auf die Objektivität unterlegen, wird in dieser Arbeit verzichtet. Lebensgeschichten sind selbstredend keine Abbildungen der Realität, sondern bereits Interpretationen des Erlebten und Erfahrenen[37] – die

---

30   Alf LÜDTKE benutzt den Begriff „Eigensinn", bezogen auf die Arbeitswelt, dann, wenn nicht die funktionalen Regeln des Arbeitsablaufs die Kooperation und Kommunikation von Arbeitern untereinander bestimmen, sondern (eine Zeitlang) selbst gesetzte Formen des Umgangs, z.B. das Necken, körperliches Messen; siehe ders. 1986 und 1989 sowie NEGT, Oskar und KLUGE, Alexander 1981, S. 741ff.; ALHEIT, Peter 1990, S. 61 und 1986.

31   BOURDIEU, Pierre 1990.

32   A.a.O., S. 80.

33   Ebd.

34   BOURDIEU, Pierre 1978; LIEBAU, Eckart und MÜLLER-ROLLI, Sebastian 1985.

35   BOURDIEU 1990, S. 77.

36   Vgl. NIETHAMMER, Lutz 1990, S. 91; ders. 1985, S. 115f.; zur Kritik an BOURDIEU auch ALHEIT 1990, S. 57ff.

37   Vgl. FISCHER, Wolfram 1978, S. 318.

historische ‚Wahrheit' wird uns nicht erzählt. Die auf Kommunikation angelegte biographische Methode bringt die „Quellen" aber überhaupt erst zum Sprechen, und wir konfrontieren deren Lebenskonstruktionen mit unseren Deutungen. Henningsen erläutert den Vorteil dieses Vorgehens gegenüber den ‚härteren' Methoden mit Hilfe einer Metapher: „[...] mit der autobiographischen Aussage haben wir einen ‚Angeklagten' vor uns, der spricht; mit dem empirischen Faktum haben wir es mit einem ‚Angeklagten' zu tun, der stumm ist".[38] Getäuscht werden könne man in beiden Fällen.

Die Gruppe der zu Befragenden ist zu einem Gutteil ein „self-selected-sample", d.h. Interviewpartner/innen haben mir Adressen von FreundInnen und Bekannten gegeben. Kontakte sind über Gesprächskreise im Ruhrland-Museum und in der „Alten Synagoge" Essen sowie über die SJD „Die Falken" und durch die Mitarbeit an zwei Ausstellungen zur Geschichte der Arbeiterjugendbewegung[39] hergestellt worden. Repräsentativität im statistischen Sinn ist nicht gewährleistet; diese kann mit der biographischen Methode kaum erreicht werden. Den gesamten Lebenslauf mit seinen Brüchen, Arbeitsplatz- und Berufswechseln, Veränderungen der Weltanschauung usw. zu ‚erfassen', hieße, eine Vielzahl von Variablen zu entwickeln mit genügend großen Untergruppen, so daß das Sample sehr umfangreich geriete.[40] Vertreter der Oral History gehen demgegenüber davon aus, daß Themenkomplexe durch eine begrenzte Anzahl struktureller Muster geprägt sind und daß eine theoretische Sättigung nach 15–30 Interviews anzunehmen ist: „Die Zahl und Bandbreite möglicher Faktoren und Variablen kann sehr groß sein, doch diese fügen sich zu einer begrenzten Anzahl von Strukturen und Prozeßabläufen zusammen. Um diese aufzusuchen und erkennen zu können, genügt es, eine relativ kleine Zahl von Interviews zu führen [...]".[41]

2.3 Das Interview als Erkenntnisquelle

Ein biographisch orientiertes Interview hat im Idealfall drei Teile: Es beginnt mit einem narrativen Teil (der/die Befragte erzählt so ausführlich, wie er/sie möchte, seine/ihre Lebensgeschichte), dem folgt eine Nachfragephase mit Hilfe eines Leitfadens und schließlich eine dialogische Phase, in der Einschätzungen ausgetauscht und Unklarheiten aus dem ersten Teil thematisiert werden. In der konkreten Interviewsituation lassen sich diese drei Phasen meist nicht ganz auseinanderhalten. Das liegt einmal an ‚Fehlern' bei der Interviewgestaltung, kann aber auch mit den Vorstellungen unserer

---

38 HENNINGSEN, Jürgen 1981, S. 24; zur Autobiographik auch BERGMANN, a.a.O.
39 Siehe KULTURAMT DER STADT ESSEN 1983; 1985 zeigten das Essener Ruhrland-Museum und die Mahn- und Gedenkstätte „Alte Synagoge" anläßlich der Gründung der ersten (informellen) Arbeiterjugendgruppe im Jahr 1905 gemeinsam eine Ausstellung unter dem Titel „80 Jahre sozialistische Arbeiterjugendbewegung in Essen 1905–1985".
40 Vgl. BRÜGGEMEIER, Franz und WIERLING, Dorothee 1986, S. 11.
41 A.a.O., S. 14.

Gesprächspartner/-innen zusammenhängen, mit der Erwartung, nach „Objektivem" gefragt zu werden. Daß das ganze Leben für die Forschung interessant ist, muß erklärt werden, und Vorbehalte lassen sich häufig nicht völlig aufheben. Diese Beobachtung führe ich auf eine Distanz der Befragten zu den geisteswissenschaftlichen Disziplinen zurück. Plausibler wäre den meisten Interviewten eine Aufarbeitung der Organisationsgeschichte der SAJ mit ihren in leitender Funktion tätigen „Jugendgenossen", mit den Treffpunkten der Gruppen, ihren Aktivitäten und mit ihren internen politischen Auseinandersetzungen. „Aber was", so wird gefragt, „kann die Lebensgeschichte eines einfachen Mitglieds aussagen?" Die Forscherin muß ihre Interviewpartner/-innen überzeugen und versuchen, Vertrauen zu gewinnen. Eine Mitgliedschaft der Forscherin in der SPD hätte bei einem überwiegenden Teil der Zeitzeugen die Kennenlernphase vermutlich erleichtern oder beschleunigen können.

Die zu Anfang gestellte Frage nach dem Verlauf des bisherigen Lebens weckt in der Regel beim Befragten das Bedürfnis, „die Ereignisse seines Lebens in einen sinnvollen Zusammenhang miteinander und mit der aktuellen Situation zu bringen".[42] Schütze spricht von den „Zugzwängen des Stegreiferzählens", d.h. wir Fragenden bzw. die Gesprächssituationen locken in dreifacher Weise die lebensgeschichtliche Erfahrungsrekapitulation hervor:

1. Durch den Zugzwang der Gestaltschließung wird bewirkt, „daß der Tendenz nach *alle* wesentlichen Teilergebniszusammenhänge der erlebten Geschichte vom Erzähler narrativ rekapituliert werden"[43], dazu gehören auch die Zusammenhänge, in die der Befragte evtl. negativ involviert war;

2. der Kondensierungszwang führt zu einem Erzählen um bestimmte „Ereignisknotenpunkte" herum und trennt das Wichtige vom für den Gesamtzusammenhang Unwichtigen, das gar nicht erst rekapituliert wird;

3. den Zugzwang der Detaillierung beschreibt Schütze als ein „mikronarratives Phänomen"; es „bewirkt, daß sich der Erzähler – abgesehen von Rückblenden und anderen Rahmenschaltungen – in der Erzeugung und der Reihenfolge seiner narrativen Sätze an den tatsächlichen, im historischen Gesamtzusammenhang erfahrenen Ereignissen und ihrer Reihenfolge ausrichtet"[44].

Jedes Interview bestätigt im großen und ganzen das Vorhandensein von Zugzwängen. Schütze legt seinen Erzähltheorien die – in der Praxis nicht überprüfbare – Homologie-These zugrunde. Er versteht darunter, daß der lebensgeschichtliche Erfahrungsstrom mit dem aktuellen Erzählstrom übereinstimmt, oder in seinen Worten: Der

---

42 MICHEL, Gabriele 1985, S. 79.
43 SCHÜTZE, Fritz 1982, S. 572.
44 Ebd.; narrative Zugzwänge werden von Schütze als „Organisationsprinzipien der lebensgeschichtlichen Erfahrungsrekapitulation" bezeichnet und zurückgeführt auf die „interaktive Einübung der elementaren Vorformen der Kommunikationsschemata der Sachverhaltsdarstellung des Beschreibens, Argumentierens und Erzählens in frühen Phasen der Ontogenese", ders. 1984, S. 80.

Erzähler läßt „sich noch einmal durch den Strom seiner ehemaligen Erlebnisse und Erfahrungen treiben[45]."

Schützes Überlegungen beziehen sich ausschließlich auf Stegreiferzählung, jede ritualisierte Form des Erzählens dagegen setze die Ordnungs- und Organisationsprinzipien der Rekapitulation außer Kraft.

Der Haupterzählung, d.h. dem narrativen Teil eines Interviews, schreibt nicht nur Schütze die größte Relevanz hinsichtlich der Rekonstruktion der Lebensgeschichte und der Interpretation durch die Forschenden zu.[46] Lenz hingegen vertritt die Auffassung, daß auch im Nachfrageteil noch „wichtige Freisetzungsfunktionen" wirksam werden können, und begründet das mit dem allmählichen Aufbau einer sozialen Beziehung; zentrale Informationen würden unter Umständen erst in einer späteren Phase des Interviews mitgeteilt.[47] Meine Interviewerfahrungen bestätigen in vielen Fällen Lenz' Relativierung.

Der Interviewleitfaden[48] der vorliegenden Arbeit ist im Lauf der ersten Gespräche differenzierter geworden. Doch einschränkend sei angemerkt: Recherchen mit Hilfe einer solchen Gedächtnisstütze stehen immer in der Gefahr eines quasi bürokratischen Vorgehens, d.h. das ‚Abhaken' von Fragen kann zuungunsten des Narrativen wirken und die Reflexions- und Konstruktionsmöglichkeiten der Interviewpartner/-innen beschneiden.

Störungen der Interviewsituation gehen aber auch von den Befragten aus: Herr O., der mit 73 Jahren noch immer berufstätig war, hatte nur so eingeschränkt Zeit für ein Gespräch, daß ich ihm nach gut einer Stunde meinen Fragenkatalog überließ; er schickte mir diesen einige Tage später ausgefüllt zu. Das Interview hat selbstverständlich unter dem Zeitdruck gelitten, indem es narrative Phasen beschnitt; dennoch ist es nicht wertlos. Als Seniorchef eines großen Verlagshauses hat Herr O. notwendigerweise eine strikte Tageseinteilung, und so konnte ich nicht Bedingungen vorfinden, wie sie bei Frauen und Männern im Ruhestand anzutreffen sind. Herr O. kommt aus einem säkularisierten christlich-jüdischen Elternhaus und repräsentiert damit eine Minderheit innerhalb der SAJ, über deren Erfahrungen wenig bekannt ist. Er gehörte nach 1933 außerdem der Widerstandsgruppe „Roter Kämpferkreis" an. Eine Berücksichtigung dieses Interviews halte ich daher trotz seiner Mängel für vertretbar.

Auch der pensionierte Redakteur Otto Haupt hat unserem Gespräch – in diesem Fall wohl aus Zurückhaltung und einem gewissen Mißtrauen – einen engen Zeitrahmen gegeben. Herr Haupt stellt eine weitere Ausnahme unter den Zeitzeugen dar: Er stieg nach 1939 innerhalb der deutschen Wehrmacht bis zum Offizier auf und holte in kana-

---

45 A.a.O., S. 79.
46 WOLF, Hartmut K. 1985.
47 Vgl. LENZ, Karl 1988, S. 39.
48 Die Sozialdaten meiner Interviewpartner/-innen (als Synopse im Anhang) sind mit Hilfe dieses Leitfadens erfragt worden.

discher Kriegsgefangenschaft die Reifeprüfung nach. Auch seine Erinnerungen sind trotz ihrer eingeschränkten narrativen Qualität berücksichtigt worden.

Andere Gesprächpartner/-innen waren nicht nur äußerst freigebig mit ihrer Zeit, sie ließen sich, wenn es notwendig war, ein zweites Mal befragen oder riefen an, wenn sie noch ein Detail oder eine weitere Erinnerung nachzutragen hatten; einige wenige brachten Ergänzungen zu Papier. Kurz vor unserem Interviewtermin starb Herr G., geb. 1915. Er hat (hauptsächlich für seine Familie) lebensgeschichtliche Erinnerungen verfaßt. Schriftliche autobiographische Texte sind ebenso wie mündliche interpretationswürdige Quellen, daher ist auch Herrn G.s Text ausgewertet worden, allerdings mit einem ausdrücklichen Hinweis auf die Art seines Zustandekommens.

Einundzwanzig lebensgeschichtliche Interviews mit ehemaligen SAJlern sind in die Untersuchung eingegangen. Sie umfassen die Altersgruppen zwischen Jahrgang 1903 und 1919, rund die Hälfte waren Gespräche mit Frauen (im Jugendverband machten Frauen ein Drittel der Mitglieder aus). Der Anteil der befragten Funktionärinnen und Funktionäre ist identisch mit ihrer Repräsentanz in den SAJ-Gruppen und liegt bei 10–20 Prozent. Darüber hinaus habe ich ein ausführliches Gespräch mit Frau Kempkes, Jg. 1890, geführt, der Mutter von Erika Hohmann, sowie ein Interview mit Doris Braune, Jg. 1902, die in den 20er Jahren dem Kreis um Artur Jacobs[49] angehörte und Mitgliedern der SAJ und anderen Nebenorganisationen nahe stand.

Ein Interview dauerte zwei bis vier Stunden. Die Gespräche wurden aufgezeichnet, und im Anschluß wurde ein Protokoll des Verlaufs sowie ein Bogen mit den wichtigsten Sozialdaten hergestellt. Die Transkription der Bänder habe ich selbst vorgenommen. Das hatte den Vorteil, Besonderheiten und Auffälligkeiten, wie z. B. Gesprächsunterbrechungen, stockende Redeweise, Versprecher, noch einmal bewußt wahrzunehmen, im Transkript zu vermerken und schließlich in die Interpretation einfließen zu lassen. Die Abschriften bestehen teils aus wörtlicher Wiedergabe, teils aus Zusammenfassungen, die so verschlagwortet sind, daß in einer späteren Phase genauere Textkenntnisse nachgeholt oder die Cassetten auf bestimmte Fragestellungen hin erneut abgehört werden konnten.

Die mündlichen Quellen habe ich nicht in allen Fällen anonymisiert. Die Witwe einer meiner Interviewpartner befand, es hätte im Interesse ihres Mannes gelegen, mit seinem Klarnamen in die Untersuchung einzugehen. Anders verhält es sich mit den in Essen prominenten Befragten, der ehemaligen Bürgermeisterin, Frau M.-D., und den nach 1933 am Widerstand Beteiligten, Herrn O., Herrn G. und Herrn Sch., die bereits in überlokalen Veröffentlichungen Erwähnung gefunden haben: Der Zusammenhang zu Untersuchungen über die NS- und die Nachkriegszeit, in den Anmerkungen jeweils zu finden, sollte nicht zugedeckt werden, gleichzeitig aber ein zumindest partieller Persönlichkeitsschutz gewährleistet sein. Herr Sch. hat sich dieser Überlegung aus-

---

49 Siehe Kap. 4, Anm. 95 und 216.

drücklich angeschlossen; bei ihm kam die Furcht hinzu, man könne um seine Lebensgeschichte zu viel Aufhebens machen. Die übrigen 17 Gesprächspartner/-innen haben ein Pseudonym erhalten, und einige Details ihrer Erzählungen wurden verändert.

Diese Studie wird sich also besonders auf mündliche Quellen stützen. Erfahrungen mit der Oral History in der Erziehungswissenschaft sind – bezogen auf ältere Erwachsene – verhältnismäßig neu, so daß die Studie in methodischer Hinsicht als Experiment angesehen werden muß. Es ist jedoch nicht nur Neuland betreten worden. Zur Kontextuierung der subjektiven Aussagen, zum Verständnis der Lebensgeschichten war ebenso ein Rückgriff auf bewährte Quellenbestände erforderlich: So wurden indirekte Selbstzeugnisse benutzt, das sind meist zeitgenössische psychologische und soziologische Untersuchungen, die Einstellungen und Lebensweisen von Arbeiterjugendlichen beschreiben. Hinzu kam Literatur aus dem Umfeld der Sozialdemokratie. Ausgewertet habe ich darüber hinaus hauptsächlich Verbandszeitschriften, die lokale SPD-nahe Presse sowie Aktenbestände des Essener Stadtarchivs. Zu referieren und diskutieren waren schließlich gegenstandsrelevante bildungsgeschichtliche Arbeiten.

3. Lebensbedingungen Arbeiterjugendlicher in der Weimarer Republik

3.1 Krisenzeiten

Die Arbeiterjugend der Zwischenkriegszeit ist mit nicht enden wollenden Notsituationen und wirtschaftlichen Krisen großgeworden.[1] Selbst die in der allgemeinen Literatur als „golden" bezeichneten Jahre zwischen 1924 und 1927/28 haben kaum erkennbare Einflüsse auf die Lebenslage proletarischer junger Männer und Frauen im Ruhrgebiet – und speziell in Essen – gehabt. Reulecke konstatiert denn auch spezifische Prägungen der Jugendgenerationen während der Weimarer Epoche: „Die tatsächliche Bedeutung von ‚Jugend' und der Bildungseffekte dieser Lebensspanne für das Individuum ergaben sich hier wie wohl kaum je vorher aus der subjektiven Wahrnehmung und Befindlichkeit einer krisengeschüttelten und innerlich zerrissenen ‚bürgerlichen' Gesellschaft".[2]

Um die örtlichen Bedingungen wenigstens im Umriß zu erfassen, sei zunächst in chronologischer Form dargestellt, wie sich die Lebenssituationen in Essen nach 1919 entwickelt haben, welche Probleme uns durch schriftliche Quellen überliefert sind (und häufig ihre Entsprechung und Konkretisierung in den mündlichen Aussagen gefunden haben). Der gravierende Komplex der Jugendarbeitslosigkeit, der die Lebensplanung der Jungen und Mädchen ganz direkt betraf, soll weiter unten ausführlicher vorgestellt werden.

Nach dem Umsturz im November 1918 waren die meisten Lebensmittel, wie schon in der Kriegszeit, rationiert; die Preise stiegen.[3] Auf der Stadtverordnetensitzung vom 24.1.1919 wurde die Lebensmittellage als „außerordentlich ernst" bezeichnet. Die Gesundheit der Kinder sei in Gefahr, die Sterblichkeitsziffer steige. Die Stadt organisierte Landaufenthalte für Heranwachsende.[4] Es herrschte Wohnungsnot.[5]

---

1   Über die Notsituationen nach dem Ersten Weltkrieg im Ruhrgebiet HARTEWIG, Karin 1993, insb. S. 170ff.
2   REULECKE, Jürgen 1989, S. 86–110.
3   Die „Arbeiter-Jugend" hat 1919 zu ihrer Weihnachtsfeier mit musikalischen Beiträgen und Rezitationen eingeladen, sie richtete sich an die Leser/-innen der Volkswacht: „Die Leitung möchte nun jedem Jugendlichen ein kleines Geschenk überweisen. Infolge der großen Teuerung ist sie aber nicht in der Lage, sich diese großen Auslagen leisten zu können. Der Verein wendet sich daher an alle Freunde und Genossen der Jugendbewegung mit der Bitte, dieses Vorhaben zu unterstützen. Gewünscht werden vor allem gute Bücher für das Alter von 14 bis 18 Jahren [...]" (9.12.1919).
4   Vgl. Arbeiter-Zeitung vom 25.1.1919.
5   Siehe Kapitel 3.2 „Wohnen".

1920 galt als ein Jahr „schwerster Not". Der Wiederaufbau nach dem Krieg befand sich noch immer in einem Anfangsstadium, die Lebensmittelversorgung blieb unzulänglich, u.a. ausgelöst durch die März-Unruhen im Ruhrgebiet, die das öffentliche Leben weitgehend lahmgelegt hatten. Das änderte sich auch nicht im darauffolgenden Jahr. In den USA aufgebrachte Gelder ermöglichten die Verteilung preiswerter sogenannter Quäker-Speisungen an Kinder und Jugendliche.[6]

Die von der Verwaltung der Stadt Essen herausgegebene Chronik nennt das Jahr 1922 „ein Jahr der Not auf allen Gebieten". Die Mark verlor zunehmend an Wert, die Kohlenpreise stiegen, und nach wie vor bestanden Ernährungsprobleme.[7] Als 1923 die Franzosen die Stadt besetzten, verschlechterte sich die desolate Situation weiter: Lebensmittel, insbesondere Fett, wurden noch knapper. Der Essener Stadtarzt sah eine erhebliche Verschlechterung der Gesundheit der Jugend, zumal Keuchhusten und Grippe grassierten. Die amerikanische Lebensmittelhilfe war in dieser Zeit unterbrochen. Auch auf dem Wohnungsmarkt stellte sich eine weitere Verschärfung ein.[8]

Obwohl die französischen Truppen Essen Anfang 1925 räumten, blieben die wirtschaftliche Lage und der Wohnungsmarkt weiterhin angespannt. Erst 1926 wurde von seiten der Stadt die Wirtschaftsentwicklung etwas positiver gesehen.[9] Die leicht optimistische Einschätzung der Stadtverwaltung setzte sich auch 1927 fort. Man sprach von einer Belebung der Wirtschafts- und Arbeitsmarktlage. Die „Essener Kinderhilfe" gab in einer Volksküche kostenlos Essen aus.[10] Der Wohnungsmarkt stagnierte jedoch nach wie vor.[11]

Das Jahr 1928 ist von einem allmählichen Absinken der gerade etwas erholten Konjunktur gekennzeichnet gewesen, und die Chronik der Verwaltung faßt zusammen, „daß die wirtschaftlichen Spannungen zeigten, wie stark die Wirtschaft unter dem Druck von Reparationslasten, Kapitalnot und Schwierigkeiten in den Außenhandelsbeziehungen stand, und wie weit sie von einer inneren Festigung entfernt war".[12]

1929/1930 wirkte die Weltwirtschaftskrise auch auf die Essener Verhältnisse ein. Die SPD forderte Winterhilfsmaßnahmen für Bedürftige. „Not und Elend sind in

---

6 Vgl. Chronik der Stadt Essen für 1921, a.a.O., S. 92; siehe auch Arbeiter-Zeitung vom 1.4. und 28.4.1920.
7 Vgl. Chronik 1922, S. 46ff.
8 Vgl. Chronik 1923, S. 51f., S. 222.
9 Vgl. Chronik 1926, S. 33ff., S. 91.
10 1928 fand in Dortmund der Reichsjugendtag der SAJ statt. Zum Programm gehörte die Besichtigung der auf Reichsebene entwickelten Ausstellung „Das junge Deutschland", die das Dortmunder Gesundheitsamt um konkrete, mit den Essener Verhältnissen vergleichbare, Zahlen über die Lebensbedingungen von Jugendlichen angereichert hatte: „Bei den Ostern 1927 entlassenen Volksschülern waren von hundert Knaben 25 unterentwickelt und von hundert Mädchen 20; 53 Knaben und 56 Mädchen von hundert traten krank in das Erwerbsleben ein. Sehr hoch ist der Prozentsatz der Jugendlichen, die für schwere körperliche Arbeit ungeeignet sind. Das sind deutlich die Folgen des Krieges", in: ROTE JUGEND AUF ROTER ERDE 1929, S. 61.
11 Vgl. Chronik 1927, S. 35ff., 95f.
12 Chronik 1928, S. 36.

jedem Hause", schrieb die „Volkswacht", „die Sorgen um Gegenwart und Zukunft erdrücken den zur Untätigkeit verdammten Arbeiter, der sich und seine Familie täglich mehr und mehr verkümmern sieht. Ist erst die Zeit der Arbeitslosenunterstützung abgelaufen und die Wohlfahrtspflege betreut den Ausgeschiedenen, dann geht es schnell bergab"[13].

1931/1932 legte die Firma Krupp große Teile ihrer Produktionsstätten still, von 24.000 Arbeitern des Jahres 1927 verblieben 1932 noch 14.000. Der Gesundheitszustand der Jugend wurde von ärztlicher Seite als alarmierend angesehen, Armutskrankheiten nahmen zu, regelmäßige Ernährung, Schuhe und Mäntel fehlten. Ein Viertel der Essener Bevölkerung galt als unterernährt, und über ein Drittel der Ruhrgebietsbevölkerung lebte von öffentlicher Unterstützung.[14]

3.2 Wohnen

3.2.1 Die allgemeine Situation

In der Weimarer Verfassung (Artikel 155) war der Auftrag formuliert, gesunde und den Bedürfnissen kinderreicher Familien entsprechende Wohnungen staatlicherseits zur Verfügung zu stellen, eine Direktive, die die Politik während der gesamten republikanischen Phase trotz der Zwangbewirtschaftung von Wohnraum nicht zu erfüllen in der Lage war. Zu groß war die aus der Kaiserzeit übernommene Hypothek[15]: Der Bedarf an Wohnraum reichte bei weitem nicht aus, und der Altbaubestand war zu einem großen Teil marode. „Zwar wurden zwischen 1919 und 1923 an 600 000 Wohnungen neu erstellt, aber was bedeuteten sie gegenüber einem Wohnungsbedarf, der 1920 1 Million, 1921 unter Einrechnung der verfallenden Wohnungen mit 1 1/2 Millionen berechnet wurde"[16]. Wenn auch die Reichsregierung 1924 die sog. Hauszinssteuer einführte, die zum Teil in den öffentlichen und privaten Wohnungsbau zurückfloß, änderte das doch nichts daran, daß das Wohnungsangebot weit hinter dem Bedarf zurückblieb. Für in den 1920er Jahren errichtete Wohnungen, die vielfach schon Gesichtspunkte des lebens- und sozialreformerischen „Neuen Bauens" berücksichtigten, wurden bedeutend höhere Mieten erlangt als für die Altbauten. Die staatliche Mietenfixierung war eng verknüpft mit der Lohnpolitik der Weimarer Zeit, berührte aber die Neubau-Mieten nicht in derselben Weise. Bei Altbauwohnungen

---

13   4.11.1930 unter der Überschrift „Wo bleiben die Winterhilfsmaßnahmen?"
14   Vgl. Volkswacht vom 18.1., 7.3., 21.12., 24.6., 4.8., 7.10.1932.
15   Vgl. WITT, Peter Christian 1979, S. 385f.
16   PRELLER, Ludwig 1978, S. 286; FLEMMING, Jens, SAUL, Klaus und WITT, Peter Christian 1988 nennen für 1919/20 ca. 1,5 Millionen fehlende Wohnungen, 1922 1,1 und Ende 1923 0,6 Millionen Wohnungen (vgl. S. 91) und verweisen darauf, daß die Methoden, solche Zahlen zu gewinnen, sehr unterschiedlich waren und die Exaktheit anzuzweifeln sei.

rechnete man im Reichsdurchschnitt bis ca. 1927/28 mit einem Mietanteil von einem Sechstel des Gesamteinkommens, bei Neubauwohnungen mit bis zu einem Drittel, so daß „für die große Masse der Arbeitnehmer die Benutzung einer Neubauwohnung so gut wie unmöglich"[17] war; vor allem Angehörige des Mittelstands und besser gestellte jüngere Facharbeiterehepaare konnten sich diese Mietbelastung leisten.[18] Winkler resümiert: „Da die überwältigende Mehrheit der Wohnungen, in denen die deutsche Bevölkerung zwischen 1918 und 1933 lebte, schon vor 1914 gebaut worden war, blieben die wohnungspolitischen Grundentscheidungen des Kaiserreichs auch für die Weimarer Republik bestimmend. Es gab nach wie vor Fabrikbezirke und fabrikfreie Bezirke, proletarische Stadtteile und bürgerliche Villenvororte".[19] Die Mietskaserne mit Klein- und Kleinstwohnungen blieb die hauptsächliche Unterkunft der Arbeiterfamilien. Und die Mietbelastung stieg mit der Weltwirtschaftskrise auf „geradezu schwindelerregende Höhe".[20]

Im Ruhrgebiet hatten sich – nicht zuletzt durch die Initiativen der Firma Krupp auf der einen und das Baugenossenschaftswesen der Arbeiterschaft auf der anderen Seite – auch preiswerte und architektonisch anspruchsvollere Siedlungsbauten durchsetzen können, von der eine Minderheit der sozialen Unterschicht profitierte.

3.2.2 Wohnen in Essen

Die Mehrzahl der Wohnungen in deutschen Großstädten verfügte über einen Raum bis drei Räume einschließlich der Küche. Im rheinisch-westfälischen Industriegebiet waren diese kleinen Wohnungen mit der höchsten Zahl von Menschen belegt. Die räumliche Enge ist auch kennzeichnend für Essen, wenngleich die Wohnformen eine starke Unterschiedlichkeit aufweisen. Mietshäuser Berliner Zuschnitts sind wohl wegen der durch den Bergbau verursachten Bodensenkungen nicht errichtet worden. Über 70% der Wohngebäude waren Kleinhäuser mit 1–4 Wohnungen.[21] Zweifellos hat hier der Krupp-Konzern seit der Industrialisierung wohnungspolitisch und architektonisch gewirkt. Ein auch mit den Maßstäben der Weimarer Republik noch positiv bewertetes Kruppsches Beispiel ist die im Grünen liegende Cottage-Siedlung ‚Altenhof' mit 607 Einzelhäuschen für altgediente Firmenangehörige. Ein anderes Beispiel, das auch in den Erzählungen der ehemaligen SAJler/-innen Aufmerksamkeit erfahren hat, sind die in den 1870er Jahren zunächst positiv beurteilten, im Schweizer Stil errichteten Holzhäuser der Firma Krupp am Schederhof, die, „für ihre Bewohner aber große Unannehmlichkeiten mit sich brachten. Hof- und Gartenanlage fehlen vollständig. Um Raum zu sparen, sind die Treppen zu den oberen Wohnungen außen ange-

17   PRELLER, a.a.O., S. 484.
18   Vgl. FLEMMING/SAUL/WITT, a.a.O., S. 92; LEHNERT, Detlef 1986.
19   WINKLER, Heinrich August 1985, S.79.
20   WINKLER, Heinrich August 1987, S.38.
21   Vgl. Volkswacht vom 12.3.1930; der Artikel stützt sich auf die Reichswohnungszählung von 1927.

bracht. Die Aborte liegen an offener Straße zwischen den Häuserblocks. Ein Keller unter der Küche ist nur durch Oeffnen einer Luke im Fußboden zugänglich. Jede Wohnung besteht nur aus einer Wohnküche und einem Schlafzimmer."[22]

Daß der Kruppsche Wohnungsbau dennoch vor der Jahrhundertwende zur Verbesserung der proletarischen Lebensbedingungen beigetragen hat, steht bei aller Kritik an den Verhältnissen auf dem Wohnungsmarkt und der Wohnungspolitik der 20er Jahre außer Frage[23], andernfalls wären die Essener Verhältnisse noch unzulänglicher gewesen als sie in den städtischen Verwaltungsberichten, der sozialdemokratischen Presse und von den befragten Zeitzeugen beschrieben werden.

Die Zwangsbewirtschaftung und die Neubebauung nach dem Ersten Weltkrieg änderten nichts daran, daß während der Weimarer Republik kleine, billige Wohnungen fehlten, beispielsweise wurden 1926 noch rd. 9000 Wohnungssuchende gezählt, das Wohnungsamt konnte lediglich 2000 Vermietungen anbahnen.[24] Dieses Problem blieb ein Dauerthema auch in den Verwaltungsberichten der Stadt Essen.[25]

Permanente Wohnungsnot führte dazu, daß unzulänglicher Wohnraum weiter genutzt und an die Ärmsten vermietet wurde. Räumliche Enge und mangelnde hygienische Bedingungen erhöhten die Krankheits- und Sterberate.[26] Die sozialdemokratische Tageszeitung „Volkswacht" prangerte 1930 das Wohnen in solchen Essener Mietshäusern an: „Hundert Meter lange Häuserreihen bis zu fünf Stock hoch, jede vierte Haustür eine Toreinfahrt. Jeder kennt diese schmutzigen Häuser, die draußen vor der Stadt liegen, es sind die Mietskasernen. Sie sind ein Bestandteil der Städte. Wenn auch gemeinnützige Baugenossenschaften luftige, sonnige, also gesunde Wohnungen bauen, sie langen bei weitem nicht. In den Fluren steht immer eine dicke verdorbene Luft, mit Gerüchen der Aborte und Kochdünste vermischt. Der Putz an den Wänden sitzt lose, er ist naß von der feuchten Luft, man darf sich nicht anlehnen. Bodensenkungen, verursacht durch den Bergbau, reißen lange und breite Risse in die Wände und Decken. Ganze Häuserblocks stehen schief, als wollten sie umfallen. Sie wackeln, wenn Lastautos über die holprige Straße fahren [...]. Das Leben der Familien untereinander hat ein ganz besonderes Gepräge, nichts abgekapseltes, ein jeder weiß vom anderen, benutzten doch drei und mehr Familien einen Spülstein, einen Abort [...]. Diese Menschen, die in den Kästen eingepfercht wohnen, wollen gar keine Geheimnisse untereinander haben, ihre Denkweise ist primitiv und offen. [...] Das sind die Mietskasernen. In ihnen wächst eine Generation auf, die einmal Träger eines Staates werden soll, ohne Licht und Sonne. In ihnen wohnen schwangere Frauen, die Augen

---

22 ZIEGLER, Siegfried 1928/29, S. 122.
23 CLARKE, Michael 1988, S. 28–53.
24 Vgl. Chronik der Stadt Essen für das Jahr 1926. Hrsg. von der Verwaltung der Stadt Essen. Essen o.J., S. 91f.
25 Verwaltungsberichte der Stadt Essen 1926–1932. Hrsg. im Auftrag des Oberbürgermeisters der Stadt Essen. StA Essen Fd 4.
26 HIRSCH, Paul 1926; Volkswacht vom 28.11.1930.

tief in den Höhlen liegend, vornübergebeugt den Körper. Diese Särge sind ein markantes Beispiel unserer heutigen Gesellschafts- und Wirtschaftsordnung".[27]

Während der Weltwirtschaftskrise und mit Zunahme der Arbeitslosigkeit erhöhte sich die Zahl derjenigen, die die (gestiegenen) Mieten nicht mehr aufbringen konnten. „Exmittierte" Familien wurden von der Essener Stadtverwaltung in Baracken, häufig auch auf Kosten der Kommune in den Wohnungen untergebracht, die sie vorher räumen mußten. 1932 gab es in Essen ungefähr 3.200 obdachlose Familien.[28]

Die Essener sozialdemokratische Presse hat das Thema „Wohnungselend" seit Ende der 20er Jahre verstärkt in die Öffentlichkeit getragen. Die SPD forderte von der Stadtverwaltung eine Verstärkung der Bautätigkeit und rechnete vor, daß das Mietaufkommen für Exmittierte dem Zinsaufwand entspreche, der für „einfache, zweckentsprechende Bauten" anfalle.[29] Elendsquartiere offenbarten den Charakter der kapitalistischen Wirtschaftsordnung, es sei die erste und wichtigste Aufgabe der Stadt, „diese Pestbeule am Volkskörper zu beseitigen[30]."

3.2.3 Wohnerfahrungen: Zwischen Anspruchslosigkeit und allmählicher Verbesserung

Aus den Gesprächen mit ehemaligen SAJlern läßt sich der Eindruck wiedergeben, daß die meisten als Kinder und Heranwachsende in der Weimarer Zeit beengte und in vieler Hinsicht unzureichende Wohnverhältnisse erfahren haben, ohne daß sie die hygienischen Zustände (weder Bad noch integrierte Toilette), die erzwungene Nähe zu den Familienmitgliedern (Schlafzimmer mit den Eltern oder Geschwistern, Wohnküche) und mangelnde Rückzugsmöglichkeiten, die u.a. intellektuelle Arbeiten erschwerten, rückblickend bedauern oder selbstmitleidig reflektieren. Denjenigen, die über das Wohnen im Lebensverlauf berichtet haben, war klar, daß es in den 20er Jahren eine Wohnungsknappheit gab und daß die Eltern – wie die ihrer Klassengenossen – kein Geld für höhere (Neubau-)Mieten aufbringen konnten. Der Einschätzung, damals wie viele andere Arbeiterkinder gelebt zu haben, wird Ausdruck gegeben im Vergleich mit heutigen, von den Interviewpartnern als komfortabel erfahrenen Wohnbedingungen. Einzig extrem defizitäre Situationen werden im biographischen Rückblick als Herausforderung oder schicksalhafter Einschnitt beschrieben.

---

27 SCHIEBEL, R. 1930; ähnlich die zeitgenössische Schilderung von Erich Grisar in: FLEMMING/ SAUL/WITT, a.a.O., S. 111f.

28 „Wirtschaftswahnsinn unserer Zeit", in: Volkswacht vom 21.11.1932.

29 Ebd; siehe auch „Wie wohnst Du?" (Werbung für die SPD), in: Volkswacht vom 30.1.1928; „Wohnungselend in Essen. Die Wanzenbaracke in der Nähe des Bahnhofes Altenessen", in: Volkswacht vom 26.6.1928; „Die kinderreichen Familien in Essen. Wie sie wohnen", in: Volkswacht vom 1.7.1929; „Die Wohnungsverhältnisse in Essen. 9054 überfüllte Wohnungen", in: Volkswacht vom 12.3.1930; „Das Wohnungselend", in: Volkswacht vom 5./6. April 1930; „Wirtschaftswahnsinn unserer Zeit", a.a.O.

30 „Wohnungselend und kein Ende", in: Volkswacht vom 29.1.1930.

Gertrud Schneidereit, Jg. 1916, zum Beispiel hat 1933 ihre Eltern verloren, sie wohnte eine Zeitlang zusammen mit ihrer jüngeren und ihrer gerade vermählten älteren Schwester in der Wohnung der ehemals sechsköpfigen Familie und stand, als das Paar diese Wohnung aufgab, überraschend wohnungslos da. Über ihre Kolleginnen im Eintracht-Konsum fand Frau Schneidereit für sich und ihre 14jährige Schwester ein Zimmer in der Stadtmitte. Den Wohnungswechsel erlebte sie als sozialen Abstieg; die neue Wohngegend lag in der damaligen Bewertung ‚unten‘, d.h. an der Grenze zu Essens „Scheunenviertel"[31], dem bis heute vor allem wegen der Prostitution ein miserabler Ruf anhaftet[32].

"Und denn sind wir da zur Viehofer Straße gezogen. Wir hatten damals keinen Ofen, nix, es war unheimlich kalt. Und denn sind wir abends da auf der Viehofer Straße war ja ‚AREG‘[33], unten am Bahnhof, da sind wir dann hingegangen, nur damit wir 'n bißchen warm wurden, nich, nix trinken, konnten wir uns nich [leisten], nur rumgestanden [...]. – War praktisch nur 'n richtig kahles Zimmer, war nich mal Wasser, war 4. Etage [...]. Und Wasser mußten wir uns oben, 5. Etage holen, da war auch Wasser und die Toilette auch, aber kein Licht oben. Wir hatten immer solche Angst. Da mußten wir uns oben unser Wasser holen und mußten dann auch zur Toilette, da nahmen wir immer 'ne Kerze mit, ne, also, war 'ne schlimme Zeit"[34].

Die Erinnerung, über die Wohnsituation (noch weiter) stigmatisiert worden zu sein, spricht auch aus den biographischen Aufzeichnungen Kurt G.s, der 1930, im Alter von 15 Jahren, mit seiner Mutter und seinen zwei Brüdern aus einer Wohnung im Segeroth-Viertel ausziehen mußte und im Norden der Stadt in Holzunterkünfte eingewiesen wurde: „Wir wohnten ja zu der Zeit in den sogenannten Exmittierten-Baracken in der Katernberger Straße. Zwei Jahre lang, glaub ich; ein Roman für sich, zu illustrieren mit Käte Kollwitz und Heinrich Zille. Mutter wurde dort eines Tages krank, gemütskrank, sagt man wohl".[35] Die Essener „Volkswacht" hat ihre Leser ausführlich über diese engen, feuchten und von Wanzen befallenen Altenessener Behelfsunterkünfte für die „Stiefkinder des Glücks" informiert.[36]

Daß sich das Familienleben, die Geselligkeit und die Hygiene in der Wohnküche abspielten, galt in proletarischen Verhältnissen der Weimarer Zeit als Normalität; meist war die Küche auch der einzig beheizte Raum. Paul Priebes Wohnbedingungen sind

---

31 Essener Arbeiterzeitung vom 21.9.1926, zitiert nach BAJOHR 1988, S. 87.
32 Siehe BAJOHR, Frank und GAIGALAT, Michael 1990.
33 Um 1930 eröffnetes erstes Automatenrestaurant Essens.
34 Interview Gertrud Schneidereit, Jg. 1916, Januar 1991.
35 „Altersgrübeleien", Lebenserinnerungen Kurt G., Jg. 1915, o.J. (1988), S. 6.
36 Volkswacht vom 26.7.1928, darin heißt es u.a.: „In einem Raume wohnten Mann, Frau und sechs Kinder. Der älteste Sohn 20 Jahre, eine Tochter 18 Jahre, dann noch vier unter 14 Jahren. Hier nützte das Aufstellen von Betten nichts mehr. In einer Ecke aufgetürmt fast bis zur Decke sind die Matratzen, die dann nachts auf dem Fußboden ausgebreitet werden. Ein Tisch, vier Stühle, ein Schrank und ein Herd war alles, der übrige Platz blieb den Menschen, die aus Mangel an Sitzgelegenheit auf der Erde hockten [...]".

von einer Reihe der Befragten geteilt worden, nämlich die Konzentration auf die mit Kohle erwärmte Küche, das Schlafen nicht nur der Eltern in einem Raum, zumindest ein Kind – meist etwas abseits vom elterlichen Bett – übernachtete mit Mutter und Vater in einem Zimmer. Gab es ein Zimmer nur für die Kinder, dann meist ein „halbes" oder, wie bei Frau M.-D., eine Mansarde ohne Heizung und fließendes Wasser. Daß die Toilette fast immer eine Treppe tiefer oder höher lag, wird in den Erzählungen, genau wie die Ofenheizung, als Selbstverständlichkeit angesehen. Liese Steffens ist mit ihrer sechsköpfigen Familie Mitte der 20er Jahre an den südlichen Stadtrand Essens gezogen, wo der Vater ein kleines Zechenhäuschen mieten konnte. Die vier Räume waren jedoch nicht an die Kanalisation angeschlossen (dieser Zustand war kein vorübergehender), so daß, wie es Frau St. schildert, „ein Fäßchen" im Keller als Toilette diente und von Zeit zu Zeit vom Vater geleert wurde.

Die räumlichen Begrenzungen wurden vielfach nicht nur notgedrungen akzeptiert, sondern man versuchte, diesen Verhältnissen Entfaltungsmöglichkeiten und Qualitäten abzutrotzen: Frau Schneidereit erinnert sich zum Beispiel an das Erscheinen mehrerer befreundeter SAJler aus dem Saargebiet, die 1930 an einem Jugendtreffen in Essen teilnehmen wollten und keine Bleibe hatten. Frau H. nahm sie mit zu ihren Eltern in die 3-Raum-Wohnung im Nordwesten, in der sechs Personen lebten. „Jetzt kam ich da an mit diesen Jungens [...], ach die Mutter, die hat wohl 'n Schreck gekriegt, ne, ,ja, wo soll ich denn damit hin?', ne. Na ja, auf jeden Fall, die Eltern haben die Jungens aber nicht wieder weggeschickt. Die Mutter hat denn bei uns im Mädchenzimmer mitgeschlafen, und wie die [Jungen] geschlafen haben, weiß ich gar nicht, ich glaub, die haben auf der Erde geschlafen, zwei in Betten und die anderen auf der Erde. Waren es vier oder waren es sogar fünf? Ich weiß es nicht mehr so genau. Auf jeden Fall und denn haben se gesacht, ,ja, wir sehen denn zu, ob wir morgen in der Jugendherberge unterkommen können'. Denn weiß ich nur, das ist mir noch so in Erinnerung geblieben, daß der Vater zur Mutter denn morgens sagte, bevor er zur Arbeit ging, ,Mutter, die Jungens haben doch gar kein Geld, laß sie doch bleiben 'n paar Tage' [...]".[37]

In der 3-Raum-Wohnung von Hans Sch.s Familie in einem südlichen Stadtteil war Anfang der 20er Jahre der Platz in der Wohnküche ebenfalls knapp bemessen, dennoch traf sich die Jugendgruppe ab und zu dort, weil, wie Herr Sch. meint, „Ausgehen" für Jugendliche damals zu teuer war und die Eltern Verständnis gehabt hätten für die Geselligkeitsbedürfnisse der jungen Leute: Mehr als 12 Jungen und Mädchen seien allerdings nicht erlaubt gewesen.

Aus einer SAJ-Mitteilung in der „Volkswacht" vom April 1932 geht hervor, daß sich Mitglieder der Jugendgruppe auch in der Wohnung von Wilma Kammer in Essen-West „mit Turnschuhen"[38] getroffen haben. Auf Nachfrage fällt Frau K. wieder ein,

---

37 Interview mit Frau Schneidereit, a.a.O.
38 Meldung vom 9.4.1932.

daß in den drei Mansarden der Familie für solche Treffen absolut kein Platz gewesen wäre, man habe aber mit Einwilligung der Mutter „dann so mit acht Mädchen" den angrenzenden Trockenboden für Volkstanzproben genutzt.

Nur ein Scherz sollte es sein, als 1923 in den SAJ-Mitteilungen der „Volkswacht" angegeben wurde, daß in der Wohnung von Berta M.-D.s Familie in der Kruppschen Westend-Siedlung für SAJler/-innen Kartoffelpuffer gebacken würden. Die Wohnküche faßte die Jungen und Mädchen nicht, die die Meldung ernst nahmen und dort erschienen. Frau M.-D.s Mutter ging auf den Spaß ein und reichte die (in der krisenhaften Zeit) offenbar besonders gefragte Mahlzeit aus dem ebenerdigen Küchenfenster.

Auch Herr Mader, der den Typus des aufstiegsorientierten SAJlers repräsentiert, hat sich über die Wohnbedingungen im Segeroth-Viertel, die ihm keine autonomen Nischen einräumten, eigensinnig hinweggesetzt: Er ist Anfang der 20er Jahre in der evangelischen Tiegelschule[39] von seinem Klassenlehrer zum Lernen und Lesen animiert worden. „Da hab ich ihn gefragt ‚was?'. Hat er mir gesagt, [dann] hab ich mir die Bücher geholt und hab zu Hause gesessen. Und wir haben zu Hause zu drei anderen Jungens gesessen [...]. Und wir haben auf der Treppe gesessen bei mir, nich, in der Meisselstraße, als wir noch in der Meisselstraße gewohnt haben, das war 1921/22 [...] haben wir auf der Treppe gesessen, unsere Bücher (dabei) und haben studiert, weil wir bei uns in der Wohnung keinen Platz hatten für sowat."[40]

Einige der ehemaligen SAJler/-innen erlebten einen Zugewinn an Wohnqualität nicht nur durch den Kruppschen Wohnungsbau, sondern durch den Selbsthilfe- bzw. den Genossenschaftsgedanken der Arbeiterschaft selber. Wilma Kammer, Werner Bode und Hans Sch. stehen mit ihren Lebensläufen für Fortschritte im Bereich des Wohnens, die sie, je nach SAJ-Generation, als Kinder, Jugendliche oder junge Erwachsene wahrnehmen konnten.[41] Oft ist es ein weiterer Raum, eine integrierte Toilette und sogar ein Badezimmer, worin sich der Komfort zeigte, wie etwa in den Genossenschaftswohnungen der Baugenossenschaft Essen-West, die nach dem Vorbild der Wiener Architektur der 30er Jahre noch heute eine „Naßzelle" mit Wanne und Kochecke haben. Wilma Kammer und ihr erster Mann sind 1935 in eine solche Wohnung eingezogen und kamen sich vor „wie reiche Leute". Hans Sch. und seine Freundin zögerten nicht länger mit der Heirat, als sie 1932 die Möglichkeit hatten, in eine gegen früheres Wohnen luxuriöse Zwei-Raum-Wohnung einzuziehen.[42]

Das Bedürfnis nach Wahrung der Intimsphäre, der Wunsch Jugendlicher, die häusli-

---

39 Zur Tiegelschule siehe BEHRENS-COBET, Heidi und REICHLING, Norbert 1990, S. 101, Anm. 16.
40 Interview August Mader, Jg. 1909, im Juli 1990.
41 Darüber schreibt auch der ehemalige SAJler Willy BRANDT (1982, S. 12).
42 Nur ganz wenigen ist es so gut ergangen wie Frau Rottmann und ihrer Familie, die Anfang der 20er Jahre zusammen mit anderen (nicht nur sozialdemokratischen) Handwerkern der Gruppe „Selbsthilfe" nach Feierabend am südlichen Stadtrand ein Eigenheim mit Garten baute (im Rahmen eines Gesprächskreises entstandener schriftlicher Bericht von Frau Rottmann aus dem Jahr 1988).

che Gemeinschaft zu verlassen und sich allein oder mit Freund bzw. Freundin ein Zimmer oder eine Wohnung zu mieten, ist in den Gesprächen nicht vorgekommen. Jugendliche oder junge Erwachsene haben sich vom Elternhaus erst getrennt, wenn sie heirateten. Jungen gingen in der Krisenzeit am Ende der zwanziger Jahre eventuell auf die 'Walz' (siehe die Lebensläufe Paul Priebe und August Mader) oder wurden nach 1933 vom Arbeitsdienst oder der Wehrmacht rekrutiert. Die eigenen vier Wände der Befragten sind dagegen in den Interviews zur Sprache gekommen im Zusammenhang mit der Zeit nach dem Zweiten Weltkrieg. Dabei ging es weniger um persönliche als um kleinfamiliale Entfaltungsmöglichkeiten, die durch die chaotische Wohnungssituation im zerstörten Essen und häufig das Zusammenleben mit Eltern(teilen) oder Geschwistern erschwert wurden.[43]

Anna Simon und ihre Familie beispielsweise haben wegen der starken Zerstörungen nach 1945 die Schwiegereltern bei sich aufgenommen. Sie mußten im ehelichen Schlafzimmer auch ihre beiden Töchter unterbringen, um den Eltern ihres Mannes ein kleines Zimmer überlassen zu können. Ein weiterer Raum wurde als Küche eingerichtet, darin spielte sich wiederum das soziale Leben ab. Rückzugsmöglichkeiten für das jüngere Ehepaar gab es nicht. Dieser Zustand hielt fünf Jahre lang an. Ähnliche Situationen hat es bei Erika Hohmann, Berta M.-D., Käthe Winter und Betty Hildebrand gegeben. Nach Feierabend wurden, wie bei Herrn Sch. und Herrn Bode, bombengeschädigte Wohnungen wieder instandgesetzt, so daß ganz allmählich das Zusammenleben entzerrt werden konnte: Entweder mietete man eine größere Wohnung, baute ein Eigenheim oder stellte der älteren Generation eine eigene kleine Wohnung zur Verfügung.

Elsbeth Nienkamp ist 1945 mit ihrem Mann und ihrem Sohn aus Schlesien nach Essen zurückgekehrt. Weil die Wohnung durch Bomben zerstört war, fanden die drei in der Zwei-Raum-Wohnung ihrer Eltern Unterkunft. Erst 1948 bekam Frau N.s Familie die Möglichkeit, in ein Haus der „Naturfreunde" weit draußen vor der Stadt zu ziehen, indem sie die Aufgabe von Hüttenwarten übernahm. Die Wohnung hatte keinerlei Komfort, stellte aber gegenüber dem engen Zusammenleben mit den Eltern eine Verbesserung dar. Bis zum Jahr 1952 blieben die Nienkamps im Naturfreunde-Haus, erst zu diesem Zeitpunkt konnten sie sich eine eigene kleine Wohnung leisten.

Erika Hohmann und ihr Mann haben Anfang der 50er Jahre ein Haus gebaut. Da das Angestelltengehalt ihres Mannes ohnehin gerade so ausreichte, war dieser Schritt mit großen finanziellen Einschränkungen verbunden. Familie H. konnte die alte Wohnung nur möbliert vermieten und mußte daher im eigenen Haus ganz von vorn beginnen. Da hätten die Sorgen erst richtig begonnen, meint Frau H., man habe anfangs wegen fehlender Betten auf dem Fußboden schlafen müssen. Die ersten Anschaffungen waren

---

43 Das unzulängliche Wohnen in der Zeit nach dem Zweiten Weltkrieg hatte allerdings seinen klassenspezifischen Charakter verloren; es betraf ebenso Angehörige anderer sozialer Herkunft, vgl. dazu MOOSER, Josef 1984, S. 148 und 152.

ein Ofen und eine Küche. „Da hab ich manchmal gedacht, kannste 'n Liter Milch noch holen für die Kinder oder nur 'n halb Liter. Meist die Hälfte des Monats hinterher nur noch 'n halben Liter, weil man nicht mehr wußte, wie man rundkommen sollte".[44]

Die Interviews mit ehemaligen Essener SAJ-Mitgliedern haben fast immer in deren Wohnungen stattgefunden. Die geschilderten bescheidenen Wohnverhältnisse der 20er Jahre und die schwierige Zeit nach 1945 sind der Hintergrund, auf dem sich ermessen läßt, was eine geräumige und mit allen Arbeitserleichterungen ausgestattete Altenwohnung der AWo oder eine Drei-Zimmer-Wohnung mit Küche und Bad heute für die Interviewpartner/-innen bedeuten. Auch komfortable Häuser, wie sie Elli Bick, Otto Haupt und August Mader bewohnen bzw. bewohnt haben, spiegeln die große im Lebensverlauf zurückgelegte Distanz zu den ersten Stationen, den Wohnungen der Kinder- und Jugendzeit, wider.

3.3 Weimarer Schulverhältnisse

Zum Verständnis der Lebensgeschichten soll der Aspekt ‚Schule' so weit expliziert werden, daß ein Deutungsrahmen entsteht, der der Relevanz dieser „sensiblen Phase im Bildungsverlauf"[45] und ihren sozialen Konnotationen gerecht wird.

Auf Reichsebene wie im Land Preußen und schließlich auf lokaler Ebene standen während der Weimarer Zeit geringe Fortschritte im Bildungssystem einem erheblichen Beharrungsvermögen gegenüber. Auch in Essen galt selbstverständlich, daß die weitreichenden schulpolitischen Perspektiven der Weimarer Verfassung bis auf die vierjährige gemeinsame Grundschule nicht umgesetzt wurden. Die Wahl der Schulform blieb eng mit der sozialen Herkunft der Kinder verbunden, und die „Klassenschule" bzw. das dreigliedrige Schulsystem hatte nach wie vor entscheidende gesellschaftliche Allokationsfunktionen. Noch 1931/32 blieben 87% aller Schüler/-innen in der Volksschule, während nur 4% auf die mittleren und 9% auf die höheren Schulen übergingen[46]; von 100 Arbeiterkindern hatte weniger als eines die Chance, eine wissenschaftliche Ausbildung zu erhalten.[47]

Diese Tatsache ist erneut hervorzuheben, weil es gleichzeitig preußische und lokale Spezifika gab, die sich gegen den Status quo des Zusammenhangs von Bildung und sozialer Herkunft richteten oder aber durch ihre Widersprüchlichkeit zur Dokumentation und Interpretation herausfordern.

---

44   Interview mit Frau Hohmann, Jg. 1917, im Juli 1991.
45   BLOSSFELD, Hans-Peter 1988.
46   Vgl. FÜHR, Christoph 1972, S. 342.
47   Vgl. TENORTH, Heinz-Elmar 1988, S. 247.

3.3.1 Die „höhere" Schule bzw. das Gymnasium

Unmittelbar nach der Revolution, im Januar 1919, hat sich der spätere SPD-Stadtverordnete und Lehrerseminar-Leiter Gustav Müller-Wolf dafür ausgesprochen, die höheren Schulen – und damit waren die Gymnasien gemeint – nicht den Wohlhabenden, sondern den Begabten zugänglich zu machen: „Die Dummköpfe und Früchtchen, die Klasse um Klasse sitzen bleiben und schließlich doch durch die Prüfungen gequetscht werden, weil der Herr Vater das Schulgeld bezahlen kann, gehören aus der Staatsschule heraus [...]"[48]. Schon 1923, wohl nach der Ernüchterung in Sachen Einheitsschule und Zugänglichkeit der Bildungswege für Arbeiterkinder, vertraten Mitglieder der Essener SPD-Stadtverordneten-Fraktion (darunter auch Müller-Wolf) „sehr entschieden den Standpunkt der Sozialdemokratie. Sie erklärten sich gegen den unsinnigen Andrang nach den höheren Schulen, der nur aus Standesdünkel zu erklären sei. Sie verlangten statt dessen Förderung der Volksschule, Einrichtung einer Aufbauschule für Knaben und Mädchen, sowie Förderung des Fachschulwesens und der Mittelschulen".[49]

Neben den schon genannten Gründen, die auch in Essen gegen den „ungesunden Andrang zu den höheren Schulen"[50] ins Feld geführt wurden – zu teuer, zu elitär -, gab es immer auch die Sorge, einzelne Kinder aus der Arbeiterschaft würden sich nach Überspringen herrschender Bildungsbarrieren zu sehr im Lager des Klassengegners assimilieren und der sozialistischen Bewegung verlorengehen. Zwar war es keine Frage, daß auf den oberen Hierarchieebenen in Staat und Gesellschaft die ‚falschen', nämlich häufig antirepublikanische Akademiker, anzutreffen waren, aber: „[...] so fraglich kann es doch erscheinen, ob der Weg durch die höhere Schule eine sichere Gewähr dafür gibt, daß die Schüler, die diesen Weg durchmachen, als überzeugte Sozialisten in diese Stellen später einmal einrücken".[51] Ein anderer Zeitgenosse drückt die Vorbehalte unverblümter aus: „Diese Jungen sollen nicht etwa aus der Arbeiterschaft entwurzelt werden, um dann zu jenen alles besser wissenden, armseligen Hornbrillenproleten herabzusinken, sondern es muß das Bestreben bleiben, die Fühlung mit der Bewegung zu erhalten".[52]

Häufig operierten Sozialdemokraten in der Ablehnung des Gymnasiums auch mit dem Begabungsargument: Nur in „gut veranlagte" Kinder solle nach der Grundschule

---

48 Arbeiter-Zeitung Essen vom 4.1.1919; sinngemäß auch der Essener Arbeiter- und Soldatenrat in einer Verlautbarung am 27.1.1919 in derselben Zeitung sowie der Artikel „Die neue Schule im freien Volk", in: Arbeiter-Jugend, 11. Jg. (Februar 1919), Nr. 2/3, S. 10f.

49 Wegen des Verbots der Essener sozialdemokratischen Presse abgedruckt in „Volksstimme" (Niederrheinische Arbeiterzeitung) vom 9.4.1923, Rubrik „Aus der näheren Umgebung": Essener Stadtverordnetensitzung.

50 Artikel „Starker Andrang zu den höheren Schulen" in: Volkswacht vom 1./2.2.1930.

51 ADAMS, Kurt 1930, S. 134; siehe auch SCHUBERT, Rudolf 1930; KRÜGER, Heinz 1930.

52 BOTHUR, Gerd 1926, S. 119.

weiter investiert werden.[53] Und so wurde 1930, im Jahr der stärksten Nachfrage nach höherer Bildung, ausgerechnet am Beispiel von Mädchen, die man in der Diskussion sonst völlig vernachlässigte, zu zeigen versucht, was es bedeutet, wenn nicht Begabung, sondern sozialer Druck der Entscheidung fürs Gymnasium zugrunde liegt: „Es sollen also nur die Anlagen und sonst nichts für die Entscheidung der Eltern maßgebend sein. Wie steht es aber damit? Aus einer Klasse von 37 Kindern beispielsweise sollen 23 in die höhere Schule übergehen. Etwa weil sie dafür besonders geeignet sind? Ach nein! ‚Grete Schmidt soll umgeschult werden. Nun, soviel wie Schmidts können wir uns auch leisten.' Aus diesem Gedanken heraus geben Müllers ihre Trude gleichfalls in die höhere Schule und schaffen sich und ihrem Kinde dadurch ungezählte Stunden der Qual. Wer das Leben dieser Kinder kennt, die man zu Unrecht in die höhere Schule gebracht hat, der weiß, daß man es wirklich nicht anders als eine Quälerei nennen kann. Fortgesetzt werden Dinge von ihnen verlangt, zu denen selbst bei angestrengtestem Fleiß die Kräfte nicht ausreichen [...]".[54]

Zwar gibt es nur wenig Zahlenmaterial über die schulischen Verhältnisse in Essen, doch 1932 wird berichtet, die Anmeldungen für Mittelschulen seien ebenso zurückgegangen wie die für die Sexten der Gymnasien. Dies läßt sich auf die krisenhaften ökonomischen Verhältnisse einerseits und auf einen Geburtenrückgang als Folge des Ersten Weltkrieges andererseits zurückführen.[55] Im Jahr 1930 waren 1.030 Kinder für den Besuch einer Mittelschule angemeldet (nicht angenommen) worden, 1932 nur noch 649. Die Anmeldungen für Gymnasien und Mädchenoberschulen betrugen 1931 1.274[56], 1932 registrierte man eine Abnahme um rd. 200. Auffällig war auch ein Rückgang der Anmeldungen für höhere Schulen im Einzugsbereich von Arbeitervierteln.[57] Die damalige evangelische Schule X (Tiegelschule), gelegen im stark durch die Arbeiterschaft geprägten Segeroth-Viertel, hat eine Schulchronik hinterlassen, in die die Übergänge auf andere Schulformen nach der Grundschulzeit eingetragen sind: Darin heißt es für das Schuljahr 1927/28, ein Knabe und ein Mädchen seien zur höheren Schule übergegangen; Ostern 1929–1931 wird kein Übergang erwähnt und 1932 wechselten lediglich zwei Jungen in eine Mittelschule, niemand aufs Gymnasium.[58]

---

53 Der sozialdemokratische Begabungsbegriff mutet häufig fast biologistisch an. Zum Beispiel wird davon gesprochen, daß der Aufstieg der Begabten „bei der Auslese des Schülermaterials der Schulen" zu beginnen habe, siehe den Artikel „Aufstieg der Begabten", in: Volkswacht vom 28.4.1932; ein frühes Beispiel ist das „Kulturprogramm der Sozialdemokratie in Essen", Punkt 3: „In die untersten Klassen der höheren Schulen Aufnahme lediglich nach der Begabung [...]" (Arbeiter-Zeitung vom 26.2.1919).
54 Artikel „Die richtige Schule" in: Volkswacht vom 4.4.1930.
55 Vgl. die Zahlen zum Geburtenrückgang im Ruhrrevier bei HARTEWIG, a.a.O., S. 12f.
56 Eine andere Quelle nennt die Zahl von 1.384 Meldungen zur Aufnahmeprüfung in die Sexten 1930/31, davon waren 395 Mädchen (Verwaltungsberichte der Stadt Essen für das Jahr 1929, a.a.O., S. 79).
57 Vgl. Volkswacht vom 30.11. und 9.12.1932.
58 Schulchronik der evang. Schule X 1901–1932, Archiv der heutigen städtischen Gemeinschaftsgrundschule (Tiegelschule).

Die Klassenstärken lagen, so sagen es die Hauptzeugnisbücher dieser Schule, 1928 bei 59, 1929 bei 45 und 1932 bei 38 Schülerinnen und Schülern.[59]

Zur Distanz der organisierten Arbeiterschaft gegenüber formaler höherer Bildung mag auch die Diskussion über das sog. Berechtigungswesen und die „Bildungsinflation"[60] beigetragen haben, die von sozialdemokratischer Seite mitgetragen wurde. Deren Position bestand dabei in der Kritik an den Laufbahnvoraussetzungen des öffentlichen Dienstes und der Wirtschaft, die den „Sturm auf die höheren Schulen"[61] verursachten. Man stellte sich eine enorme Verschiebung der Abschlüsse nach „oben" vor, „so daß es nach einigen Jahren nur noch mit Hilfe des Abiturs möglich ist, Schuster, Friseur, Schaffner und Briefträger zu werden"[62]. Die Sozialdemokratie prangerte das Berechtigungswesen an und schlug gleichzeitig vor, die von der Volks- und der Berufsschule ausgehenden Wege auszubauen.[63] Eine krisenfeste Existenz könne dem Proletarier zwar dadurch nicht gewährleistet werden, aber auf diese Zielsetzung allein komme es ohnehin nicht an – „Sie sollen mehr: der ganzen Arbeiterklasse die Funktionäre geben, die sie braucht, Funktionäre, die funktionieren. Menschen, die den Aufgaben des Tages gewachsen und fähig sind, über sie hinaus in die Zukunft zu sehen"[64].

Eine von der Sozialdemokratie propagierte alternative Bildungs- und Aufstiegsmöglichkeit war die Aufbauschule bzw. das Aufbaugymnasium. Diese Schulform, konzipiert nach dem Lehrplan der Deutschen Oberschule mit nur einer Fremdsprache, bot Volkschülern mit guten Leistungen die Chance, nach der 7. Volksschulklasse in sechs Jahren zur Reifeprüfung zu gelangen. Solche Schulen bestanden seit 1922 vor allem in ländlichen Gebieten Preußens, in Essen im südlichen Vorort Kettwig. Der SPD kam die Aufbauschule aus zwei Gründen entgegen: Einmal rekrutierte sie die Schüler/-innen und Schüler in starkem Maße aus der Arbeiterschaft, so daß die oben genannte Gefahr der „Assimilation" an bürgerliche Normen und Standards nicht gegeben war, zum anderen fußte diese Übergangsmöglichkeit auf dem Gedanken der Einheitsschule.[65]

---

59 Hauptzeugnisbücher der evang. Schule X.
60 HESSE, Alexander 1986, S. 24ff., S. 29; dazu auch AUERNHEIMER, a.a.O., S. 156.
61 Volkswacht vom 20.7.1929.
62 Ebd.
63 „Im Schulwesen muß unbedingt der Volksschule und Berufsschule energische Förderung zuteil werden. Der Sucht, das Berechtigungswesen mehr und mehr zur Grundlage des Fortkommens der Kinder zu machen, ist mit aller Entschiedenheit entgegenzutreten". Siehe den Artikel „Jahresversammlung der SPD., Ortsverein Essen" in: Volkswacht vom 24.5.1929.
64 SIEMSEN, Anna 1930(b), S. 20.
65 Vgl. WITTWER, a.a.O., S. 270ff.; „tatsächlich kamen [in Preußen – H.B.-C.] nach einer Übersicht aus dem Jahr 1925 80 Prozent der Aufbauschüler aus der Volksschule, nur 15 Prozent aus der Mittelschule und 5 Prozent aus der höheren Schule" (a.a.O., S.271). Die Arbeitsgemeinschaft sozialdemokratischer Lehrer und Lehrerinnen unter dem Vorsitz Kurt Löwensteins setzte sich in einem Aufruf vom Herbst 1931 insbesondere für den Schutz der Aufbauschule und den „Ersatz der grundständigen höheren Schule durch die Aufbauschule" ein, siehe Abdruck in Volkswacht vom 24.9.1931; siehe auch ZYMEK, Bernd 1989, S. 171f.; GENTSCH, Dirk H. 1994, S.125f.; quantitative Angaben bei WINKLER 1985, S. 396.

3.3.2 Arbeiterjugendorganisation und „höhere" Schule

„[...] die Schüler trugen zur Zeit aus Dünkel ihre bunten Mützen, von jedem Gymnasium andere Farben und Formen. 1918 kamen dann manche Schüler von dem Lehrer-Seminar mit Mützen zu uns, etliche blieben der A.-J. treu, aber viele hatten nur mal Strohfeuer gefangen. 1918 gab man uns denn Klassenräume im Gymnasium frei, aber die Schulmeister [gemeint sind wohl Hausmeister – H.B.-C.] sahen uns nicht gern".[66] – Betty Hildebrand, die die Zeit der Revolution 1918/19 als 14–15jährige erlebt hat, erinnert sich an das durch das dreigliedrige Schulsystem mitverursachte schwierige Verhältnis, das die Jugendorganisation der SPD zu Gymnasiasten, höheren Schulen und schulischem Aufstieg hatte und ebenso an die politisch-kulturellen Distanzen auf der anderen Seite.[67]

Die A.-J./SAJ rekrutierte mehrheitlich Volksschüler/-innen. Wie in der Sozialdemokratie allgemein herrschte auch unter der Parteijugend die Auffassung, die höhere Schule in ihrer bestehenden und ganz überwiegend von „Bürgerlichen" besuchten Form sei ein „politischer Seuchenherd"[68], republikanische Orientierungen hätten keinen Eingang in diese Anstalten gefunden. „Das Mißtrauen, das schon die Volksschüler gegen die höheren Schüler hegen, ist auch bei der Arbeiterjugend vorhanden, wenn auch hier meistens aus der Erkenntnis der wirtschaftlichen Gründe heraus. Nun sind ja die meisten höheren Schüler Söhne von Kapitalisten oder Eltern, die einen gewissen Standesdünkel haben. Das sind unsere Gegner [...]. Nun gibt es aber neben diesen noch – und das werden jetzt durch die Grund- und Aufbauschulen immer mehr – Söhne von Arbeitern und Angestellten [...]".[69]

Die Jugendorganisation setzte sich damit auseinander, wie nach einer längeren Gewöhnungsphase auf beiden Seiten auch höhere Schüler auf Dauer in die Gruppen integriert werden könnten: „Sie sollen bei uns Gast sein, sie können unsere Jugendgenossen, der eine oder andere kann auch unser Führer werden".[70] Nahe lag es, „höhere" Schüler (von Schülerinnen wird in diesem Zusammenhang nicht gesprochen) in die Bildungsarbeit der Gruppen hineinzuziehen. Mit „Kopfarbeit" wollte man diese

---

66 Brief von Betty Hildebrand an die Autorin, Mai 1988.
67 Die Essener Arbeiterjugendorganisation agitierte gegen das Tragen „bunter Mützen", das ihrer Auffassung nach nicht in eine Demokratie paßte, siehe den Hinweis auf den Gruppenabend „Aussprache über Kampf gegen bunte Mützen" unter A.-J.-Mitteilungen in: Arbeiter-Zeitung vom 5.11.1919.
68 SPENGEMANN, Walter 1931, S. 43.
69 PAULSEN, Peter 1924, S. 223; dazu auch „Die neue Schule im freien Volk", in: Arbeiter-Jugend, 11. Jg. (Februar 1919), Nr. 2/3, S. 10f.(Teil I).
70 a.a.O., S. 224. Willy BRANDT hat als Gymnasiast Ende der 20er Jahre in der Lübecker SAJ Führungsfunktionen übernommen, er schreibt: „Weder meine in der Quasi-Uniform dokumentierte Gesinnung noch die materielle Beengtheit meines Zuhauses verhinderten es, daß ich mich zu Beginn jeden Schuljahrs mit einer der bunten Mützen ausstatten ließ, wie sie an den ‚höheren' Schulen üblich waren. Mutter und Großvater betrachteten dieses Statussymbol mit heimlichem Stolz. Ich habe die Mütze nicht oft, doch auch nicht mit schlechtem Gewissen getragen" (1982, S. 31).

gewinnen, denn sie seien „nicht zu halten durch Spiel, oftmals nicht einmal durch Sport".[71]

Anfang der 20er Jahre war es höheren Schülern in Preußen verboten, einer Parteijugendorganisation anzugehören; dazu zählte auch die SAJ.[72] Dieser Umstand gestaltete das Verhältnis noch komplizierter, so daß einzelne Gymnasiasten notgedrungen einen Gaststatus einnahmen.

Die Idee besonderer Arbeitsgemeinschaften für höhere Schülern entstand zuerst auf Reichsebene und wurde auch in Essen am Ende der Weimarer Republik praktiziert[73]. Eine „sozialistische Schülergemeinschaft" ist 1930/31 einmal in der Woche zusammengekommen und hat zum Beispiel eine Arbeitsgruppe zur „Theorie des modernen Sozialismus" ins Leben gerufen[74] oder sich zu Vorträgen oder zum Schachspielen getroffen.[75] Die Gemeinschaft bezog ein eigenes Organ, die Hefte „Der Rote Schüler".[76]

Aus Zeitzeugen-Berichten haben wir über diese Treffen nichts erfahren. Es ist zu vermuten, daß zwar Mittelschüler/-innen schon vor der Schulentlassung oder mit Beginn ihrer Berufsausbildung der SAJ beitraten (Dieter O., Werner Bode, Käthe Winter), Gymnasiasten und Gymnasiastinnen dagegen aufgrund ihrer anderen Lebens- und Lernsituation – und nicht zuletzt wegen habitueller Differenzen – die große Ausnahme geblieben sind und daher in der mündlichen Überlieferung kaum eine Rolle spielen. Frau M.-D. erwähnt im Gespräch mit der Autorin, daß ihre SAJ-Gruppe (Stadtteil Frohnhausen) eine besonders kultivierte und anregende Atmosphäre hatte, und führt das u.a. auf die beteiligten Junglehrer/-innen und höheren Schüler zurück. Die Organisation insgesamt war jedoch vor allem an der Gruppe der bildungsinteressierten Volksschüler/-innen orientiert und blieb es bis zum Verbot 1933.

3.3.3 Die Mittelschule

Obwohl der Weimarer Sozialdemokratie im allgemeinen die Ablehnung der Mittelschule nachgesagt wird, „der die Verantwortung für die Vernachlässigung der Volksschule gegeben wurde"[77], läßt sich im Gegensatz dazu aus der Essener sozial-

---

71 HEILAND, Herbert 1920, S. 164.
72 Ende 1922 trat in Preußen eine Liberalisierung ein, siehe Essener Arbeiter-Zeitung vom 29.12.1922; UNSERE ARBEIT. Bericht des Verbandes der Arbeiterjugend-Vereine Deutschlands über das Jahr 1922. Berlin 1923, S. 33f. Der preußische Kultusminister Becker verbot im Jahr 1925 mit dem Ziel der Entpolitisierung des Schullebens wiederum das Tragen von Vereinsabzeichen und anderen Symbolen (vgl. Zentralblatt für die gesamte Unterrichtsverwaltung in Preußen 1925, S. 279f.).
73 Die Verbandszeitschrift „Arbeiter-Jugend" berichtet unter der Überschrift „Sozialistische Schülerarbeit" über eine „lebhafte Tätigkeit sozialistischer Schülergruppen" an verschiedenen Orten des Reiches, vgl. 22. Jg. (April 1930), Heft 4, Beilage „Die Arbeitsgemeinschaft", S. 82.
74 Volkswacht vom 28.10.1930, 5.11.1930 u.a.
75 Volkswacht vom 24.9.1930, 1.10.1930 u.a.
76 Im Archiv zur Geschichte der Arbeiterjugendbewegung, Oer-Erkenschwick, nicht verzeichnet.
77 WITTWER, a.a.O., S. 244.

demokratischen Presse bereits am Beginn der Republik eine ausdrückliche Zustimmung gegenüber diesem Schultypus ablesen, wurden die Vorzüge der mittleren Bildung den Lesern ausdrücklich nahe gebracht. Diese stehe in enger Verbindung zur Volksschule und werde „sicher im System der Einheitsschule ihren Platz finden, während die höhere Schule als völlig unorganischer Teil nicht hineinpaßt"[78]. Auch anläßlich der bevorstehenden Anmeldungen zu weiterführenden Schulen im Jahr 1927 ist die Mittelschule für begabte Arbeiterkinder angepriesen worden. Es hieß, sie biete einen Weg „ins praktische Leben", beruflichen Aufstieg, sei kostengünstiger für Eltern wie für das Gemeinwesen und schließlich sei „der wirtschaftlichen Gesundung unseres Vaterlandes nicht damit gedient, daß ein gelehrtes Proletariat gezüchtet wird, sondern daß unserer Wirtschaft ein tüchtiger Nachwuchs zugeführt wird [...]"[79]. Es spricht einiges dafür, daß solche Überlegungen auch diejenigen Arbeitereltern anstellten, die, wenn eine weiterführende Schule für ihre Kinder empfohlen wurde, weniger das Gymnasium denn die Mittelschule wählten. Im Jahr 1927 haben 54.680 Kinder die Essener Volksschulen besucht, 3.302 die Mittelschulen und 6.719 die Gymnasien und Oberschulen.[80] Um eine Aufnahme in die Mittelschule für das Schuljahr 1930/31 bemühten sich 529 Jungen und 501 Mädchen.[81]

3.3.4 Die Volksschule

Im Volksschulbereich insgesamt hat der Einsatz der Arbeiterbewegung (Linksparteien und Gewerkschaften) mitgeholfen, 1920 eine Reform der Besoldung von Lehrerinnen und Lehrern durchzusetzen, womit eine Höherbewertung und allmähliche Verbesserung dieses Schultyps angestoßen werden sollte. In der Diskussion ist die Volksschule – nicht zuletzt aufgrund des Dauerkonflikts um ihre Weltlichkeit – zwar geblieben, doch lassen sich trotz Regierungsbeteiligung der SPD in Preußen nur

---

78 Essener Arbeiter-Zeitung vom 7.4.1921.
79 Volkswacht vom 31.7.1927. Unter der Überschrift „In welche Schule schicke ich mein Kind?" hieß es in derselben Zeitung: „[...] sie [die Mittelschulen H.B.-C.] kommen besonders für die Eltern in Frage, die ihrem Kinde eine abgeschlossene Bildung mittlerer Höhe geben, es aber nicht zum Abitur und zum Studium vorbereiten lassen wollen. Die Knabenmittelschulen teilen sich in den oberen Klassen in kaufmännische und technische Abteilungen; die Mädchenmittelschule Altenessen hat eine Hausfrauenklasse als Aufbau" (25.1.1929).
80 Verwaltungsbericht der Stadt Essen für das Jahr 1927, a.a.O., S. 60f.; siehe auch die Zahlenverhältnisse für das Jahr 1925, abgedruckt in „Aus dem Verwaltungsbericht der Stadt Essen", in: Essener Arbeiter-Zeitung vom 9.4.1926, und für 1923 in „Aus dem Jahresbericht der Stadtverwaltung", in: a.a.O. vom 15.4.1924. – Essen hatte im Jahr 1924 fünf Mittelschulen. 1932, nach der Eingemeindung größerer Vororte, werden 10 Schulen genannt. Die Mittelschulen am Ort waren nach Geschlechtern getrennt, unterrichteten jedoch in konfessioneller Hinsicht simultan. Der Versuch des Essener Zentrums, im Jahr 1926 mit dem Instrument des Elternwillens die Mittelschulen in konfessionelle Anstalten umzuwandeln, scheiterte (siehe Volkswacht vom 13.7. und 18.7.1926).
81 Verwaltungsbericht der Stadt Essen für das Jahr 1929, a.a.O., S. 78.

geringfügige Verbesserungen konstatieren.[82] Der Volksschüler und die Volksschülerin blieben, wie es ein Zeitgenosse formulierte, „auf der Armenbank".[83] Die Senkung der Klassenfrequenzen von über 50 im Jahr 1911 auf rd. 40 1929 ist hauptsächlich auf demographische Entwicklungen zurückzuführen. Politischer Druck erreichte zumindest, daß die Schüler/-innen-Zahlen der Volksschulklassen nicht durch Zusammenlegen wieder erhöht wurden.[84] 1930/31 stiegen nach einem Abbau von Lehrerstellen die Klassenfrequenzen an preußischen Volksschulen erneut auf 50–54 an.

Am Ende der 20er/Anfang der 30er Jahre ist von der Sozialdemokratie in Stadt und Land noch einmal eine schulpolitische Offensive ausgegangen, als nicht nur unter pädagogischen und bildungspolitischen, sondern auch unter Gesichtspunkten von Jugendarbeitslosigkeit für ein neuntes Volksschuljahr plädiert wurde.[85] Anna Siemsen argumentierte arbeitsmarktpolitisch und (sozial-)pädagogisch, indem sie sich mit dem freiwilligen 9. Schuljahr zugleich für einen Einstieg in die „Nachvolksschulerziehung" einsetzte: „Da die Jugendlichen erst vom vollendeten 16. Jahre an unter die Erwerbslosenunterstützung fallen, und da nur in den seltensten Fällen der volksschulentlassene Jugendliche berufsschulpflichtig ist, wenn er keine Arbeitsstelle inne hat, so stehen wir also vor der Tatsache, daß eine große Zahl, wahrscheinlich einige Hunderttausend unserer Kinder, zwischen der Volksschulentlassung und dem vollendeten 16. Jahr fast zwei Jahre lang ohne irgendwelche amtliche Fürsorge sich selbst, d.h. in den meisten Fällen dem Müßiggang und der Straße überlassen sind. Das ist unhaltbar"[86].

Einen kleinen Erfolg konnte die Sozialdemokratie 1931 schließlich vorweisen: Der preußische Unterrichtsminister ermächtigte die Provinzialschulkollegien, dem Elternwillen nach einem berufsvorbreitenden neunten Schuljahr wenn möglich nachzukommen. Die negative Bilanz der Volksschulsituation konnte aber durch die eingeschränkte Nachsorgemöglichkeit in Form des 9. Schuljahres nicht ausgeglichen werden.

Das schulpolitische Aushängeschild der SPD und damit die „wahre Volksschule"[87] war denn auch trotz der Beteiligung von USPD-Mitgliedern, Kommunisten und Anar-

---

82 Reformpädagogische Einflüsse haben sich in den 1922 aufgestellten „Richtlinien zur Aufstellung von Lehrplänen für die vier oberen Jahrgänge der Volksschule" niedergeschlagen, vgl. HAMANN, Bruno 1986, S. 172. In diesem Zusammenhang wird in Essen 1930 über die Realisierung des Arbeitsschulgedankens berichtet: „In den bei einer Anzahl von Volksschulen eingerichteten Schulküchen erhielten die Mädchen der Oberklassen Hauswirtschaftsunterricht. Ebenso wurden sie in Nadelarbeit und in der Säuglingspflege durch besonders vorgebildete Lehrerinnen unterrichtet" (Verwaltungsbericht der Stadt Essen für das Jahr 1930, a.a.O., S. 120).

83 Volkswacht vom 29.4.1930; siehe zur Volksschulbildung in der Weimarer Republik HERRLITZ/ HOPF/TITZE, a.a.O., S.108ff.

84 Vgl. WITTWER, a.a.O., S. 239; in Essen beschloß die Stadtverordnetenversammlung im April 1924, die Zahl auf 45 Schüler/innen pro Klasse, statt bisher 50, zu reduzieren, siehe Chronik der Stadt Essen für das Jahr 1924, a.a.O., S. 117.

85 Lehrer Geist in Volkswacht vom 25.6.1929 sowie der Artikel „Ein neuntes Schuljahr? Ein erwägenswerter Vorschlag der Stadtverwaltung", in Volkswacht vom 17.9.1931.

86 SIEMSEN, Anna 1931.

87 Essener Arbeiter-Zeitung vom 17.1.1924.

chisten an den Gründungen (und in den „Freien Schulgesellschaften"[88]) die „freie"
bzw. weltliche Volksschule, die der überwiegende Teil der hier Befragten besucht hat.
Die freien Schulen sind in einem Zusammenspiel von entschlossenen Eltern und der
parlamentarischen Linken hauptsächlich in Preußen und in den Kommunen des rheinisch-westfälischen Industriegebiets buchstäblich erkämpft worden. Diese Schulen
wollten nicht nur den dissidentischen Kindern eine weltanschauliche Heimat bieten,
sondern sie warben auch mit liberalen Erziehungsmethoden und -prinzipien (keine
Prügelstrafe, Koedukation), mit republikanischer Orientierung und mit einem gründli-
chen und umfassenden Unterricht.[89] In Essen wandte sich die Freie Schulgesellschaft
in diesem Sinn an die Eltern: „Arbeiter, merkts euch: die Bildung ist eine Gefahr für
den Staat (den kapitalistischen!), die euren Kindern allein geöffneten Lebenswege sind
Ackerknecht, Gänse- und Ziegenhirt, Fabrikarbeiter! Soll das anders werden, gebt den
Herren die Quittung: Meldet eure Kinder zur freien Schule!"[90]

Aber nur ein bis drei Prozent der preußischen Volksschüler/-innen wurden an weltlichen Schulen angemeldet – in Essen waren es 1927 rd. 6% –, und das wiederum war
nur eine Minderheit der Kinder aus sozialdemokratischen Elternhäusern[91]. Zu stark
waren die Angriffe von klerikaler Seite, zu gravierend die Nachteile, die die Absolventen häufig bei der Lehrstellensuche erleiden mußten.[92] – Liese Steffens, die 1933
aus der Freien Schule entlassen worden ist, bemerkt in diesem Zusammenhang: „Deshalb hat man uns ja damals auch bei der Entlassung gesagt, daß sie absichtlich da die
Noten 'n bißchen aufgewertet haben, um uns einen besseren Start zu ermöglichen
[...]".[93]

Der Minderheitenstatus schmälert jedoch nicht die pädagogischen Verdienste weltli-
cher Schulen.[94] Wenn diese ‚besseren' Volksschulen auch Wege zu höherer formaler
Bildung nicht eröffneten, Bildungsprivilegien nicht beseitigen konnten: individuelle
Bestrebungen scheinen vielfach Anregungen und Hilfestellungen durch Lehrkräfte
erfahren zu haben. Für viele Absolvent/-innen begann hier der Aufbruch aus dem
Schicksal der Lohnarbeiterin bzw. des Lohnarbeiters.[95]

---

88 Die örtlichen „Freien Schulgesellschaften" waren auf Reichsebene zum „Bund Freier Schulgesell-
    schaften" zusammengeschlossen und stellten eine Lobby für die Einrichtung weltlicher Schulen dar.
89 Die in konfessionellen Volksschulen vorgesehenen vier Wochenstunden Religion (im ersten Schuljahr
    3 Stunden) sollten an Freien Schulen zusätzlich für eine qualifiziertere Bildung – meist im Rahmen des
    Faches „Lebenskunde" – genutzt werden, siehe Werbung in „Die freie weltliche Schule" 5/1932.
90 Essener Arbeiter-Zeitung vom 26.1.1924.
91 Siehe BEHRENS-COBET, Heidi, SCHMIDT, Ernst und BAJOHR, Frank 1986, S. 36, S. 109;
    BREYVOGEL, Wilfried und KAMP, Martin 1993.
92 So wollte etwa der Bund Deutscher Friseure keine Lehrlinge einstellen, die ihren Volksschulabschluß
    auf einer weltlichen Schule erreicht hatten (siehe Volkswacht vom 31.7.1930); manche Kinder bzw.
    deren Eltern baten darum, ein Abschlußzeugnis ohne das „Bekenntnisfreie" im Aufdruck ausgehändigt
    zu bekommen, siehe BEHRENS-COBET/REICHLING, a.a.O., S.43.
93 Gespräch mit Frau Steffens im April 1988.
94 Siehe GRAU, Dieter 1992; vgl. BEHRENS-COBET/SCHMIDT/BAJOHR, a.a.O., S. 59ff.
95 Siehe BEHRENS-COBET, Heidi und REICHLING, Norbert 1987.

3.3.5 Berufliche Bildung

Artikel 145 der Weimarer Verfassung sah die Fortbildungsschulpflicht für Jungen und Mädchen bis zum 18. Lebensjahr vor, doch die Realität stimmte damit bei weitem nicht überein. Absichernde reichsgesetzliche Regelungen sind erst unter NS-Regie 1938 zustande gekommen.[96] Obwohl in Preußen die „Beschulung" Jugendlicher in der Zwischenkriegszeit voranschritt[97], war für große Gruppen Schulentlassener kein Angebot vorhanden, insbesondere nicht für diejenigen ohne Lehr- oder Arbeitsverhältnis und ebensowenig für viele weibliche Jugendliche. Aus Arbeitgeber- und Kammernsicht wurde „der Beschulung der Ungelernten und der hauswirtschaftlich tätigen Mädchen [...] lediglich ein volksbildender Charakter zugesprochen"[98]. Im Verwaltungsbericht der Stadt Essen aus dem Jahr 1929 heißt es, 12.168 Jungen und 5.165 Mädchen besuchten die Berufsschulen. „Knaben" seien bis zum Alter von 18 Jahren fast restlos von der Berufsschulpflicht erfaßt[99], „während bei den Mädchen die Haustöchter und Hausangestellten nur für 2 Jahre eingeschult werden und die Beschulung der ungelernten Arbeiterinnen sowie der kaufmännisch tätigen weiblichen Jugendlichen überhaupt noch nicht durchgeführt ist".[100]

Eine Frauen-Pflichtfortbildungsschule für Schneiderei, Putzmacherei und verwandte Bereiche bestand in Essen seit 1921.[101] Mädchen in einem Lehrverhältnis besuchten diese Schule zwei Jahre lang und hatten wöchentlich 6 Unterrichtsstunden.[102] Frau Nienkamp, die 1922/23 als Laufmädchen in einem Bankbetrieb arbeitete und auf eine Lehrstelle hoffte, besuchte währenddessen die „Städtische Haushaltungs-, Gartenbau- und Gewerbeschule" und wurde im Kochen, in der Säug-

---

96 Das gilt auch für ein parlamentarisch behandeltes, aber nicht verabschiedetes Reichsberufsausbildungsgesetz.

97 MOHRMANN, Heinz 1980, S. 40ff.; SCHÜTTE, Friedhelm 1992, S. 151ff. Die zuständigen preußischen Stellen ließen weiterhin die ortsstatutarischen Schulpflichtbestimmungen der Reichsgewerbeordnung gelten (vgl. DÖRSCHEL, Alfons 1972, S. 176).

98 PÄTZOLD, Günter 1989, S. 282; Artikel „Dem Ausbau der Arbeiterschule entgegen", in: Essener Arbeiter-Zeitung vom 27.2.1926.

99 Herr Nienkamp, der Ehemann von Frau N., wurde 1911 geboren. Er hat parallel zu seiner Schlosserausbildung von April 1925 bis März 1928 eine gewerbliche städtische Berufsschule ("Arbeiterschule") besucht. Unterrichtet wurde er in den Fächern Bürgerkunde, Geschäftskunde, Gewerbliches Rechnen (Zeugnis von Herrn N., Privatbesitz).

100 Verwaltungsbericht 1929, a.a.O., S. 80; allerdings konnten schulentlassene, arbeitslose Mädchen freiwillig eine Industrieschule in Essen besuchen, die Klassen für Handarbeiten, Maschinennähen, Wäschenähen und Damenschneiderei führte. Der Unterricht fand montags bis freitags von 8 bis 13 Uhr statt. „Außer dem praktischen Unterricht finden Belehrungen in Material-, Stoff-, Bürger- und Lebenskunde statt" (Essener Arbeiter-Zeitung vom 6.4.1920).

101 Im Zuge der Erweiterung der Fortbildungsschulpflicht hatte es in Essen bereits für Ostern 1919 aus der Schule entlassene Mädchen haus- und landwirtschaftliche Kurse gegeben. Aus finanziellen und räumlichen Gründen konnten gar nicht alle infrage kommenden junge Frauen aufgenommen werden; 1.400 besuchten im ersten Jahr die Schule (Arbeiter-Zeitung vom 10.5., 7.6.1919 und 9.4.1920). Die Schule verfügte von Anfang an über Schulgärten, „die für unsere berufstätige, weibliche Jugend eine Quelle reicher Kraft und Lebensfreude und im Industriegebiet vor allem eine segensreiche Schöpfung (sind)" (Volkswacht vom 29.8.1929).

102 Essener Arbeiter-Zeitung vom 20.6.1921.

lingspflege, in Gartenarbeit, Lebens- und Berufskunde, in Gesundheitspflege und Nahrungsmittellehre unterrichtet.[103] Als sie 1923 ihre Lehre im Büro des „Eintracht"-Konsums begann, erhielt sie keinerlei berufsspezifischen Unterricht in einer Fortbildungsschule. Erst 1929 wurde die erste kaufmännische Berufsschule für Mädchen eingerichtet.[104] Für den kaufmännischen Bereich gab es in Essen zudem die städtische Handelsschule, die Volksschüler/-innen nach bestandener Eingangsprüfung aufnahm und ihnen nach zwei Jahren ein Zertifikat ausstellte, sowie die in 12 Monaten zu einem Abschluß führende Höhere Handelsschule für Absolventen von Mittelschulen oder Lyzeen mit dem Prädikat „gut".[105]

Als in Essen Mitte der 20er Jahre auf Antrag der Zentrumspartei ein Ausschuß „zur Beratung über Mittel und Wege zur Hemmung des beruflichen und moralischen Elends bei Jugendlichen"[106] zusammentrat, wurde eine stärkere Einbindung der Jugendlichen in die Berufsschulen geplant und durchgeführt. Ab 1926 mußten auch alle erwerbslosen und Unterstützung beziehenden Jugendlichen an 12 Unterrichtsstunden in der Woche teilnehmen. Das „Stempeln" fand in der Berufsschule statt. Frau M.-D. hat positive Erinnerungen an diesen ‚Zwangsunterricht', der direkt mit der Auszahlung der ihr zustehenden 9,45 Mark wöchentlich gekoppelt war. Sie lernte Grammatik, Rechtschreibung und kaufmännisches Rechnen: „Also das war schon [was] – da hab ich eigentlich viel gelernt, und dadurch war ich nachher auch in die Lage versetzt, in der Verwaltung tätig zu sein".[107]

Darüber hinaus ist den Berufsschulen auch eine Fortbildungsfunktion zugewachsen. Das war ganz im Sinne der Sozialdemokratie, die sich über ihre Fraktion im preußischen Landtag für die Förderung der Berufsschulen einsetzte und in diesen (in Verbindung mit der betrieblichen Lehrlingsausbildung) einen wichtigen Baustein zu einer „Neufundamentierung der gesamten Arbeiterbildung"[108] sah. Schon 1920 sind im Anschluß an die gewerbliche Pflichtfortbildungsschule Jungen auf der Basis freiwilliger Kurse und Klassen in den Fächern Stenographie, Fachzeichnen, Mathematik u.a. unterrichtet worden.[109] Bis zum Ende der 20er Jahre nahmen sich weitere Berufsschulen „der fachlichen Weiterbildung des werktätigen Nachwuchses"[110] an: Das Spektrum reichte von gewerblich-technischen Kursen über kaufmännische bis hin zu hauswirtschaftlichen Lehrgängen. Zwar ist für zusätzliche Veranstaltungen der Berufs-

---

103 Zeugnis Frau Nienkamp vom März 1923.
104 Volkswacht vom 27.6.1929; der Essener Einzelhandelsverband hatte seit Frühjahr 1927 eine private Verkäuferinnen-Schule betrieben, die 1929 in die städtische kaufmännische Berufsschule integriert wurde (Volkswacht vom 18.4. und 30.9.1929).
105 Vgl. Verwaltungsbericht der Stadt Essen für das Jahr 1930, a.a.O., S. 128.
106 StA Essen, Rep. 102, Abt. IX, Nr. 296a, S. 3.
107 Gespräch mit Frau M.-D. im Oktober 1988.
108 Volkswacht vom 9.3.1926.
109 Vgl. Essener Arbeiter-Zeitung vom 12.4.1920.
110 Volkswacht vom 26.3.1930.

schulen ein geringes Schulgeld von bis zu 10 RM jährlich erhoben worden, es gab aber auch die Möglichkeit von Befreiungen.[111]

Der Bildungsauftrag der Essener Fortbildungs- oder Berufsschulen ging nach dem Ersten Weltkrieg über die Berufsqualifizierung und -unterstützung hinaus; auch ‚fürsorgerische' und jugendpflegerische Ziele sollten erreicht werden.[112] August Mader, geb. 1909, der um 1925/26 eine gewerbliche Berufsschule für Jungen besucht hat, schildert diesen Aspekt: „[...] wir mußten ja alle zur Berufsschule. Und in der Schule, da war ein Lehrer damals [...], der sagte, wir machen 'ne Wandergruppe, wir gehn auf Wanderschaft. Und da sind wir auf Wanderschaft gegangen in die Bottroper Heide und überall rum. Und dann hinterher hat er gesagt, ‚kommt doch mal zu einem Abend der Naturfreunde, ich lad euch ein', ne, und so bin ich in die Naturfreunde reingekommen".[113] – Neben vielfältigen Wanderaktivitäten boten die Berufsschulen den Jugendlichen auch Sport, Musik, Kino und Lichtbilder, Übungs- und Unterhaltungsabende an (stets unter Mitwirkung von Lehrkräften) und stellten ihnen Bibliotheken zu Verfügung.[114] Die allmähliche Entfaltung der Berufsschullandschaft und die fortschreitende Integration jugendlicher Berufs- und Altersgruppen erfuhr während der Weltwirtschaftskrise am Anfang der 30er Jahre einen schweren Rückschlag. So wurden ab Juni 1931 die Hausangestellten vom Schulbesuch beurlaubt, die ersten zwei Jahrgänge der kaufmännisch tätigen Mädchen („Handlungsgehilfinnen") konnten kein drittes Jahr unterrichtet werden, ungelernte Arbeiterinnen schulte man aus. Damit war vor allem die weibliche Jugend, die nach jahrelangem Bemühen von politischer und pädagogischer Seite erst seit 1928/29 Unterricht erhielt, von dem Abbau betroffen. Das bedeute einen Schaden, kommentierte denn auch die SPD-Presse, „der kaum abzuschätzen ist".[115] Die Stundenzahl für die noch verbleibenden Berufsschüler/-innen verringerte sich von acht auf sechs Stunden wöchentlich.[116] Im darauffolgenden Krisenjahr konnte die Kommune nach ihrem eigenen Bekunden eine weitere Einschränkung der Berufsschulpflicht durch die Erhöhung der Klassenfrequenzen und eine erneute Herabsetzung der Pflichtstundenzahl abwenden.[117]

3.3.6 Zusätzliche Bildungsmöglichkeiten

Außer den genannten Wegen und Umwegen zu mehr allgemeiner und auch beruflicher Bildung standen theoretisch den Essener Arbeiterjugendlichen weitere Möglichkeiten

111 Volkswacht vom 21.1.1926.
112 Siehe „Förderung der Jugendpflege in den hiesigen Berufsschulen" in: StA Essen Rep. 102, Abt.IX, Nr. 188 (1918–1929).
113 Gespräch mit August Mader im Juli 1990.
114 Jahresbericht der Allg. Berufsschule der Stadt Essen 1928/29, S. 13f. in: StA Essen, Jahresberichte der Fortbildungsschulen, Dienststelle XIIb (217) und in: Verwaltungsberichte der Fortbildungsschulen, Dienststelle XIIb (219).
115 Volkswacht vom 29.9.1931.
116 Vgl. Verwaltungsbericht der Stadt Essen für das Jahr 1931, a.a.O., S. 103.
117 Vgl. Verwaltungsbericht der Stadt Essen für das Jahr 1932, a.a.O., S. 116.

offen. 1927 richtete die Stadt Essen ein Abendgymnasium ein und gab ab 1928 den ersten 21–35jährigen Frauen und Männern mit „starker Begabung"[118] Gelegenheit, sich innerhalb von fünf Jahren auf die Reifeprüfung vorzubereiten. Das Essener Arbeitsamt führte zum Nachweis der Begabungen Intelligenztests durch, zusätzlich mußte eine Aufnahmeprüfung bestanden werden. Die Stadt vergab ganze, halbe und viertel Freistellen und wollte damit sicherstellen, daß „kein Begabter wegen Mangels an Mitteln von dem Besuch der höheren Abendschule ausgeschlossen ist"[119]. Die Sozialdemokratie stand im allgemeinen dem Abendgymnasium kritisch bis ablehnend gegenüber und bezeichnete es als eine „Paukanstalt", „die begabte arme Menschen zu letzter Energieanspannung treibt, den berufstätigen Schülern die Feierabende, die Freizeit raubt und verhindert, daß diese Menschen sich wirklich produktiv in Volkshochschulen und Arbeiterbildungsstätten betätigen und über ein wirkliches Selbststudium hinaus ihrer Klasse dienen"[120]. Dagegen wurde in der sozialdemokratischen Essener „Volkswacht" mit der Etablierung des Abendgymnasiums eine Aufwertung der Stadt verbunden und eine „Kulturmission von größter Bedeutung"[121].

In Preußen bestand außerdem seit 1924 ein Instrument, das Berufstätigen über 25, und zwar „hervorragend begabten Personen"[122], die Zulassung zum Studium ohne Reifezeugnis gestattete. Die Studierwilligen mußten ein Examen, die sog. Begabtenprüfung, ablegen. Wittwer hat auch in bezug auf die Begabtenprüfung Belege für die Skepsis der Sozialdemokratie gefunden, die sich vor allem auf die Empirie stützte: Die wenigsten zum Studium ohne Reifezeugnis Zugelassenen hatten nur die Volksschule besucht.[123] Dennoch nahm die Zeitschrift für Funktionäre und Funktionärinnen in der SAJ 1929 ausgesprochen sympathisierend zu dieser Möglichkeit Stellung. Der Autor, Absolvent der Begabtenprüfung, warb geradezu: „Der Studierende, der aus der Arbeiterbewegung zum Universitätsstudium gelangt, der also schon durch die Schule des Lebens gegangen ist, ist ein Gewinn für die arbeitende Klasse".[124] Auch ein Artikel der Essener Arbeiter-Zeitung hebt die Erfahrungen mit der Begabtenprüfung positiv hervor: „Es hat sich herausgestellt, daß die von der Volksschule kommenden Begabten ein höheres Maß an Allgemeinbildung zeigten als die etwa von der Sekunda abgegangenen Schüler".[125] So manchem prüfenden Professor sei nun aufgegangen, „welches Maß an Begabungen und Allgemeinwissen in der Arbeiterschaft vorhanden ist".[126]

Als letztes seien hochschulähnliche und Hochschullehrgänge für Arbeiter und

---

118 StA Essen Rep.102, Abt. XIIb, 3a, Nr. 15, Bd. I, S. 107f.
119 Volkswacht vom 10.12.1927.
120 KRÜGER, Heinz 1930, S. 242.
121 Volkswacht vom 9.11.1927.
122 Der Führer, 11. Jg. (März 1929), Nr. 3, S. 39.
123 Vgl. WITTWER, a.a.O., S. 274.
124 Der Führer, a.a.O., S. 40.
125 Artikel „Freie Bahn dem Tüchtigen" in: Essener Arbeiter-Zeitung vom 19.4.1926.
126 Ebd.

Angestellte erwähnt, wie sie die Arbeiter-Akademie in Frankfurt a.M. sowie die Universität Münster und die Berliner Hochschule für Politik anboten[127]. Die (freien) Einzelgewerkschaften, aber auch die christliche wie die „gelbe" Gewerkschaftsrichtung entsandten ihre Funktionäre und Mitglieder zu solchen Kursen, um sie für Aufgaben innerhalb der Arbeiterbewegung und im politischen Feld ausbilden zu lassen.

3.3.7 „Schule" in den Lebensgeschichten von SAJ-Mitgliedern

Die Lebensgeschichten der Befragten spiegeln lediglich ein eingeschränktes Spektrum der Weimarer Schulverhältnisse und Bildungsmöglichkeiten wider. Wie zu erwarten, ist der größte Teil der hier Befragten Volksschüler bzw. Volksschülerin gewesen. Nur in wenigen Interviews ist der (mögliche oder versuchte) Übergang in eine weiterführende Schule von seiten der Gesprächspartner/-innen gar nicht berührt worden (Beispiele sind Elli Bick, Gertrud Schneidereit und Betty Hildebrand). Auf Nachfrage hieß es, wie bei Liese Steffens und Max Zimmermann, „nein, dafür war kein Geld da."

Als Gründe für ein Verbleiben auf der Volksschule im Anschluß an die vierjährige Grundschulzeit werden also in der Regel finanzielle Erwägungen geltend gemacht, denn Freistellen waren rar, und das jährliche Schulgeld betrug – von der Inflationszeit abgesehen – in Essen während der Weimarer Republik zwischen 300 M (nach einer ersten Erhöhung 1920) und 120 M (1931) für Mittelschulen und zwischen 600 M (1920) und 240 M (1931) für Gymnasien.[128] Aber auch Behinderungen aufgrund des Geschlechts spielten familiär oder schulisch eine Rolle. Genannt werden darüber hinaus nichtbestandene Aufnahmeprüfungen und schließlich die individuelle Entscheidung der Schülerin/des Schülers, in der vertrauten Umgebung bzw. dem Milieu – meist der weltlichen Schule – bleiben zu wollen.

Unter den 22 Gesprächspartnern hat niemand über ein Gymnasium die Hochschulreife erlangt. Doch gab es mehrere Versuche, sei es von seiten der Lehrkräfte, sei es von seiten der Eltern, Kindern Wege zum Abitur zu eröffnen, die dann aber entweder nicht beschritten oder abgebrochen wurden.

Kurt G. beispielsweise ist von seiner Lehrerin ermuntert worden, auf die Mittelschule oder auf ein Gymnasium zu gehen, und sie stellte ihm sogar die Übernahme der Kosten in Aussicht, er aber schnitt mit Rücksicht auf seine mit jedem Pfennig kalkulierende Mutter das Thema zu Hause erst gar nicht an und blieb weltlicher Volksschüler.

Auch Irmgard Schmitz, Jg. 1916, ist aus wirtschaftlichen Gründen auf der Volksschule geblieben. Sie hatte das Glück, von Verwandten nach der Entlassung fast zwei Jahre lang privaten Unterricht bei einem Handelsschullehrer bezahlt zu bekommen, so daß sie ihre Defizite kompensieren konnte (vgl. Frau Schmitz' Biographie in Kap. 5).

---

127 REICHLING, Norbert 1983; WITTWER, a.a.O., S. 277f.; WITTROCK, Christine 1991.
128 Ab 1923 wurden das Familieneinkommen und die Kinderzahl bei der Berechnung des Schulgeldes zugrunde gelegt.

Nach vier Jahren wechselte Werner Bode, Jg. 1917, von einer weltlichen auf eine Mittelschule für Jungen über. Seine Lehrerin und sein Rektor hatten sich für ihn eingesetzt. Acht Mark monatlich mußten gezahlt werden bei einem Familieneinkommen von rd. 80 Mark. Obwohl es Herr Bode auf der Schule sozial nicht leicht hatte, insbesondere im Religionsunterricht, war das Durchhalten bis zur mittleren Reife für ihn wie für seine Eltern keine Frage: „Ich hatte ja 'n Ziel."

In ihrer evangelischen Bekenntnisschule hatte Elsbeth Nienkamp wegen der Nichtteilnahme am Religionsunterricht zunächst einen schweren Stand: „Aber ich hab mich da nicht von beeindrucken lassen, natürlich nicht. Und die Lehrerin [...], die konnte dann auch nicht umhin und hat dann meinen Eltern den Vorschlag gemacht, [...] sie sollten mich doch auf die [höhere] Schule schicken. Aber dann hat mein Vater gesagt, ,das lohnt sich doch nicht, die kommt aus der Schule, geht in die Lehre und dann heiratet sie'. Also solch eine Einstellung, trotzdem mein Vater sehr fortschrittlich eingestellt war, aber das war für ihn – da sah er keinen Sinn drin".[129] Was Frau N.s Mutter davon hielt, ist nicht überliefert.

Käthe Winter, geb. 1910, hat als einziges von drei Geschwistern eine Mittelschule (mit Freiplatz) besucht. Ihre Mutter, eine sozialdemokratische Stadtverordnete, war auf den Gedanken zunächst gar nicht gekommen: „1919 oder 1920 – meine Mutter hätte meinen Bruder so gerne zur höheren Schule geschickt, hätte sie gerne gemacht, aber der schaffte das nicht. Und dann hat sie das vollkommen abgeblasen, nich, hat sie nicht mehr dran gedacht. Und eines Tages komm ich nach Hause und hab gesagt, ,der Lehrer hat gesagt, ich soll mal fragen, ob ich auf die höhere Schule dürfte'. Da ist sie vom Stuhl gefallen. Kam doch überhaupt nicht auf die Idee, ein Mädchen auf die höhere Schule zu schicken [...]"[130].

Auf Empfehlung seines Klassenlehrers hat Herr Priebe einen anderen Weg zu einer qualifizierteren Bildung einzuschlagen versucht. Er machte im Alter von 12/13 Jahren die Aufnahmeprüfung für die einem Essener Gymnasium angegliederte „verkürzte Realschule", eine seit 1918 bestehende Möglichkeit „für besonders hervorragende Volksschüler"[131], in vier Jahren die Reife für die Obersekunda zu erwerben und in weiteren drei Jahren das Abitur. Auf die verkürzte Realschule ist in der örtlichen Presse wiederholt hingewiesen worden. Sie kostete jährlich nur etwa 100 RM Schulgeld gegenüber 240 RM in herkömmlichen Gymnasien und wurde daher „fast durchweg von Kindern der minderbemittelten Kreise besucht"[132]. Allerdings galt diese Chance einer nachgeholten höheren Bildung eben nur für „wirklich begabte, lerneifrige" Söhne.[133] – Herr Priebe hat die Prüfung nicht bestanden; er blieb auf der Freien Schule.

---

129 Gespräch mit Frau Nienkamp im Januar 1991.
130 Erstes Gespräch mit Käthe Winter (Petra Kamburg, Anne Tepaß) im Februar 1988.
131 Volkswacht vom 1.12.1932.
132 Verwaltungsbericht der Stadt Essen für das Jahr 1930, a.a.O., S. 124.
133 Siehe Volkswacht vom 28.1.1927.

Aus: „Volkswacht" vom 12. 5. 1930

Wilma Kammer, Jg. 1913, erinnert sich noch heute lebhaft an die Benachteiligung, die sie während ihrer Schulzeit erfahren hat: „Also ich sollte eigentlich vom Lehrer aus, vielleicht interessiert Sie das auch, zur Aufbauschule nach Kettwig. Und früher war das ja nicht so, daß die Mädchen sagten, ‚ich will dies werden‘ oder ‚ich will das werden‘. Ich wär ja am liebsten Kinderschwester geworden, ne, aber meine Mutter sagte dann, hatte mit dem Lehrer schon so da geredet, also der Lehrer wollte, ich sollte zur Aufbauschule [gehen]. Und, das wird Sie interessieren, zur Aufbauschule in Kettwig – da konnte man ja auch das Abitur machen –, und ich wär dann ganz gerne Handarbeits- und Turnlehrerin geworden. Und in der Aufbauschule in Kettwig wurden keine Mädchen genommen, wenn genügend Jungen sich gemeldet hatten. Ja, die Frauen denken immer, sie haben nichts erreicht, aber denken Sie mal daran, Sie können studieren, Sie können machen, was Sie wollen. Da fragt keiner nach, sind Sie jetzt weiblich oder sind Sie männlich, ne? Aber die wurden nicht aufgenommen. Und an eine Freistelle für Mädchen war überhaupt nicht zu denken, ne. Und auf der Handelsschule hab ich ’ne Freistelle gekriegt. Das war dann auch nicht drin, daß meine Eltern das bezahlt hätten. Wir waren ziemlich arm...“[134].

Herr Sch., Jg. 1905, hätte als junger Berufstätiger Gelegenheit gehabt, an der Akademie der Arbeit in Frankfurt a.M. zu studieren. Er erzählt: „[...] ich war auch, ich war nicht ehrgeizig, aber ich war auch fleißig, war auch nicht dumm. Wenn ich damals die Möglichkeit gehabt hätte – mein Vater, der hätte gern später noch was aus mir gemacht. Da war der Heinrich Spies[135], haben Sie den noch gekannt? Der hat sein Studium an der Frankfurter Arbeiterakademie gemacht [...]. Zur selben Zeit sollte ich hier vom Artur Fritsch[136] auch dahingeschickt werden. Da sag’ ich, ‚Mensch, Vatter, watt soll ich mich weiter ausbilden‘ [...], da sag’ ich, ‚die Ingenieure bieten sich für 35 Mark die Woche an, nur um ’ne Arbeitsstelle zu haben, für weniger Geld als ’n Schlosser‘, ne. Also zu der Zeit war – Heinrich Spies, der hat anders gedacht [lacht], der hat gedacht, ‚wasse lernen kannst, dat weißte‘“.[137]

---

134 Erstes Gespräch mit Frau Kammer (Petra Kamburg und Anne Tepaß) 1987; wahrscheinlich hat es sich bei der Aufbauschule in Kettwig zuerst um eine Jungenschule gehandelt, in der aber auf Druck der Kultusbürokratie und/oder der Elternschaft die nicht erreichten Klassenstärken durch Mädchen ‚aufgefüllt‘ werden konnten bzw. mußten. Im statistischen Jahrbuch für den Freistaat Preußen sind nach der Erhebung von 1926 Aufbauschulen jeweils für Jungen oder Mädchen verzeichnet (keine koedukativen). In der Rheinprovinz gab es demnach 9 Aufbauschulen mit 769 Schülern und 3 Aufbauschulen „für die weibliche Jugend“ mit 263 Schülerinnen, siehe Statistisches Jahrbuch. Hrsg. vom Preußischen Statistischen Landesamt, 24. Bd., Berlin 1928 S. 268f. Weitere quantitative Angaben sind nicht verfügbar. Ein Klassenabschlußfoto der einzigen Aufbauschule im Einzugsbezeich Essens, nämlich der „Staatliche(n) Fichteschule, Kettwig, Deutsche Oberschule in Aufbauform“, hat Liese Steffens zur Verfügung gestellt, es zeigt 14 Jungen (darunter ihren späteren Ehemann) und 3 Mädchen; die Schule wurde im Frühjahr 1934 aufgelöst (Landeshauptarchiv Koblenz, Best. 405A, Nr. 218, S. 107).
135 Essener SAJ-Funktionär; nach 1945 war Heinrich Spies aktiv in der SPD und bekleidete beruflich hohe kommunale Verwaltungspositionen.
136 Essener Sekretär des Deutschen Metallarbeiter-Verbandes.
137 Gespräch mit Hans Sch. im Oktober 1988.

3.3.8 Zusammenfassung

Die schulischen Verhältnisse der Zwischenkriegszeit und die Erfahrungen der befragten SAJler/-innen lassen sich aufeinander beziehen. Die Reduziertheit der Bildungschancen von Arbeiterkindern ist auf der Folie des Verhältnisses von Strukturen und ‚Fällen' verstehbarer geworden: Für die Befragten konnte es kaum Kriterien für eine längerfristige Lebensplanung geben, die der Entscheidung über die Schullaufbahn in einem nichtdurchlässigen System hätten zugrunde gelegt werden können. Die Schulzeit war für die meisten Arbeiterkinder eine Phase geringer Entfaltungs- und Wahlmöglichkeiten. Wie diese individuell und familial aussahen, haben die Interviewsequenzen illustriert. Zu irritieren vermögen inzwischen vielleicht weniger die allgemeinen Zusammenhänge von Bildung und sozialer Herkunft, sondern eher die Tatsache, daß einzelne sich trotz der geschilderten Bedingungen schulisch (begrenzt) verhalten konnten oder aber ihre geringen Chancen, zu „Bildungstiteln" (Bourdieu) zu gelangen, vergaben.

Den Komplex ‚Schule' gestalteten die Verlautbarungen, die bildungspolitischen Vorstöße und Unterlassungen des sozialdemokratischen Lagers auf vielschichtige Weise mit. Das Gymnasium wie auch traditionelle formale Abschlüsse im allgemeinen sind der Partei und der SAJ suspekt geblieben. Ausgelöst bzw. verstärkt wurde dieses Klima selbstverständlich in erster Linie durch die fortbestehende, an Bildung gebundene gesellschaftliche Macht des Bürgertums. Und daher spielte die Furcht eine große Rolle, die eigene Anhängerschaft via Schulkarriere ans bürgerliche Lager zu verlieren. Aber es waren nicht nur politische Vorbehalte, die einer „Bildungseuphorie" entgegenstanden. Die Distanz hing auch zusammen mit einem engen, individuelle Entwicklungen kaum zulassenden Begabungsbegriff, der die sozialen Voraussetzungen für Begabung zu wenig reflektierte und sich damit gegen die eigene Klientel wenden konnte. – Dieses Konglomerat aus begründeter Ablehnung des dreigliedrigen Schulsystems und individuelle Aufbrüche und Identitätsfindungen verleugnendem Denken produzierte so mißdeutbare Formulierungen wie die vom „ungesunden Andrang zu höheren Schulen", die nicht ohne Einflüsse auf Eltern und Kinder blieben. Demotivierende Wirkungen sozialdemokratischer Politik lassen sich auch ganz besonders gegenüber dem weiblichen Teil ihres Sozialmilieus vermuten. Hier hat die Allianz von Elternressentiment und bildungspolitischer Einäugigkeit der Partei – entgegen aller offizieller Programmatik – zu ganz erheblichen Chancenungleichheiten geführt.

Den Widersprüchlichkeiten innerhalb der Sozialdemokratie ließen sich weitere hinzufügen: die partielle Selbstgenügsamkeit der weltlichen Schulen, die ambivalente Haltung gegenüber den Mittelschulen, den Abendgymnasien und gegenüber der Begabten-Prüfung.

Sieht man sich zuletzt die statistischen Daten an, erscheint der Uneindeutigkeit der sozialdemokratischen Bildungspolitik zum Trotz die Weimarer Entwicklung der schulischen Verhältnisse in einem etwas günstigeren Licht: Zwar gab es im Wintersemester 1924/25 an deutschen Universitäten nur 1% Söhne und Töchter aus Arbeiterfamilien[138], doch der Anteil der Kinder aus unteren sozialen Schichten an den Schülern der höheren Schulen ist in den Jahren 1921 – 1931 von 9 auf 13% gestiegen[139], „daneben prägten die Unterschichtkinder besonders die Weimarer Neugründungen Deutsche Oberschule und Aufbauschule. Hier liegt ihr Anteil bei 18% bzw. 25%".[140] Neben den bildungspolitischen Entscheidungen der Nachkriegsphase mögen auch individuelle und Gruppen-Strategien die ganz allmähliche Demokratisierung bewirkt haben.

Im kollektiven Gedächtnis der Arbeiterjugendlichen der Weimarer Zeit scheint die soziale Benachteiligung, die sie im Bildungssystem erfahren haben, aufgehoben zu sein. Sie hätten nie geglaubt, so Tenorth, „daß dieses System gerecht war, auch wenn sie unterschiedlich darauf reagiert haben, mit Protest oder mit individuellem Aufstiegsstreben"[141]. Das Bewußtsein der „von der Schule vernachlässigten Jugend"[142] war wiederum das Motiv einzelner, sich an die SAJ zu binden, und der Motor für die Funktionärinnen und Funktionäre, dem Volksschulwissen in der Jugendgruppe das Wesentliche hinzuzufügen.[143] Anna Siemsen hat diesen Zusammenhang von Diskriminierung auf der einen und Selbsterziehung auf der anderen Seite gesehen. Sie propagiert noch am Ende der Weimarer Republik, die Jugendlichen müßten so lange ihre Bildungsbestrebungen in die Hand nehmen, wie Chancengleichheit im Bildungsbereich nicht hergestellt sei.[144]

3.4   „Trostlose Lage des Arbeitsmarktes"[145]

Im Februar 1924 forderte ein sozialdemokratischer Stadtverordneter kommunale Notstandsarbeiten zur Linderung der Erwerbslosigkeit.[146] Ab jenem Jahr hat es nahezu keine Stadtverordnetensitzung mehr gegeben, während der die Linksparteien

---

138   Volkswacht vom 22.7.1926; von den rd. 7.500 deutschen Studentinnen im Wintersemester 1926/27 waren nur 25, also 0,3 Prozent Töchter von Arbeitern (Volkswacht, Beilage „Blatt der Frau" vom 8.7.1930).
139   Vgl. KRAUL, Margret 1984, S. 143; ZYMEK, Bernd 1989 nennt für das Jahr 1931 die Zahl von 5% Schülern aus Arbeiterfamilien (S. 178).
140   Ebd.
141   TENORTH, Heinz-Elmar 1985, S. 105.
142   SPIES, Heinrich 1924, S. 59.
143   „Das Wissen, das dem Proletarier in der Volksschule vermittelt wird, reicht im Höchstfalle so weit, aus ihm einen Staatsbürger zu machen. Das kann uns aber nicht genügen, die wir die Geschicke selbst in die Hand nehmen wollen [...]" – siehe Vorschläge zur Bildungs- und Schulungsarbeit, in: Der Führer 11. Jg. (1929), Heft 11, S. 165.
144   Vgl. SIEMSEN, Anna 1929.
145   Volkswacht vom 10.11.1930.
146   Die späte Reaktion ist vielleicht darauf zurückzuführen, daß in der ersten Nachkriegszeit keine Arbeitslosenstatistik vorlag, wie HERMANNS, Manfred 1990, S. 19, schreibt. Zu berücksichtigen ist auch die Nichtvollständigkeit der sozialdemokratischen Essener Arbeiter-Zeitung (der Jg. 1923 ist nur von April bis Juni vorhanden); vgl. Essener Arbeiter-Zeitung vom 2.2.1924.

nicht auf die örtliche Arbeitslosigkeit hinwiesen und die SPD mit Arbeitsmarktstrategien und arbeitspädagogischen Vorschlägen hervortrat. Mehr als eine Reduzierung des Problems wurde allerdings nicht erwartet.

Mit Blick auf die junge Generation sahen die Arbeitsämter der Region zum selben Zeitpunkt die Gefahren der „sittlichen", intellektuellen und körperlichen Verwahrlosung, die sich aus der Lage ergebe, daß in rheinischen Großstädten noch 70 Prozent der Ostern 1923 aus der Schule Entlassenen keine Lehr- bzw. Arbeitsstelle gefunden hätten.[147]

Die Diskussion über das Phänomen Jugendarbeitslosigkeit konzentrierte sich im linken und bürgerlich-aufgeklärten Lager Mitte der 20er Jahre hauptsächlich auf zwei Möglichkeiten des Gegensteuerns: auf die Ausweitung kommunaler Arbeitsbeschaffung und auf die Einrichtung von Kursen, die die Zeit des Wartens auf den Berufseinstieg überbrücken, aber nicht zuletzt auch die Jugendlichen, insbesondere die Jungen, „von der Straße" holen sollten. Darüber hinaus erwartete man, daß sich durch die Teilnahme an gewerblichem und allgemein nützlichem Unterricht die Chancen auf dem Arbeitsmarkt verbessern könnten.

Für Mitte der 20er Jahre ist die Zahl der jugendlichen Arbeitslosen nicht genau zu ermitteln. Vom Fünf- bis Sechsfachen der offiziell gemeldeten Arbeitslosen, so hieß es, sei auszugehen.[148] Im April 1926 hat die Stadtverwaltung über Vereine, Verbände und die Kirchen die Jugendlichen zu einer Arbeitslosen-Zählung, und zwar auch der „unsichtbaren" Arbeitslosen, die beim Arbeitsamt nicht registriert waren, aufgerufen[149]; bekannt war immerhin die Zahl der Schulentlassenen von rd. 8.000 im Jahr 1926, der ungefähr 2.500 Lehrstellen gegenüberstanden.[150]

Im Herbst desselben Jahres gingen die zuständigen Stellen von 5.000 jugendlichen Erwerbslosen zwischen 14 und 18 Jahren aus und erwarteten wiederum einen beträchtlichen Anstieg durch die Ostern 1927 zur Entlassung aus der Schule anstehenden Jungen und Mädchen.[151]

In Essen konnte sich um das Jahr 1927 herum bereits ein Angebot zur praktischen Anleitung, hauptsächlich für erwerbslose Jungen, entwickeln: es gab Schreiner- und Schlosserwerkstätten sowie Schulgärten mit fachkundigen Lehrkräften. Jugendliche zwischen 16 und 18 Jahren erhielten Erwerbslosenunterstützung nur dann, wenn sie wöchentlich 4 Stunden die gewerbliche Berufsschule besuchten und zusätzlich 8 Stunden die gärtnerische oder handwerkliche Unterweisung nutzten.[152]

Zwar ließ sich in Essen seit Mitte des Jahres 1926 eine ganz allmähliche Abnahme

---

147 Vgl. Essener Arbeiter-Zeitung vom 8.2.1924.
148 Vgl. a.a.O. vom 7.2.1926.
149 Siehe a.a.O. vom 17.4.26; siehe zum Problem der „unsichtbaren" Arbeitslosen WINKLER 1987, S. 23; zur (damit verbundenen) Mädchenarbeitslosigkeit REH, Sabine 1992.
150 Vgl. Essener Arbeiter-Zeitung vom 11.6.26.
151 Vgl. a.a.O. vom 18.9.26.
152 Vgl. ebd.; a.a.O. vom 2.12.1926.

der Erwerbslosenziffern beobachten, aber zu Optimismus gab diese Veränderung keinen Anlaß, denn gleichzeitig stieg die Zahl der „Ausgesteuerten", also derjenigen, die keinen Anspruch auf Arbeitslosenunterstützung mehr hatten und von der „Wohlfahrt" lebten. Jugendliche ohne diesen, in einem Beschäftigungsverhältnis erworbenen Anspruch fielen aus der Statistik der Arbeitsverwaltung heraus.[153] Die (katholische) Essener Volkszeitung faßte Ende 1926 zusammen, daß die Arbeitslosigkeit in der Stadt „wegen der Eigenart unserer industriellen Verhältnisse"[154] erheblich größer sei als auf Reichsebene: „Am 1. August hatten wir in Essen 50,5 Hauptunterstützungsempfänger auf tausend Einwohner, im Reich dagegen nur 25,7, am 1. September 48,5 gegenüber 23,7 im Reiche. Hieraus geht hervor, daß die Abnahme der Erwerbslosigkeit im Reiche erheblich schneller vor sich geht als bei uns".[155] Die höchste Zahl der Arbeitssuchenden innerhalb der Rheinprovinz hatte 1927 Essen[156], und im Juli desselben Jahres wurde von einer zweieinhalbmal höheren Arbeitslosigkeit als im Reichsdurchschnitt ausgegangen.[157] Dennoch weckten die im Reich rückläufigen Arbeitslosenzahlen Hoffnungen auf einen solchen Trend auch im Ruhrgebiet, und es wurde sogar schon darüber spekuliert, daß durch den demographischen Einbruch aufgrund des Ersten Weltkrieges mit einem Lehrstellenüberangebot zu rechnen sei: „Wo nehmen wir die Knaben für die offenen Lehrstellen her?".[158] Dieser Optimismus währte nur kurze Zeit. Die Jahre 1926 und 1927, die eine Wendung zum Besseren versprochen hatten, änderten nichts an der Lehrstellenknappheit im Handwerk und in der Industrie. Arbeitslosigkeit durch Rationalisierung und Personalabbau „verringerte sich nur kurzfristig in den Jahren 1927/28 und mündete schließlich in die Extremsituation der Weltwirtschaftskrise ab 1929/30 ein".[159] Das Ruhrgebiet war zweifellos besonders hart betroffen.[160]

Neben den schon erwähnten zwei Möglichkeiten zur Abschwächung der Jugendarbeitslosigkeit, dem freiwilligen bzw. dem Pflichtunterricht und kommunal initiierten Notstandsarbeiten, wurden 1928 zwei weitere Instrumente geschaffen, nämlich die Vermittlung von 14–17jährigen Mädchen und Jungen in die Landwirtschaft sowie die Ausgabe von Wanderscheinen an über 18jährige (vermutlich Männer), die außerhalb der Stadt, auf der „Walz", ihr Bemühen ums tägliche Brot fortsetzten. Das Essener Arbeitsamt warb ab 1928 regelmäßig 14–17jährige Jungen und Mädchen an für

---

153 Zu den Unterstützungsregelungen von 1918–1927 FÜHRER, Karl Christian 1991.
154 Essener Volkszeitung vom 25.12.1926.
155 Ebd.
156 Siehe Verwaltungsbericht der Stadt Essen von 1927, o.O., o.J., S. 53.
157 Vgl. Volkswacht vom 15.7.1927; auf das Reich bezogene Zahlen finden sich auch bei KUCZYNSKI, Jürgen 1966, S. 196ff.
158 Volkswacht vom 3.8.1927.
159 REULECKE, a.a.O., S. 90.
160 „Am schwersten aber sind die Industriebezirke betroffen. Im Ruhrgebiet wuchsen im letzten Viertel des vergangenen Jahres die Erwerbslosenziffern in rapidem Tempo [...]", DIEDERICH, Ludwig 1926, S. 88.

bäuerliche Hilfsarbeiten beispielsweise in Schleswig-Holstein oder Mecklenburg.[161] Und da die Lehrstellenknappheit wider Erwarten anhielt, wurde den Jugendlichen auch im darauffolgenden Jahr vom Arbeitsamt dringend empfohlen, „sich nach einer anderen Erwerbsmöglichkeit umzusehen. Diese ist gegeben durch Aufnahme von Landarbeit. Dem Arbeitsamt Essen stehen zurzeit eine große Anzahl leichter Stellen zur Verfügung, in denen die Jugendlichen vorzugsweise mit Viehhüten beschäftigt werden. Die Stellen sind durch Fürsorgerinnen geprüft und für die Aufnahme Jugendlicher als geeignet befunden worden [...]. Hin- und Rückreise sind frei, wenn die Jugendlichen mindestens 6 Monate in ihrer Stelle verbleiben".[162] Noch unausgesprochen war, was 1932 von seiten des Arbeitsamtes explizit gemacht wurde, nämlich daß man hoffte, die Jugendlichen würden länger als ein halbes Jahr in ihrer neuen Umgebung bleiben: „Erfreulicherweise sind in den letzten Jahren immer mehr Jugendliche aufs Land gegangen und dort geblieben. Diese Entwicklung wird im kommenden Jahr weiter gefördert werden müssen".[163]

Ende 1930 waren 10.000 Arbeitssuchende bis 21 Jahre beim Arbeitsamt Essen gemeldet gewesen. „Die Gesamtzahl der 10.000 jugendlichen Arbeitslosen verteilt sich ungefähr folgendermaßen: 1140 Jungen und 840 Mädchen bis zu 18 Jahren suchen noch Lehrstellen. 1100 Jungen und 500 Mädchen im gleichen Alter haben noch keine ungelerte Arbeit gefunden. Arbeitssuchende im Alter von 18 bis 21 Jahren aus allen Berufen sind rund 5000 männliche und 1350 weibliche vorhanden. Unter den letztgenannten befinden sich eine große Anzahl solcher, die unmittelbar nach Beendigung der Lehre entlassen wurden".[164] In diesem Zusammenhang ist von Bedeutung, daß die Situation für die Jugendlichen und ihre Familien durch die Notverordnung vom September 1931 noch verschärft wurde: Unter 21jährige erhielten nur dann Arbeitslosenunterstützung, wenn kein familienrechtlicher Unterhaltsanspruch bestand – was auf die wenigsten Jugendlichen zutraf.

Eine von pädagogischer und arbeitsmarktpolitischer Seite gleichermaßen in die Diskussion gebrachte Möglichkeit der „Arbeitslosenbeschäftigung" stellte ab 1931 (Notverordnung der Reichsregierung vom 5.6.1931) der Freiwillige Arbeitsdienst dar[165], auf den trotz anfänglicher Zurückhaltung des sozialdemokratischen Lagers in Essen Hoffnungen gesetzt wurden.[166] 1931/32 haben im Stadtgebiet Essen rd. 3.500 Arbeitslose an Maßnahmen des FAD teilgenommen, eine geringe Zahl, gemessen an den 26.000 offiziell arbeitslos gemeldeten bis 25jährigen. Den Initiatoren ging es nicht nur um eine kurzzeitig zu erbringende Arbeitsleistung, sondern auch um Betreuungs-

---

161 Siehe beispielsweise in der Volkswacht vom 16.1., 19.3., 10.5., 30.6.1928.
162 Schreiben des Arbeitsamtes Essen, abgedr. in: Volkswacht vom 6.5.1929.
163 Schreiben des Arbeitsamtes Essen, abgedr. in: Volkswacht vom 11.11.1932.
164 Volkswacht vom 10.11.1930.
165 Siehe dazu HAFENEGER, Benno 1988 und DUDEK, Peter 1988.
166 Vgl. Volkswacht vom 7.10.1931.

maßnahmen verschiedenster Art, wie Vorträge, Unterhaltung, Sport und Spiel. 6–7 Stunden täglich sollten die Jugendlichen arbeiten, 3–4 pädagogisch betreut werden.[167]

Mit dem Appell „Helft den Schulentlassenen!"[168] ist in der sozialdemokratischen Presse auf die aussichtslose Arbeitsmarktlage für den (geburtenschwachen) Jahrgang 1918, der 1932 die Volksschule verließ, aufmerksam gemacht worden: „In einem Zeitpunkt, in dem sich sonst für den Jugendlichen das Leben öffnete, in dem er mit Hoffnungen und Erwartungen in einen neuen Lebensabschnitt eintrat, findet er jetzt eine hoffnungslos verbaute Zukunft vor sich. Elend und Mutlosigkeit im Elternhaus, leider allzu oft in der Umgebung nutzloses Hindämmern in zerrüttender Arbeitslosigkeit vor sich. Das sind die Eindrücke, die das Weltbild des Jugendlichen formen, der heute von der Schule ins Leben tritt und der gleich bei diesem ersten Schritt stolpert. Was man mit diesen 14jährigen ‚Arbeitslosen' tun soll, das weiß man noch nicht. Wahrscheinlich wird man Kurse für sie einrichten müssen [...]".[169]

Für 1933 waren die Prognosen von Arbeitsamtsseite ähnlich, man erwartete einen leichten Zuwachs an Lehr- und Anlernstellen: „Selbst wenn aber die Ziffern auf den Stand des Jahres 1931 ansteigen sollten, wird ein großer Teil der Ostern von der Schule Abgehenden in Essen nicht untergebracht werden können".[170]

3.4.1 Arbeitslosigkeit und Jugendorganisation

Mit dem Problem der Arbeitslosigkeit, seinen materiellen und psycho-sozialen Auswirkungen hat sich auch die SAJ befaßt, und zwar nicht nur im Sinne eines von den ökonomischen Verhältnissen diktierten Themas, sondern in erster Linie gemäß ihrem Selbstverständnis, auch als Interessenvertretung der Jugendlichen fungieren zu wollen. Ein kleiner, für die SAJ werbender Zeitungsartikel wendet sich demgemäß ausdrücklich an die erwerbslosen Jungen: „Hallo, Jungarbeiter. Tausende von jungen Menschen leiden und darben unter der Arbeitslosigkeit. Andere bekommen nur so wenig Lohn, daß sie eben ihr Leben fristen können. Die ganze Arbeiterschaft ist von einem ungeheuer großen Elend ergriffen. Und all dieses durch den Widersinn des kapitalistischen Systems [...] Darum hinein in die Sozialistische Arbeiterjugend, die für Jugendschutz und Jugendrecht kämpft. Alle Kraft muß in den Dienst dieser großen Aufgabe gestellt werden. Darum, Jungarbeiter, zögere nicht länger, stelle dich in die Front des kämpfenden Jungproletariats, trete ein in die SAJ".[171]

---

167 Vgl. a.a.O. vom 22.12.1932.
168 A.a.O. vom 26.2.1932.
169 Ebd.
170 Schreiben des Arbeitsamts, abgedruckt in: Volkswacht vom 11.11.1932.
171 Volkswacht vom 22.7.1931; siehe auch „Wenn der Sohn erwerbslos ist", in: Arbeiter-Jugend, 24. Jg. (Nov. 1932), Heft 11, S. 343. Die Perspektive auf die Arbeitslosigkeit von Mädchen blieb auch in der SAJ wenig konkret, obwohl zumindest auf Reichsebene der SAJ gesehen wurde, daß die Erwerbslosigkeit der weiblichen Jugend „auffallend" war und über 50% ausmachte, vgl. DIEDERICH, a.a.O.

68

Die SAJ hat im Dezember 1926 eine Aufstellung ihrer arbeitslosen Mitglieder vorgenommen, darin sollten auch die Mädchen enthalten sein, die im Haushalt der Eltern arbeiteten und somit von keiner offiziellen Statistik erfaßt worden wären.[172] Wenn auch Ergebnisse dieser Umfrage nicht vorliegen, ist doch für die gesamte Weimarer Zeit von einer starken Belastung der SAJ-Arbeit durch Erwerbslosigkeit auszugehen. Tilsner-Gröll referiert, es habe im Krisenjahr 1923 in den Gruppen bis zu 90% Arbeitslose gegeben.[173]

Die wirtschaftlichen Krisenerscheinungen wirkten selbstverständlich auf die Gestaltung des Jugendlebens in der SAJ ein: Im April 1926 wurden Treffen erwerbsloser SAJler/-innen sämtlicher Gruppen organisiert. Über die Aktivitäten und Diskussionen im einzelnen gibt es keine Überlieferung. Wir wissen aber, daß darüber hinaus Schulungskurse, etwa 1932 in der Heimvolkshochschule Stenden, und auch Sportveranstaltungen und Wanderungen speziell für Jugendliche ohne Beschäftigung stattgefunden haben.[174]

Mit Rücksicht auf die Geldknappheit der Arbeitslosen gab es fast immer Gebühren- oder Eintrittsermäßigungen, so bei Tanzkursen des Ortsverbandes der SAJ, die für Verdienende 1 Mark, für Arbeitslose 50 Pfennige kosteten[175], ebenso bei Theateraufführungen, Arbeitersportveranstaltungen u.a.m. Auch Ratenzahlungen wurden vorgeschlagen, beispielsweise anläßlich des Dortmunder Jugendtages von 1928, für den 3,50 Mark aufzubringen waren. Im Mai 1929 rief die SAJ ihre Mitglieder dringend zum Sparen kleiner Beträge auf, um im Juli 1929 am Jugendtag in Wien teilnehmen zu können.

Häufig wiesen OV- oder Gruppenleitung ausdrücklich darauf hin, wenn bei Ausflügen oder anderen Unternehmungen keine Kosten entstanden (was vermutlich für die Teilnahme vieler Jugendlicher entscheidend war). So traf man sich an einem Sonntag im Juli 1929 mit anderen SAJ-Gruppen in Velbert und kündigte an, alle würden den Treffpunkt, immerhin ca. 10 km von Essen entfernt, zu Fuß erreichen, so daß kein Fahrgeld anfalle. Die Praxis der stundenlangen Fußmärsche war in der SAJ gang und gäbe und wird in Gesprächen zwar auch sportlich und lebensreformerisch, hauptsächlich aber finanziell begründet. – 1930 bot die Gruppe Essen-Süd einen kostenlosen Ausflug für alle an, weiter hieß es in der Ankündigung: „Wer Geld hat, geht abends zur

---

172 Ein Ergebnis dieser Befragung ist nicht bekannt, vgl. Volkswacht vom 6.12.1926 (SAJ-Mitteilungen).
173 Vgl.TILSNER-GRÖLL, Rotraut 1978, S. 38; siehe über das Jahr „der großen Nöte und Gefahren" auch: UNSER WEG. Die Arbeiterjugendbewegung 1923, Berlin 1924, insb. S. 8.
174 Vgl. Volkswacht vom 31.12.1931, 6.4.1926, 5.5.1926 und 27.4.1932. Schon 1922 hat die Gruppe Borbeck einen Theaterabend mit dem Titel „Arbeitslos am Weihnachtsabend" gestaltet (vgl. A.-J.-Ankündigungen in Essener Arbeiter-Zeitung vom 22.12.1922).
175 Vgl. Volkswacht vom 19.11.1926. „Alle jugendlichen Erwerbslosen der Arbeiterjugend haben gegen Vorzeigen der Kontrollkarten und des Mitgliedsbuches der Soz. Arbeiterjugend freien Eintritt zur Generalprobe des Volkschors (Josua) am nächsten Mittwoch [...]" (Essener Arbeiter-Zeitung vom 19.1.1924).

Revolutionsfeier. Unkosten 80 Pfg."[176] – Frau M.-D., die 1923 in die SAJ eingetreten ist, erinnert sich: „Mutter gab uns [bei Wanderungen] 50 Pfennige mit und erwartete, daß wir möglichst 40 Pfennige wieder zurückbrachten. Das war ja damals auch eine sehr schwere Zeit [...]".[177]

Die Geldnot der Jugendlichen und ihrer Familien machte selbst das monatliche Zahlen der Mitgliedsbeiträge – ungefähr zwanzig bis fünfzig Pfennige im Laufe der Weimarer Zeit – zu einem Dauerproblem. Die Mitteilungen der SAJ Essen sind durchzogen von Aufforderungen ("wer in der Lage ist, bringt den Beitrag mit"), Mahnungen und sogar Drohungen mit dem Entzug des Stimmrechts für den Fall, daß der Beitrag des Vormonats nicht entrichtet würde.[178]

Selbstverständlich waren auch die Feiern der SAJ von den Auswirkungen der Krisen nicht verschont. Illustrierend ist der Pressebericht über eine von der SAJ mit ausgerichtete Jugendweihe im städtischen Saalbau: Die Jugendlichen seien in einem Referat, heißt es darin, mit Problemen und Auswirkungen des Ersten Weltkrieges konfrontiert worden, insbesondere mit der Geißel der Arbeitslosigkeit. „Vielen Anwesenden traten Tränen der Empörung in die Augen, als der Redner mitteilte, daß einzelne Kinder nicht an der Jugendweihe teilnehmen konnten, da es den Eltern trotz aller Einschränkungen nicht möglich gewesen sei, die notwendigen Kleidungsstücke zu beschaffen".[179] Auch Weihnachtsfeiern waren mit keinerlei ‚Luxus' ausgestattet. Im Gegenteil, meist war in den Gruppen nicht einmal das Nötigste vorhanden: Die SAJ-Gruppe Nord lud auf dem Höhepunkt der Weltwirschaftskrise 1931 zu ihrer Weihnachtsfeier ein mit der Aufforderung: „Tasse, Teelöffel sowie Eßwaren muß jeder selbst mitbringen".[180] Im selben Jahr bat die Gruppe West ihre Mitglieder um sog. Scherzpakete[181] und „nach Möglichkeit Kuchen"[182]; und für die Silvesterfeier 1932/33 der Gruppe West sollten die Jugendlichen je ein Würstchen und etwas Tee und Zukker beisteuern.[183]

Am Ende der 20er Jahre sind auch aus der SAJ einige Jungen auf die „Walz" gegangen, sie haben versucht, ausgestattet mit Wanderschein und einer kleinen Unterstützung ihrer Gewerkschaft (Beispiele sind Paul Priebe und August Mader aus der Gruppe der Befragten), sich mit Gelegenheitsjobs oder auch durch Betteln selbst zu

---

176 Volkswacht vom 8.11.1930.
177 Gespräch mit Frau M.-D. im Oktober 1988; dazu auch BRANDT, Willy 1982, S. 48.
178 SAJ Gruppe E.-West, vgl. Volkswacht vom 4.9.1930.
179 Essener Arbeiter-Zeitung vom 1.4.1924.
180 Volkswacht vom 19.12.1931.
181 Zu Weihnachtsfeiern wurden stets nur „Scherzpakete" mitgebracht, gegenseitiges Beschenken war nicht üblich.
182 Vgl. Volkswacht vom 22.12.1931.
183 Vgl. Volkswacht vom 31.12.1932. – Frau Winter erzählt, wie anspruchslos sich um 1930 besonders von der Krise Betroffene auf Wanderungen verpflegten: „Dann hatte sie 'n Paket Schwarzbrot vom Konsum und 'n Gläschen mit Pflaumenmus und 'n Kaffeelöffel in ihrem Brotbeutel. Und wenn wir denn Pause machten, zog sie das Schwarzbrot raus, Pflaumenmus drauf, und das war das Essen für 'n ganzen Sonntag" (Gespräch im Februar 1988).

unterhalten. Über solche Erfahrungen ist während der Gruppenabende berichtet[184] und auch publiziert worden.[185]

Die SAJ schloß sich gegen Widerstände in den eigenen Reihen unter dem Eindruck der Weltwirtschaftskrise auch in Essen 1932 gemeinsam mit dem ADGB, der „Arbeiterwohlfahrt", dem Reichsbanner „Schwarz-Rot-Gold" und anderen zum Hilfswerk „Sozialer Dienst" zusammen, das Trägerin von Maßnahmen der Arbeitsbeschaffung und insbesondere des umstrittenen Arbeitsdienstes war und den Jugendlichen des sozialdemokratischen Lagers offen stand.[186]

3.4.2 Wahl des Berufs unter erschwerten Bedingungen

Die dargestellten Verhältnisse führen zu der Frage, inwieweit unter den in Essen seit dem Ersten Weltkrieg nicht mehr prosperierenden wirtschaftlichen Verhältnissen – insbesondere unter der Voraussetzung eines eingeschränkten Marktes für Lehr- und Arbeitsstellen –, bezogen auf die aus der (Volks-)Schule Entlassenen, von einer Wahl des Berufes überhaupt gesprochen werden konnte. Häufig war es nämlich der notwendige Beitrag zum Familieneinkommen, der die Übernahme eines Jobs und damit die Entscheidung gegen eine mehrjährige Ausbildung begründete.

Bei der Berufsentscheidung in der krisenhaften Weimarer Zeit spielten außerdem das lokale Vorherrschen der industriellen Produktion mit spezifischen Branchenbesonderheiten (Metallverarbeitung, Bergbau) und die geringe Präsenz des tertiären Sektors eine Rolle: Mädchen hatten in Essen weniger Chancen, den für jüngere Frauengenerationen der Weimarer Republik typischen Beruf der Kontoristin zu erlernen[187], und Jungen fanden außerhalb der dominierenden Branchen ebenfalls ein wenig differenziertes und aufnahmebereites Berufsgefüge vor. Der Einstieg in ein Lehrverhältnis war keineswegs der erste Schritt zur Sicherung einer eigenen Existenz: „Viele Betriebsleiter brauchen die billigen und willigen Arbeitskräfte, um sich über

---

184 Siehe Mitteilung der Gruppe Essen-West in: Volkswacht vom 17.11.1927 und der Gruppe Altenessen-Süd in a.a.O. vom 13.10.1932. Der Unterbezirk Essen hat 1927 einen Wochenend-Kurs für Wanderarbeiter angeboten (vgl. a.a.O. vom 25.2.1927).

185 WEIMANN, Hermann 1931; PÖPPEL, Walter 1984, S. 115ff.; WAGNER, Siegfried 1930/31; MERKEL, Wolfgang und OLDIGS, Beenhard 1987, S. 27f.; dazu auch DANTZ, Carl 1930.

186 Siehe „‚Sozialer Dienst'. Hilfswerk für die erwerbslose Jugend in Essen", in: Volkswacht vom 10.9.1932; HAFENEGER (1988) schildert die ambivalente Haltung des ADGB, des Metallarbeiter-Verbandes und auch der SAJ zum arbeitsmarktpolitisch und pädagogisch begründeten Instrument des Freiwilligen Arbeitsdienstes; siehe S. 130ff.

187 Siehe PEUKERT, Detlev J.K. 1987(c), S. 101ff.; NIENHAUS, Ursula 1982, insb. S. 18ff.; BENNINGHAUS, Christina 1992. – In seinem 1932 erschienen Roman „Junge Leute in der Stadt" läßt Rudolf BRAUNE seinen Hauptakteur darüber nachdenken, was er, wenn er Geld hätte, für seine Freundin tun könnte, die sich als Ungelernte in der Weltwirtschaftskrise zu behaupten sucht: „[...] vielleicht ging sie auf ein Büro, sie mußte doch etwas gelernt haben, so ein hübsches und nettes Mädchen, und wenn sie nichts konnte, würde sie auf eine Abendschule schicken, Schreibmaschine, Stenographie, vielleicht sogar Buchhaltung [...]" (S. 251).

Wasser halten zu können. In Zeiten des schlechten Geschäftes blüht die Lehr-lingszüchterei, vor allem bei den Krautern".[188]

Die Situation von Lehrlingen bzw. die „Ausbeutung von Lehrlingen"[189] war ein Thema für die Gewerkschaften noch bis in die Endphase der Republik hinein. Rege-lungen über Entlohnung und Urlaub gab es in der Industrie und im Handwerk – außer in der Metallverarbeitung – so gut wie nicht, und ein Reichsberufsausbildungsgesetz kam über den Entwurfsstatus nicht hinaus.[190] Der Reichsausschuß der Deutschen Jugendverbände ermittelte im Frühjahr 1927 unter den Jugendlichen in Groß-, Mittel- und Kleinstädten bei 63% eine wöchentliche Arbeitszeit von 48 Stunden, bei den übri-gen bewegte sich die Arbeitszeit zwischen 49 und über 60 Stunden. Die regionale SAJ-Zeitschrift „Jungvolk am Niederrhein" hat 1925 über die Auswirkungen langer Arbeitszeiten und der Schichtarbeit auf männliche Jugendliche berichtet: „Die Jugend-lichen selbst sind infolge der zwölfstündigen Schicht überanstrengt. Sie klagen über Müdigkeit und man sieht es auch deutlich bei den Übungsabenden. Dazu kommt noch, daß für eine große Zahl (Wechselschicht) der gesamte Fortbildungsunterricht außer-halb der Schichtzeit liegt. An zwei Tagen haben diese Jungen dann: 12 Stunden Schicht, 3 Stunden Schule gleich 15 Stunden. Dazu kommen noch die Wege viermal zwischen Schule, Arbeitsstätte und Haus, etwa mit 1 bis 2 Stunden anzusetzen, so daß diese Jungen an zwei Tagen der Woche von 24 Stunden je 16 bis 17 Stunden tätig bzw. von Hause abwesend sind".[191] – Jugendliche organisierten sich wohl nicht zuletzt auf-grund der Zustände in den Betrieben zunehmend im ADGB (oder die Eltern taten das für sie). 1925 waren es 120.000, 1928 schon 180.000 Lehrlinge und jugendliche Arbeiter/-innen.[192]

Zum Zeitpunkt des Berufseinstiegs war in den meisten Fällen bereits eine ‚Wei-chenstellung' erfolgt, die mehr als die anderen genannten Faktoren die Klassenspezifik und -gebundenheit des Lebenszusammenhangs von Arbeiterjugendlichen zum Aus-druck brachte – der Besuch einer Volksschule. Mit einem Abgangszeugnis einer evan-gelischen, katholischen oder weltlichen Volksschule waren Entfaltungs- oder Auf-

---

188 „Jugend im Lebenskampf", in: Arbeiter-Jugend, 25. Jg. (April 1933), Heft 4, S. 83f.; siehe auch den kurzen Beitrag über die „Lehrlingszüchterei" in Schneiderwerkstätten, in: Essener Arbeiter-Zeitung vom 16.8.1919 sowie „Lehrlinge in handwerksmäßigen Betrieben", in: a.a.O. vom 13.12.1922.
189 Überschrift in: Volkswacht vom 24.8.1929; siehe auch a.a.O. vom 20.7.1929.
190 Vgl. DÖRSCHEL, a.a.O., S. 178; SCHÜTTE, a.a.O., S. 100ff.; zeitgenössisch MEWES, Bernhard 1929; MÜLLER, Kurt und FÜRNBERG, Friedrich 1928. Der Internationale Gewerkschaftsbund forderte 1928 u.a. eine wöchentliche Höchstarbeitszeit für Jugendliche von 48 Stunden und drei Wochen bezahlten Urlaub, vgl. HERBIG 1973, S.136.
191 Jungvolk am Niederrhein, 1. Jg. (September 1925), Nr. 3; in Essen hat es – wie im ganzen Reich – 1922 eine Protestkundgebung gegen die Rücknahme des Achtstundentages gegeben: „Es gilt zu demonstrieren gegen das dem Reichstag von Unternehmerkreisen vorgelegte Gesetz der 54stündigen Arbeitswoche für Jugendliche. Jugendliche, laßt euch euren Achtstundentag nicht nehmen!" (A.-J.-Mitteilungen in: Essener Arbeiter-Zeitung vom 24.3.1922); siehe auch BEHLER, Ph. 1928, S. 34; KUCZYNSKI, Jürgen 1969, S. 266f.
192 Vgl. ABENDROTH, Wolfgang o. J., S. 30.

stiegswünsche, sei es von seiten der Eltern, sei es von seiten der Jugendlichen, nur schwer realisierbar (siehe Abschnitt 3.3: Weimarer Schulverhältnisse). In der Weimarer Zeit bestanden trotz der Expansion des Angestelltenbereichs traditionelle soziale Plazierungen fort. Und durch einen ‚Überhang‘ an Realschüler(inne)n und Abiturient(inn)en konkurrierten diese bis hinunter auf die Ebene von (auf Übernahme in ein Lehrverhältnis hoffenden) Laufburschen- und Laufmädchenstellen mit den Volksschüler(inne)n.

Die Eltern, ein weiterer die Berufswahl beeinflussender Faktor, haben in den 20er Jahren durchaus auch im sozialdemokratischen Milieu ihre ‚Erziehungsgewalt‘ geltend gemacht. Hodann schildert eine Szene, in der Jugendliche, in der Berufsberatung nach ihren Wünschen befragt, antworten: „‚Ich soll [...] werden‘ oder ‚Vater weiß noch nicht, was ich werden soll‘. Fragt man sie, was sie denn gern werden möchten, so ist es meist nur nach Bemühungen möglich, darauf eine Antwort zu erhalten. In den weitaus meisten Fällen erfolgt dann ein zaghaftes ‚Ich weiß eigentlich nicht‘“.[193] Der freigewerkschaftliche Zentralverband der Angestellten wandte sich u.a. im Jahr 1920 mit einer Zeitungsanzeige explizit „an die Eltern der Schulentlassenen“ in der Absicht, neue Mitglieder zu rekrutieren: „Die nahestehende Schulentlassung wirft wieder in vielen Familien die Frage auf, welchem Beruf sich die heranwachsenden Kinder zuwenden sollen. Häufig wird die Entscheidung dahin getroffen, daß die Jugend es später leichter haben möge, als die Eltern, und aus diesem Grunde dem Angestelltenberuf zugeführt werden soll [...]“.[194]

Außer der vormundschaftlichen Entscheidung für die Jugendlichen konnte es seitens der Eltern auch ungewollte Einflüsse auf den Nachwuchs geben, die sich unter Umständen in Abgrenzungen und Aufstiegsorientierung der jungen Generation gezeigt haben. Das Beispiel der Eltern, das, nicht zuletzt auch für die in dieser Untersuchung Befragten, die krisengeschüttelte Proletarierexistenz der Zwischenkriegszeit repräsentierte, konnte wohl kaum als ‚Modell‘ dienen. Lassen sich damit die beruflichen Neuorientierungen erklären, die Ende der 20er Jahre etwa vom Leiter des Essener Arbeitsamtes registriert wurden? „[...] Bergmann will kaum noch ein Jugendlicher werden. Dasselbe ist der Fall bei dem Dreher- und Formerberuf [...]“.[195] In der Abkehr von den Berufen der Väter könnten jugendlicher Eigensinn wie auch elterliche Weitsicht zum Vorschein kommen. – Über die Berufswahl junger Mädchen erfahren wir aus den schriftlichen Quellen fast nichts. 1926 werden in der sozialdemokratischen „Volkswacht“ Berufsmöglichkeiten von Mädchen dargestellt: Neben einer hauswirtschaftlichen Ausbildung empfiehlt der Zeitungsartikel den Beruf der Säuglings- und Kleinkinderpflegerin, den handwerklichen der Schneiderin, Weißnäherin, Putzmacherin und der Friseuse. Von dem kaufmännischen Fach dagegen wird eher abgera-

---

193 HODANN, Max o. J. (1923), S. 150f.
194 Essener Arbeiter-Zeitung vom 22.9.1920; siehe auch a.a.O. vom 17.1.1929.
195 HONE, Josef 1928.

ten, es gebe schon zu viele Arbeitslose. Der Artikel macht aus seiner Präferenz für die Hauswirtschaft kein Hehl: „Der Beruf aber, dem jedes Mädchen die beste innere Eignung entgegenbringt, ist und bleibt der hauswirtschaftliche".[196] Vor dem Erlernen eines Büroberufes werden Mädchen (und ihre Eltern) 1926 in der Essener Arbeiter-Zeitung geradezu gewarnt: Der Beruf sei unbefriedigend, überfüllt, stelle höchste Anforderungen.[197]

Naujoks nennt, gestützt auf Angaben des Reichsarbeitsblattes 1924/25 bis 1926/27, vier von Mädchen bevorzugte Metiers. Das waren Tätigkeiten im Bekleidungsgewerbe, in der Hauswirtschaft, im Kaufmännischen und in der Gesundheits- und Körperpflege.[198]

Die weibliche Hälfte der Jugendlichen hat zu Hause so gut wie keine positiv besetzten Beispiele weiblicher Berufsrollen vorfinden können. Denn Mütter, die vor der Ehe meist un- oder angelernt erwerbstätig waren, haben zugunsten der Familie auf weitere Lohnarbeit verzichtet oder nur sporadisch hinzuverdient. Schon im Bemühen um eine Berufsausbildung auch für Mädchen drückt sich ein Perspektiven- oder gar Normwandel auf der Seite der Eltern oder Jugendlichen aus – wenn auch vielfach im Sinne einer Rückversicherung für den Notfall oder als Passage bis zur Eheschließung[199], weniger mit der Intention, ein grundsätzlich anderes, weniger familienzentriertes Leben zu führen als die proletarischen Mütter.[200]

Das städtische Arbeitsamt hat Ostern 1922 von 4.200 Schüler(inn)en (vermutlich Volksschulabsolventen) erfragt, welche Berufe diese anstrebten. Bedauerlicherweise wurden nur die Wünsche der männlichen Jugendlichen wiedergegeben: Das Schlosserhandwerk stand mit 800 Nennungen an erster Stelle, gefolgt vom Schreinerberuf mit rd. 350 und dem Elektrotechniker mit rd. 300 Nennungen. Kaufmännische Berufe rangierten erst an 5. Stelle.[201] Die individuellen Vorstellungen von Jungen und Mädchen haben denn auch schon Sorge über den Bestand der Berufe ausgelöst, die in Essen als

---

196 Essener Arbeiter-Zeitung vom 20. 1.1926; mit eben dieser Tendenz unter der Überschrift „Die Berufswahl unserer Töchter" am 14.1.1927 (Beilage „Elternhaus und Schule"): „Besonders Mütter sollten das beherzigen und nicht vergessen, daß die Bestimmung der Frau ihr Hauptberuf ist, und alle Begabung durch körperliche Entwicklung und einige Jahre Ausbildung in der Hauswirtschaft für das spätere Leben nur günstige Entfaltungsmöglichkeiten enthält. Deshalb ist vor allem die Wahl von Berufen zu wünschen, die die natürliche Veranlagung der Frau fördern[...]". – In Essen sind denn auch nach der Berufszählung von 1925 von 100 erwerbstätigen Frauen 25,8 Hausangestellte gewesen, hinzu kamen 7,1 „mithelfende Familienangehörige", vgl. Volkswacht vom 20.7.1927.
197 Artikel „Die Frau am Pult", in: Essener Arbeiter-Zeitung vom 12.4.1926.
198 Vgl. NAUJOKS, a.a.O. 1984, S. 54f.; zeitgenössisch HETZER, Hildegard 1931.
199 Die Zeitschrift „Arbeiter-Jugend" kritisiert das Versorgungsdenken, das in früheren Zeiten die Eheschließung gehe es um andere Ideale. Die Frau „wird dem Manne, den sie achtet und liebt, Lebensgefährtin werden, auch wenn sie in der Ehe mitarbeiten muß", BOHM-SCHUCH, Klara 1921, S. 85; REININGER, Karl 1931, insb. S. 141; HETZER, a.a.O.
200 Ende 1924 hat die Essener Volkshochschule für Mädchen aller Gruppen einen Vortrag über „Mädchenberufsfragen" angeboten. In der Ankündigung heißt es: „Kommt alle und bringt Eure Mütter mit" (Essener Arbeiter-Zeitung vom 21.11.1924).
201 Vgl. Volkswacht vom 18.5.1922.

„bodenständig" galten[202], so daß die Schulen und die Berufsberatung[203] Ende der 20er Jahre gegen bestimmte Modeberufe zu argumentieren versuchten: „Heute will oft der dritte Teil der Schüler einzelner Schulklassen Autoschlosser und ein weiteres Drittel Friseur werden. Daß unter solchen Umständen die Berufe in kurzer Zeit überfüllt sein müssen, liegt auf der Hand. Einseitiger Zustrom der schulentlassenen Knaben in einige beliebte Modeberufe (Autoschlosser, Friseur, Elektrotechniker, Buchdrucker. Schriftsetzer, Feinmechaniker, Koch und Konditor) und die Ablehnung anderer Berufe, wie der der Dreher, Fräser, Schleifer und Former, Kernmacher und Kesselschmiede muß für die Wirtschaft wie für die Jugendlichen nachteilig ausschlagen[...]".[204]

3.4.3 Berufswahl und Arbeitslosigkeit als Gegenstände von Lebensgeschichten

Bilden sich die allgemeinen Verhältnisse, wie sie für Essen und für die Jugendorganisation beschrieben worden sind, in den Lebensgeschichten einfach ab? Interviewsequenzen werden einige der schon behandelten Aspekte individuell beleuchten, aber auch anders akzentuieren und dem Allgemeinen weitere, nicht über schriftliche Quellen erschließbare Gesichtspunkte hinzufügen.

Berufswahl und Arbeitslosigkeit sind wichtige lebensgeschichtliche Stationen, die jedoch über den vollständigen Lebensweg an dieser Stelle noch keine Auskunft geben können (siehe die Kurzlebensläufe der Befragten im Anhang).

‚Krisenkinder' waren alle hier vorzustellenden Interviewpartner/-innen. Die Zeitpunkte ihrer Berufsfindung reichen von 1918 bis 1933 und erstrecken sich somit über die für Essen stets problematische Zwischenkriegszeit. Die untersuchten Lebensgeschichten weisen hinsichtlich der Berufswahl bzw. des Stellenwerts von Arbeitslosigkeit Auffälligkeiten und einige Gemeinsamkeiten auf, die sich, thematisch gruppiert, exemplarisch vorstellen lassen: 1. Erfahrungen der „überflüssigen" Jugendgeneration[205], 2. Eingreifen der Eltern, 3. Jugendliche Eigeninitiative, 4. Protektion, 5. Selbstbehauptung.

Die „überflüssige" Jugendgeneration
Paul Priebe wurde 1928 aus der weltlichen Schule entlassen und übernahm, als er vergeblich nach einer Lehrstelle als Schlosser gesucht hatte, ein halbes Jahr lang eine Laufburschenstelle in der Firma Krupp. Herr P. bewährte sich und konnte nach einer Auszubildenden-Aufnahmeprüfung doch noch die gewünschte Lehre beginnen (daß sein Vater Kruppianer war, gereichte ihm dabei zum Vorteil). Nach der Gesellenprü-

---

202 HONE, a.a.O.
203 In Preußen seit 1919 in der Verantwortung der Berufsämter, der späteren Arbeitsämter, vgl. DÖR-SCHEL, a.a.O., S. 179f.
204 Volkswacht vom 14.3.1930.
205 PEUKERT, Detlev J.K. 1987c, S. 94ff.

fung im Jahr 1932 gab es dennoch für ihn keinen festen Arbeitsplatz, er wurde entlassen. Paul P. glaubte damals nicht mehr an einen bevorstehenden Berufseinstieg und ging mit vier gleichfalls arbeitslosen Jungen auf die Wanderschaft in der Absicht, von Norddeutschland bis Wien zu ‚tippeln‘. Man schlief in Jugendherbergen und Obdachlosenunterkünften und bekam von der Gewerkschaft, dem Deutschen Metall-Arbeiterverband, unterwegs einen kleinen Betrag, der im Mitgliedsbuch des DMV vermerkt wurde. Herr P. und seine Freunde machten sich angesichts über sechs Millionen Arbeiterloser geringe Hoffnungen selbst auf einen kurzfristigen Job. Die Jungen hätten sich von Nord nach Süd „treiben lassen“ wollen, um so eventuell die Wirtschaftskrise zu überbrücken. Auf die Frage, ob das Geld der Gewerkschaft zum Lebensunterhalt gereicht habe, antwortet Paul P.: „Nein, wir haben geklopft, wir haben uns durchgefuttert gewissermaßen so (lacht).“ – H.B.-C.: „Ihr habt an Haustüren geklopft?“ – Herr P.: „Ja selbstverständlich, also dat erste Mal war das unheimlich, unheimlich schwer, nich, dann irgendwo in ’n Haus reingehen und anklopfen und – wir haben immer nur nach etwas Essen gefragt, ne. Und denn beim ersten Mal, das is ’n ganz komisches Gefühl, ich weiß nich, ob man sich das überhaupt vorstellen kann, wenn man das noch nicht gemacht hat. Die Frau guckte mich an, machte die Tür zu und dann kam sie zurück, und dann brachte sie mir zwei Butterbrote und noch zwanzig Pfennig dazu, ne. [...] Und wo wir immer sehr drauf geachtet hatten, daß wir immer sauber und korrekt waren, ne, proper waren. Und in Travemünde, da waren wir auch unterwegs, hab ich auch irgendwo angeklopft, da haben sie mich hinten in ’ne Gartenlaube geführt und kamen die dann raus mit Kaffee und bißchen so Essen usw., [das] hab ich denn da gegessen [...]“.

Aber schon nach zwei Monaten erhielt Herr P. (postlagernd) zwei Briefe aus Essen. Seine Eltern schrieben ihm, daß ihn die Firma Krupp zu einem bereits verstrichenen Termin einstellen wollte, der andere Brief sprach von einer Fristverlängerung. Herr P. erhielt auf abenteuerliche Weise das nötige Reisegeld und schaffte es wider Erwarten, in Essen seine Stelle anzutreten. Ein Betriebsleiter, meint er im Rückblick, habe ihn gefördert und ihm die für die Krisenzeit sehr ungewöhnliche Fristverlängerung eingeräumt.[206]

Die absolute Aussichtslosigkeit, in Essen einem Beruf nachzugehen und ein Einkommen zu erarbeiten, hatte Herrn P. im Sommer 1932 gezwungen, wenn er den Eltern nicht zur Last fallen wollte, sich von Tag zu Tag, im wahrsten Sinne des Wortes, durchzuschlagen. Seine Arbeitskraft wurde weder in seiner Heimatstadt noch unterwegs gebraucht. Das in seiner Situation damals unvermeidliche Betteln gehörte zu den ganz einschneidenden Erfahrungen seines Lebens. Allerdings hat er zumindest heute ein Bewußtsein davon, daß er zum Weggehen und ‚Tippeln‘ durch die extreme Arbeitslosigkeit und die häusliche Armut gezwungen war, daß er also nicht den Typus

---

206 Zweites Gespräch mit Herrn Priebe im Oktober 1991.

des ‚Aussteigers‘ und selbstverschuldet Gescheiterten verkörpert hat. Herr P. und seine Freunde gaben sich selbst keineswegs auf, diszipliniert sorgten sie dafür, daß sie „proper" aussahen in ihren regelmäßig in Flußwasser gewaschenen Wanderkitteln der SAJ. Die wirtschaftliche Depression vermittelte den Jugendlichen zwar das Gefühl des Überflüssigseins, hatte aber zur Konsequenz, daß der Statusverlust als Herausforderung begriffen und von Paul P. ‚bestanden‘ wurde.

Frau Nienkamp, geb. 1908, gehört einer älteren SAJ-Generation an; sie wurde schon 1922 aus der evangelischen Volksschule entlassen: „[...] und als ich denn aus der Schule kam, da war ich erst ein Jahr – hat ich ne gute Vermittlung (lacht), wurd' ich als Laufmädchen eingestellt bei Hirschland, das große Bankhaus Hirschland, das war schon etwas Besonderes, wenn man da eingestellt wurde als Laufmädchen. Hirschland war ja zu der Zeit noch 'ne gefragte Bank, ne[207]. Und denn hab ich versucht, als Lehrmädchen anzukommen, aber äh, das ging nicht, die stellten nur solche ein, die die Schule[208] besucht hatten. Na ja, dann hab ich mich, als ich ein Jahr da war, hab ich mich dann um Lehrstellen bemüht und habe mich beim Konsum, beim „Eintracht", hab ich mich beworben. Und da sachte Grete D.[209] [...] ‚da brauchst du dich gar nicht zu bewerben [...], die stellen nur Lehrlinge ein‘ (gemeint waren männliche Auszubildende – H.B.-C.). ‚Ach‘, ich sach, ‚denn hab ich eben Pech gehabt‘. So, und denn wurd' ich dann bestellt, ging ich mit meinem Vater da hin, und da haben sie mich dann ausgequetscht, ne, was alles, mein Zeugnis betrachtet und gefragt und wer die Bewerbung geschrieben hätte. Und da war ich ganz empört und hab gesacht ‚natürlich ich‘, ne, ‚selbst‘. Da braucht ich doch niemand anders für. Ja, und denn sachte dann der Personalchef[...] ‚wir wolln es mal mit ihr versuchen‘ (lacht). Also war ich im Konsumverein ‚Eintracht‘ das erste Lehrmädchen auf 'm Büro, nich im Verkauf, ich war da auf 'm Büro. Das war also etwas Außergewöhnliches".[210] – Auf eine spätere Nachfrage, ob der Bank- oder Büroberuf schon immer ein Wunsch von Frau N. gewesen ist, gibt sie überraschend zur Antwort: „Also ich wäre gerne Schneiderin geworden, und das Komische war, da gab es keine Lehrstellen zu der Zeit, war ja überhaupt, das ist ja immer schon [...] etwas Schlechtes gewesen, daß nicht genügend Lehrstellen da waren, ne. Und deshalb, zu der Zeit, als ich aus der Schule kam, genauso. Da wär' ich gerne Schneiderin geworden, war keine Möglichkeit [...]."

Elsbeth Nienkamp hat während der Inflationszeit eine Lehrstelle im Schneiderhandwerk gesucht, als die kleinen Betriebe Existenzsorgen hatten und die Ausbildung des Nachwuchses gerade nicht an erster Stelle stand. Sie scheint den Wunsch nach einigem Suchen aufgegeben zu haben und berichtet nicht ohne Stolz, daß sie durch Fürsprache zumindest nicht länger arbeitslos war, sondern in einem renommierten Essener Bank-

---

207 Frau Nienkamp spielt auf die deutsch-jüdischen Inhaber der Bank und die spätere „Arisierung" an.
208 Das heißt, die Mittelschule oder das Gymnasium.
209 Damals Funkionärin in der SAJ.
210 Interview mit Frau Nienkamp im Januar 1991.

haus Laufmädchen werden durfte, wenn auch mit nur vagen Hoffnungen auf eine anschließende Berufsausbildung. Ihr erster Berufswunsch ‚paßte' nicht auf den damaligen Arbeitsmarkt, und ihre zweite Wahl, eine Banklehre, scheiterte an ihrer unzulänglichen Schulbildung. Ein drittes Scheitern, diesmal an der Tatsache des ‚falschen' Geschlechts bei der Bewerbung um eine Büroausbildung im sozialdemokratischen Konsumverein, konnte sie durch kompetentes und selbstbewußtes Auftreten verhindern. Ähnlich wie in der Erzählung von Herrn Priebe haben auch bei Frau Nienkamp die Erfahrungen des Nichtgebrauchtwerdens in der Jugendzeit im Blick von heute mehr Stärke als Kleinmut hervorgebracht. Die Frustrationen, nicht wählen, seinen eigenen Lebensplan nicht realsieren zu können, führten auch in ihrem Fall nicht zur Resignation. Vielmehr nahm sie ihre Chance tatkräftig wahr und durchbrach die Praxis des Konsums, im Büro nur Jungen auszubilden.

Eingreifen der Eltern

Elli Bick, Jg. 1908, suchte ebenfalls 1922, nach dem Besuch einer evangelischen Volksschule, einen Ausbildungsplatz. Sie wurde 1923 durch Vermittlung ihres Vaters Verkaufslehrling im „Eintracht"-Konsum. „Ja, ich hab meinem Vater immer gesagt [...], ‚ich glaub, als ich geboren wurde, da wußtest du schon, daß ich Verkäuferin werden würde'. Ich wollt' ja was anderes, aber es hat mir nix geschadet. Es war ganz gut, man kam mit Leuten zusammen und – [...]. Mit 15 Jahren wurde man eingestellt als Lehrling. Da bin ich dann geblieben, bis ich geheiratet habe. [Leise] Das war gar nicht so schlimm".[211]

Liese Steffens, geb. 1918, ist im Frühjahr 1933 aus der weltlichen Schule entlassen worden. Die Lehrkräfte haben, wie sie meint, die Noten etwas ‚geschönt', um den Jungen und Mädchen die Lehrstellensuche zu erleichtern. „Ich hab mich damals sehr um eine Lehrstelle als Schneiderin bemüht, und von der Kluse immer in die Stadt bin ich jeden Tag zum Arbeitsamt und hab da auch 'ne Eignungsprüfung gemacht. Aber eines Tages konnte man mir tatsächlich eine Lehrstelle anbieten 1933, ja so im Herbst, glaub ich [...]. Und dann war ich, glaube ich, 'n halbes oder Dreivierteljahr in der Lehre, da starb meine Mutter, und da mußte ich aufhören. Das war so selbstverständlich. Ich war die Jüngste, meine Mutter starb, es waren noch zwei Brüder zu Hause. Ich mußte zu Hause bleiben und den Haushalt führen".[212] Frau Steffens übernahm ab 1934 die Rolle der Hausfrau und versorgte Vater und die Brüder, bis sie 1939 heiratete.

Beide Beispiele illustrieren trotz ihrer Unterschiedlichkeit die väterliche Entscheidungsmacht über den weiteren Berufs- und Lebensverlauf der Töchter. Verbindend ist die Nichtbeachtung der Lebenspläne der Mädchen. Während Elli Bick, die ihren Berufswunsch in der Erzählsequenz nicht verrät[213], nur zu erkennen gibt, daß sie sich

---

211 Interview mit Frau Bick im März 1987.
212 Interview mit Liese Steffens im April 1988.
213 Ein Nachgespräch ist vor Elli Bicks Tod nicht mehr zustande gekommen, und ihre Tochter konnte über den ursprünglichen Berufswunsch der Mutter keine Auskunft geben.

„dreingefunden" hat in die Zukunftspläne ihres Vaters, schaffte es Liese Steffens zunächst durch Beharrlichkeit gegenüber dem Arbeitsamt (und ein sehr gutes Zeugnis), doch noch den angestrebten Ausbildungsplatz zu erhalten. Erst mit dem Tod der Mutter und durch die Lücke, die diese als Hausfrau hinterließ, wird deutlich, daß Lieses Tätigkeit innerhalb der Familie als wenig nutzbringend angesehen und ihr ein Anspruch auf Ausbildung abgesprochen wurde. Mit großer – scheinbar auch von Frau Steffens selbst akzeptierter – Selbstverständlichkeit brach sie die Lehre ab. Über Diskussionen innerhalb der Familie oder Skrupel ihres (sozialdemokratischen) Vaters erzählt Frau St. nichts.

Bei Berta M.-D., Jg. 1909, haben die Eltern die finanziellen Notwendigkeiten zur Geltung gebracht und der Tochter alle weiterreichenden Berufspläne versagt: „Mein Lehrer wollte so gern, daß ich was Soziales machen sollte, und hatte meine Eltern auch zur Besprechung gebeten das letzte Jahr. ‚Also, lassen sie sie bloß nicht Verkäuferin werden', hat er gemeint, ‚die muß entweder Fürsorgerin werden', das war ja damals [...] die Bezeichnung, ‚oder Kindergärtnerin'. Beides konnten meine Eltern nicht, obwohl ich durch einen Bekannten die Schule hätte umsonst besuchen können [...], hatte 'n Stipendium. Aber wissen sie, Bücher und Bekleidung und alles das mußte ja auch aufgebracht werden, so daß meine Mutter schon eine Hilfe selbst an diesen zehn Mark hatte, ne, und ich bin doch in die Lehre gegangen".[214]

Ganz anders hat sich der elterliche Einfluß bei einer anderen Zeitzeugin ausgewirkt: Frau Förster, geb. 1919, ist 1933 aus der Waldorf-Schule entlassen worden, die sie drei Jahre lang besuchte. 1934 begann sie eine Hauswirtschaftsausbildung in einem großbürgerlichen Haushalt. Ihre Mutter (der Vater starb 1929) war überzeugte Sozialdemokratin, und die Berufsausbildung ihrer Tochter hielt sie für einen notwendigen Qualifikations- und Entwicklungsschritt. Als Frau F. wegen eines Todesfalles in ihrem Ausbildungshaushalt die Lehre nicht abschließen konnte, sah sie eine Chance zum ‚Absprung' und stellte sich sowohl gegen die Ausbildungspläne als auch gegen die Weltanschauung ihrer Mutter: „Und ich hab mich dann 37 freiwillig in 'n Arbeitsdienst gemeldet, und meine Mutter sagte zu mir ‚warum willst du in den Arbeitsdienst gehen?'. Ich sach: ‚Ich will den Nationalsozialismus kennenlernen, ich will wissen, was dahinter steckt'. Da war ich 17. Und meine Mutter war damals schon sehr vorsichtig in ihren Gesprächen, sie hat im Untergrund gearbeitet und hatte auch nich' mehr so viel Vertrauen zu mir [...]. Also ich ging in den Arbeitsdienst und lernte ihn von seiner idealistischen Seite kennen. Wir waren 50 Mädchen, aus ganz Europa waren Deutsche gekommen. Und wir wurden natürlich nationalsozialistisch geschult [...]. Und abends an der Fahne und morgens an der Fahne da zu singen, war zwar manchmal lästig, aber irgendwo auch romantisch. Und da sollt' ich im Arbeitsdienst bleiben, die wollten mich zur Führerin ausbilden. Und da hab ich ‚nein' gesagt. Ich hab irgendwo instinktiv

214 Interview mit Frau M.-D. im Oktober 1988.

gespürt, wenn du hier drin bleibst, lernst du nichts anderes mehr kennen, dann klammern die dich ein, und dagegen hab ich mich gewehrt. Ich bin also raus, hab meine Lehre noch zuende gemacht in Mecklenburg".[215]

Frau Förster lehnte (eine Zeitlang) die pädagogischen Intentionen ihres Elternhauses wie auch der „Roten Falken" ab: Sie verweigerte die Übernahme des Bildes einer SPD-orientierten „neuen Frau" und flüchtete sich in die deutschtümelnde Gemeinschaft von „Arbeitsmaiden". Den fortschrittlichen Anspruch der Mutter, die gelernte Handelskauffrau war und den Typus der emanzipierten Sozialdemokratin repräsentierte, wies Frau F. zurück. Der Einfluß der wirtschaftlichen Misere spielte in dieser Phase (auch in der Lebensgeschichte) eine untergeordnete Rolle. Lotti Försters Protest hatte neben dem sehr deutlichen, unter umgekehrten Vorzeichen ausgetragenen Generationenkonflikt auch seine Ursachen in den politischen Auseinandersetzungen am Ende der Weimarer Republik, die sie zunehmend mit den pseudoharmonischen Ideen der Nationalsozialisten sympathisieren ließen.

Jugendliche Eigeninitiative

August Mader, Jg. 1909, hat zu den Jungen gehört, die 1923 auf den Lehrstellenmarkt drängten und das Schlosserhandwerk erlernen wollten. Er fand, wie viele, keine Lehrstelle. „[...] ich wollte ja Schlosser werden, aber Lehrstellen, ich hab mir die Hacken abgelaufen, ich bin wer weiß wo alle gewesen – nix zu machen, gar nix. Und dann sagte ein alter Jugendfreund von mir, sagt der, ‚Mensch, August, so geht dat doch nich weiter, Du bist jetzt schon so lange arbeitslos [...], bei uns is 'ne Stelle als Laufbursche frei, willze da rein? Ich sprech mit dem Alten'. Und denn hat er mit dem Bürovorsteher gesprochen, und denn bin ich da hin, und dann hat der gesagt, ‚ja, gut, sie gefallen mir, sie können anfangen', ne. Und so bin ich bei Krupp dann angefangen. Und bin bei Krupp dann ins Walzwerk, vom Walzwerk bin ich in die Elektrowerkstatt reingekommen. Der Elektromeister, der war auch mit Radio und so, und als er merkte, daß ich da viel von verstand, da hat er gesagt, ‚komm' Se mal mit, wenn Se Teile brauchen usw., ich kenn eine Großhandlung in Essen [...]. So war ich also in die Radiosache hineingekommen [...]".[216]

Herr Mader, der die Stelle bei Krupp Ende der 20er Jahre wieder verlor, baute seine Neigung zur Radiotechnik weiter aus; er gründete den Arbeiter-Radioclub mit, jobbte ohne vertragliche Absicherung in einem Essener Radiogeschäft. In beschäftigungslosen Wochen machte er zusammen mit Jugendlichen aus der SAJ, den „Naturfreunden" und der Gewerkschaft ausgedehnte Radtouren, auf denen er u.a. bei Bauern Geld verdiente und, wie Herr Priebe, vom Deutschen Metallarbeiterverband geringfügig unterstützt wurde. 1930 erhielt er in dem Radiogeschäft schließlich eine feste Stelle und war

---

215 Interview mit Lotti Förster im Oktober 1987.
216 Interview mit Herrn Mader im Juli 1990.

dort u.a. für den Einsatz von Lautsprecheranlagen bei politischen Kundgebungen zuständig. Er wurde nach und nach zu einem gefragten (und sogar von den Nationalsozialisten umworbenen) Experten dieses neuen Gebietes.

Ein anderes Beispiel ist Frau Simon, geb. 1910. Ihr Berufswunsch stand schon frühzeitig fest: Sie wollte Schneiderin werden: „Als Kind hab ich schon für meine kleinen Püppchen genäht und also, für mich stand dat fest – ich wollt' Schneiderin werden (lacht). Ich weiß auch nich, warum. Hinterher hab ich gedacht, verrückt, hättest doch Verkäuferin lernen können, hättst et einfacher gehabt".[217]

Anna Simon setzte sich 1924/25 dann auch konsequent für die Verwirklichung ihres Lebensplans ein: „Ich war eigentlich schon vorher – die Lehrstelle hab ich mir vorher praktisch gesichert. Ich mußte schon jeden Nachmittag, den ich nicht zur Schule ging, und mußte schon einkaufen und also Kleinigkeiten machen, besorgen, bloß, damit ich die Lehrstelle dann kriegte [...], ja, da war damals auch schon die Arbeitslosigkeit".[218]

August Mader ist es gelungen, mit Phantasie und Eigeninitiative einen Weg vom Hobby zur Erwerbstätigkeit zu finden, denn eine auf ihn ‚passende' Rundfunkmechaniker-Lehre gab es Ende der 20er/Anfang der 30er Jahre noch nicht. Rückenwind erhielt er durch die massenkulturellen Entwicklungen am Ende der zwanziger Jahre, die nach einer Professionalisierung in der Radiotechnik verlangten und auf Pioniere wie Herrn Mader angewiesen waren. Den Einstieg in einen offiziell noch nicht existierenden und von ihm ursprünglich gar nicht gewünschten Beruf hat er – auf eine steile Karriere zurückblickend – nicht bedauert. Heute meint er, Schlosser wäre ohnehin ein viel zu schmutziger Beruf für ihn gewesen.

Nicht Pioniergeist, aber Beharrlichkeit hat Frau Simon dazu gebracht, sich schon vor dem Beginn der eigentlichen Ausbildung bei einer Schneidermeisterin ‚nützlich' zu machen. Anna Simons Identifikation mit diesem Beruf ließ offenbar keine Alternativen oder Notlösungen zu; ihre Lebensgeschichte kreist auffällig um die ‚fraulichen' Tätigkeiten Schneidern und Handarbeit. Ihre Eigeninitiative der Jugendjahre ist quasi im Verlauf ihres Lebens immer wieder bestätigt (und belohnt) worden dadurch, daß sie mit ihrer Qualifikation einen entscheidenden Beitrag zum Lebensstandard, einen Zeitlang auch zum Überleben, der Familie geleistet hat.

Protektion

In vielen Lebensgeschichten hat das Eingebundensein ins sozialdemokratische Beziehungsnetz auch bei der Lehr- oder Arbeitsstellensuche eine große Rolle gespielt. Bei Kurt G., Jg. 1915, der, wie seine Eltern, diesem Lager zunächst nicht angehörte, übernahm ein Lehrer der Freien Schule die notwendige Protektion. Herr G. schreibt über seinen Berufseinstieg: „Lehrer werden, damit war es also nichts. Vielleicht Dichter.

---

217 Zweites Gespräch mit Frau und Herrn Simon im November 1991.
218 Erstes Gespräch mit Frau und Herrn Simon im Oktober 1988.

Ging das ohne Abitur? Laß die Dinge an Dich rankommen, Junge, sagte ich mir. Vater Max war also weg, die Ehe der Eltern wurde geschieden. Ich wurde gerade 14. Nun bedrängten die Großeltern und Tanten, alles fromme Menschen, die Mutter: Nimm die Jungens von der Freien Schule, die kriegen sonst keine Lehrstelle. So gingen Heinz und Gerhard zurück zur ev. Schule. Über mich hielt Lehrer Th. die Hand: ,Für ihn sind es nur noch drei Monate, dann besorge ich ihm eine Lehrstelle'. Er packte meine Aufsatzhefte und Zeichnungen ein, ging zum Chefredakteur der ,Volkswacht' [...] und kam mit dem Bescheid zurück: ,Geh hin und stell Dich vor'. Am 1. April 1929 begann ich meine vierjährige Lehre als Schriftsetzer. Immerhin. Die Buchdrucker galten damals noch als Arbeiter-Aristokratie".[219]

Im Lebenslauf von Dieter O. ist es ebenfalls ein Lehrer aus der Freien Schule (die er damals schon nicht mehr besuchte), der ihm 1933 einen Ausbildungsplatz in einem Anwaltsbüro verschafft hat. Wilma Kammer lernte 1928 Verkäuferin in einer sozialdemokratischen Buchhandlung und arbeitete eine Zeitlang im Büro der SPD, beide Stellen waren ihr durch Parteifreunde der Eltern vermittelt worden. Betty Hildebrand hat 1925 ihre Fürsorge-Ausbildung an der Sozialakademie in Mannheim mit Förderung des AWo-Vorsitzenden und Freundes der Eltern, aufgenommen, und Gertrud Schneidereit ist 1931 auch über das Beziehungsnetz ihrer Eltern Verkaufslehrling im Konsumverein „Eintracht" geworden.

Die sozialdemokratische Zeitung warnte 1930 davor, etwas anderes als das „Können" des Jugendlichen bei der Berufswahl in Erwägung zu ziehen: „Wer Charakter hat und sich nicht auf Protektion oder Korruption oder z.B. bei den weiblichen Arbeitskräften sogar auf Prostitution verlassen will, der muß etwas können, wenn er Beschäftigung finden soll".[220] Die Lebensgeschichten legen in ihrer Überzahl einen anderen Schluß nahe: Mit „Können", sprich guten Zeugnissen und Eignungsprüfungen, war dennoch häufig keine Lehr- oder Arbeitsstelle zu finden. Die persönlichen Beziehungen, die „Fürsprache", „Vermittlung", wie es die Interviewpartner/-innen nennen, gaben oft den entscheidenden Ausschlag.

Selbstbehauptung

Max Zimmermann, Jg. 1908, hat die Volksschule 1922 verlassen und wollte KfZ-Schlosser werden. Er fand, wie er es heute einschätzt, nicht nur wegen des Arbeitsmarktes, sondern auch wegen seiner Religionsferne und seiner linken Gesinnung keinen Ausbildungsplatz. Ein Karosseriewerk wollte ihn lediglich als Laufburschen einstellen, was er dann auch fast drei Jahre lang blieb. Anschließend fand er einen Job im Baugewerbe, er übernahm auch einfache Tätigkeiten bei der Eisenbahn, war eine Zeitlang Beifahrer in einer Schraubenfabrik. Ab 1928 hat Herr

---

219 Lebensbericht Kurt G. o.J. (1988), S. 3.
220 Volkswacht vom 14.3.1930.

Zimmermann mit Hilfe seines Vaters endlich eine feste Anstellung als Gleiswerker bei der Straßenbahn gefunden. Auf meine Frage nach Erinnerungen an die Zeit der Arbeitsplatzwechsel antwortet Herr Zimmermann: „Och, das war die Hauptsache nich. Hauptsache bei mir war et, dat ich Arbeit hatte, was, war egal."[221]

Herrn Zimmermanns Streben war es, sich von den widrigen wirtschaftlichen Verhältnissen, die von seiner Schulentlassung fast bis zum Ende der Weimarer Zeit dauerten, auf keinen Fall ‚unterkriegen' zu lassen. Keine Arbeit zu haben, vom Einkommen des Vaters leben zu müssen, wäre für ihn ein katastrophaler Zustand gewesen. Max Zimmermann stellte schon 1923 mit der Übernahme der Laufburschentätigkeit seine Berufswünsche zurück und ignorierte diese nach über zwei Jahren ganz, als sich in seiner Firma keine Ausbildungsmöglichkeit eröffnete. Er hat im Anschluß „jede Arbeit", auch körperlich schwerste, angenommen. In seiner Lebensgeschichte beschreibt er diese Praxis als die ihm gemäße Form der Selbstbehauptung gegenüber den damaligen Verhältnissen. Er betont, daß er zwar „keinen Beruf" hatte, aber niemandem zur Last gefallen sei.

Ein letztes Beispiel soll die Reihe der Erfahrungen jugendlicher SAJler/-innen während der Berufsfindung abschließen: Betty Hildebrand, Jg. 1903, ist 1917, nach ihrer Entlassung aus einer katholischen Bekenntnisschule, Laufmädchen bei der Firma Krupp geworden (wo ihre Schwester im Büro arbeitete), nach einigen Monaten setzte man sie dort für leichte Büroarbeiten ein. Betty drängte auf eine bessere Bezahlung, errang damit aber nur einen Achtungserfolg im Kolleg(inn)enkreis; sie wechselte in eine Buchhandlung: „Da war ich auch Laufmädchen. Und da sagten die auch nach einigen Wochen, ‚wir haben uns das überlegt, Sie sind so intelligent und da machen Sie hier Laufmädchen. Wir geben Ihnen die Möglichkeit, Buchhändlerin zu werden', ne. Aber da hätt' ich weiß Gott wat für Schulen besuchen müssen, und meine freien Abende, die hätt ich doch um alles in der Welt nicht gemißt, weil ich doch vonner Arbeiterjugend komm – mal hier hin, mal dort hin, da war 'n Vortrag, da war 'n Konzert und da war 'n Filmbericht und meine Eltern hatten Verständnis [...]".[222]

Auf die Eingangsfrage danach, ob sich die wirtschaftlichen und gesamtgesellschaftlichen Verhältnisse in den Interviewsequenzen einfach widerspiegeln, geben die Schilderungen eine eindeutige Antwort: Allgemeines und Konkretes, objektive Verhältnisse und subjektives Handeln lassen sich immer nur partiell zur Deckung bringen. Auch das Zusammenfügen zu den Erfahrungsaspekten ‚überflüssige Jugendgeneration', ‚Einfluß der Eltern', ‚Eigeninitiative', ‚Protektion' und ‚Selbstbehauptung' kann den feineren Schattierungen und Überschneidungen nicht ganz gerecht werden.

Es hat sich gezeigt, daß die Berufswünsche der vorgestellten Jugendlichen in den

---

221 Interview mit Max Zimmermann und seiner Ehefrau im Juli 1988.
222 Erstes Interview Frau Hildebrand im Februar 1988.

wenigsten Fällen ausschlaggebend waren für die Struktur des späteren Lebenswegs, aber in den meisten Biographien haben sie eine herausragende Bedeutung, ebenso wie die allgemeinen Lebensbedingungen während der Berufseinstiegsphase. Von der Lehre bzw. der Suche nach einem Ausbildungsplatz bis zur Berufseinmündung sind oft mehr als drei Jahre vergangen, etwa im Fall August Mader, der sogar von 1923 bis 1930 über vergebliche Lehrstellensuche, Laufburschentätigkeit und andere Jobs in der Nische der Radiotechnik eine feste Tätigkeit und schließlich auch eine berufliche Identität erlangen konnte.

Die Zeit nach dem Ersten Weltkrieg bis zum Ende der Weimarer Republik mag für die Essener Arbeiterschaft insgesamt ungünstig gewesen sein, doch für proletarische Jugendliche stellte sich das Problem der Dauerkrise verschärft dar, mußten sie doch „anders als die Erwachsenen, die ihre lebensgeschichtlichen Wahlen des Berufs, des Wohnorts, des Ehepartners und des Lebensstils längst getroffen hatten, unter den besonders desorientierenden Bedingungen der Nachkriegszeit nach einem individuellen Lebensentwurf und einer sozialbiographischen Zukunftsperspektive suchen".[223]

Die Jugendorganisation SAJ mit ihren Angeboten für Erwerbslose, ihren Beziehungen zur Partei und zu (z.T. im sozialdemokratischen Lager einflußreichen) Genossinnen und Genossen scheint praktisch und psychologisch stützende Funktionen erfüllt zu haben. Wenn die Biographien allen einengenden Verhältnissen zum Trotz häufig als Erfolgsgeschichten erzählt werden, dann ist das auch auf die kollektiven Erfahrungen und das im Gruppenzusammenhang erworbene Selbstbewußtsein zurückzuführen.

Auffällig sind die Unterschiede zwischen Jungen und Mädchen: Die öffentliche Wahrnehmung der Berufsfindungs- und Arbeitsmarktprobleme junger Frauen war äußerst begrenzt. Neben den schriftlichen Quellen illustrieren die Erzählungen meiner Zeitzeuginnen nachdrücklich die randständige gesellschaftliche Plazierung von Mädchen. Die Beispiele haben gezeigt, daß es nicht nur die wirtschaftliche Situation und der Arbeitsmarkt waren, die die Entwicklungs- und Entfaltungschancen weiblicher Jugendlicher behindert haben, sondern daß die Einschätzung der Frauenfrage als „Nebenwiderspruch" im sozialistischen Lager ganz praktisch virulent war. – Die subjektiven Zeugnisse vermögen uns also einen genaueren Einblick in die Feinstruktur gesellschaftlicher Zurücksetzung zu geben, allein Frau Nienkamps und Elli Bicks Erfahrungen bestätigen exemplarisch die Relevanz der Kategorie ‚Geschlecht' für die Deutung von Lebensgeschichten.

---

223 PEUKERT 1987(c), S. 99.

3.5 Frauenfrage und Geschlechterverhältnis

Sich als Arbeitermädchen der A.-J./SAJ anzuschließen, wie es die Frauen dieser Untersuchung getan haben, hieß, auf theoretische wie praktische Weise mit der Frauen- bzw. Mädchenfrage konfrontiert zu sein. Das traditionelle ‚bürgerliche' Geschlechterverhältnis sollte, so die Funktionärinnen und Funktionäre, in der proletarischen Jugendbewegung nicht übernommen werden, sondern es galt, mit Hilfe des pädagogischen Prinzips der Koedukation, ein „sittliches und kameradschaftliches" Verhältnis zwischen Mann und Frau zu stiften und in den eigenen Reihen die Gleichstellung und Gleichberechtigung der Frauen zu ermöglichen. Die Arbeiterjugendbewegung war auch angetreten, diese Ansprüche durch Veranstaltungen, Kurse usw. nach innen und außen zu vertreten, das hieß, Mitglieder und Sympathisanten sollten sich mit Themen wie „Die Frau in Staat und Politik"[224], mit Fragen der Sexualität u.a. auseinandersetzen.

Käte Fröhbrodt, langjährige Funktionärin auf Reichsebene, hat 1932 die weibliche Minderheit innerhalb der SAJ folgendermaßen charakterisiert: „Hier handelt es sich durchweg um Mädchen, deren Eltern gewerkschaftlich und politisch organisiert sind und die recht oft schon durch die Kinderfreundebewegung gegangen sind. Selbstverständlich steht die Lebensauffassung und Lebenshaltung dieser Mädchen im krassen Gegensatz zu der [...] großen Mehrheit. Erklärlich ist auch, daß diese Mädchen die Gruppe der sogenannten ‚Aufsteigenden' darstellen, d.h. derjenigen Mädchen, die sich durch viele persönliche und materielle Opfer selbst einen wirklichen Beruf erarbeiten".[225] Es könne deswegen nicht verwundern, so Lisbeth Franzen-Hellersberg, „daß über die Bünde der Sozialistischen Arbeiterjugend viele Mädchen ihren Weg zur anderen Schicht finden".[226] Waren „Lebensauffassung und Lebenshaltung" der Mädchen und Frauen in der SAJ nun tatsächlich ganz andere? Welche Spezifika brachten sie in die Gruppen ein, welche Verhältnisse fanden sie dort vor?

3.5.1 Geschlechtsspezifische Angebote

Schon seit Anfang der 20er Jahre hat es innerhalb der SAJ-Gruppen – auch der Essener – in dichter Folge spezielle Mädchenabende gegeben, die helfen sollten, die genannten Themenkomplexe in einer entspannten, von Jungen nicht dominierten Atmosphäre zu diskutieren. Denn trotz der weiblichen Mitgliedern unterstellten Zielstrebigkeit und Selbstbehauptung bestand an der Wortführerschaft und kulturellen Dominanz der Jun-

---

224 Vortrag, angekündigt unter SAJ-Mitteilungen in: Volkswacht vom 2.12.1930.
225 FRÖHBRODT, Käte 1932, S. 88.
226 FRANZEN-HELLERSBERG, Lisbeth 1932, S. 95; zum „Aufstiegsdrang" von Arbeitermädchen zeitgenössisch auch THORBECKE, Klara 1928, S. 556ff.; siehe KLÖNNE, Irmgard 1990, S. 161.

gen kein Zweifel.[227] Ein junges Mädchen hat Mitte der 20er Jahre seine ersten diesbezüglichen Eindrücke und Erwartungen dem Mitteilungsblatt der SAJ Niederrhein anvertraut: „Jetzt, wo ich doch nicht mehr zur Schule gehe, muß ich Gelegenheit haben, mich weiterzubilden und noch mehr zu lernen, auch solche Sachen, die uns Arbeiter speziell angehen, damit es uns einmal besser geht. [...] ich glaube, in der Arbeiter-Jugend lerne ich gern noch mehr. Ein Junge war da, der war höchstens 15 Jahre alt und hat schon tüchtig mitgesprochen. Ob ich das auch bald können werde?"[228]

Hilde Ollenhauer, ebenfalls Funktionärin in der SAJ, lastete das Ungleichgewicht zwischen Jungen- und Mädchenpräsenz nicht nur dem Zahlenverhältnis – ein Drittel gegenüber zwei Dritteln –, sondern auch dem Verhalten ihrer Geschlechtsgenossinnen an: „In den allgemeinen Zusammenkünften, deren Führung fast überall in den Händen der Genossen liegt, kommen die Mädchen nicht so zur Mitarbeit, d.h. zu eigener, selbständiger Betätigung, weil sie immer geneigt sind, sich anzulehnen, sich führen zu lassen, wo sich die Möglichkeit bietet. Viele von uns werden das an sich selbst schon erkannt haben, und auch über die Ursachen brauchen wir hier nicht weiter zu reden. Vielmehr können wir feststellen, daß die meisten Mädchen sich damit begnügen, zu singen, zu tanzen, in Reformkleidern einherzugehen, und es besteht die Gefahr, daß ihnen diese Dinge zur Gewohnheit werden, wenn sie nicht lernen, sie in dem großen Zusammenhang zu sehen, der ihnen erst Inhalt und Wert gibt".[229]

Auch in Essen hatten die reinen Mädchen-Zusammenkünfte stützende und bildende Funktionen und machten darüber hinaus das in der Weimarer Zeit noch immer heikle Thema Sexualität kommunizierbarer.[230] Darüber hinaus konnten sich die Mädchen an ‚ihren' Abenden ganz von spezifischen Interessen leiten lassen: „Manche Dinge, über

---

227 WAGNER, Erna 1925, S. 220: „[...] sowohl im Beruf als auch bei der Mitarbeit in Gewerkschaft, Partei und Jugendbewegung spüren wir die geistige Überlegenheit des männlichen Geschlechts. Doch das darf kein Grund zum Verzagen sein. Vielmehr ist es unsere Aufgabe, das Versäumte nachzuholen. Jede freie Minute, die wir haben, muß zur Weiterbildung verwendet werden. Nur durch die Beschäftigung mit wissenschaftlichen und politischen Problemen erziehen wir uns zu klarem, nüchternem Denken. Nur dadurch kann unsere geistige Unterlegenheit gegenüber den Jungen verschwinden." Siehe auch LÜTKENS, Charlotte 1925, S. 174; ENGELHARDT, Viktor 1923 und 1924.

228 In: Jungvolk am Niederrhein, 2. Jg. (August 1926), Nr. 8, S. 60.

229 OLLENHAUER, Erich 1923, S. 139.

230 Von einer SAJlerin aus Kattowitz heißt es zur „Mädelfrage" in der Zeitschrift Arbeiter-Jugend unter anderem: „Und sexuelle Fragen können wir gar nicht in gemeinsamen Zusammenkünften behandeln. Das ist, wie die Dinge hier bei uns in Oberschlesien liegen, ganz unmöglich, dazu muß die oberschlesische Jugend erst erzogen werden. Ist es doch schon gefährlich diese Dinge ganz unter uns zu berühren" (Friedl. Gericke, Mädelbriefe, in: Arbeiter-Jugend, 13. Jg. (Dezember 1921), Heft 12, S. 409). Pädagoginnen innerhalb des sozialdemokratischen Lagers haben der Sexualerziehung in der SAJ Impulse gegeben, insbesondere Max HODANN 1924, Paul KRISCHE 1920 und 1923, Hans HACKMACK 1921; siehe auch SPERBER, Manès 1930; WAGNER, Helmut 1929. In Essen war es Frida Levy (geb. 1881, 1942 von den Nazis deportiert und ermordet), die Vorträge zum Thema Sexualität hielt und homogenen wie gemischt-geschlechtlichen Gruppen Rede und Antwort stand. In der Volkswacht vom 8.10.1930 heißt es in einer Ankündigung der SAJ anläßlich eines Referates von Frau Levy über „Bub und Mädel": „Wer Fragen über diesen Vortrag zu stellen hat, schreibe sie auf und bringe sie mit".

die wir Mädchen uns unterhalten wollen, interessieren ja auch die Burschen gar nicht. Zum Beispiel wenn wir über unsere Kleidung oder über weibliche Körperpflege reden".[231] Jungen wiederum hatten durch die zeitweilige Abwesenheit der Frauen ihrerseits eine Legitimation, sich nicht vollständig an die Koedukation halten zu müssen: Auch sie trafen sich in Abständen zum „Sporten", Tanzen und Singen, als gewerkschaftlich organisierte SAJler und zur Diskussion des Themas „Alkohol- und Geschlechtsfragen".[232]

1924 hat der erste „Mädelkurs" der SAJ in einer Bildungsstätte auf Schloß Tännich (Thüringen) mit 38 Teilnehmerinnen stattgefunden. In diesen acht Tagen haben die Mädchen das Thema ‚Frau' aus historischer u.a. Perspektive beleuchtet. Auch die Koedukation war Gegenstand kontroverser Diskussionen. Eine beteiligte SAJlerin gab dennoch ein befürwortendes Resümee ab: „...nach allem Für und Wider doch grundsätzlich gemeinsame Erziehung. Denn: das Mädel muß ebenso widerstandsfähig sein wie der Bursche, körperlich wie geistig...".[233]

In Bildungsveranstaltungen mit gemischtgeschlechtlichen Gruppen waren Mädchen deutlich unterrepräsentiert. Ein mehrtägiger Jugendleiterkurs 1921 in Duisburg hatte 46 Teilnehmende, „darunter sechs weibliche"[234], und ein einwöchiger Ferienkurs der SAJ des Bezirks Niederrhein Mitte der 20er Jahre fand mit 28 „SAJ Bündlern" statt, davon waren nur acht weiblichen Geschlechts.[235] Die Ausschreibung eines fünfmonatigen Ganztagskurses der Heim-Volkshochschule Leipzig zu Fragen des modernen Wirtschafts- und Gesellschaftslebens für 18- bis 25jährige kündigte bereits in der Ausschreibung an, daß „24 Burschen und 6 Mädchen" teilnehmen könnten.[236]

Bei Bildungs- und Selbstlernaktivitäten gerieten die Mädchen auch aufgrund ihrer ‚Doppelbelastung' ins Hintertreffen; sie mußten – anders als ihre Genossen oder Brüder – einen Teil der häuslichen Arbeit übernehmen. In seinem Roman „Brennende Ruhr" schildert Grünberg die Arbeitsteilung in einer Ruhrgebietsfamilie, in der Tochter und Sohn einer Jugendgruppe der Unabhängigen Sozialdemokratie angehören (im Handlungsablauf hatte zunächst der Sohn über seinen Lesehunger gesprochen):

---

231 HEILBUT, Kurt 1920, S. 123; auf einem Mädchenabend der „A.-J." Essen wurde beschlossen, gemeinsam einen Kurs über „Kleiderkultur" zu belegen; zur Relevanz der „Kleiderkultur" BEHN, a.a.O., S. 83ff.

232 Siehe SAJ-Mitteilungen in der (Duisburger) „Volksstimme" vom 23.4.1923 und in der Essener Arbeiter-Zeitung/Volkswacht vom 26.1.1924, 2.9.1924, 1.12.1924, 13.3.1926, 15.10.1927, 21.9.1928. Die SAJ-Gruppe Essen-Dellwig hat eine Zeitlang abwechselnd „Burschen- und Mädelabende" angesetzt (Volkswacht vom 5.5.1926). Willy BRANDT schreibt über seine SAJ-Zeit Ende der 20er Jahre: „Ich leitete, allerdings nicht lange, eine Gruppe, in der Jungen unter sich sein wollten" (1982, S. 26).

233 MÜLLER, Lene 1924; über den Kurs berichtet auch detailliert, u.a. mit den Berufsangaben der Mädchen, WESTPHAL, Max 1924. – Der erwähnte positive Einfluß der Mädchen auf die Jungen kreiste um den Begriff der „Ritterlichkeit" und wird von Johannes SCHULT, einem Chronisten der Arbeiterjugendbewegung, gewürdigt (1956, S. 184).

234 Essener Arbeiter-Zeitung vom 17.5.1921.

235 Vgl. a.a.O. vom 29.9.1924.

236 Volkswacht vom 18.9.1929.

„,Lesen Sie auch viel?' wandte sich Sukrow an die Schwester, die einen Korb mit Strümpfen zur Hand genommen hatte. Das junge Mädchen schlug einen Augenblick ihre dunklen, etwas scheu blickenden Augen auf. ,Wenn ich abends um acht Uhr nach Hause komme, wartet das hier auf mich [...]', sagte sie, wehmütig auf den Stopfkorb deutend. ,Höchstens, daß man mal Sonntag nachmittags zu etwas kommt'."[237]

Die zahlreichen Frauen- und Mädchenaktivitäten auf örtlicher und überörtlicher Ebene waren Referate, Theaterspiel, Gesang und Sport, weniger eine „intensive Schulung zum verstandesmäßigen und allseitigen politischen Denken", wie sie der linkssozialistische Pädagoge Otto Jenssen gefordert hat[238], der – eine Ausnahme – der Auffassung entgegentrat, daß „gewisse Gebiete der Sozialpolitik, vor allem die Wohlfahrtpflege, für die Frauen reserviert seien."[239] – Irmgard Klönne hebt mit ihrem wohlwollenden Resümee weniger auf die systematische Bildungsarbeit denn auf das animierende Klima insgesamt ab: „Den jungen Mädchen erschloß sich in der proletarischen Jugendbewegung eine Wertewelt, die Anregungen für geistige Interessen und kulturelle Bildung enthielt, die ihnen sonst versperrt geblieben wären".[240]

Die SAJ-Leitung verband mit den Mädchenzusammenkünften auch werbende Absichten. Eher zögerlichen Mädchen (oder auch Eltern[241]) wurde mit diesen Abenden, die oft unter der Leitung einer erfahrenen Genossin standen und zum großen Teil Nähabende waren, eine Brücke in die Organisation bzw. ins sozialdemokratische Lager gebaut.[242] Doch nicht überall stießen „Mädelabende" auf das erhoffte Verständnis, nicht alle örtlich Verantwortlichen sowie die Betroffenen selber sahen das Unterlaufen des Prinzips der Koedukation als phasenweise notwendiges und hilfreiches Korrektiv an.[243] Die Mädchen-Abende, so kritisiert ein männlicher Zeitgenosse, seien quasi eine Nachhilfestunde für junge Frauen, die Schwierigkeiten damit hätten, daß

---

237 GRÜNBERG, Karl 1952; siehe auch „MEIN ARBEITSTAG – MEIN WOCHENENDE" ... 1991, S. 226, darin das Nachwort des Arbeiterinnensekretariats beim Hauptvorstand des Deutschen Textilarbeiterverbandes. Es heißt dort u.a.: „Auch die Erziehung der heranwachsenden Arbeiterfrauen hat eine andere zu werden. Sie muß die Stellung der Frau in Wirtschaft und Gesellschaft weit besser verstehen und würdigen. Jedes Mädchen, das zum Hausssklaven erzogen wird, wird sich auch als Lohnsklave betätigen. Jeder Bursche, der im Elternhaus die Frau als Dienerin kennenlernt, wird sie weniger leicht als Kameradin, als Kollegin, als Mitstreiterin ansehen und schätzen lernen" (S. 226); NAUJOKS, a.a.O. 1984, S. 83 sowie GEISSEL/LUMMERT, a.a.O., S. 37.
238 JENSSEN, Otto 1931, S. 46.
239 JENSSEN, a.a.O.
240 KLÖNNE, a.a.O., S. 161.
241 „Einige Mädchen mußten sich mitunter besonders mit Vorbehalten ihrer Eltern auseinandersetzen, denen die Koedukation in der Arbeiterjugendbewegung, zumindest aber die gemischtgeschlechtlichen Nachtlager bei Fahrten 'suspekt' waren", schreiben GEISSEL/LUMMERT, a.a.O., S. 37.
242 Nähabende erwähnen die SAJ-Mitteilungen in der Essener sozialdemokratischen Presse regelmäßig, und zwar u.a. am 23.6.1925, 22.9.1926, 18.11.1927, 21.1.1928, 24.5.1928, 8.3.1929, 19.1.1932.
243 Vgl. die Auseinandersetzungen in der Verbandszeitschrift „Arbeiter-Jugend", insbes. die fiktiven Gespräche in den Heften 11 und 23 (1920), S. 123 bzw. 266f., in Heft 11 (1921): „Mädelbriefe", in Heft 2 (1922): „Mädelbriefe", im gesamten 15. Jg. (1923), im „Rundschreiben", dem Vorläufer des „Führer", 2. Jg. (1920) sowie in der Funktionärszeitschrift „Der Führer" Heft 6 (1930), Heft 8 (1931) u.a. sowie die Darstellung von NAUJOKS, a.a.O. 1984.

ihnen die Gleichberechtigung „gewissermaßen in den Schoß fällt".[244] Daß die Gleichberechtigung aber weder in der sie umgebenden Umwelt noch in den SAJ-Gruppen
den Mädchen gleichsam ‚geschenkt' wurde, bleibt aus männlicher Sicht unberück-
sichtigt.[245]

Elli Bick, geb. 1908, gibt uns in ihrer Erzählung vom ‚Bubenkopf' einen Einblick in
die jeweils notwendigen kleinen Emanzipationsschritte der Mädchen: „Ja, also, ich
durft' erst nicht. Ich war damals zu einem Kursus, der ausgesprochen für Mädchen
war, also für Mädchen aus unseren Gruppen, und der war in Schloß Tännich [...]. Und
wie ich da hinkam, da waren dann Leute, die ich viel später noch, nach '45 mal wieder
getroffen habe in weiß was für Stellungen [...], Lisa Albrecht und, ja , das war 'ne
nette, so 'ne Blonde [...], und die hatten alle die Zöpfe ab, die hatten alle diesen
(Schnitt) einfach so rund weg. [...] Und als ich dann nach Hause kam, ich wollte doch
auch. ‚Ach nee', durft ich nich. Und auch in der Gruppe hab ich mich mal so umge-
hört, bei den Jungens mal so ‚was haltet ihr davon?' – ‚bloß nich', sagten die denn
immer. Wahrscheinlich gefielen denen unsere Zöpfe, wo sie manchmal dran ziehen
konnten oder was weiß ich. Na ja, meine Eltern, die fuhren dann nach Hamburg. Früher machten ja so Eltern keine Ferien, die machten nur Verwandtenbesuche. Und als
meine Mutter und mein Vater dann wiederkamen nach den 14 Tagen, ja da hatte meine
Mutter den Zopf ab, ne. Und da hab ich gesagt, ‚so, morgen hab ich meinen freien Tag,
und morgen laß ich mir die Haare abschneiden'. Da konnte ja keiner mehr was sagen.
Ich ging zum Friseur. Und wir hatten abends Gruppenabend [...], da hat mich doch keiner mehr von unseren Jungen angeguckt [...]".[246]

---

244 SCHIRRMEISTER, Paul 1922, S. 180.
245 Mein Interviewpartner Herr Priebe hat ein in den Kinderfreundegruppen (offenbar ohne ironische
  Distanz) gesungenes Lied aufgeschrieben:
  „Blonde und braune Buben passen nicht in die Stuben.
  Buben, die müssen sich schlagen,
  müssen was Tollkühnes wagen.
  Buben gehören ins Leben hinein,
  Buben sind stolz, ob sie groß oder klein.
  Mädel, ob blond oder braune,
  stecken voll Lust und voll Laune.
  Mädel, die müssen sich ducken,
  blinzeln ganz heimlich und gucken.
  Mädel, die sind stets zum Warten bestimmt,
  bis so ein Lausbub ein Mädel sich nimmt."
246 Gespräch mit Elli Bick im März 1987; die Essener Arbeiter-Zeitung berichtet 1926 launig über eine
  andere Bubikopf-Geschichte: „Eine Hoffnung für alle verhinderten Bubiköpfe. Bei einem jungen Ehepaar brachte der Storch kürzlich einen gesunden Jungen. In seiner Vaterfreude gab der Ehemann seiner
  Frau die Erlaubnis, sich den ersehnten Bubikopf schneiden zu lassen. Alle Frauen, denen die praktische, moderne und bequeme Haartracht noch verweigert wird, wissen jetzt den Weg" (1.3.1926). Am
  Ende der Weimarer Republik scheint sich der Bubikopf als Symbol für ein stärkeres Selbstbewußtsein
  von Frauen in der Arbeiterbewegung durchgesetzt zu haben, vgl. FROMM, a.a.O., S. 168ff. – Herr
  Priebe weiß vom Hörensagen, daß die Firma Cramer & Meermann in Essen, die katholische Lehrlinge einstellte und Freie Schüler/-innen abwies, keine Mädchen mit Bubikopf akzeptierte. Das habe
  dagegen die „weltoffenere" Firma Karstadt getan; siehe auch DUKA, Barbara und MÖHLE-BUSCH-
  MEYER, Rosemarie 1987, S. 75.

3.5.2 Zwischen Provokation und Tradition

Auf der einen Seite pflegte die Essener SAJ einen selbstverständlichen Umgang zwischen Jungen und Mädchen, eine Praxis, die für die christliche Umwelt schon ohne genaueren Einblick eine Provokation darstellte. Beispiele sind die im Sommer regelmäßige veranstalteten und als ‚unschicklich' angesehenen Tagesfahrten „mit Badezeug"[247] und mehrtägige Ausflüge. Auf der anderen Seite geben uns die gruppenbezogenen schriftlichen Quellen einen Einblick in doch sehr traditionelle Anschauungen dessen, was nach SAJler/-innen-Auffassung den Geschlechtern ‚eigen' sei. Etwa wenn 1922 die Jungen der „A.-J." Essen in der Tageszeitung aufgefordert werden, bei der Einrichtung der Jugendherberge mit anzupacken, und es weiter heißt: „Die Mädels schrubben nachher, wenn alles fertig ist".[248] Anläßlich der Sonnenwendfeier von Unterbezirk und Ortsverband im Juni 1928 wurden „Burschen zum Holzsammeln"[249] gesucht, während Jugendgenossinnen bei einer anderen Gelegenheit rote Wimpel nähten.[250] Mädchen waren bei Haus- und Straßensammlungen gern gesehen. Als die AWo 1924 Kleider sammelte, leistete die SAJ Hilfe: „Jeder, der also morgens Zeit hat, insbesondere Mädel und Erwerbslose, melden sich...".[251] Und auch Helfer/-innen in einem Kinderheim oder der Wohlfahrtspflege sollten „insbesondere alle Mädchen der SAJ"[252] sein. In das Mädchenbild, das hier von der Organisation, aber auch von den Betroffenen selber, vermittelt wird, nämlich das der fürsorglichen, hausfraulichen Helferin, paßt auch die gelegentliche Vorzugsstellung, die weibliche Mitglieder einnehmen konnten: Beim Bezirksjugendtag im Sommer 1922 haben Jungen nachts in Massenquartieren geschlafen, während für Mädchen Privatunterkünfte reserviert waren.[253] Mädchen aus der SAJ

---

247 Hier z.B. der SAJ-Gruppe Essen-Altendorf, siehe Essener Arbeiter-Zeitung vom 9.5.1923. Moralische Bedenken hinsichtlich der Koedukation bei EBEL, Wilhelm 1929, KAUTZ, Heinrich 1929, S. 47.– Franz Bracht (Zentrum), führte von 1924 bis 1932 Essens Oberbürgermeister, führte nach dem Papenputsch die preußischen Regierungsgeschäfte; Bracht hat den sog. „Zwickel-Erlaß" vom August 1932 zu verantworten, der der Prüderie geschuldet war und nähere Bestimmungen über Dekolletées und Beinfreiheit von Badeanzügen enthielt (Berichte in Volkswacht vom 31.8., 4.10., 10.10. und 24.10.1932); siehe auch NAUJOKS, a.a.O. 1984, S. 39, S. 70.
248 Essener Arbeiter-Zeitung vom 23.2.1922.
249 Volkswacht vom 26.6.1928.
250 Vgl. a.a.O. vom 22.8.1929.
251 Essener Arbeiter-Zeitung vom 19.6.1924.
252 „Volksstimme" vom 4.5.1923; siehe auch Essener Arbeiter-Zeitung vom 2.8.1922.
253 Vgl. Essener Arbeiter-Zeitung vom 2.6. und 26.7.1922; 26.6.1924; 28.6.1929. Der linkssozialistische Essener „Bund", der mit der Arbeiterbewegung kooperierte, nahm in der Frauenfrage eine sehr kritische Position gegenüber der Sozialdemokratie und der proletarischen Jugendbewegung ein: „Jungens und Mädchen auf Fahrt – ein trauriges Kapitel. All die Unselbständigkeit, die Weibchenhaftigkeit, die die Familie gedankenlos in den Mädchen züchtete, lebt sich hier aus und wird kritiklos geduldet. Wer aus der bürgerlich-revolutionären Jugend kommt – und in diesem Punkt war sie radikal – der erschrickt über die kleinbürgerlichen Lebensformen mancher proletarischer Jugendgruppen. Vom Rucksacktragen über das Klettern, Springen, Kartenlesen bis hin zum Sich-Freihaltenlassen: überall ist die Abhängigkeit der Mädchen, die Beschützerrolle der Jungens Lebensstil. Fast scheint es, die Mädchen werden nur als Verzierung, als Spielzeug und zur Unterhaltung mitgenommen" (Junge und Mädchen in der proletarischen Jugendbewegung. In: Die Bresche 4, Essen 1932, S. 8; Gespräch mit der ehemaligen Sekretärin des „Bundes" im Oktober 1991).

wurden vielfach Helferinnen bei den „Kinderfreunden" oder der „Arbeiterwohlfahrt" und unterschieden sich in dieser Orientierung nicht von ihren sozialdemokratischen Müttern, die beide Organisationen im wesentlichen gegründet und getragen haben.[254] Elli Bick hat am Ende der 20er Jahre – und daran erinnerte sie sich in unserem Gespräch genau – zusammen mit drei weiteren Mädchen und acht Jungen eine Wanderung in den Schwarzwald unternommen. Man habe sich dort selbst versorgt, erzählt sie, und „da war das aber für uns selbstverständlich, das war für uns Mädchen selbstverständlich, daß wir das machten, nich, daß wir kochten." Frau B. ist von der Autorin gefragt worden, ob das damals stets so gehandhabt wurde, darauf die Interviewpartnerin: „Das war für uns ganz selbstverständlich"; gespült habe man gemeinsam. Jungens seien Arbeiten wie Feuermachen und Holzsuchen vorbehalten gewesen.[255] Aus der Perspektive von Herrn Priebe wird die Situation ähnlich unbefangen geschildert: „Also, ich möchte sagen, bei uns gab's keinen Unterschied, daß man sagte, hier, das ist jetzt Jungensache oder das ist Mädchensache. Vielleicht, wenn 'n Nagel in die Wand zu schlagen war, ja, oder sonstige Sachen, wo – (lacht), oder wenn es ums Kochen ging oder sonstwas, daß das den Mädchen überlassen wurde, wenn wir unterwegs waren. Aber so Kartoffeln schälen oder putzen, mitputzen, also sagen wir mal mithelfen [...] an und für sich 'ne Selbstverständlichkeit".[256] Nur wenige Mädchen lehnten offenbar die einerseits zugeschriebene, andererseits akzeptierte traditionell feminine Rolle rundheraus ab, wie Betty Hildebrand, die nach dem Ersten Weltkrieg als einzige Frau an einer mehrtägigen Wanderung der „A.-J." Essen-Stadt teilnahm: „Da hab ich gedacht, mußt de für all die Bengels da kochen und so, ne. Dat lag mir gar nicht!"[257]

3.5.3 „Alle Mädchen müssen kommen!"[258]

Die Aktivierung ihrer weiblichen Mitglieder für Belange der Bildung und der Politik galt als besonderes Anliegen der SAJ. Aus heutiger Sicht ist jedoch gerade dieses Bemühen gekennzeichnet gewesen durch sprachliche Betulichkeiten und Diskriminierungen, die weder der Verband noch die befragten SAJler/-innen erkennbar reflektiert haben. Zu einer Aussprache in der Essener Jugendherberge etwa wurde per Zeitungsankündigung eingeladen mit der Anmerkung: „Es wird erwartet, daß die Mädel

---

254 Zur Gründung der Kinderfreunde-Organisation und zum lokalen Zusammenhang von Arbeiterwohlfahrt, Kinderfreunden und sozialistischer Frauenbewegung KOHLMEIER, Hans-Georg u.a. 1989; WENZEL, Hartmut und WOLLENHAUPT, Jürgen 1992; GEIER, Jens 1989, S. 121ff.

255 Gespräch mit Elli Bick, a.a.O. – Als ganz ungewöhnlich wurden wohl reine Mädchenwanderungen angesehen, auf denen das ‚schwache' Geschlecht allein zurechtkam; in diesem Sinn schreibt SCHÄFER, Lisbeth 1926.

256 Erstes Gespräch mit Herrn Priebe und Frau Priebe im Juli 1987 (zusammen mit Petra Kamburg); dazu auch DANTZ, Carl 1930, S. 62ff.

257 Erstes Gespräch mit Betty Hildebrand im Februar 1988 (zusammen mit Petra Kamburg).

258 SAJ-Mitteilung (Einladung zu einem Mädchen-Abend) in: Essener Arbeiter-Zeitung vom 17.2.1922.

ihre Aktivität beweisen".[259] Oder vor der Reichstagswahl im November 1932 meinte die SAJ, ganz besonders die proletarischen Erstwählerinnen gegen die Nationalsozialisten einstimmen zu müssen, und überschrieb einen Aufruf mit „Mädels, hört einmal zu!".[260]

Die aktivere Haltung der Jungen konnte dagegen einmal mehr unter Beweis gestellt werden, als die politischen Spannungen – vor allem am Ende der Weimarer Zeit – zunahmen. Sie hatten nämlich die Möglichkeit, sich zusätzlich im „Jungbanner", der Jugendorganisation des 1924 gegründeten Republikschutzbundes „Reichsbanner Schwarz-Rot-Gold", zu engagieren. 1925 zum Beispiel sind „sämtliche Burschen" der SAJ Kray-Steele zu einer Reichsbanner-Veranstaltung gegangen.[261] Die militantere „Eiserne Front", die sich angesichts von Straßenkämpfen 1931 gebildet hat[262], warb und trat in der Öffentlichkeit auf mit extrem martialischer Symbolik ("Hammergruppen") und männlichem Habitus. Viele Veranstaltungen der SAJ haben 1931/32 zusammen mit den „Kameraden" der Eisernen Front stattgefunden. Auch eine „Jungwehrmannschaft" der SAJ sollte ins Leben gerufen werden. Die Werbung dafür in den Mitteilungen der SAJ richtete sich ausschließlich an die „Burschen", wenn auch von sozialdemokratischer Seite offenbar eine geistige und emotionale Anteilnahme von seiten der Frauen erwartet wurde. Die Schulungs- und Aufklärungsarbeit der Eisernen Front sollte sich daher besonders an sie wenden, „damit diese nicht das Gefühl haben, abseits zu stehen, sondern verständnisvoll den Weg mitgehen, der den großen Entscheidungen entgegenführt".[263]

Männliche Formen herrschten auch in den in Essen um 1928 entstandenen „Rote Falken"-Gruppen vor (die Frau Förster, Frau Hohmann, Frau Steffens, Frau Schneidereit, Herr Bode besucht haben). Sie waren Ausdruck des „boyscoutismus" der Endphase der Weimarer Republik, mit dem sich schon eine stärkere Uniformierung und Militarisierung u.a. der Jugendkulturen ankündigte.[264] Die Wiederentdeckung von Ordnung und Disziplin verlangte eine veränderte Inszenierung der Gruppenzusammenkünfte: „Rein äußerlich zeigt es sich in dem geschlossenen Auftreten der Roten Falken bei Demonstrationen und Aufmärschen, das noch unterstrichen wird durch die einheitliche Tracht".[265] Der quasi soldatische Charakter der Organisation verleugnete nicht seine Männerzentriertheit.[266] Die vielzitierten bunten Inselkleider der Mädchen mit dem entsprechenden ‚jugendbewegten' Habitus hatten mit dem Aufkommen der Roten Fal-

259 SAJ-Mitteilung in: Volkswacht vom 27.2.1930.
260 Vgl. den Artikel „Mädels, hört einmal zu!" in: Volkswacht vom 4.11.1932, Beilage „Schaffendes Jungvolk".
261 Essener Arbeiter-Zeitung vom 29.5.1925.
262 Dabei waren SPD, Gewerkschaften, Arbeitersportverbände und das Reichsbanner „Schwarz-Rot-Gold"; zur organisatorischen Verknüpfung mit der SAJ GIESECKE, Hermann 1981, S. 116.
263 WEIMANN, Richard 1932, S. 35.
264 MEIER-CRONEMEYER, Hermann 1983, insb. S. 582f.; BAJOHR, Frank 1991.
265 FRANK, Johannes 1931, S. 145f.
266 Dazu SCHLEICHER, Barbara 1990.

ken ausgedient.[267] Durchsetzungsbereite weibliche Mitglieder wie Frau Schneidereit konnten jedoch auch bei den Falken aktiv werden und einen wichtigen Platz einnehmen: „Ich weiß nämlich, als wir '29 dann wiederkamen hier nach Essen [...], wir hatten uns 'ne große rote Fahne gekauft und 'ne Bambusstange [...]. Und denn sind wir über die Kettwiger [Straße] gezogen, und ich hab die Fahne tragen dürfen, und denn hatten wir ja so viel neue Lieder gelernt auf Namedy, eins hieß denn unter anderem ‚Platz, die Falken kommen', nich, und denn sind wir über die Kettwiger gezogen. Ich sach ja, ich war ja so 'ne Wilde [...] Und denn die Kettwiger runter, ‚Platz, die Falken kommen!' und ‚Marsch, marsch, marsch mit Gesang, Rote Falken voran, voran'[...]".[268]

3.5.4 Männliche Majorität

Über den Anteil von Mädchen unter den Funktionär(innen) der SAJ gibt es widersprüchlich Aussagen: Naujoks zitiert Max Westphal, der die Mädchen entsprechend ihrer Mitgliedschaft in den Entscheidungsgremien der Jugendorganisation vertreten sah. Für die Reichskonferenzen, zu denen Mitglieder delegiert werden konnten, habe das, so die Autorin, nicht gegolten.[269] Nach einer internen statistischen Erhebung vom Herbst 1931 waren 30,8 Prozent der Funktionäre und Funktionärinnen Mädchen, „das sind 6 Proz. weniger als der Anteil der Mädel an der Gesamtmitgliedschaft. Diese Tatsache beweist, daß von vollkommener Passivität der Mädel keine Rede sein kann. Bestätigt wird die schon bekannte Tatsache, daß die Hauptfunktion der Mädel das Schriftführeramt ist [...]".[270] Die von mir interviewte Frau M.-D. stimmt aus subjektiver Sicht dem letzten Teil des Umfrageergebnisses zu: „Wenn Frauen gewählt wurden, dann oft mit dem Hintergedanken, ‚dann haben wir 'ne Schriftführerin'"[271]. Frau Kammer ist um 1929 zuerst Schriftführerin im Unterbezirksvorstand, dann auch erste Vorsitzende ihrer Stadtteilgruppe gewesen. Im Gespräch spielt sie ihre Rolle ganz bescheiden herunter und meint, der zweite Vorsitzende, August Mader[272], sei doch der eigentliche „Macher" gewesen, während sie das Amt im Grunde gar nicht gewollt habe, man habe sie „quasi regelrecht dazu gezwungen"[273].

---

267 Vgl. auch LINSE, Ulrich 1978, S. 45ff.
268 Gespräch mit Frau Scheidereit, a.a.O.
269 Vgl. NAUJOKS, a.a.O. 1984: „Obgleich die Mädchen erkannten, daß sie eine besondere Benachteiligung erfuhren, forderten sie keine ‚positive Diskriminierung', d.h. keine Bevorzugung bei der Besetzung von Funktionen" (S. 76); siehe auch S. 87 sowie DIES. 1984–85, S. 143f.
270 Das Ergebnis der statistischen Erhebung, in: Der Führer, 14. Jg. (Juni 1932), Nr. 6, S. 83–87, hier S. 86.
271 Gespräch mit Frau M.-D., a.a.O.; siehe auch eine SAJ-Mitteilung der Gruppe Holsterhausen. Es geht bei diesem Termin vermutlich um (männliche) Wahlhilfe für die SPD, als Treffpunkt wird der Holsterhausen Platz angegeben, und weiter heißt es: „Mädel, soweit sie schreibgewandt sind, haben ebenfalls zu erscheinen" (Volkswacht vom 19.6.1926).
272 Siehe seine Lebensgeschichte in Kapitel 5.2.
273 Erstes Gespräch mit Frau Kammer (Petra Kamburg, Anne Tepaß), a.a.O.; nach Durchsicht der SAJ-Mitteilungen in der Essener sozialdemokratischen Presse entsteht der Eindruck, daß Frau Kammer zu den besonders ‚rührigen' Funktionärinnen gehört hat.

Obwohl Quotierungen kein herausragendes Thema in der SAJ gewesen sind, scheint man sich doch von der anteilmäßigen Besetzung der Funktionen und Ämter eine Unterstützung der Gleichstellung versprochen zu haben. Unter der Überschrift „Mädels in die Vorstände!" setzte sich Charlotte Trippler 1933 in der Funktionärszeitschrift der SAJ dafür ein: „Wenn wir wie bisher auf die mitarbeitenden Mädel warten wollen, können wir sicher sein, bald einen noch größeren Mangel festzustellen".[274]

Ab 1921 gab es eine weibliche Vertretung im Hauptvorstand der SAJ, doch ein Anrecht auf weibliche Besetzung scheint damit noch nicht begründet gewesen zu sein. Denn erst spät, im Jahr 1933, hat der Reichsausschuß der SAJ eine Quote auf höchster Ebene, d.h. für Hauptvorstand und Bezirksleitung, vorgeschlagen ("darunter mindestens ein Mädel").[275] In Essen lassen sich Hinweise auf ‚weiche' Quotierungen auch schon am Anfang der Weimarer Zeit finden: Unter den Delegierten der Jahreshauptversammlung des Bezirksverbandes der A.-J. im Jahr 1921 „sollen die Genossinnen ihrer Zahl nach entsprechend vertreten sein"[276], und 1926 teilt der Unterbezirksvorstand mit: „Alle Ortsvereine müssen die Zahl und Art (ob Bursche oder Mädel) der Delegierten zum Kursus in Steele angeben [...]"[277]. Wie erfolgreich diese Praxis war, läßt sich nicht bestimmen.

Die quantitative Mehrheit der Jungen perpetuierte und verfestigte offenbar stets aufs neue das Bild vom ‚starken', dominanten Geschlecht.[278] Exemplarisch ist ein Zeitungsbericht aus der sozialdemokratischen Presse: Die Rede ist von einem Werbetag der SAJ Essen-Rellinghausen/Bergerhausen im April 1926. Man hätte sich gewünscht, wird darin geschrieben, daß Eltern in größerer Zahl gekommen wären, um zu sehen „wie ihre Jungs und Mädels in dieser Gruppe aufgehoben sind, und mit Stolz hätten sie sich sagen können, hier wird mein Junge ein begeisterter Sozialist, der einmal das angefangene Werk seines Vaters würdig weiterführen kann. Das ist letzten Endes die Aufgabe der Jugendorganisation [...]".[279]

3.5.5 Mann-Frau-Beziehungen

Divergierende Interessen und Erwartungen und nicht zuletzt erotische Spannungen zwischen den Geschlechtern sind von Funktionär(innen) und Mitgliedern nicht nur erkannt, sie sind vielfach erfahren worden, waren Auslöser für Konflikte, die man innerhalb der Organisation zu lösen versuchte. Indizien dafür sind in der Presse ange-

---

274 TRIPPLER, Charlotte 1933, S. 26.
275 ebd.
276 Essener Arbeiter-Zeitung vom 28.6.1921.
277 Volkswacht vom 9.11.1926.
278 Gewagt erscheint allerdings die These GOCHs, wonach die relative Gleichberechtigung innerhalb einiger Gelsenkirchener SAJ-Gruppen zu überdurchschnittlich hohen Anteilen von über 50% Mädchen geführt haben soll (vgl. S. 318). Plausibler ist der Umkehrschluß: Die quantitative Ausgeglichenheit könnte zum ‚Abschleifen' männlichen Imponiergehabes u.ä. beigetragen haben.
279 Essener Arbeiter-Zeitung vom 3.4.1926.

zeigte thematische Gruppentreffen und „Zausestunden". Die SAJ-Gruppe Kray-Steele beispielsweise hat einen Aussspracheabend einberufen über „Die Gestaltung der Beziehungen der Jugendgenossinnen und -genossen zueinander und die Stellung der Gruppe zur Öffentlichkeit"[280]. Das Thema „Burschen und Mädel in der Arbeiterjugend" stand in Abständen immer wieder auf der Tagesordnung.[281]

Im Verband machte man sich Gedanken über die Eigenarten von Mädchen, insbesondere über deren Gefühlsbetontheit und den „bekannte[n] größere[n] Drang der Mädels zum Tanzen und Singen".[282] Doch um die Herausbildung einer spezifisch weiblichen Identität war es der SAJ nicht zu tun. Mädel sollten werden wie die Burschen oder fast so, sie sollten „nicht nur Arbeits-, sondern auch Kampf- und Lebenskameradin" sein.[283] Oder anders formuliert: „Die sozialistische Arbeiterjugend erkennt nur ein Menschheitsbild, aber kein spezifisch weibliches Vorbild an".[284] Der Schriftsteller Karl Dantz[285] läßt seinen Akteur und SAJler Peter Stoll einmal probeweise Kontakt zu ‚richtigen‘ Mädchen suchen, er kehrt jedoch reumütig zu den SAJlerinnen seiner Gruppe zurück: „Da sind die Mädels wie wir. Man sagt Anna und Erna zu ihnen. Man zankt sich mit ihnen [...] hinterher verträgt man sich und singt oder tanzt Volkstänze auf der Wiese"[286] – nicht von ungefähr wurde vor einer „Verbengelung" der Mädchen gewarnt.[287] Auch die 1916 geborene Gertrud Schneidereit, beschreibt eine völlig asexuelle Interaktion zwischen Jungen und Mädchen anläßlich einer Wanderung mit mehreren SAJlern im Jahr 1931: „[...] und da war ich als einzigstes Mädel, dat waren alles Jungens, die denn da mit auf Fahrt gingen, aber ich war mit. Und denn weiß ich noch, da waren wir in diesem Naturfreundehaus [lacht], haben wir auch über-

---

280 A.a.O. vom 4.2.1925.
281 SAJ-Mitteilungen in: Essener Arbeiter-Zeitung bzw. Volkswacht u.a. vom 2.3.1926, 6.4.1926, 25.9.1926, 20.6.1929, 4.6.1930, 3.7.1930, 14.4.1931, 16.3.1932, 11.8.1932, 15.12.1932.
282 RÖMER, Bruno 1931, S. 116.
283 VOLK VON MORGEN... 1925, S. 40; der Kameradschaftsgedanke wird verteidigt von BUSSE-WILSON, Elisabeth 1920: „Daß diese Revolution der Jugend, denn das bedeutet die, kaum noch bewußt geworden, schon wieder bezweifelte Kameradschaftlichkeit (historisch gesehen) tatsächlich für die Frau erlösend war, kann vielleicht nur ermessen, wer die bittere Feindschaft der Geschlechter erlebt hat, wie sie innerhalb des offiziellen Gesellschaftslebens unter der Maske ritterlicher Liebenswürdigkeit herrscht" (S. 81). Zum Kameradschaftsbegriff auch MUSIAL, Magdalena 1982, S. 156ff.; LINSE, a.a.O., 1985, S. 285f.
284 FISCHER, Josepha 1933, S. 23; dazu äußert sich auch GIESECKE, a.a.O. 1981, S. 136ff.
285 Mit seinem in der Arbeiterjugendbewegung viel gelesenen Roman ‚Peter Stoll. Ein Kinderleben von ihm selbst erzählt'. Neu hrsg. von J. Merkel und D. Richter. Reprint o.O., o.J. (1978), zuerst erschienen Berlin 1925.
286 DANTZ, Carl 1926, S. 253; in seiner 1930 erschienenen Lehrlingserzählung gibt DANTZ ein weiteres Beispiel für die Interaktion zwischen Jungen und Mädchen in SAJ-Gruppen: „Unsere Mädels sind nicht von Zucker und nicht von Porzellan. Sie gehen mit uns durch dick und dünn und können schon einen kleinen Knuff vertragen. Sie kriegen einen Rippenstoß, wenn sie sich abends am Feuer zu breit machen, und wenn sie beim Schlafen zu sehr rumwälzen, schiebt man sie dreist beiseite. Lieg nicht so zwieschläfig, du dicke Nudel, sagt Klose zu Berta beim Kampieren in der Scheune. Sei froh, daß ich dich wärme, du Hering, gibt sie zur Antwort und schnarcht weiter" (S. 64), siehe auch S. 32ff., 44ff.
287 BEHN, a.a.O.; KAMBURG/TEPAß, a.a.O., S. 62; REESE-NÜBEL, Dagmar 1986, S. 231; NAUJOKS, a.a.O. 1984, S. 70, 75, 77.

nachtet. Und jetzt mußte ich natürlich als Mädchen auf ein Zimmer, ganz alleine, nich, war kein Betrieb in dem Naturfreundehaus, war ja Winter. Denn hab ich gedacht ‚wat ’n Quatsch‘ – hab ich schon im Bett gelegen – ‚wat sollst du jetzt hier allein schlafen‘. Und ich war dat ja so gewohnt, wir waren ja so (denkt nach) – wir waren im Zeltlager Jungen und Mädchen zusammen, also für uns war dat überhaupt kein Unterschied, ob dat ’n Junge oder ’n Mädchen war, dat war alles so sauber und so. Und denn hab ich mein Zeug genommen und bin einfach zu den Jungens rübergegangen, hab ich gesagt, ‚habt ihr nich so ’n Bett für mich, man ich bin ja so alleine‘, ne. ‚Ja sicher, komm hier hin‘. Da kam aber der Herbergsvater schon ‚wat machst du denn hier, machst du, daß du in dein Zimmer kommst‘, ne“.[288]

Und wenn sich die Attraktion des Geschlechterunterschieds einmal nicht verleugnen ließ? „Ja, nach Möglichkeit haben wir uns dann so inner Gruppe benommen, so ganz normal, als wenn gar nix war. Haben wir auch gar nicht versucht, daß so zu zeigen, möglichst für uns behalten. Ich mein, wenn man dann so marschierend, demonstrierend [...] durch die Straßen ging, haben wir uns mal an die Hand genommen beim Laufen, dat war aber auch alles, mal Händchenhalten. Sonst irgendwie, so ’n bißchen mal zärtlich zu sein, nee, dat gab’s nich“.[289] – Der sozialistische Autor Ernst Fischer charakterisiert jugendbewegte Jungen am Ende der Weimarer Phase als diskussionsfreudig, „aber erotisch sind diese Kameraden erschreckend passiv, erschreckend unbeholfen; den meisten fehlt der schöne Schwung des Eroberns, die schöne Gebärde der Leidenschaft, die schöne Sicherheit der Regie. Den meisten fehlt die werbende und gewinnende Männlichkeit; so gut man mit ihnen raten und planen, wandern und lange Gespräche führen kann, so schlecht kann man mit ihnen flirten, lieben und genießen“.[290]

Aus August Maders Sicht konnte zwischen Jungen und Mädchen dennoch eine ganze Menge passieren. Zwei Mädchen, Hetty und Frieda, hatten ihn in die SAJ-Gruppe Altenessen eingeladen: „Und dann bin ich da nach Altenessen hin, und dann war zwischen mir und der Frieda so ’n klein’ Techtelmechtel, so ’ne Freundschaft angefangen. Aber die hat, wie gesagt, nicht allzu lang gedauert, nur ’n halbes Jahr. Ich habe dann auch hinterher die ganze [Wander-]Tour organisiert [...]. Und denn haben wir die ganze Tour gemacht. Und auf dieser Tour hat sich dann herausgestellt, daß also die Frieda mit dem Walter auf einmal da ’n Techtelmechtel anfing. Da hab’ ich gesagt, ‚na gut, ab, aus, Feierabend‘. Und dann ging das Umgekehrte los. Dann hab ich gesagt, ‚wie du mir, so ich dir‘, und dann hab ich ja mit der Hetty [...]“[291] Hetty und August haben später geheiratet, und in der SAJ haben sich auch viele andere Paare gefunden.–

---

288 Gespräch mit Frau Schneidereit im Januar 1991.
289 Gespräch mit Frau M.-D. im Oktober 1988.
290 FISCHER, Ernst 1931, S. 55f.
291 Gespräch mit August Mader im Juli 1990.

Elli Bick: „Gerade aus unserer Gruppe Süd, da sind so furchtbar viele Ehen hervorge-gangen [...]".[292]

3.5.6 Zusammenfassung: traditionelle Orientierungen, „neues" Geschlecht

Es ergibt sich für die Interpretation des Geschlechterverhältnisses und die Stellung von Mädchen in der SAJ ein unübersichtlicher Befund. Was Bondy schon Anfang der 20er Jahre für Hamburg (mehrdeutig) zusammengefaßt hat, gilt erst recht für die späteren Phasen: „Die p.J.B. [proletarische Jugendbewegung, H.B.-C.] hat keine Lösung der Geschlechterfrage gegeben. Zweifellos hat sie den Versuch gemacht, und zwar mit ziemlichem Erfolg, eine Änderung und auch eine gewisse Besserung zu erzielen, aber nur eine gewisse: man glaube nicht, daß für sie das Problem gelöst ist. Wir haben gese-hen, daß nicht alles Kameradschaftlichkeit ist, daß teilweise Zustände bestehen, die durchaus nicht einen Fortschritt oder eine Besserung bedeuten".[293]

Wenn auch die ‚Avantgarde' der SAJlerinnen selbstbewußt ihre Rechte auf Aus-bildung, Berufstätigkeit und Lohngleichheit einforderte[294]: Während der Weimarer Zeit blieben die weiblichen Mitglieder, nicht die Jungen, pädagogisch-kom-pensatorischen Bemühungen ausgesetzt, wurden ihnen ihre vermeintlichen (und tat-sächlichen) Defizite notorisch vor Augen geführt. Gleichzeitig waren sie in eine den egalitären Zielsetzungen der Partei teilweise zuwiderlaufende Alltagspraxis eingebun-den, konfrontiert mit den patriarchalen Altlasten der Sozialdemokratie, wie sie von Erich Fromm noch am Ende der Weimarer Republik im Bewußtsein von Arbeitern und Angestellten belegt sind.[295] Doch es war nicht nur das Fortleben des ‚autoritären Cha-rakters': die Minderbeachtung des Geschlechts als Kategorie sozialer Ungleichheit, der proletarische Antifeminismus, beruhte auch auf der ökonomistischen Weltsicht und dem Attentismus der Arbeiterbewegung, der die Frauenfrage der Klassenfrage unter-ordnete und glaubte, diese würde sich früher oder später quasi gesetzmäßig lösen.[296] Diese Orientierung war keineswegs ein Spezifikum der Männer. Geissel und Lummert haben 1990 eine Reihe lebensgeschichtlicher Interviews mit ehemaligen SAJlerinnen geführt und dabei beobachtet: „ ‚Geschlecht' scheint für sie keine wesentliche Katego-rie zur Analyse sozialer und gesellschaftlicher Verhältnisse und ihrer eigenen Situation zu sein".[297]

Es bedurfte vermutlich auf Mädchenseite der Widerständigkeiten im kleinen, wenn sie sich sozial behaupten und im Lager der prinzipiell Gleichgesinnten ein ‚standing'

---

292 Gespräch mit Elli Bick, a.a.O.
293 BONDY, Curt 1922, S. 68.
294 Siehe den Artikel „Das Mädel in der Bewegung", in: Volkswacht vom 12.6.1930.
295 Siehe die Ausführungen zur (1929 auch innerhalb der Arbeiterparteien gestellten) Frage „Halten Sie es für richtig, daß die Frauen einen Beruf ausüben" bei FROMM, a.a.O., S. 182ff.
296 KLÖNNE, a.a.O., S. 147ff.; HAGEMANN, Karen 1990(a), S. 649; WERDER, Lutz v. 1978.
297 GEISSEL/LUMMERT a.a.O., S. 43.

verschaffen wollten. Aussagekräftig ist in diesem Zusammenhang noch einmal die Erinnerung Kurt G.s, der seine spätere Ehefrau in der SAJ kennengelernt hat: „Auf dem Gruppenabend sah ich auch zum ersten Mal Klara. Ein resolutes Mädchen, wie mir schien. Aber die Mädchen in der SAJ waren alle etwas freier, ja kecker als gewöhnlich. Dennoch war ich etwas schockiert".[298] Daß sich die jungen Frauen nach unseren gegenwärtigen Maßstäben gegen vielerlei Zumutungen und Diskriminierungen insgesamt zu wenig zur Wehr gesetzt haben, macht sie trotzdem nicht zu bloßen Objekten männlicher Herrschaft.[299] Vielmehr hängt ihre Gleichmütigkeit auch damit zusammen, „daß sie selbst aus der argumentativen Tradition der deutschen Frauenbewegung heraus auf eine besondere kulturelle Aufgabe der ‚Weiblichkeit' orientiert waren, was die Unterscheidung zwischen Diskriminierung und ‚geschlechtsgemäßer' verschiedener Behandlung erschwerte".[300]

SAJlerinnen haben kein feministisch beeinflußtes politisch-kulturelles Konzept kreiert oder gefordert. Und eine beschreibbare kollektive weibliche Identität bezogen auf die 20er Jahre bzw. auf Gruppen und Kohorten der SAJ läßt sich bislang nicht fixieren.[301] Fest steht jedoch: Für die Zukunftsentwürfe von Mädchen und jungen Frauen haben sich (nicht nur in der SAJ), so Charlotte Bühler, in der Zwischenkriegszeit erstmals zwei Möglichkeiten eröffnet, die Erwerbstätigkeit und der Hausfrauen- und Mutterberuf, „wo lebendige Interessen nach beiden Richtungen gehen, besteht fast immer auch der Wunsch, beide Berufe in der Zukunft zu vereinen".[302] In der Jugendorganisation kam noch eine dritte Option, die politische Arbeit, hinzu. Die SAJ bot – bei aller Widersprüchlichkeit in bezug auf die „Andersartigkeit"[303] der Mädchen – diesen die Chance, im Gegensatz zur Generation der Mütter, über ihre Interessen und Perspektiven zu reflektieren. Obwohl sie in den Gruppen eine Minderheit blieben, konnten die Mädchen doch Weiblichkeitsentwürfe und Lebensstile erproben zwischen den Koordinaten Mütterlichkeit, Erotik, Kameradschaft und Berufstätigkeit und damit ihre Spielräume und Entwicklungsmöglichkeiten erweitern.[304]

Für das Verständnis von Lebensläufen und Lebensgeschichten wird neben der subjektiven Aussage auch das hier dargestellte (Spannungs-)Verhältnis von offizieller Verbandsprogrammatik und Alltagspraxis relevant sein, eine Art ‚hidden curriculum' für beide Geschlechter. Inwieweit sich das inkonsistente sozialdemokratische Frauen-

---

298 Schriftliche Aufzeichnungung, a.a.O., S. 7.
299 Geschlechterverhältnisse, wie sie PEUKERT für nichtorganisierte oder anderen Subkulturen angehörende Jugendliche der 20er Jahre dokumentiert, siehe 1987(b), S. 239ff.
300 PEUKERT 1987(c), S. 103; siehe auch GEISSEL/LUMMERT, a.a.O., S. 45.
301 Vgl. zur Heterogenität der Orientierungen JASCHKE, Hans-Gerd 1990, S. 159.
302 BÜHLER, Charlotte 1927, S. 35. Zeitgenössisch auch ZEPLER, Wally 1919, die engagiert für die Berufstätigkeit der Frau eintritt und gegen „die Öde ihres armen Haustierdaseins" (S.90).
303 FRÖHBRODT, Käte 1928.
304 Siehe auch die Ausführungen zu den „Fernwirkungen" der Mitgliedschaft in der sozialistischen Jugendbewegung auf Partnerbeziehungen und das Familienleben bei WURZBACHER, Gerhard 1969, S. 206ff.

bild der Weimarer Republik in den Lebensgeschichten wiederfindet, läßt sich in Kapitel 5 nachvollziehen.

3.6 Familie

Über die Sozialisation in sozialdemokratisch orientierten Arbeiterfamilien der Weimarer Republik gibt es nur wenige Darstellungen; familale Interaktion und Erziehungsmuster sind bisher ein ‚weißer Fleck' in der Erziehungswissenschaft wie der Geschichtsschreibung der Arbeiterbewegung.[305] Wenige normative und strukturelle Veränderungen der Weimarer Familienkonstellationen lassen sich verallgemeinern: Das sind der seit dem Ersten Weltkrieg zu beobachtende Autoritätsverlust des Vaters und (damit einhergehend) die sich verändernden Männer- und Frauenrollen, eine stärkere Beachtung der Kinderrechte, die Auflösung der Mehrgenerationenfamilie zugunsten der Kleinfamilie mit ein bis zwei Kindern auch in der Arbeiterschaft.[306]

Im Vorverständnis der Autorin ist ein Zusammenhang von Lebenslage und Interaktionsstil in der Arbeiterschaft zu unterstellen; diese jeweiligen Lebenslagen bzw. die „inner-proletarische Schichtungsdifferenzierung" (Langewiesche) hingen aber wiederum von zahlreichen Faktoren ab, vom Einkommen, das je nach Qualifikation oder Geschlecht unterschiedlich sein konnte, von der weltanschaulich-religiösen Zugehörigkeit, der sozialen und regionalen Herkunft, dem Wohnort,[307] Faktoren, die in der vorliegenden Untersuchung für sich genommen nur wenig Berücksichtigung finden konnten.

Selbstverständlich können keine Ergebnisse hinsichtlich Strukturen und Typen familialer Sozialisation erwartet werden. Die Erzählungen der befragten Zeitzeugen sind zwar als Primärquellen anzusehen, dienen jedoch nicht – so es diese gäbe – der (im übertragenen Sinn) Verifizierung bzw. Falsifizierung wissenschaftlicher Vormeinungen oder Hypothesen. Das hängt in erster Linie damit zusammen, daß wir es bei

---

305 Daran ändern Ferdinand BRANDECKERS „Notizen zur Sozialisation des Arbeiterkindes in der Weimarer Republik" (1976) nichts; siehe auch Helmut BECKER, Ferdinand BRANDECKER und Peter DUDEK 1986(a) und (b); bezogen auf einen Arbeiterbezirk Hannovers hat RABE (1978) u.a. die Familiensituation dreier Generationen von Sozialdemokraten untersucht. Über den Funktionswandel der Familie nach dem Ersten Weltkrieg mit literarischen Belegen und Bildquellen WEBER-KELLERMANN, Ingeborg 1977, S. 243–254; WEBER-KELLERMANN 1974 läßt die Weimarer Zeit unerwähnt. Die mit der innovativen familienmonographischen Methode gewonnenen Ergebnisse WURZBACHERs (1969) enthalten noch einige Reflexe auf die Weimarer Zeit und die Auswirkungen einer Mitgliedschaft in der sozialistischen Jugendbewegung; für Hamburg hat HAGEMANN, a.a.O. 1990(a), Einblicke in die Familienstrukturen und den ernüchternden Alltag von Sozialdemokratinnen in der Weimarer Zeit ermöglicht. – Weitere Impressionen vermittelt das Hochlarmarker Lesebuch, siehe STADT RECKLINGHAUSEN 1981.
306 Vgl. PEUKERT 1987(b), S. 60; 1987c, S. 97; dazu auch FLEMMING/SAUL/WITT a.a.O., S. 201ff.; CASTELL RÜDENHAUSEN, Adelheid Gräfin zu 1989.
307 Vgl. LANGEWIESCHE, Dieter 1981, S. 141.

den Müttern und Vätern der vorgestellten ehemaligen Jugendbewegten mit einem spezifischen, exklusiven Sample zu tun haben: Die Eltern der Interviewpartner/-innen stellten bereits durch die Tolerierung oder Akzeptanz der Jugendorganisation und zumeist auch schon der Kindergruppen ihre Liberalität und relative pädagogische Informiertheit unter Beweis. Auch die Mitarbeit im Elternbeirat oder der Freien Schulgesellschaft, selbst die bloße Entscheidung für eine Ummeldung ihrer Kinder auf die weltliche Schule waren Zeichen eines pädagogischen Engagements und wirkten sich nach den Aussagen der ehemaligen SAJler/-innen stärker kindbezogen oder zumindest als relativ gewährender Erziehungsstil aus.

Eltern von SAJler(inne)n – vielfach Mitglieder des sozialdemokratischen Lagers – gehörten in der Stadt Essen einer Minderheit an, sie waren darüber hinaus im Hinblick auf ihren ‚pädagogisierten‘ Lebensstil minoritär. Die Interviews machen also lediglich Einblicke möglich in Lebenslagen und Lebensweisen dieses im Detail überraschend heterogenen Milieus und veranlassen eher zu weiteren Fragen denn zu Resümees.

Langewiesche stellt die Frage, ob sich „das Bekenntnis zur Arbeiterbewegung emanzipationsfördernd in den Arbeiterfamilien"[308] ausgewirkt habe. Oder mit den Worten von Frau Winter: „Wahrscheinlich hatten wir vielleicht auch ein bißchen anderes Aufstreben dadurch, daß wir eben etwas freier waren [...]?". Die vorliegenden Biographien enthalten eine ganze Reihe von Hinweisen auf den Stellenwert von Familie und primären Sozialisationserfahrungen für den weiteren Lebensverlauf, sie ergeben aber nur selten die erhofften ‚handhabbaren‘, d.h. kategorialen Schilderungen, anhand derer eine Antwort auf diese und andere Fragen einfach zu finden wäre. Der Versuch soll trotzdem unternommen werden.

3.6.1 Häusliches Leben

In den politisch aktiven Familien gab es offenbar seltener ein kleinbürgerliches Familienidyll, denn häufig waren alle Mitglieder aushäusig, gingen ihren verschiedenen Funktionen nach. Herr Priebe, der sich über ‚Geborgenheit‘ im allgemeinen nicht beklagt, faßt zusammen: „Wie gesagt, zu Hause, Familienleben wurde ja auch klein geschrieben. Meine Mutter war aktiv ‚Kinderfreunde‘, Partei, mein Vater war in der Partei, hat kassiert für die Partei, und ich in der Arbeiterjugend, meine Schwester in der Arbeiterjugend [...]. Also gemeinsames Essen gab et, glaub ich, nie so richtig [lacht]. Nach 33, ja, da haben wir uns immer gesehen [lacht]. Irgend jemand kam immer zu 'ner anderen Zeit, nich, früher

---

308 A.a.O., S. 143.

so".[309] Frau Schneidereit erzählt, daß das häufige und oft tagelange Ausbleiben aller vier Geschwister nicht immer gern gesehen wurde, die Eltern schließlich aber doch die Dynamik der Jugendorganisation akzeptiert hätten: „Und dann sonntags, ‚ja, wir gehen' – wir waren gar nicht zu Hause, wir gingen einfach, ne." Ab und zu habe die Mutter sich geweigert, am frühen Sonntagmorgen den vier Mädchen Proviant zu bereiten: „Ja, die mußte ja jeden Morgen so früh raus, und denn sagte Vater aber schon, ‚ach Mutter, du kannst ruhig liegen bleiben, ich steh schon auf und mach euch Bütterken' [...] also gingen wir immer [...]. Aber ich sag ja, wir hatten so 'n gutes Elternhaus". Auch Herr O. bestätigt das Defizit an Familienleben, das wohl mehr von den Erwachsenen als von den Kindern empfunden worden ist: „Das war eigentlich 'ne Sache, die die Eltern nicht so gern hatten, daß wir so Weihnachten und Ostern und Pfingsten, das wir da loszogen, ne".[310] Die Ankündigung der SAJ-Gruppe Essen-Steele für eine Sonnenwendfeier im Dezember 1932 enthält denn auch den Zusatz: „Sagt euren Eltern, daß es später wird".[311]

Max Westphal von der SAJ-Verbandsleitung in Berlin hat in seinem Aufsatz „SAJ und Elternhaus"[312] u.a. die Kritik der Eltern an der häufigen Abwesenheit der Kinder aufgegriffen: „Allerdings – wenn wir am Sonntag zu Hause bleiben sollen, dann müssen wir uns wehren, so friedlich wir auch sein wollen. Es ist selbstverständlich, daß es Vater und Mutter, die werktags in aller Frühe aufstehen müssen [...], wenig paßt, wenn sie am Sonntag, am Ruhetag, auch so früh aus dem Bett sollen, weil der Junge oder das Mädel auf Wanderschaft will. Diese Differenz können die Jugendlichen beseitigen, indem sie immer flink aus dem Bett steigen, indem sie ihren Rucksack schon am Samstagabend fertig machen und sich sonntags früh, möglichst ohne Mutter und Vater zu stören, aus dem Hause schleichen. Das geht! Ich hab's selbst oft genug probiert!" – Und an die Adresse der Eltern fügt er hinzu: „Besser die Stiefelsohlen auf der Landstraße als auf dem Tanzsalon abgenutzt, besser ist das Taschengeld für Fahrgeld und für Bücher verwendet als für Zigaretten und Alkohol. Also entlaßt den Sohn und die Tochter, so oft sie zu wandern wünschen, aus der sonntäglichen Familiengemütlichkeit. Das Bewußtsein, einen frischen, kräftigen Jungen oder ein ebensolches Mädel zu haben, die in guter Gesellschaft durch Wald und Flur wandern, ist besser, als wenn ein mürrischer, unfrischer Sohn in der Stube hockt". – Die Werbung der SAJ – wohl weil man um solche Vorbehalte wußte – war auch immer wieder speziell an die Arbeitereltern gerichtet, sei es

---

309 Erstes Gespräch mit Herrn und Frau Priebe, a.a.O.; in gleicher Weise haben sich Ende der 20er Jahre organisierte Jugendliche in Berlin geäußert, z.B. ein Schneiderlehrling: „Mein Vater ist Gewerkschaftsangestellter [...] Ich stehe mich mit meinen Eltern sehr gut. Mein Vater ist kein Abend zu Hause, denn er ist überall ehrenamtlich tätig. Ich bin ebenfalls kein Abend zu Hause denn ich bin drei Abende von der Sozialisten-Arbeiterjugend unterwegens und zwei Abende im Verband (F.G.J.) tätig. Sonnabends gehe ich oft auf Fahrt [...]" (KROLZIG, Günter 1930, S. 124).
310 Erstes Gespräch mit Herrn O. im Juli 1989.
311 Volkswacht vom 22.12.1932; siehe auch SAJ-Mitteilungen in: a.a.O. vom 27.6.1928 (Gruppe Altendorf): „Besprecht mit euren Eltern die nächtliche Sonnenwendfeier am Samstag in Kettwig."
312 In: Essener Arbeiter-Zeitung vom 25.3.1926.

über das Medium der Elternabende[313] oder durch Zeitungsartikel, etwa mit der Überschrift „Genosse, wo bleibt dein Kind?".[314]

Frau Winters und anderer Aussagen und Erinnerungen rücken das Bild der auseinanderstrebenden Familie wieder etwas zurecht: Es gab auch das bewußte, fast schon ‚inszeniert' anmutende Familienleben: „Und vor allen Dingen bei uns war – mein Bruder konnte sehr gut lesen, sehr schön und sehr gut lesen. Wir haben wahnsinnig viel gelesen, und zwar hat mein Bruder vorgelesen und wir haben gehandarbeitet, gestrickt, ich konnt' schon mit sechs Jahren Strümpfe stricken (lacht). Das kam, weil wir immer was machten dabei, ganze Romane und was nicht alles gelesen, ne. Ich kann mich noch an vieles entsinnen".[315]

3.6.2 Mutterrollen, Vaterrollen

Zwar hat es unter den Eltern der Interviewpartner/-innen kaum erwerbstätige Mütter gegeben, doch eine ganze Reihe selbständiger, selbstbewußter und politisch tätiger Frauen. Wir können nicht rekonstruieren, wie und wodurch sich Geschlechterverhältnisse im Lauf der Ehe verändert haben, anzunehmen ist jedoch eine nach Ende des Ersten Weltkriegs verstärkte Neuorientierung, eine Emanzipation vom kaiserzeitlichen Frauen- und Männerbild.[316] Wir erfahren von den Kindern, meinen Gesprächspartner(inne)n, daß die neuen, unkonventionellen Rollen nicht immer vorbehaltlos deren Wohlwollen gefunden haben. Frau Kammer, eine frühere SAJ-Funktionärin und bis heute Aktive in der sozialdemokratischen Kulturarbeit, hatte Probleme mit ihrer fortschrittlichen Mutter, besonders, als diese sich einige Zeit nach dem Tod ihres Ehemannes mit einem Freund ohne Trauschein zusammentat. Die Mutter sei es auch gewesen, die schon vor ihren Töchtern einen Bubikopf trug und Frau Kammer zu dem gleichen Haarschnitt überreden wollte. Und auch Herr Eisenblätter spricht mit Distanz von seiner politisch interessierten Mutter: „Meine Mutter war im Volkschor, in der Arbeiterwohlfahrt, in der Partei [...]", sie sei eine „ganz fanatische Frau" gewesen.[317]

---

313 Die Gruppen annoncierten regelmäßig Elternabende, siehe beispielsweise in den AJ/SAJ-Mitteilungen der Essener Arbeiter-Zeitung bzw. Volkswacht vom 23.9.1922 (Gruppe Stoppenberg), 30.9.1922 (Kray-Steele), 7.10.1924 (Essen-Stadt), 4.12.1924 (Altenessen), 22.3.1926 (Kray-Steele), 31.3.1928 (Essen-Stadt), 15.8.1929 (Essen-Nord, Rote Falken), 30.3.1929 (Altenessen).

314 Volkswacht vom 2.4.1932. – KLENKE (1987) hat für Thüringen und Leipzig ermittelt, daß 1930 nur 15,5 bzw. 11% der SAJ-Mitglieder auf Anregung der Eltern oder anderer Parteimitglieder der Organisation beigetreten sind, vgl. Bd. 2, S. 770. – Eltern wurden regelmäßig in die Gruppen („Elternabende") oder zu künstlerischen Darbietungen eingeladen.

315 Zweites Gespräch mit Frau Winter, a.a.O.

316 Dazu FREVERT, Ute 1990; LUCAS, Erhard 1983, S. 45ff.; KLENKE, a.a.O., S. 852ff.; MOOSER a.a.O., S. 156f. Skeptisch ist HAGEMANN, sie hat bei Befragungen von Sozialdemokratinnen in Hamburg herausgefunden, daß nur ein kleiner Kreis partnerschaftliche Ehe- bzw. Familienkonstellationen gelebt hat, „überwiegend junge Ehepaare aus der Arbeiterjugendbewegung" (a.a.O., 1990(a), S. 645). Sozialdemokratische Männer hätten sich überwiegend nicht an der Haus- und Familienarbeit zugunsten eines politischen Engagements von Frauen beteiligt.

317 Gespräch mit Helmut Eisenblätter, Jg. 1917, im Mai 1988.

Frau M.-D.s Eltern haben eine gewissermaßen partnerschaftliche Arbeitsteilung verabredet, die offenbar beiden Seiten zugute kam: Die Mutter war nicht erwerbstätig, sondern in den 20er Jahren ausschließlich „für Politik und Kindererziehung" zuständig. Der Vater, Hilfsarbeiter bei Krupp, sei der Belesenere gewesen, „ob es die Rechtschreibung [war], ob es Geschichte, Geographie oder was auch immer (war), mein Vater blieb keine Antwort schuldig." Er habe sich aber, meint Frau M.-D., nicht gut artikulieren können, „während meine Mutter die Praktischere war, die reden konnte, die organisieren konnte" und daher Parteiämter übernahm und der Essener SPD-Fraktion im Stadtparlament angehörte. Ihr Vater sei damit einverstanden gewesen, daß seine Frau die Außenkontakte wahrnahm; er soll ihr immer beigestanden haben und „manchmal mit schriftlichen Dingen geholfen [...], das lag Mutter nicht so".[318]

Die Mutter von Paul Priebe war zwar als „Kinderfreunde"-Helferin und in anderen politischen Funktionen tätig, fühlte sich zu Haus dennoch für „alles" zuständig, wie sich Herr Priebe erinnert. Sein Vater arbeitete im Kruppschen Steinwerk, wo schwere Gesteinsbrocken mit der Schaufel verladen wurden. „Na ja, meine Mutter, die hat zu Hause alles gemacht, die hat den Vater entlastet, die hat die Kohlen raufgeholt und hat sogar selbst Holz gehackt, also, die erzählte immer schon von Ostpreußen, daß sie lieber Holz gehackt hat als Strümpfe gestrickt oder gesponnen [...]. Mein Vater hat körperlich sehr schwer arbeiten müssen, so schwer arbeitet heute keiner mehr, nich. Und wenn er nach Hause kam, dann war er redlich müde, so daß da nicht viel über blieb [...]. Na ja, in der Zeit war das ja nun so, daß es wirklich so anzusehen war, daß es 'ne Arbeitsteilung war zwischen Mann und Frau, daß der Mann eben arbeiten ging, daß er so lange und so schwer gearbeitet hat, daß er, wenn er nach Hause kam, seine Ruhe nötig hatte, ne".[319]

Schon die wenigen Beispiele zeigen, wie unterschiedlich bis widersprüchlich die Mütter dargestellt werden: Neben „gebremster Emanzipation"[320] gab es weiterhin die weibliche Orientierung des ‚Lebens für andere'.[321] Das öffentliche Mutterbild war im Lager der SPD zeitgenössisch häufig das des weltanschaulich zurückgebliebenen Teils der Familie. Zum Beispiel ist im Zusammenhang mit der Entscheidung für weltliche Schulen explizit das „Nachgeben der Frau" beklagt worden: „Haben wir nicht schon Fälle gehabt, daß ein Kind wieder aus der freien Schule abgemeldet wurde, trotzdem es sich darin wohlfühlte, nachdem der schwarze Agitator die Mutter nur einmal aufgesucht hatte?".[322] Im lebensgeschichtlichen Rückblick Kurt G.s wird die Mutter genau so ‚weich' und beeinflußbar geschildert; sie hat tatsächlich, nachdem sie von christlichen Verwandten ermahnt wurde, die zwei jüngeren Söhne wieder auf die Konfessionsschule geschickt. Und August Mader, der politisch und beruflich Auf-

---

318 Gespräch mit Frau M.-D., a.a.O.
319 Erstes Gespräch mit Herrn und Frau Priebe, a.a.O.
320 FREVERT, a.a.O., S. 113.
321 A.a.O., S. 94; dazu auch HAGEMANN, a.a.O., 1990(a), S. 649.
322 Essener Arbeiter-Zeitung vom 21.3.1925, siehe auch den Artikel „Alltagsgespräche" in: a.a.O. vom 8.1.1926.

gestiegene, betont, seine „indifferenten" Eltern hätten ihm alle Wahlfreiheiten gelassen und sich in nichts eingemischt, und er fügt hinzu: „Meine Mutter war gar nicht dazu in der Lage aufgrund ihrer ganzen Ausbildung [...]."[323]

In den Interviews hatten Vater und Mutter unterschiedliche Relevanz. Einige lebensgeschichtliche Erzählungen lassen die Rolle der Mutter nahezu oder ganz unterbelichtet (Frau Nienkamp, Frau Hildebrand), aber es gibt auch sehr mütterzentrierte Biographien, in denen die Väter eine Statistenrolle einnehmen (Frau Winter, Frau Kammer, Frau Förster, Frau Hohmann). Von den befragten 22 ehemaligen SAJ-Mitgliedern hatten 11 Mütter, die in der AWo, in der sozialdemokratischen Frauenbewegung, in der SPD, der Freien Schulgesellschaft und/oder bei den „Kinderfreunden" mitarbeiteten und damit vermutlich zu einem – bezogen auf das sozialistische Lager – überdurchschnittlich hohen Anteil organisiert waren.[324] Die Sozialdemokratie wandte sich bewußt an Sympathisantinnen mit Kindern: „Mütter, die für ihre Kinder eine bessere Zukunft schaffen wollen, treten der Sozialdemokratie bei".[325] Während der Weimarer Zeit waren in Essen rund 30 Prozent der SPD-Mitglieder Frauen[326].

Nur drei Mütter der Befragtengruppe sind nach der Eheschließung einer regelmäßigen bzw. mehrjährigen Erwerbstätigkeit nachgegangen, und zwar als Hausschneiderin, als Verwaltungsangestellte und als selbständige Handelsvertreterin. Vier Frauen hatten eine Lehre absolviert: die Mutter von Frau Hohmann war ausgebildete Schneiderin, Betty Hildebrands und Dieter O.s Mütter waren gelernte Köchinnen, und Lotti Försters Mutter hatte eine kaufmännisch Lehre absolviert. Der größte Teil jedoch war Familienfrau und hatte vor der Ehe im Haushalt oder als ungelernte Kraft in der Textilindustrie, vereinzelt auch in der Landwirtschaft, gearbeitet. In wirtschaftlich schwierigen Zeiten übernahm ein Teil der Frauen kurzfristige Jobs als Haushaltshilfe oder trug Zeitungen aus.

Bei den Vätern sieht es erwartungsgemäß ganz anders aus: 13 Väter haben eine Berufsausbildung hinter sich gebracht und von den übrigen Ungelernten sind vier dennoch (begrenzt) aufgestiegen, beispielsweise wechselte Frau Lochners Vater als Kruppscher Hilfsarbeiter nach der Revolution 1918/19 in den Polizeidienst und machte dort ab 1945 (die Nazis hatten ihn entlassen) Karriere, und Frau Schmitz' Vater wurde Angestellter im ADGB.

---

323 Gespräch mit August Mader, a.a.O.
324 BECKER/BRANDECKER/DUDEK (1986a) haben bei ihren Befragungen in einem Frankfurter Arbeiterstadtteil fast keine in Organisationen der Arbeiterbewegung tätige Frauen angetroffen (vgl. S. 205).
325 Volkswacht vom 28.2.1927.
326 Geschäftsbericht der SPD 1929, in: Volkswacht vom 15./16.3.1930; KLENKE hat für den SPD-Bezirk Niederrhein 24,3 Prozent Frauen errechnet (Stand 1.1.1929), vgl. Bd. 2, S. 1170.

3.6.3 Erziehung „vom Kinde aus"?

In der Weimarer Zeit waren reformpädagogische Ideen der Jahrhundertwende sukzessive auch in die Erziehungsorganisationen der sozialistischen Bewegung eingeflossen und wirkten sich schließlich tendenziell[327] verhaltensändernd auf die kleinste Einheit, die Familie, aus. Pädagog(inn)en wie Kurt Löwenstein, Anna und August Siemsen, Paul Oestreich u.a. bewegten sich mit ihren pädagogischen Intentionen nicht nur auf der programmatischen Ebene, sondern wandten sich an die Basis, indem sie für sozialdemokratische Zeitungen und Zeitschriften schrieben und anläßlich von Zusammenkünften der sozialdemokratischen Kultur- und Erziehungseinrichtungen Vorträge hielten.[328] Organisationen wie die „Kinderfreunde", die SAJ und auch die Freie Schulgesellschaft waren Orte der Diskussion über Erziehung, und ihre Repräsentant(inn)en und Mitglieder hatten innnerhalb der Familien oft die Funktionen von Multiplikatoren in Sachen Umgang mit Kindern. In den Interviews lassen sich deutliche Spuren eines geänderten Eltern-Kind-Verhältnisses erkennen, diese sind aber wiederum nicht übertragbar auf das Kollektiv der insgesamt einbezogenen Gesprächspartner/-innen.

Als eine Art ‚Prüfstein' in bezug auf veränderte pädagogische Einstellungen der Eltern kann die Prügelstrafe gelten. Körperliche Züchtigung war wohl das hervorstechendste Symbol elterlicher Herrschaft über die Kinder und Jugendlichen. In den Interviews hat diese im Verständnis sozialdemokratischer Pädagog(inn)en anachronistische Erziehungsmethode fast keine Rolle gespielt. Frau Schneidereit erzählt – um ihrem Gegenüber die absolute Ausnahme zu verdeutlichen –, ihre Schwester sei einmal mit Schlägen gestraft worden: „[...] meine Schwester Mariechen, dat war eigentlich immer 'n Donnerwetter in unserer Familie. Die war mal so anderthalb Jahre bei der Franzosenbesetzung war die in Sachsen auf so 'nem Rittergut, und da war die wohl so verwöhnt worden, und da war dat so ein Donnerwetter zu Hause. Wir haben nie Schläge bekommen zu Hause oder Schimpfe, aber ich weiß, daß unser Mariechen, die hat einmal 'ne Tracht gekriegt von meinem Vater, ne. Dat war 'n klein Donnerwetter".[329]

Andere Formen des Strafens waren noch gang und gäbe, und Frau Nienkamp erinnert schon das Zuspätkommen als Anlaß für das elterliche Abweichen von einer ansonsten liberalen Erziehungspraxis: „Das einzige ist, auf das ich mich besinne, daß ich – wir haben in der Düsseldorfer Straße gewohnt und da direkt dabei war die Gaststätte

---

327 Daß sich auch in diesem Milieu keine *eindeutig* positive Traditionslinie entwickelte, zeigen die schillernden Antworten von Angehörigen der Linksparteien Anfang der 30er Jahre bei FROMM, a.a.O., S. 189ff.

328 KLENKE (1987, Bd. 2) macht für die anti-patriarchale publizistische Agitation vor allem die SPD-Linke verantwortlich, vgl. S. 846ff.

329 Gespräch mit Frau Schneidereit, a.a.O.; siehe auch die ca. 120 Antworten auf einen Fragebogen u.a. zur Kindererziehung, in denen sich die linksstehenden Bergleute und ihre Ehefrauen vielfach gegen die Prügelstrafe aussprechen: FEHR, Franz 1921.

X. [dort guckte Frau F. gern durchs Fenster], und da bin ich 'n bißchen zu lange [geblieben], und da war es schon dunkel bis ich nach Hause kam, waren nur 'n paar Schritte. Da haben meine Eltern mich erstmal gar nicht reingelassen. Da hab ich erstmal wer weiß wie lange vor der Haustür gestanden. Und das ist auch nie wieder vorgekommen".[330]

Wenn auch viele Eltern ihre Kinder den Erziehungsorganisationen „zugeführt" haben, wie es in zeitgenössischen Texten oft formuliert wird, scheint doch in einigen Familie bereits das Einverständnis der Kinder und Jugendlichen zugrunde gelegt worden zu sein: Frau Simons Eltern waren keine SPD-Mitglieder, sollen jedoch der Arbeiterbewegung nahegestanden haben; sie beabsichtigten, ihre Kinder aus der Konfessionsschule herauszunehmen. Der Vater hat seine vier Kinder in die Entscheidung für eine Umschulung mit einbezogen: „Ja, also, er hat gefragt, da war damals also so 'n Kurs von dem Jansen, Lehrer Jansen, der fand hier inner G.-Schule statt, und da sind wir vorher hingegangen, war'n paar Mal 'n Treffen. Und da hat er gefragt, ,ja, wollt ihr denn zur Freien Schule?' – ,ja klar', wir wollten zur Freien Schule. Und wie wir von Sachsen[331] zurückkamen, sind wir auf die Freie Schule gegangen"[332].

Auch Frau M.-D. betont die liberale Einstellung ihrer Eltern. Sie glaubt, daß insbesondere die Mutter über ihre politischen Tätigkeiten pädagogische Kenntnisse erworben habe. Ein Konflikt mit ihrem Vater hat sich bei ihr eingeprägt, eine Situation, in der Frau M.-D. als Jugendliche im Streit schon keine untergeordnete Position mehr einnahm: „Ich weiß, einmal kam ich sehr spät nach Hause [...] und [die Jugendgenossen] N. und W. gingen noch mit [bei] mir vorbei, klopften ans Fenster, ,hier ist eure Tochter'. Trotzdem war Vater sehr böse, weil's so spät war, vielleicht hat er sich auch Gedanken gemacht. Da hat er gesagt, ,du bleibst jetzt ein Jahr zu Hause!', da hab ich gesagt: ,dann kannst du [in die SAJ] gehen nach einem Jahr, aber ich nicht mehr, mußt du dir drüber klar sein, wenn du mir jetzt das Jahr Stubenarrest gibst, daß das für mich das Ende bedeutet'". Durch einen Kollegen sei dem Vater tags darauf vor Augen geführt worden, in welch guter Gesellschaft sich seine Tochter in der SAJ befinde, und so wurde ihr erlaubt, weiter an den Gruppenabenden teilzunehmen.

3.6.4 Konfessionen

Ob jemand katholisch, evangelisch oder ,freidenkend' war, hatte für das Milieu, das hier hauptsächlich untersucht worden ist, ganz erhebliche Bedeutung. Die Frage der Konfession wirkte in die einzelnen Familien hinein bzw. der Emanzipationsschritt aus der Kirche wurde häufig innerhalb der Familien vollzogen und war noch im

---

330 Gespräch mit Frau Nienkamp, a.a.O.
331 Viele Essener Kinder sind während der belgisch-französischen Besetzung des Ruhrgebietes 1923-1925 mit ihren Schulen bzw. Klassen evakuiert worden.
332 Gespräch mit Anna Simon, a.a.O.

Erwachsenenalter sozialisationsrelevant. In den Interviews sind die konfessionellen Verhältnisse in der Familie (und darüber hinaus) immer ein Thema gewesen.[333] Bis auf einen sind alle Väter der Befragten, meist nach 1919, aus der Kirche ausgetreten. Unter den Müttern gab es noch vier Protestantinnen, ein (nicht religiös orientiertes) Mitglied der jüdischen Gemeinde und schließlich Frau Winters Mutter, die ihre Beziehung zum Katholizismus zwar formal aufkündigte, diese aber als Teil ihrer Identität weiter kultivierte. Die etwas stabilere Bindung der Mütter bzw. Frauen an die Konfession ist auch allgemein zu konstatieren gewesen. Klenke gibt für 1925 4% Konfessionslose in Essen an, davon 40% Frauen.[334] 14 ehemalige SAJler/-innen dieser Studie sind in eine weltliche Schule gegangen, und die übrigen haben häufig nur deswegen Konfessionsschulen besucht, weil erst 1923 erste weltliche „Sammelklassen"[335] und Schulen in Essen eröffnet wurden. Jugendliche konnten mit 14 Jahren aus ihrer Religionsgemeinschaft austreten; viele SAJler und weltliche Schüler/-innen machten diesen Schritt, einige wenige blieben jedoch ohne besonderen Affekt Mitglieder ihrer Kirche, andere kehrten ihr während der NS-Zeit den Rücken.

Die Kirchenferne trug lokal ganz entscheidend zur subkulturellen Identität des sozialdemokratischen Lagers bei, diese war offensichtlich eine gewollte Abgrenzung gegenüber den Christen, den „Schwarzen", und die Auseinandersetzungen haben biographisch auffällige Wunden hinterlassen, die aber vielfach als Bestätigung der selbstgewählten ‚Gegenkultur' gedeutet werden. Betty Hildebrand wuchs in ihrem Elternhaus freigeistig auf, durch ihre (ungeplante) Heirat wird sie mit christlichen Erwartungen konfrontiert: „Ich hab' meinen Mann nur unter der Bedingung geheiratet, daß ich mein Kind nich' taufen laß und daß ich mich auch nich' katholisch trauen laß. Mußten sie sich mit abfinden [die Schwiegereltern], aber sie haben es mich spüren lassen [...] also dat war schlimm"[336]. Frau Hohmann dagegen hegt heute Zweifel bezüglich des Purismus und des Sektiererischen der „Solidargemeinschaft" in Fragen der Konfession. Frau Hohmann hat sich als über 70jährige im Interview mit ihrer 98jährigen Mutter darüber auseinander gesetzt, ob die antiklerikale Orientierung damals nicht eine Überforderung für die Kinder gewesen ist. Frau Hohmann: „War ja leider so, weil wir ja nun die Roten waren und vor allen Dingen ja Freie Schule, hat ja

---

333 Von religiösen Sozialisten war in den Interviews nicht die Rede, obwohl diese auch in Essen einen Verein gegründet hatten, siehe Essener Arbeiter-Zeitung u.a. vom 2.7., 15.7., 22.11. 25.11.1920; Volkswacht vom 9.8.1926.

334 Vgl. KLENKE, a.a.O., S. 855 und S. 1169; siehe dazu auch LUCAS, a.a.O., S. 66, S. 96; die Essener Arbeiter-Zeitung nennt für die Stadt im Jahr 1924 eine Bevölkerungszahl von 468 204, davon 11 843 Dissidenten, das sind nur rd. 2,5 Prozent (4.12.1924 unter der Überschrift „Essener Bevölkerungsstatistik").

335 Ein schulorganisatorischer Begriff, der die Zusammenfassung dissidentischer Schülerinnen und Schüler in besonderen, den Konfessionsschulen angegliederten Klassen meint.

336 Zweites Gespräch mit Betty Hildebrand, a.a.O.; Frau Hildebrands Sohn scheint die antiklerikale Haltung seiner Mutter nicht fortgeführt zu haben: Als er im November 1992 starb, zeigte die Todesanzeige christliche Symbolik ebenso wie die von der Schwiegertochter aufgegebene Anzeige von Betty Hildebrands Tod.

keiner mit mir gespielt inner Straße, ne." – Frau K., die Mutter: „Mein Sohn konnte sich durchsetzen durch Fußballspielen, und die stand immer allein." – Frau Hohmann: „Also, wenn ich heute das überlege. Ich würde das meinen Kindern nicht zumuten." – Frau K.: „Ja, ich hab das auch [schon] gesagt, ich glaub', heute würde ich das nicht mehr machen –" Frau Hohmann dazwischen: „Denn Kinder sind ja grausam, ne [...]."[337]

Aber es gab auch andere Erfahrungen: Wilma Kammer hat in einer katholisch-dissidentisch gemischten Großfamilie gelebt. Sie zeigte sich erst nach einigem guten Zureden durch die Mutter und dem Versprechen, weiterhin am Gottesdienst teilnehmen zu dürfen, bereit, nicht nur in die „Kinderfreunde"-Organisation, sondern auch in die Freie Schule zu gehen: „Jeden Sonntagmorgen zog ich los mit meinem Gebetbuch zur Kirche. Und die Jungens aus unserer Klasse, die rannten hinter mir her, ,ach, guck mal, die Kammer, jetzt geht sie nach ihren Pfaffen, jetzt geht sie beichten' – dabei: sonntags konnte man doch gar nicht beichten".[338]

Käthe Winters Mutter, ab 1919 zehn Jahre lang Stadtverordnete der SPD, kämpfte gegen den § 218 und machte sich ebenso für den Bau des ersten Krematoriums wie für die Einrichtung weltlicher Schulen stark. Sie verleugnete, wie schon erwähnt, jedoch nie ihre katholische Herkunft und ließ die Kinder einige Jahre lang am Gottesdienst teilnehmen. Frau Winter erzählt: „Und vielleicht darf ich Ihnen was von den Weihnachtsfesten sagen noch, wie das so war und wenn Nikolaus war [...] und wenn, wir hatten ne zweiräumige Wohnung und alles hatte meine Mutter irgendwo schön versteckt, ne [...]. Und dann mußten wir uns an die Hand nehmen und mußten rund um den Block gehen, erstmal zweimal [...], und wenn wir zweimal gegangen waren, dann konnten wir fragen, ob das Christkind denn schon da war. Na ja, meine Mutter legte großen Wert drauf, dies, all das Schöne, das sie von früher her kannte [lacht], auch mit in die Familie zu bringen".[339]

3.6.5 Bis zur Heirat im Elternhaus

Trotz der oftmals vernachlässigten sonntäglichen Familiengemütlichkeit unterstreichen die Interviewpartner/-innen ein enges Verhältnis zu ihren Eltern. Üblich war es bei Arbeiterkindern – und das hatte auch wirtschaftliche Gründe –, erst mit der Heirat die Familie zu verlassen. Dinse faßt am Beginn der 30er Jahre aus 5.200 Aufsätzen Berliner Jugendlicher zwischen 14 und 18 Jahren über deren Stellung innerhalb der Familie zusammen: „Mit überraschender Deutlichkeit geht aus den Aufsätzen hervor, wie stark diese jungen Menschen, selbst wenn sie schon berufstätig sind, noch in der

---

337 Gespräch mit Frau Kempkes, Jg. 1890, und Frau Hohmann im Juni 1988.
338 Erstes Gespräch mit Frau Kammer, a.a.O.
339 Zweites Gespräch mit Frau Winter, a.a.O.; siehe auch die partiell widersprüchliche Praxis in sozialistischen Familien, wie sie PIECHOWSKI (1927) anhand von Selbstzeugnissen aus der sozialdemokratischen und der kommunistischen Arbeiterschaft vorstellt, insb. auf S. 105ff.

Familie wurzeln. Wunsch und Wille der Eltern – besonders häufig wird die Mutter erwähnt – sind vielfach entscheidend".[340] Peukert vertritt in Kenntnis der verfügbaren Selbstzeugnisse von Arbeiterjungen der Weimarer Republik die Auffassung, daß enge familiale Bedingungen dort auftreten, wo diese Gemeinschaften einen „ideellen Daseinszweck" verfolgten, sei es in religiöser Hinsicht, sei es politischer.[341]

Solange die Jungen und Mädchen in der Lehre waren oder auch als junge Erwachsene Familienmitglieder blieben, verfügten sie in der Regel nicht über ihren Verdienst. Dehn, der Ende der 20er Jahre Berliner Lehrlinge und Jungarbeiter/-innen befragte, machte folgende Beobachtung: „Alle wohnen bei ihren Eltern, sonst wäre ein Durchkommen ja auch ausgeschlossen. Viele geben ihr ganzes Einkommen zu Hause ab und lassen sich nur ein kleines Taschengeld (1 M. pro Woche) geben".[342] Frau Nienkamp erinnert sich: „Alles gab ich ab, und wenn ich mal ausging, dann kriegt' ich mein Taschengeld [...]. Das war 'ne Selbstverständlichkeit, daß das Geld der Mutter gegeben wurde – und die sorgte ja für alles, ne, [...]".[343] – So war die Praxis auch bei Herrn Zimmermann, der heute meint: „Ich bin über die Runden gekommen. Nachher hab ich gesagt, ‚jetzt wird Zeit, dat de heiratest, dat du ausziehst', mit dat Jeld, wat ick abjeben mußte – Frau Zimmermann dazwischen: „Ja, früher war dat so, ne." – Herr Z.: „Die Kinder gaben alle ab."– Frau Z.: Ja, bis 21 Jahre hat er immer Geld abgegeben und kriegte noch 3 Mark Taschengeld [wöchentlich]." – Herr Z.: „Da konnt ich aber schon 'ne Frau ernähren, ne".[344] In einer Jugendbeilage der sozialdemokratischen Presse wird dieser Zustand kritisch beleuchtet: „Sogar der Ausgelernte muß in den meisten Fällen sein ganzes verdientes Geld abgeben und bekommt ein Taschengeld, womit er nun seine rein persönlichen Ausgaben zu befriedigen sucht. Diese Ausgelernten tragen also zum Gesamtunterhalt der Familie bei. Rein oberflächlich betrachtet ein gewisser sozialer Gedanke, fördert aber in keiner Weise die Selbständigkeit des jungen Menschen, und ist schon manchem, wenn er mal auf sich allein angewiesen war, zum Verhängnis geworden".[345]

Wie schon im Abschnitt ‚Wohnen' dargestellt, hatte die Selbstfindung, die Erprobung von Unabhängigkeit offenbar nicht die Form des ‚Auf eigenen Füßen Stehens', wie wir es heute kennen, also die räumliche und wirtschaftliche Trennung vom Elternhaus. Wenn überhaupt von eigenen Wohnungen für Jugendliche oder junge Erwerbstätige die Rede ist, dann im Zusammenhang mit den strengen Bestimmungen der „Krisenunterstützung" für über 21jährige ohne eigenen Hausstand am Ende der Weimarer

---

340 DINSE, Robert 1932, S. 122f.
341 PEUKERT 1987(b), S. 68.
342 DEHN, D. Günther o.J. (1929), S. 55; über Gefühle von Autonomie und Abhängigkeit in der Familie haben sich Berufsschüler einer weiteren Untersuchung im Ruhrrevier geäußert, siehe WAGENER, Hermann 1931, S. 78ff. Der Autor hat auch erfahren, daß einige (männliche) Jugendliche bei Konflikten im Elternhaus Kostgänger in anderen Familien wurden oder damit drohten (vgl. S. 81).
343 Gespräch mit Frau Nienkamp, a.a.O.
344 Gespräch mit Herrn und Frau Zimmermann, a.a.O.
345 Artikel „Um das Taschengeld", in: Volkswacht vom 8.1.1930, Beilage „Schaffendes Jungvolk".

Republik, die das Familieneinkommen zugrunde legten und damit viele ‚aussteuerten‘. Die trübe Aussicht, nun wieder ganz den Eltern auf der Tasche zu liegen, soll für manche der Grund gewesen sein, sich ein Zimmer zu mieten und damit Anrecht auf eine geringfügige Unterstützung durch die Arbeitsverwaltung zu haben.[346]

Zurück zu der eingangs gestellten, von Langewiesche formulierten Frage: Das familiar gelebte ‚Bekenntnis zur Arbeiterbewegung‘ scheint für einen Großteil der Befragten in Ansätzen tatsächlich Emanzipationsprozesse angestoßen zu haben, aber diese erschließen sich nicht auf den ersten Blick. Einmal hat der Funktionsverlust der Familie, der gesamtgesellschaftlich wirkte, auch in den großstädtischen Arbeiterfamilien die Autorität der Sozialisationsinstanzen zurückgedrängt und statt dessen „Möglichkeiten der Sozialisanden zu autonomen Entscheidungen“[347] geboten. Darüber hinaus wurde die bewußte Hinwendung zu einer ‚anderen‘ – reformpädagogisch und sozialistisch beeinflußten – Pädagogik virulent. Die oben vorgestellten Interviewsequenzen wie auch die Biographien insgesamt bestätigen gerade nicht Rabes Beobachtung einer auf materielle Ursachen zurückzuführenden „besonders starke[n] Verhaltenstypik“[348] innerhalb der Familien. Veränderte Rollenverständnisse und partnerschaftlichere Interaktion sind erprobt worden oder wurden „durch die objektiven Umstände erzwungen und gefördert“.[349] Andererseits: Emanzipationserfahrungen konnten von einer entgegenstehenden Praxis wieder korrigiert oder gar in Frage gestellt werden. Das lag unter anderem vielleicht daran, daß sich die Eltern zum größten Teil erst aus ihren Sozialisationbezügen gelöst hatten: Die meisten waren aus ländlichen Gebieten zugezogen und in erster Generation großstädtische Bürger/-innen[350], sie bekannten sich vielfach gegenüber ihren Herkunftsfamilien als Dissidenten und Sozialdemokraten und bewegten sich noch relativ unerfahren in einem gegenkulturellen Zusammenhang, der auch die tradierten Formen der Interaktion zwischen Mann und Frau und Eltern und Kindern reformierte. Inkonsistentes Verhalten und Rückgriffe auf ‚bewährte‘, im sozialistischen Lager anachronistisch anmutende Umgangsformen, wie der „Sekundärpatriarchalismus“[351], blieben daher alltägliche Praxis.

---

346 Vgl. WINKLER, a.a.O. 1987, S. 23f.
347 MITTERAUER, Michael 1977, S. 92; dazu auch Alice Salomon im Vorwort zu KROLZIG, a.a.O., S. VI; SCHOLING, Michael und WALTER, Franz 1986, S. 267.
348 RABE, a.a.O., S. 91f.
349 MOOSER, a.a.O., S. 157 – gemeint ist damit vor allem das Aufeinanderangewiesensein der Ehepartner in Krisenzeiten.
350 Über die regionale Herkunft der Elterngeneration gibt der Überblick über die Sozialdaten der Befragten im Anhang Auskunft.
351 MITTERAUER, a.a.O.

4. Die „Hochschule des Proletariats" und ihr kulturelles Umfeld

4.1 Das Bildungsverständnis der SAJ

Die im Lauf der Weimarer Republik wechselnden pädagogischen Konzepte und Bildungsverständnisse im Verband der SAJ hat Schley ausführlich vorgestellt und eine Phaseneinteilung von der demokratisch-humanistischen Aufbruchphase ab 1920 über die Hinwendung zu den sozialen Problemen der Jugendlichen bis zu ihrer stärkeren Inanspruchnahme für die (Wahlkampf-) Zwecke der Partei ab 1929 herausgearbeitet.[1]

Nach der Revolution, von 1918 bis ca. 1920, wurde von der Leitung des Arbeiterjugendverbandes ein pädagogisches Konzept vertreten, das den Jungen und Mädchen individuelle Entfaltungsmöglichkeiten zugestand, das Jugendalter als Schonraum betrachtete und die klassische Dichtung, insbesondere Goethe und Schiller, als humanistisches Erbe für die Proletarierjugend reklamierte. Daß dieser Ansatz vergleichsweise erfolgreich war, belegen die Beitritte im Jahr des vielbeachteten Weimarer Jugendtages von 1920. Dagegen sollen diejenigen, die einige Jahre später, etwa 1925–1928, der SAJ angehörten, Mädchen und Jungen ohne eigene Anschauung der jugendbewegten Aufbruchzeit gewesen sein und deswegen dem Bildungsanspruch des Verbandes reservierter gegenüber gestanden haben: „Lediglich für einen kleinen, bewußter auf politische Veränderungen orientierten Teil hatte Bildungsarbeit in der Freizeit noch einen Stellenwert".[2] Jugendliche hätten nun konkrete Hilfen in ihrer schwierigen sozialen Situation, vor allem bezogen auf den Einstieg ins Berufsleben, erwartet.[3]

Auf der Mikroebene eines Ortes stellen sich die Verhältnisse der sozialdemokrati-

---

1 SCHLEY (1987) unterscheidet während der Weimarer Zeit vier Phasen: die Aufbruchphase um 1920, den Auf- und Ausbau von 1921–1924, den Weg in die Defensive von 1925–1928/29 und schließlich die krisenhafte Phase 1929–1933, die mit dem Verbot der Jugendorganisation durch die Nationalsozialisten endete. – Den Flügelauseinandersetzungen innerhalb der sozialdemokratischen Jugendorganisation soll im Rahmen dieser Arbeit keine Aufmerksamkeit zuteil werden. Zu erwähnen ist aber, daß durch die Vereinigung der (linken) USPD-Jugend mit der mehrheitssozialdemokratischen Jugendorganisation im Jahr 1922 ein eher eng verstandener politischer Bildungszweck, die *proletarische* Bildungsarbeit, diskutiert wurde, dazu SCHLEY, a.a.O., S. 151ff.; HÄGEL, a.a.O.; vergleichbare Auseinandersetzungen gab es in den Mutterparteien, dazu KELLER, Emma 1921, S. 366.

2 SCHLEY, a.a.O., S. 248.

3 Daß die Erwartungen der Jugendlichen nicht selten enttäuscht wurden, läßt sich an der hohen Fluktuation ablesen; Zahlen bei EPPE, Heinrich 1992, S. 37f.; ders., Zur Mitgliederstatistik der SAJ in ausgewählten Bezirken der Jahre 1928 und 1929 (Archiv zur Geschichte der Arbeiterjugendbewegung).

schen Jugendorganisation selbstverständlich komplexer dar, gleichwohl läßt sich auch in Essen feststellen: Der Bildungskanon der SAJ unterschied sich nach dem Ersten Weltkrieg von dem der Schlußphase der Weimarer Republik, oder aus einer anderen Perspektive formuliert – diejenigen A.-J./SAJ-Mitglieder unseres Samples, die sich in der „Aufbruchphase" organisiert haben (wie Betty Hildebrand und Hans Sch.), fanden partiell ein anderes Bildungsangebot und Bildungsklima vor als es die scoutistischen „Roten Falken" Frau Hohmann und Frau Steffens in der Zeit politischer Kämpfe 1932/33 erlebt haben.

Die Frage, wie die Bildungsarbeit des Verbandes systematisiert und aus der Gefahr des Eklektizismus herausgelöst werden könnte, hat die Funkionärinnen und Funktionäre in Jugendorganisation und Mutterpartei ab Mitte der 20er Jahre beschäftigt[4] und zu Initiativen bis hinunter an die Basis geführt. In der Sicht der DDR-Historiographie der 70er Jahre sind diese Bestrebungen jedoch ergebnislos geblieben: „Bei den Reformisten [damit ist die SAJ gemeint, d. Verf.], die nach ihrer eigenen Behauptung die Bildungsarbeit als Hauptinhalt ihrer Organisation ansahen, ist es nicht zu einer auch nur annähernden Systematik der Methoden und des Stoffes gekommen".[5] Dieser Vorwurf impliziert die bis in jüngere auch bundesdeutsche Forschungen hineinreichende Behauptung, die Bildungsarbeit der SAJ habe das nötige „Klassenbewußtsein" nicht vermitteln können.[6] Es war nicht nur eine Frage mangelnder organisatorischer Stringenz, daß es in den 20er Jahren zu keiner „systematischen Mitgliederschulung" im Sinne des von Roger als vorbildhaft hingestellten Kommunistischen Jugendverbandes gekommen ist. Wirksam wurden in der SAJ vielmehr durch die SPD vertretene Auffassungen einer relativen Eigenständigkeit der Jugendorganisation (während die KPD der kommunistischen Jugend Autonomie nicht zugestand). Und darüber hinaus gab es innerhalb des sozialdemokratischen Lagers widerstreitende Bildungs-, Erziehungs- und Kulturbegriffe, die, abhängig von den Auffassungen der örtlich Aktiven, zwangsläufig zu unterschiedlichen praktischen Ansätzen führten.

Die SAJ hat sich unbeschadet aller Kontroversen mehrheitlich als Erziehungs- und Kulturbewegung verstanden, weniger als politische Kampforganisation[7]. Und so finden wir beim Studium der lokalen Angebote ein fruchtbares ‚Chaos‘ vor, ein Nebeneinander von Schulung, Lektüre klassischer Dichter, Theaterspiel, Sprachkursen – um

---

4 VERBAND DER SOZIALISTISCHEN ARBEITERJUGEND DEUTSCHLANDS a.a.O., 1926, S. 24:
„Wir müssen aus dem häufig noch herrschenden Durcheinander heraus"; siehe auch REICHARDT, Artur 1926, S. 86f.; ders. 1932, S. 147–149; HAETZEL, Rudi 1929; Artikel „Bezirksbildungskonferenz SPD. Niederrhein", in: Volkswacht vom 28.2.1929. Darin wird der Delegierte Brockmann aus Essen zitiert, der eng mit der SAJ zusammenarbeitete: „Genosse Brockmann, Essen, erblickt in vielen improvisierten Veranstaltungen der Jugend bedenkliche Mängel. Häufig würden Referenten so aus dem Handgelenk geschüttelt. Die Spitzenorganisationen müßten klar bestimmen, *was* gemacht werden soll und eine systematische Programmgestaltung müsse durchgeführt werden."

5 ROGER, Gerhard 1971, S. 103.

6 TILSNER-GRÖLL, a.a.O; BECKER/BRANDECKER/DUDEK 1986(a); JACKOB, Kerstin 1990.

7 WALTER, Franz 1987; BREITENSTEIN, Desiderius 1930, S. 159.

Von der Schule ins Leben gehst du jetzt. Das Leben ist hart. Du brauchst einen Halt, den findest du in der Gemeinschaft Gleichaltriger und Gleichgesinnter, **in der Sozialistischen Arbeiterjugend.**

Aus: „Volkswacht" vom 2. 4. 1932 (Beilage „Schaffendes Jungvolk")

nur die häufigsten Formen zu nennen. Darüber hinaus wurde getanzt, gespielt, Sport getrieben und gewandert.[8]

Die Quellen geben einen Einblick in das konzeptionell wenig stringente sozialdemokratische Bildungsverständnis der Zwischenkriegszeit. Ein Funktionär schreibt 1925, die Bildung in der SAJ unterscheide sich von der den meisten Mitgliedern verschlossenen formalen Bildung: „[...] unsere Bildung ist Mittel zum Kampf, unsere Bildung ist sozialistische Bildung. Durch sie werden wir einst zur wirklichen gelangen. In Vorträgen, Diskussionen und Kursen wollen wir den jungen Arbeitern die Erkenntnis ihrer Lage, das Klassenbewußtsein geben. Wir wollen ihnen zeigen, ,was die Welt im innersten zusammenhält'".[9] Heinrich Schulz[10] dagegen hat auf dem Jugendtag der SAJ in Hamburg im gleichen Jahr zwar ebenfalls den Sozialismus als das Bildungsziel der proletarischen Jugend bekräftigt, aber der Sozialismus schließe „das Große aller Zeiten in sich ein [...]. Er will die Körperfreudigkeit der Griechen, die Seelenfeier des Christentums, die kühle Formkraft der kapitalistisch-naturwissenschaftlichen Zeit. Ihm und seinem Streben ist wesentlich, daß jeder Volksgenosse die Möglichkeit und die Fähigkeit erhält, am Gemeinsamen in jeder Form mitzuarbeiten".[11] Max Westphal, 1921 bis 1928 Vorsitzender der A.-J/SAJ, beschreibt das Bildungsverständnis seines Verbandes in der Weimarer Republik gegenüber dem der Kaiserzeit: „In diesem Gemeinschaftleben der Jugendgruppe wandelte sich die ursprüngliche Bildungsbewegung im Sinne einer im Vordergrund stehenden Verstandesschulung und Wissensübermittlung nach dem Vorbild der Erwachsenen zur umfassenderen Erziehungsgemeinschaft, in der außer der geistigen auch die körperliche und sittliche Erziehung im Geiste sozialistischer Anschauungen erstrebt wurde. Die Jugendgruppe wurde zur Lebensgemeinschaft, beseelt von den Idealen der sozialistischen Weltanschauung".[12] Nüchterner formuliert der ehemalige Vorsitzende des Berliner Verbandes, Erich Schmidt, Anfang der 30er Jahre sein weites Bildungsverständnis: „Jugendgruppen können aber von Vorträgen, Kursen und Arbeitsgemeinschaften allein nicht leben. Noch viele andere Interessen müssen in der Jugendarbeit berücksichtigt werden. Fahrt und Sport, Aussprachen und gemeinsame Arbeiten für die Gemeinschaft schaffen wichtige Voraussetzungen für die Erreichung des Erziehungszieles, schweißen die Gruppe zu einer solidarischen Einheit zusammen. So wird zum Erlebnis und zur

---

8 Mitte der 20er Jahre, so berichtet die Verbandsleitung, hätten im ganzen Reich durchschnittlich rd. 37 Prozent aller Veranstaltungen „belehrenden" Charakter gehabt, vgl. VERBAND DER SOZIALISTISCHEN ARBEITERJUGEND DEUTSCHLANDS, a.a.O., 1926, S. 23.
9 Artikel „Arbeiterjugend und Bildung", in: Jungvolk am Niederrhein, 1. Jg. (1.11.1925), Nr. 4, S. 11.
10 (1872–1932);
   SCHULZ war der wohl exponierteste Bildungs- und Kulturpolitiker der SPD. Er förderte die Arbeiterjugendbewegung schon in der Kaiserzeit, 1920/21 war er erster Vorsitzender des SPD-Jugendverbandes und u.a. langjähriger Vorsitzender des Reichsausschusses für sozialistische Bildungsarbeit; siehe auch Kap. 1, Anm. 37.
11 VOLK VON MORGEN...1925, S. 42.
12 WESTPHAL, Max 1930, S. 12.

Erkenntnis, daß Einzelschicksal Klassenschicksal ist, so wird Kameradschaft und Solidarität für den Kampf entwickelt".[13]

Der Kampfbegriff wurde am Ende der Weimarer Zeit innerhalb der SAJ zunehmend in Bildungszusammenhängen verwendet[14] und trat an die Stelle von Formulierungen wie das „Reich des Geistes"[15] mit dem für die Phase nach 1918 charakteristischen Rekurs auf die Klassiker Goethe und Schiller. Doch trotz wechselnder Intentionen auf der Ebene der Verbandsleitung – Stichworte sind dabei Richtungskämpfe, inhaltliche Verschiebungen, Formwandel –, trotz zunehmender Professionalisierung der Jugendarbeit und stärkerer Rekrutierung für die SPD: an der grundsätzlichen Einstellung, wie sie im Jahresbericht der A.-J. von 1921 ausgedrückt wird – „unsere Bildungsarbeit ist das Fundament unserer Bewegung"[16] – hat sich nichts geändert. Westphal spricht für die Majorität im Verband, wenn er beschreibt, welche Jugendlichen der SAJ willkommen seien: „[...] Menschen, die Freude am gesunden Spiel, an froher Wanderfahrt, an guter, und zwar schöngeistiger und wissenschaftlicher Literatur haben, die ernsthaft an ihrer Fortbildung arbeiten – [...]".[17]

4.2 Das örtliche Bildungsangebot der Jugendorganisation

Im Mai 1919 sind die Essener Parteigenossen und -genossinnen an ihre Pflicht erinnert worden, ihre Söhne und Töchter zweimal wöchentlich zu den Veranstaltungen der Arbeiterjugend-Organisation zu „schicken"[18]; der Bildungsaspekt stand bei diesem Appell im Vordergrund: „Wenn für die arbeitende Jugend bisher der Weg zur Bildung versperrt war und ihr jede Möglichkeit fehlte zur Entfaltung ihrer geistigen und körperlichen Kräfte, so kann und muß das anders werden"[19]. Und Heinrich Spies, Anfang der 20er Jahre Vorsitzender der Essener A.-J. unterstrich noch einige Jahre später die „geistige Ertüchtigung der von der Schule vernachlässigten Jugend"[20] und plädierte dafür, „durch planmäßige

---

13 SCHMIDT, Erich 1932, S. 22.
14 Eines der letzten Beispiele, hrsg. zur Jugendweihe 1933, zeigt Jugendliche studierend in einer Bibliothek. Unterschrieben ist die Abbildung mit folgendem Text: „Die gesellschaftliche Arbeit der Jugend ist: das Kampfeswissen erwerben und ausbreiten. Auch Bücher sind Kameraden!", siehe LASST UNS KAMERADEN SEIN (1933, S. 31). Auf einer Vorständekonferenz des SAJ-Bezirks Niederrhein ist im April 1929 die Relevanz der Jugendbildungsarbeit bekräftigt worden, der einführende Vortrag hob ab auf zu vermittelnde Kenntnisse über Wirtschaft und Gesellschaft und die Beschäftigung mit staatsbürgerlichen Fragen, „um unsere Jugend für den Kampf des Lebens und den Kampf der Klasse zu schulen" („Gegenwartsfragen der sozialistischen Jugendarbeit", in: Volkswacht vom 3.5.1929).
15 Artikel „Reichs-Jugendtag der deutschen Arbeiterjugend" in: Essener Arbeiter-Zeitung vom 1.9.1920.
16 OLLENHAUER, Erich o.J.(1921), S. 16.
17 WESTPHAL, Max 1923, S. 12.
18 Artikel „Fördert den Arbeiterjugendbund", in: Arbeiter-Zeitung vom 27.5.1919; die A.-J. des Stadtteils Altenessen wandte sich 1919 ebenfalls an die organisierte Arbeiterschaft mit der Bitte, „ihre Kinder auf die Bedeutung der Jugendorganisation aufmerksam zu machen und sie in die Versammlung zu schicken" (Arbeiter-Zeitung vom 13.8.1919).
19 Ebd.
20 SPIES, Heinrich 1924, S. 59.

Lese- und Diskussionsabende den Willen zur Bildung in den jungen Menschen zu wecken. Einführungsvorträge in den wissenschaftlichen Sozialismus, in die Kulturgeschichte, Staatslehre usw. sollen die Größe der uns gestellten Aufgabe aufzeigen."[21]

In beiden zitierten Verlautbarungen sind die Ansprüche hoch, wird von den Jugendlichen eine grundsätzliche Bildungsbereitschaft erwartet. Daß die A.-J. auch gesellige Formen pflegte, geht in der Werbung zumeist unter[22]. Welcher Art war nun die Bildung, die den Jugendlichen in der SAJ zuteil werden konnte, worauf ließen sich die Jungen und Mädchen thematisch ein?

An ihrer „geistigen Vertiefung"[23] arbeitete die SPD-Jugend am Anfang der Weimarer Zeit mit Hilfe von Vorträgen, deren Themen überliefert sind: „Unsere Volksdichter: Schiller"[24], Lichtbilder über „Städte im Mittelalter"[25], durch Museumsbesuche, Lese- und Musikabende, Spiele sowie Ausflüge in die Natur. Einen guten Einblick in die vielfältige Arbeit bietet eine Zeitungsankündigung der A.-J.-Gruppe Essen-West für die letzte Dezember-Woche 1920: Sie plante am Sonntagvormittag einen Besuch des Essener Goldschmidt-Hauses, einer Sammlung moderner Malerei, am Nachmittag desselben Tages den Besuch einer benachbarten A.-J.-Stadtteilgruppe, am darauffolgenden Mittwoch den Vortrag eines erwachsenen Genossen zum Thema „Entwicklung der Volkswirtschaft" (Teil 2), für den 25. und 28. Dezember die Teilnahme an Weihnachtsfeiern und am 29. eine Monatsversammlung, auf der Organisatorisches und Aktuelles erörtert werden sollte. Außerdem machte die Gruppe West darauf aufmerksam, daß jeden Dienstag ein zentraler Musikabend der A.-J. stattfand und an jedem Donnerstag Volkstanz.[26]

Die SPD des Bezirks Niederrhein scheint das Angebot der A.-J.-Gruppen zunächst finanziell nicht bezuschußt zu haben: „Selbstverständlich wäre es dringend notwendig, den jungen Nachwuchs heranzubilden", wird auf dem Bezirksparteitag im Jahr 1920 versichert, doch die widrigen wirtschaftlichen und politischen Verhältnisse hätten dazu geführt, referiert bedauernd der amtierende Bildungskommissar, daß sich die Unterstützung von ‚oben' in engen Grenzen halte und sich daran auch vorläufig nichts ändere.[27] Im Lauf der Weimarer Jahre blieben organisatorische Hilfen und materielle Zuschüsse jedoch nicht ganz aus.[28]

Eine erste Systematisierung des Angebots stellte der Zusammenschluß linker und

---

21 Ebd.
22 Im November 1918, knapp eine Woche nach dem Ende der Monarchie, lud die A.-J. zu „allgemeiner Unterhaltung", zu einem Vortrag und zu anschließenden Tischspielen ein, vgl. Arbeiter-Zeitung vom 14.11.1918.
23 Artikel „Jugendbewegung" in: a.a.O. vom 19.8.1919.
24 A.a.O. vom 4.2.1920.
25 A.a.O. vom 25.9.1919.
26 Vgl. die Ankündigung in der Essener Arbeiter-Zeitung vom 16.12.1920.
27 Vgl. Artikel über den Bezirksparteitag in Düsseldorf in: Essener Arbeiter-Zeitung vom 28.9.1920.
28 Vgl. Geschäftsbericht der SPD 1929, in: Volkswacht vom 15./16.3.1930 sowie die Äußerungen von Lehrer Niemeyer, der Mitte der 20er Jahre der SAJ vorstand und die mangelnde Unterstützung der Jugend durch die Partei beklagte (Artikel „Unsere Bezirkskonferenz" in: Essener Arbeiter-Zeitung vom 3.4.1926).

gewerkschaftlicher Jugendgruppen zu einem „Freien Jugendkartell" dar, das eine Reihe von Fortbildungskursen initiierte, zum Beispiel bot es Stenographie, Esperanto und das Thema „materialistische Geschichtsauffassung"[29] unter der Leitung von Gymnasiallehrer August Siemsen[30] an. Die auch in Essen Anfang der 20er Jahre neu entstandenen Jungsozialisten[31] bereicherten das Vortragsspektrum durch – das eigene Lager zum Teil etwas esoterisch anmutende – Themen wie „Menschliches Bewußtsein"[32] oder „Jüngste russische Literatur"[33]. Die Mutterpartei hatte denn auch die Sorge, daß sich, anders als in der SAJ, aus den Juso-Gruppen „übervergeistigte Diskutierclubs ergeben"[34] könnten. Unterstützung erhielten die SPD-Jugendgruppen darüber hinaus von jungen Lehrkräften[35], die ihre Kenntnisse und ihre freie Zeit offenbar unentgeltlich in den Dienst der A.-J. stellten. Auch der Leiter der Essener Stadtbibliothek, Eugen Sulz[36], ein Sozialdemokrat, widmete sich der Bildungsarbeit mit Jugendlichen.

Mitunter läßt sich beim Blick in die Bildungsofferten der SAJ ahnen – Walter,

---

29 Vgl. die Mitteilungen in der Essener Arbeiter-Zeitung im Januar 1922; August Siemsens Kurs „Altertumsgeschichte" ist ebenso wie der eine oder andere Steno- und Esperantokurs „wegen geringer Nachfrage" ausgefallen (vgl. Essener Arbeiter-Zeitung vom 19.1.1922 und 17.3.1922).

30 *August Siemsen (1884–1958)* lebte und arbeitete von 1912 bis 1922 in Essen. Er war 1918/19 Vertrauensmann des Essener Arbeiter- und Soldatenrates und vertrat die Unabhängige Sozialdemokratische Partei (USPD) in der Schuldeputation (vgl. Personalakte Siemsen in StA Essen Rep. 102, Abt II Nr. 2095). Siemsen unterstützte nicht nur die sozialistische Arbeiterjugendbewegung, sondern auch den linken Flügel der Essener Freideutschen Jugendorganisation, die ‚Entschiedene Jugend', siehe dazu LINSE, Ulrich 1981; BEHRENS-COBET/SCHMIDT/BAJOHR, a.a.O., S. 54, Anm. 144.

31 Dazu GEIER, Jens 1989(b).

32 Essener Arbeiter-Zeitung vom 6.3.1922; vgl. GEIER, a.a.O., 1989(b), S. 68.

33 Unter SAJ-Mitteilungen in: Volkswacht vom 16.7.1928.

34 Artikel über den Bezirksparteitag der SPD in: Essener Arbeiter-Zeitung vom 22.7.1924.

35 Die SAJ-Mitteilungen in der sozialdemokratischen Presse wie auch die Aussagen der Zeitzeugen/-innen weisen auf eine größere Gruppe von Lehrkräften (meist der weltlichen Schulen) hin, die häufig aus der Jugendbewegung kamen und dieser auch als Erwachsene verbunden blieben. Zu ihnen gehörte u.a. der aus einer bürgerlichen Familie stammende *Dr. Gustav Müller-Wolf*, der Leiter des hiesigen Lehrer-Seminars. Er vertrat die SPD von 1920–1929 im Stadtparlament mit der Spezialisierung auf Schul- und Bildungsfragen. Müller-Wolf war Funktionär in allen sozialdemokratischen Bildungs- und Kultureinrichtungen, darüber hinaus in kommunalen Instituten, wie der Volkshochschule, den Akademischen Kursen u.a.; er verließ Essen nach Auflösung der Lehrerseminare 1931, als er sich in der Stadt vergeblich um eine Schulleiterstelle beworben hatte. Siehe seinen Artikel „Wie ich Sozialdemokrat wurde", in: Arbeiter-Zeitung vom 27.12.1918. Ein anderes Beispiel ist Lehrer Savelsberg, siehe seinen Text „Sozialistische Jugend", in: Arbeiter-Zeitung vom 11.10.1919. *Bernhard J. Savelsberg*, geb. 1871, kommt als Referent in vielen Ankündigungen der A.-J./SAJ in der Arbeiter- bzw. Essener Arbeiter-Zeitung Anfang der 20er Jahre vor, beispielsweise am 23.1., 13.2., 10.4. und 15.12.1920, 14.6.1921, 11.7.1922, 13.6.1923. Auch die Arbeitsgemeinschaft sozialistischer Lehrer und Lehrerinnen des Bezirks Niederrhein unterstrich ihre Kooperation mit der SAJ, vgl. Artikel „Jahresversammlung der Arbeitsgemeinschaft...", in: Volkswacht vom 1.2.1927. Laut WALTER, a.a.O. (1990) hat es in den 20er Jahren in Essen eine Ortsgruppe des Verbandes sozialdemokratischer Akademiker gegeben (vgl. S. 114); der Verfasserin ist darüber nichts Näheres bekannt geworden. – Zur Mitarbeit von Intellektuellen bürgerlicher Herkunft in der SPD WUNDERER, a.a.O., S. 220.

36 1884–1965, Leiter der Stadtbücherei seit 1915, wurde wegen seiner demokratischen Gesinnung 1933 entlassen, 1946 erneut eingestellt; siehe GÜNTHER, Ute 1986, GROSSBRÖHMER, Rainer und KIRCH, Karin 1994, S. 35f.– Im Nachlaß Sulz befindet sich sein Manuskript „Die Wege, unsere Jugend an das gute Buch heranzuführen" von 1931 (StA Essen). Die Ankündigungen der SAJ in der Essener Arbeiter-Zeitung bzw. Volkswacht nennen Sulz zumeist als Referenten, beispielsweise am 28.7. und 10.10.1922, 29.6.1923, 8.4.1924, 26.6.1928.

Schley und Gröschel haben es benannt –, daß das permanente Herausstellen des Weiterbildungsaspekts attraktiv nur für eine Minderheit der jungen Leute gewesen sein kann, während die Masse der proletarischen Jugendlichen vermutlich von den hohen Ansprüchen abgeschreckt war und ihre Geselligkeits- und Anregungsbedürfnisse in anderen Gruppen oder massenkulturellen „Amüsierfabriken"[37] auslebte. Einige wenige Beispiele sollen die vermutete Antiwerbung illustrieren: Die Gruppe Essen-West kündigte vor einer ihrer regelmäßigen Zusammenkünfte an, „alle müssen sich auf den Diskussionsabend vorbereiten. Wir sprechen über Verfassungsfragen".[38] Vortragsveranstaltungen verbargen auch nicht ihren oftmals schulischen Charakter, wenn es hieß, daß Bleistift und Papier mitgebracht werden sollten[39], oder von den Roten Falken der Gruppe Altendorf zum nächsten Treffen „unbedingt" Aufsätze über den Dortmunder Jugendtag erwartet wurden.[40] Eine Arbeitsgemeinschaft der Gruppe Essen-West[41] ermunterte 1925 ihre Mitglieder per Zeitungsanzeige: „Alle kommen und helfen, damit bis zu den Ferien noch viel gearbeitet wird".[42] Arbeitsgemeinschaften galten innerhalb der SAJ als „Gipfelkurse unseres Bildungswesens"[43] und richteten sich insbesondere an die älteren Gruppenmitglieder, „die sich durch eifrige Teilnahme an unseren allgemeinen Bildungseinrichtungen und durch eigenes Streben schon einige Vorkenntnisse auf den Wissensgebieten angeeignet haben".[44]

Dieter O. war Anfang der 30er Jahre Vorsitzender einer SAJ-Gruppe im Essener Nordwesten. Er schildert im Gespräch die ambitionierten Ziele seiner Arbeit: „Aber wir legten Wert darauf, daß wir ein Bildungsprogramm entwickelt haben, da haben wir uns wirklich Mühe mit gegeben. Das wurde dann teilweise auch in Essen, also in der Zentrale wurde das dann auch unterstützt. Da konnte man sich Referenten holen. Und ich hab das teilweise auch selbst gemacht, weil ich die kannte – Hermann Rotthäuser und Fritz Runge und Bernhard Menne. Menne war denn schon ein gehobener Referent [...], und der unterrichtete uns über die Zusammenhänge der Marxschen Lehre, nich, also Überbau und sozialer Unterbau und all diese schönen Geschichten. Wir haben uns

---

37 Max Westphal 1921, zitiert bei SCHLEY, a.a.O., S. 150.
38 Essener Arbeiter-Zeitung vom 3.9.1925.
39 So am 10.9.1925 und am 22.1.1926.
40 Vgl. Volkswacht vom 5.9.1928.
41 Das Protokoll der ersten Sitzung der Arbeitsgemeinschaft Essen-West ist veröffentlicht worden. Wir erfahren, daß Lehrer Niemeyer eine längerfristige AG zum Thema „Was ist für uns Geschichte" zu leiten bereit war. Außer über die Struktur des Themas informiert der Artikel auch über die von den Teilnehmer(inne)n zu leistende Arbeit: „1. Ihrem Sinn nach bedeutet Arbeitsgemeinschaft eine Arbeit aller Beteiligten; 2. daher herrscht eine klare und vernünftige Arbeitsteilung; 3. die Arbeit besteht im Anhören und Ausarbeiten von Vorträgen und einer intensiven Bearbeitung durch alle; 4. während der Zeit der Arbeitsgemeinschaft soll sich der häusliche Lektüre vorzugsweise mit unserem Stoffgebiet befassen; 5. Vorbedingung für erfolgreiche Arbeit ist wissenschaftlicher Ernst und Energie" (Essener Arbeiter-Zeitung vom 21.10.1924, Beilage ‚Für unsere arbeitende Jugend').
42 Essener Arbeiter-Zeitung vom 7.7.1925.
43 Arbeiter-Jugend, 19. Jg. (Januar 1927), Heft 1 (Beilage ‚Die Arbeitsgemeinschaft'), S. 9.
44 Ebd.

dann natürlich auch mit dem Schrifttum beschäftigt, nich, selbstverständlich, also dem ‚Kapital'. War ja nicht so einfach, war schon sehr schwierig. Aber so die ganzen Theoretiker: Der ‚Anti-Dühring' und ‚Das Elend der Philosophie und die Philosophie des Elends', und dann selbstverständlich auch Engels [...]. Also diese Schriften haben uns schon sehr beschäftigt. Aber daneben auch aus der Geschichte, aus der Erfahrung der Arbeiterbewegung. Ich kann mich erinnern, daß [...] Fritz Runge erzählte, so aus der Zeit der ersten Weimarer Republik, so 1918 und wie sie dort also gearbeitet und gekämpft haben und aufgebaut, die Arbeiterbewegung wieder aufgebaut nach dem Kriege. Das hat uns natürlich alle interessiert und hat uns so 'n gewissen Aufschluß gegeben über die Verhältnisse".[45]

Die Situation Jugendlicher während der Weltwirtschaftskrise bestimmte die thematische Auswahl in den Bildungsveranstaltungen der SAJ-Gruppen mit: Essen-Stadt informierte über „Der Jugendliche in der Arbeitslosenversicherung"[46], und die Gruppe Karnap lud ein zu einem Vortrag „Wir und der Arbeitsdienst".[47]

Daß am Ende der 20er Anfang der 30er Jahre auch die Themen ‚Demokratie', ‚Frieden' und ‚Faschismus' deutlicher hervortraten, ist keine Essener Spezialität. Überall in den SAJ-Gruppen des Reiches wurde eine Auseinandersetzung mit der an Dramatik zunehmenden Tagespolitik auch in den bildenden Veranstaltungen forciert.[48] Sie fand ihre Entsprechung in den zum Teil verbalen, zum Teil handgreiflichen Auseinandersetzungen der Jungen in der SAJ mit HJ-Mitgliedern.[49] „Reichstagssitzungen" bzw. „parlamentarische Abende"[50] und gemeinsames Zeitunglesen sind ebenso in den örtlichen Terminkalendern der SAJ zu finden wie die Lektüre von Remarques „Im

---

45 Gespräch mit Dieter O., a.a.O. – Wie ritualisiert Vortragsabende auch ablaufen konnten, zeigen uns zwei Passagen aus einem Gruppentagebuch der Hamburger SAJ (aus Essen ist kein solches Tagebuch überliefert). Unter dem Datum des 31.8.1927 heißt es: „Lichtbilder der Arbeiterjugend. Der Gruppenabend am 31. wurde in den Baracken der Kinderfreunde abgehalten. Herr Essmann zeigte uns Lichtbilder der Arbeiterjugend. Und der Genosse Julius Meyer gab dazu Erläuterungen. Diese Lichtbilder waren uns bereits schon einmal auf dem Distriktabend gezeigt worden, und zwar zur Werbung neuer Mitglieder, es war daher für uns nichts Neues und Lehrreiches. Darauf wurde das Organsatorische erledigt". Und unter dem 21.2.1928 ist eingetragen: „Dienstag, 21. sollten wir einen Vortrag über Kino vom Genossen Götze hören. Doch dieser ist plötzlich erkrankt. Wir unterhielten uns über den Ausgang der Wahl und machten um 21.45 Uhr mit dem Lied ‚Jungvolk, Kameraden' Schluß" (Archiv zur Geschichte der Arbeiterjugendbewegung, SAJ-HH 22/1). – Wilma Kammer erwähnte im Gespräch, daß sie das Protokollbuch der Gruppe Essen-West 1933 aus Angst vor den Nazis verbrannt habe.
46 Volkswacht vom 18.11.1930.
47 A.a.O. vom 19.5.1932.
48 Die Bildungsarbeit sollte sich nun, so hieß es programmatisch in der Funktionärszeitschrift der SAJ, mehr mit der Einwirkung des Staates auf die Wirtschaft, mit der Verfassung, den Exekutivorganen, der Reichswehr, Justiz u.a. politischen Fragen auseinandersetzen, vgl. REICHARDT, Artur 1932.
49 Mehrere Mitglieder der Gruppe Essen-West zum Beispiel wurden Ende 1931 von HJlern überfallen, vgl. Volkswacht vom 20.11.1931. Nur einige Tage später waren Angehörige der SAJ und des Jungbanner Kray-Steele die Angegriffenen, vgl. Volkswacht vom 26.11.1931; siehe auch a.a.O. vom 31.5. und 7.6.1932 („Gemeine Wegelagerer. 20 Nazisten überfallen vier Mitglieder der SAJ.") und weitere Meldungen in diesen Wochen. Die SAJ Essen-Borbeck bot um dieselbe Zeit einen Selbstverteidigungskurs an (vgl. a.a.O. vom 19.12.1931), und es wurde eine Schutzformation der SAJ, die „Wehrschaft", gebildet, vgl. a.a.O. vom 7.4., 30.6., 8.7. und 26.7.1932.
50 Vgl. zum Beispiel Volkswacht vom 22.3.1929, 14.3.1930, 14.4.1932.

Westen nichts Neues"[51] oder Diskussionen „Gegen den Faschismus".[52] Die Gruppe Essen-West bot trotz oder gerade wegen der (in Preußen nach dem Papen-Putsch mehr als augenfälligen) Gefahr für die Demokratie einen Vortrag über den sozialistischen Zukunftsstaat „Utopolis"[53] an. Im Jahr 1932 waren die Jugendlichen darüber hinaus besonders intensiv zur Unterstützung der SPD eingespannt: Vor fünf Wahlterminen zwischen März und November – der Reichspräsidentenwahl mit zwei Wahlgängen, der Landtagswahl in Preußen und zwei Reichstagswahlen – mußten Flugblätter verteilt werden[54], und die SAJ war außerdem mit kulturellen Darbietungen auf Parteiveranstaltungen präsent.[55]

Die „Roten Falken"-Gruppen für die 12–14jährigen, die in Essen seit 1929/30 bestanden und die organisatorische Lücke zwischen den „Kinderfreunden" und der SAJ ausfüllten, sollten sehr bewußt einerseits sachlich mit den Spielregeln der Demokratie vertraut gemacht und andererseits emotional an die ‚Bewegung' gebunden werden.[56] Großzeltlager mit vielfältigen Verantwortlichkeiten der Kinder und Jugendlichen bis hin zu ‚Parlamenten' gehörten ebenso zum (Bildungs-)Angebot wie die Beteiligung an den Zusammenkünften der Älteren, aber auch uns heute befremdlich anmutende Aufmärsche und Fahnenweihen.[57] Die insbesondere von Schley und Walter hervorgehobene stärkere Indienstnahme der Jugendlichen für die Zwecke der SPD,

---

51 A.a.O. vom 23.1.1930.
52 A.a.O. vom 28.4.1931.
53 A.a.O. vom 13.10.1932.
54 Siehe beispielhaft die SAJ-Ankündigungen der letzten Juli-Woche 1932 in der „Volkswacht"; die Gruppen werden zum Flugblattverteilen anläßlich der Reichstagswahl am 31.7., zur Teilnahme an Parteiversammlungen, Zusammenkünften der „Eisernen Front" und zu einer Protestkundgebung gegen den Papen-Putsch aufgerufen. Es finden aber auch Tanz-, Lieder- und Leseabende statt, man geht auf Fahrt, nimmt an einem Gewerkschaftsfest teil u.a.m.
55 SCHLEY vertritt die Auffassung, daß die Wirtschaftskrise wie auch der Einsatz der Jugendlichen für die Belange der Partei der SAJ den Charakter eines Freizeit- und Erziehungsverbandes genommen habe, vgl. S. 287.
56 Unter anderem durch feierliche Übernahmezeremonien von den „Roten Falken" in die SAJ mit Musik und Rezitationen in einem Steinbruch bei Essen. Die Zeitung berichtete u.a.: „Aus frischen Mädel- und Burschenkehlen schallte den Spießern das Falkenlied mit dem Gelöbnis entgegen:
Ja, wir sind die Roten Falken,
Tragen ein blau Gewand,
Wir wollen rote Fahnen tragen
Durch das Land!
Wir stehen fest zusammen,
Keiner weicht zurück!
So wollen wir erbauen
Uns're Kinderrepublik."
In: Volkswacht vom 23.4.1929. – Siehe auch die „Gebote der Roten Falken", u.a. „Wir Roten Falken sind aktive Mitglieder der SAJ und bekennen uns zur Arbeiterklasse", in: Arbeiter-Jugend, 21. Jg. (November 1929), Heft 11, S. 242.
57 Während der Weihe wurde folgender Text gesprochen: „Und darum weihen wir dich, Fahne! Als Symbol unserer Idee, als *leuchtendes Zeichen einer gerechten Welt*, in der es Friede und Freiheit gibt und gleiches Recht und gleiche Pflichten für alle. In der die Sonne für alle aufgeht und allen Licht und Wärme spendet. – Pioniere – schwört, für dieses Ziel zu kämpfen, wenn es sein muß, auch zu *sterben*." Siehe Artikel „SAJ.-Fahnenweihe", in: Volkswacht vom 30.8.1932; zu den veränderten pädagogischen Überlegungen in der SAJ REICHARDT, a.a.O.

eine intentionale, auf Gefühle abzielende politische Erziehung waren explizit ausschlaggebend für die Einrichtung von „Rote Falken"-Gruppen und haben auch deren Praxis bestimmt.[58]

4.2.1 Kulturbewegung

Wenn von der Kultur der Arbeiterbewegung die Rede ist, legt die wissenschaftliche Diskussion stets, wie schon bei der Bildungsarbeit im engeren Sinn, die Frage nach der ‚Imitation' der bürgerlichen und der damit konkurrierenden genuin proletarischen Kultur nahe.[59] Recherchen auf lokaler Ebene machen jedoch deutlich, daß es in der Praxis der Essener SAJ ein verträgliches Nebeneinander beider Kulturen geben konnte, daß die Jugendlichen an der bürgerlichen Kultur partizipiert haben und gleichzeitig als Avantgarde des sozialdemokratischen Lagers nach neuen ‚klassenspezifischen' Inhalten und Ausdrucksformen suchten.

Dabei ist in der Weimarer Zeit – anders als im Kaiserreich – von einer kulturellen Hoch-Zeit der SAJ zu sprechen.[60] Schult beschreibt die Vielfalt des Kulturlebens in der Jugendorganisation und nennt die ‚Sparten' Volkstanz, rhythmische Gymnastik, Rezitation, Sprech- und Bewegungschöre, Kampf gegen „Schund, Schmutz und Kitsch", Hinwendung zur bildenden Kunst, Dichtung, Laienspiel und Feste (Jugendtage, Jugendweihen u.a.).[61]

Am auffälligsten ist bei der Durchsicht von Weimarer SAJ-Ankündigungen der selbstverständliche Umgang mit Musik. Im Anschluß an Vorträge und Gruppensitzungen, als Bestandteil von Festen und Ausflügen wurde musiziert, und die Aufforderung „Instrumente sind mitzubringen" o.ä. ist wohl die am häufigsten ausgesprochene. Die verfügbaren Instrumente scheinen Mandolinen, Geigen und Gitarren gewesen zu sein.[62] Musikabende für alle SAJ-Mitglieder des Ortsverbandes waren eine feste Einrichtung. Das bedeutete auch, daß Werbeveranstaltungen, Elternabende u.a. mit eigenen musikalischen Beiträge bestritten wurden. Die Gruppe Stoppenberg-Schonnebeck

---

58 Dazu auch KLENKE, a.a.O., Bd. 2, S. 849; KOHLMEIER u.a., a.a.O., S. 85ff.; LINSE 1978.

59 Vgl. zum Begriff der „Imitation" SEYFARTH-STUBENRAUCH a.a.O. Bd.2, S. 767; zur ‚Konkurrenz' mit der bürgerlichen Kultur van der WILL, Wilfried und BURNS, Rob 1982(a), S. 46.

60 Für die gesamte Arbeiterkulturbewegung konstatiert LANGEWIESCHE (1980a passim), diese sei während der Weimarer Zeit durch massenkulturelle Einflüsse und die Integration in den bürgerlichen Staat bereits diversifiziert gewesen. Dagegen: LÖSCHE/WALTER 1989; WALTER, Franz 1990; siehe im Hinblick auf die kulturelle ‚Blütezeit' der SAJ auch GOCH, a.a.O., u.a. S. 311.

61 SCHULT, Johannes 1956.

62 Zur Vorbereitung eines Jugendtages heißt es, daß sich Musikanten mit Geige, Cello und Bratsche treffen, vgl. Essener Arbeiter-Zeitung vom 10.5.1924. Genannt werden darüber hinaus Zithern (a.a.O. vom 24.12.1927) und Mundharmonikas (a.a.O. vom 13.8.1929). Betty Hildebrand, die während des Ersten Weltkriegs zur ‚Arbeiter-Jugend' gekommen ist, in einem Schreiben an die Verfasserin: „[...] Treffpunkt war auf der Alfredstr.-Brücke, wo heute die Gruga ihren Zulauf und Zufahrt hat. Da wurde schon gesungen und musiziert, damit die Wartezeit rumging. Na, so viele Instrumente gab es auch nicht, ein paar Mandolinen, etliche Schlagzithern und höchstens eine Laute und mal ne Gitarre. Wer konnte sich schon Instrumente leisten oder sogar Musikstunden?" (Mai 1988).

scheint jahrelang ein eigenes Violin-Quartett gehabt zu haben.[63] Über den gesamten Zeitraum der Weimarer Republik bestand eine zentrale Musikgruppe, darüber hinaus ein Jugendchor, ab 1930 zusätzlich das Trommler- und Pfeifenkorps, die „Roten Spielleute", und ab 1932 ein ebenso dem Formwandel hin zum Militärischen entsprechendes Fanfarenkorps[64]. Trotzdem waren romantische „Lieder zur Laute" noch Ende 1930 Bestandteil eines Werbeabends der Älteren-Gruppe[65], auch kamen in den Gruppenangeboten weiterhin Balladen-Abende vor, gründeten sich noch Stadtteil-Musikgruppen[66], wurde ein Gitarre-Kurs angeboten[67], und die Gruppe Borbeck veranstaltete einen „Arien-Abend"[68]. Regelmäßig gab es auch Angebote, sich musikalische Darbietungen außerhalb der Arbeiterbewegung anzuhören, etwa Sinfoniekonzerte[69] oder Vorstellungen der Essener „Komischen Oper"[70] sowie des Opernhauses.

Der in den Schriften und Verlautbarungen der SAJ – und im Gespräch mit den Zeitzeug(inn)en – sich einstellende Eindruck einer ‚allseitigen' Bildung ist u.a. zurückzuführen auf die vielen literarisch-künstlerischen Veranstaltungen, die die Jugendorganisation selber initiiert oder die sie im lokalen Kulturspektrum, auf das noch einzugehen ist, besucht hat. Gröschel resümiert, bezogen auf die Kulturarbeit der Berliner SAJ, diese habe ihre Ansprüche zu hoch gesteckt und sei damit gescheitert; er nennt dabei ausdrücklich auch die Theaterbesuche: „Die ihnen dort vorgeführte Welt sahen sie mit Unverständnis, die dargebrachten Probleme waren meist die des Bürgertums, nicht die ihren. Sie konnten mit all dem nichts anfangen."[71] In Essen kann dagegen von einem Mißerfolg nicht gesprochen werden: Das Theaterspielen, Theaterbesuche und literarische Abende durchzogen die Aktivitäten der SAJ von 1918 bis 1932.[72]

Sowohl die SAJ als auch das erwähnte ‚Jugendkartell' organisierten (oftmals zusammen mit dem Bildungsausschuß der Freien Gewerkschaften) Theaterbesuche und vermittelten den Jugendlichen verbilligte Eintrittskarten. Daß es dabei in Form und Inhalt eher traditionell zuging, läßt weniger auf die Vorlieben der Rezipienten als auf das Essener Angebot schließen: „Kabale und Liebe", „Der Kaufmann von Venedig", „Amphitrion", „Der widerspenstigen Zähmung" standen auf dem Programm.[73] Dr. Sulz, der Leiter der Stadtbibliothek, führte häufig vor den Vorstellungen in die

---

63 Erwähnungen zum Beispiel in der Volkswacht vom 16.11.1926 und 3.1.1927.
64 Das Fanfarenkorps der SAJ wird u.a. erwähnt am 1.7.1932 unter den SAJ-Mitteilungen in der Volkswacht.
65 Vgl. Volkswacht vom 15.9.1930.
66 So die Gruppe Kray-Steele, siehe Ankündigung in der Volkswacht vom 21.6.1930.
67 Vgl. SAJ-Mitteilungen der Gruppe Stoppenberg-Schonnebeck in Volkswacht vom 12.5.1928.
68 A.a.O. vom 16.1.1928.
69 Vgl. SAJ-Mitteilungen in Essener Arbeiter-Zeitung vom 22.2.1921.
70 Dort wurde u.a. das „Schwarzwaldmädel" gegeben, siehe Volkswacht vom 3.12.1926 sowie a.a.O. vom 26.9.1924.
71 GRÖSCHEL, Roland 1986, S. 139.
72 Über die ersten drei Monate des Jahrgangs 1933 (bis zum Verbot) können keine Aussagen gemacht werden, da die sozialdemokratische Presse des Zeitraums 1933 nicht mehr vorhanden ist.
73 Vgl. Essener Arbeiter-Zeitung vom 1.4.1921, 26.1.1921, 8.3.1922, 8.2 1924.

Stücke ein.[74] Um 1929/30 gab es ein Theaterabonnement für SAJler-innen, die „Jugendbühne". Die Abonnenten besuchten sog. Pflichtvorstellungen und konnten auch verbilligt in andere Aufführungen hinein. Neben „Frau Warrens Gewerbe", „Othello" und anderen Stücken findet sich eine Inszenierung von Kurt Jooss, dem Essener Folkwang-Lehrer und Begründer des modernen Balletts, das Tanzschauspiel „Drosselbart".[75]

Elli Bick hat sich an die Gründung der „Jugendbühne" erinnert: Im Vorstand der schon bestehenden „Volksbühnen"-Bewegung für erwachsene theaterinteressierte Sozialdemokraten/-innen habe es mehrere Lehrer von weltlichen Schulen gegeben, die Jugendlichen aus der SAJ schlecht verkäufliche Karten zu niedrigen Preisen weitergeben wollten. Es habe dann geheißen, „wir machen jetzt 'ne Versammlung und wollen euch als ‚Jugendbühne' aufnehmen, ne. Also dann kriegten wir drei Vorstandssitze da [...], und die Karten, die sie ihren Mitgliedern dann nicht zutrauen konnten, die so ganz oben im zweiten Rang waren oder so Eckplätze, wo man zur Bühne hin nicht genug freie Sicht hatte, die kriegten wir dann für billig Geld, ne. Dann waren wir also auch Theaterbesucher, und das war so wunderbar".[76]

Gerade auch das Theater nutzen zu können, und sei es auf den Stehplätzen, vermittelte offenbar dem kunstinteressierten Teil der Jugendlichen das Gefühl des allmählichen Eroberns bürgerlicher Reservate.[77] Berta M.-D. hatte Theaterkontakte bereits über ihre Eltern, die Mitglieder der „Volksbühne" waren. Mit der SAJ ging sie regelmäßig in für die Jugend verbilligte Vorstellungen des Stadttheaters, hörte die Einführungen von Bibliotheksdirektor Sulz, beispielsweise in Brechts „Kreidekreis" oder „Mann ist Mann":

„Und dann sind wir im übrigen auch in alle anderen normalen Vorstellungen gegangen – II. Hagen, Hinterreihe, Stehplatz, dreißig Pfennige [lacht] [...], ja, wir haben gestanden. Und wenn man dann feststellte, unten waren da oder da Plätze frei, sind wir in der Pause manchmal runtergegangen."[78] – Während Frau M.-D. die positiven, bedeutungsvollen Seiten dieser Kulturerfahrungen herausstreicht, kommt in Hans Sch.s Erzählung die Anstrengung zum Vorschein, die der Kunstgenuß für junge Berufstätige eben auch bedeutet hat: „Ich hab noch Stehplätze gekriegt, wo ich während der ganzen Vorstellung stehen mußte an der Tür, ganz oben am Eingang hab ich gestanden, und am anderen Morgen wieder um sechs Uhr aufstehen [...]. Ich hab 'n

---

74   Zum Drama „Der Kaufmann von Venedig" siehe Essener Arbeiter-Zeitung vom 26.1.1921.
75   Vgl. Volkswacht vom 8.3.1929, 2.4.1929 und 3.1.1929.
76   Gespräch mit Elli Bick, a.a.O.
77   Die Vertreter der „Volksbühne" taten ihre Arbeit aus einem ähnlichen Verständnis heraus: „So lange ein Kind keine Schuhe und kein Hemd anzuziehen hat, sind nach meiner Ansicht jede für das bürgerliche Theater verausgabten Gelder zu verwerfen. So lange aber den bürgerlichen Theatern Millionen Zuschüsse, die sich in der Hauptsache aus Arbeitergroschen zusammensetzen, gewährt werden, müssen wir versuchen, auch das Theater als Bildungsinstrument für die Arbeiterschaft zu benutzen" (Artikel „Kulturkonferenz des Bezirks Niederrhein" in: Volkswacht vom 15.12.1926).
78   Gespräch mit Frau M.-D., a.a.O.

paar Mal Stehplatz gehabt, und ich weiß, dat war ne mühevolle Sache [...] am anderen Morgen wieder früh um sechs an der Arbeitsstelle sein bis mittags zwei Uhr".[79] Unter vergleichbaren Lebensbedingungen mochte sich Herr Zimmermann mit künstlerischen Ansprüchen gar nicht erst abgeben. Er interessierte sich für Blas- und Marschmusik, spielte in seiner Reichsbanner-Zeit in einer Schalmeien-Kapelle und ging mit wenigen anderen aus der SAJ ab und zu ins Essener Operetten-Theater „Colosseum". Die Frage, ob er in den 20er Jahren mit seiner Gruppe auch ins Stadttheater gegangen sei, hat bei ihm keine spezifischen Erinnerungen ausgelöst: „Ja, wir sind auch schon mal gegangen, aber [Pause] nicht viel. Wir sind hauptsächlich ins Dings ["Colosseum"] gegangen, am Kopstadtplatz [...]".[80]

Daß die „Jugendbühne" nicht lange bestanden hat, mag sowohl auf zu geringes Interesse von seiten der ‚Abnehmer' als auch auf die besonders angespannten wirtschaftlichen Verhältnisse der endzwanziger Jahre zurückzuführen sein.

Die Jugendlichen spielten selber intensiv Theater, zum Beispiel Stücke der Arbeiterdichter Bröger und Schönlank[81], Hauptmanns „Weber"[82] u.v.a. Elli Bick schränkt im Rückblick ein, daß mit der Theaterarbeit nicht immer besondere Ansprüche verbunden gewesen seien: „Wir haben das eigentlich nur zur Ausgestaltung mal, erstmal so gelesen, so Sachen vorgelesen [...] Und dann hatten wir ja auch unser Monatsheft früher von der Arbeiterjugend mit schönen Artikeln, Fahrtenberichten und was da alles drin stand, und die hatten ja auch ihren Verlag, die boten uns dann so kleine Stücke an. Und dann haben wir da mal so probeweise ein Heft kommen lassen zur Gruppe. Ja, haben's durchstudiert und durchgelesen: ‚oh, das können wir ja spielen'. "[83] – Noch bis zum Ende der Weimarer Republik wurden auch die mittelalterlichen Hans-Sachs-Spiele[84] von der sozialdemokratischen Jugend aufgeführt.

Nicht vergessen werden sollen in diesem Zusammenhang die literarischen Veranstaltungen, die zahlreichen Löns-, Heine- und Busch-Abende, auch Hauptmann, Toller, Jack London, Andersen-Nexö und Freiligrath waren häufig Gegenstand eines Gruppenabends.[85] Umrahmt wurde diese Kulturarbeit durch Vorträge und Diskussio-

---

79 Erstes Gespräch mit Hans Sch. und seiner Ehefrau, a.a.O.
80 Gespräch mit Herrn Zimmermann, a.a.O.
81 Schönlanks „Verfluchter Segen", ein Stück über die Abtreibungsproblematik, siehe Essener Arbeiter-Zeitung vom 1.10.1924; Brögers „Kreuzabnahme", siehe a.a.O. vom 24.2.1925.
82 Unter anderem erwähnt in der Essener Arbeiter-Zeitung vom 18.3.1926.
83 Gespräch mit Elli Bick, a.a.O. – Daß dies gängige Praxis war, läßt sich auch an den Ankündigungen der SAJ in der Tagespresse ablesen: In der Zeitschrift „Arbeiter-Jugend", Heft 8 (1924), war Max Barthels kurzes Stück „Frische Luft" – eine Auseinandersetzung mit gesellschaftlichen Verhältnissen auf den Ebenen Beruf, Geschlecht, Organisation – abgedruckt; es wurde von Mädchen verschiedener Stadtteil-Gruppen aufgeführt, siehe beispielsweise Essener Arbeiter-Zeitung vom 1.10.1924, 2.4. 1925 und 23.5.1925.
84 Zum Beispiel Hans Sachs' ausgewählte poetische Werke. Sprachlich erneuert und eingeleitet von Karl Pannier. Zweiter Band: Schwänke. Leipzig (Reclam) o.J.
85 Vgl. die SAJ-Mitteilungen verschiedener Jahrgänge der Essener sozialdemokratischen Presse.

nen über „Strömungen in der deutschen Literatur"[86] oder „Die proletarische Dichtung"[87]. – Betty Hildebrand erhielt ihre literarischen Kenntnisse einmal durch den Vater, zum anderen durch ihre Mitgliedschaft in der A.-J.: „Manche Lehrer [Helfer in der A.-J., d.Verf.] lasen uns Eichendorff und manche schönen Texte von Schiller und Richard Dehmel [vor]. Und es gab auch Hermann Löns, den wir besser kannten durch seine Liedertexte von der Lüneburger Heide. Und Heinrich Heine lernten viele erst kennen, wie so manches andere, von denen ja die meisten überhaupt nichts von zu Hause her kannten. Ja, was lernten wir denn in den Volksschulen? Wo da von zu Hause nichts kam, da war Unwissenheit in jeder Beziehung zu finden. Die A.-J. hat doch manchem Kind einige nette Erinnerungen beschafft."[88]

Seit Mitte der 20er Jahre bildeten sich u.a. im Ruhrgebiet – hauptsächlich getragen von der Jugendbewegung – innovative Formen einer proletarischen Festkultur heraus, das waren Sprechchöre, einige Jahre später auch sozialistische Revuen und das Essener Kabarett „Der Eiserne Besen".[89] Der Sprech- und der Bewegungschor der SAJ wurden zu einer Institution; sie bereicherten die Parteifeste.[90] Revuen galten als „neue Form sozialistischer Kunst"; sie integrierten chorische und Orchester-Elemente[91], aber vereinzelt auch moderne Techniken wie Filmdarbietungen. Die Chöre und die Revuen galten als künstlerischer Ausdruck der zukünftigen sozialistischen Gesellschaft, in der das ‚Ich' vom ‚Wir' abgelöst die Masse – und nicht der einzelne Akteur – herausgestellt werden sollte.[92]

Ein kleiner, veränderungsbereiter Teil der SPD setzte kulturrevolutionäre Hoffnungen auf die organisierte proletarische Jugend.[93] Und so war die Jugend auch ausdrücklich eingeschlossen, als sich in Essen 1924 ein überparteiliches „Kulturkartell"[94] unter Federführung des Sozialdemokraten und „Bund"-Begründers Artur

---

86   Essener Arbeiter-Zeitung vom 12.3.1925.
87   Volkswacht vom 31.8.1932.
88   Brief von Betty Hildebrand im Mai 1988 an die Verfasserin.
89   Vgl. Essener Arbeiter-Zeitung vom 14.3.1925 (Tollers „Requiem den erschossenen Brüdern"); Volkswacht vom 6.11.1926 (Brögers „Der Morgen"); a.a.O. vom 9.12.1926 (der Sprechchor „Moloch"). Zur Aufführung von Revuen siehe Volkswacht vom 9.5., 5.6.31; vom 10.2.1932 („Sinfonie der arbeitenden Jugend") und 14.4.1932 („Eiserner Besen"); zur Kulturarbeit der Essener SAJ auch BEHRENS-COBET 1987.
90   1926 wurde der Sprechchor des SAJ-Ortsverbandes Essen per Regierungsauftrag nach Düsseldorf eingeladen, um dort den Sprechchor „Der Morgen" aufzuführen. Die teilnehmenden Jugendlichen wurden darauf hingewiesen, daß die Fahrtkosten von der Regierung der Rheinprovinz übernommen würden, vgl. Volkswacht vom 7.9.1926.
91   Vgl. die Ankündigung „Sozialistische Revue"; gespielt wurde ein chronologischer Durchgang durch die Geschichte mit der Botschaft, „immer ist es der Proletarier, der die Zeche mit seinem Herzblut begleicht" (Volkswacht vom 1./2.3.1930); siehe auch den Artikel „Proletarische Kunst" a.a.O. vom 10.3.1930 sowie den Hinweis in den SAJ-Mitteilungen auf die „Große Wahlrevue" anläßlich einer SPD-Veranstaltung (a.a.O. vom 6.9.1930); a.a.O. vom 9.5.1931.
92   Vgl. NIEMEYER, Heinz 1926.
93   Vgl. Artikel „Kulturkonferenz des Bezirks Niederrhein", in: Volkswacht vom 15.12.1926.
94   Dem Delegierte aller Nebenorganisationen angehört haben sollen, vom Arbeitersport bis zur Freien Schulgesellschaft, auch die SAJ war beteiligt.

Jacobs[95] etablierte. Mit dieser Initiative sollte in die sozialistische Bewegung hineingewirkt werden, um die vorfindliche Kultur zu erneuern und Wertmaßstäbe für eine genuin proletarische Kultur zu setzen: „[...] wieviel Kitsch, wieviel unechter Gefühlskrempel, wieviel ausgeleiertes Gedankengut wird heute noch vielfach als Kultur, als echtes Bildungsgut verzapft!"[96] Auf der dritten Morgenfeier des Kulturkartells trat ein Bewegungschor der Arbeiterjugend auf, ein „Arbeiter-Trio" (Cello, Geige, Klavier) spielte Haydn, man sang eine Bach-Komposition und las Tolstoi.[97] Lange scheint diese ‚pressure group' in Sachen Kultur in Essen nicht bestanden zu haben. Auf einer Unterbezirkskonferenz der SPD wurde schon im Juni 1925 ein „Mißerfolg des Kulturkartells" konstatiert und dies mit seinem überparteilichen Ansatz begründet.[98]

Von den wenigen erwachsenen, speziell an Kulturarbeit interessierten Genossen scheint eine Art Nachhilfeunterricht in Arbeiterbewegungskultur hin und wieder für notwendig erachtet worden zu sein. Die SAJ-Gruppe West hörte den Vortrag „Das proletarische Kind und seine künstlerischen Ausdrucksformen"[99], und Lehrer Janssen referierte in der Gruppe Altendorf über „Sozialistische Kultur".[100]

4.2.2 Durch Lebensreform zum „neuen Menschen"

Die SAJ versuchte eine Erziehung zum „neuen Menschen" schon unter kapitalistischen Verhältnissen. Die Feste sind, wie oben gezeigt wurde, als ein Feld ihres erzieherischen und bildenden Einflusses anzusehen, ebenso das Geschlechterverhältnis (Kapitel 3.5) und schließlich der proletarische Alltag. Von den Jugendlichen in der Orga-

---

95 *Artur Jacobs* (1880–1968), war der ‚Kopf' des „Bundes", der zusammen mit seiner Frau Dora Marcus und einer kleinen Gruppe Gleichgesinnter seit 1924 eine sozialistische Lebensgemeinschaft – anfangs unter dem Namen „Orden für sozialistische Lebensgestaltung" – praktizierte. Die „Bund"-Mitglieder hatten enge Verbindungen zur sozialistischen Arbeiterbewegung; sie veröffentlichten nicht nur in Essens SPD-naher Presse, sondern auch in eigenen Publikationen („Schriften des Bundes") sowie der Zeitschrift „Sozialistische Lebensgestaltung", die in Woltersdorf bei Erkner herausgegeben wurde; BRAMESFELD u.a., a.a.O.; KLÖNNE, a.a.O., S. 264ff.; GRÜTER, Monika 1988.
96 JACOBS, Artur 1924.
97 Vgl. LEVY, Berthold 1925 (Levy war ebenfalls Mitglied des „Bundes"). – Die erste Morgenfeier hatte u.a. folgende Kunstdarbietungen auf ihrem Programm: Goethes „Prometheus", Beethovens „Coriolan"-Ouvertüre und den gemeinsamen Gesang „Wir werben im Sterben", vgl. den Artikel „Erste Morgenfeier des Essener Kulturkartells", in: Essener Arbeiter-Zeitung vom 15.10.1924. Siehe auch die Ankündigungen zur Teilnahme an der Morgenfeier des Kulturkartells in den SAJ-Mitteilungen der Essener Arbeiter-Zeitung vom 13.3. und 14.3.1925.
98 Vgl. Artikel „Unsere Unterbezirkskonferenz", in: Essener Arbeiter-Zeitung vom 24.6.1925. Im selben Jahr beschloß denn auch der SPD-Vorstand die Gründung eines sozialistischen Kulturbundes, vgl. Artikel „Reichskonferenz der Bezirksbildungsausschüsse", in: Essener Arbeiter-Zeitung vom 25.5.1925.
99 Volkswacht vom 24.9.1929.
100 A.a.O. vom 21.7.1931; zum gleichen Thema wurde in der Gruppe Essen-Süd ein Vortrag gehalten, vermutlich von einem Lehrer der Folkwang-Schule, vgl. SAJ-Mitteilungen in: Volkswacht vom 31.1.1929.

nisation erwartete man eine radikale Abkehr von den (klein-)bürgerlichen Genüssen Alkohol und Nikotin. Der „Vortrupp einer neuen Gesellschaft" (Max Hodann) sollte sich in seiner Lebensweise unterscheiden von den massenkulturell beeinflußten, nichtorganisierten Jugendlichen, die ihre freie Zeit in Wirtshäusern und Tanzlokalen verbrachten und nicht zuletzt auch von den eigenen, selten abstinent lebenden Vätern[101] – vereinzelt auch Müttern. Zu einer Demonstration von 2000 Arbeiterjugendlichen gegen Alkohol und Nikotin kam es Anfang der Weimarer Zeit. Angesichts von Lebensmittelknappheit und anderen Krisenerscheinungen schlugen die Jugendlichen mit ihrem Anliegen nicht nur gegenüber der älteren Generation einen überheblichen Ton an, sondern verleugneten auch nicht latente Antiamerikanismen. Es sei traurig, so ein Redner, daß die Jungen nun die Elterngeneration belehren müßten[102], und weiter: „Deutschland säuft und seine Kinder werden von Amerika gespeist."[103]

Gegen das „Braukapital" organisierte die Essener SAJ Manifestationen[104], häufig wurde an Gruppenabenden über „Die Alkoholfrage"[105] und „Alkohol und Nikotin"[106] referiert; sie hielt darüber hinaus Kontakt zu den Arbeiter-Abstinenzlern.[107]

Kurt G. hatte die ‚Botschaft' der SAJ in bezug auf das Trinken ständig vor Augen, als er eine Zeitlang als Mitglied des Unterbezirksvorstands für die organisationseigene Bibliothek verantwortlich war. "Fast jeden Nachmittag und Abend hockte ich zwischen den Büchern. Dort hing auch jenes Plakat, das links Regale mit Schnapsflaschen und rechts Regale mit Büchern zeigte. Linke Unterschrift ‚Waffen der Reaktion', rechte Zeile ‚Waffen der Arbeiterklasse'."[108]

Es braucht keine ausgeprägte soziale Phantasie, um sich vorzustellen, was es innerhalb einer katholisch dominierten Umgebung bedeutet hat, als während der ‚närrischen' Tage die SAJ eine öffentliche Kundgebung veranstaltete mit dem Titel „Von der wahren Jugendfreude – gegen Trunkenheit und Karneval."[109] Manifestationen dieser Art mögen zur „Verinselung" (Schley) der SAJ beigetragen haben.

---

101 Über die Sozialdemokratie in Frankfurt a.M. am Anfang der 20er Jahre schreibt WOLTER-BRANDECKER: „Die älteren Genossen schauten teilweise sogar verächtlich und höhnend auf die ‚Milchbubis' der ‚Sozialistischen Arbeiterjugend' herab, die den Antialkoholismus zu einem ihrer Grundprinzipien erklärten" (1989, S. 296), auf S. 295 werden allerdings mündliche Quellen mit der gegenteiligen Aussage wiedergegeben.

102 Rubrik ‚Stadt und Land', in: Essener Arbeiter-Zeitung vom 16.1.1922.

103 Ebd.

104 Vgl. die Essener Arbeiter-Zeitung vom 13.1. und 30.5.1922.

105 Die A.-J./SAJ-Mitteilungen in der Essener Arbeiter-Zeitung bzw. ab Mai 1926 in der Volkswacht erwähnen solche Veranstaltungen u.a. am 27.1.22, 27.2.22, 22.3.22, 30.5.22, 14.7.22, 29.1.24, 17.1.30, 22.1.30, 10.6.30, 10.7.30, 11.6.31, 27.8.31.

106 Gruppe Kray-Steele am 2.6.1923.

107 Ob es sich dabei um den Guttempler-Orden oder eine andere abstinente Gruppe gehandelt hat, geht aus den schriftlichen Quellen nicht hervor, vgl. SAJ-Mitteilungen in: Volkswacht vom 17.11.1927, 31.1.1930, 17.4.1930, 11.6.1931.

108 Lebenserinnerungen Kurt G., a.a.O., S. 14.

109 Essener Arbeiter-Zeitung vom 29.2.1924. – Eigene Karnevalsveranstaltungen sind in den A.-J./Mitteilungen von 1918 bis 1932 nicht erwähnt.

Die Jugenderinnerungen der Befragten spiegelten die Erziehungsziele der Organisation wider; der Konsum von Alkohol wurde in den 20er Jahren stark abgelehnt. Im Verlauf des Lebens gab es bei den meisten einen weniger strengen Umgang mit den ,Waffen der Reaktion'. Durch Ehepartner/-innen oder die spätere Entdeckung des Genusses, den beispielsweise ein Glas Wein bedeuten kann, lösten sich die meisten vom Purismus der SAJ. Elli Bick kann für ihre Bezugsgruppe sagen, daß diese sich lange an den Grundsatz ihrer Jugendorganisation gehalten hat: „Also wir sind wirklich bis nach dem Kriege sind wir wirklich alle strenge Abstinenzler geblieben. Der war verpönt, der sowas machte, ne." – I.: „Und heute trinkst Du mal ein Gläschen Wein?" – Elli Bick: „Ja, das tu ich auch 'n bißchen. Aber ich weiß, wir hatten da so einen, einen Kreis, so einige Paare, die wir uns schon ewig kennen. Und wir feierten immer unsere Geburtstage zusammen. Und den ersten Anlaß, den wir da nach diesem letzten Krieg hatten, ,ja, wer ist denn jetzt dran, wer macht das mal?'. Na ja, denn haben wir, haben auch 'ne Bowle gemacht und das war aber aus Äpfeln und Apfelsaft und Burgwallbronn, ne, das war denn unsere Bowle [...]. Mal jetzt, wenn wir mal 'ne Einladung hatten usw., aber mein Mann hat nie geraucht, wir haben alle nicht geraucht in unserer ganzen Familie nicht. Das einzige: wer jetzt raucht, das sind die Enkel."[110]

Liese Steffens sang bei unserem ersten Treffen ein Lied gegen den Alkohol, das sie von den Roten Falken kannte und mit dem sie sich noch heute identifiziert.[111]

Käthe Winter hat nur eine Erfahrung mit dem Rauchen sammeln wollen und bereits mit dieser bescheidenen ,Entgleisung' ihre Genossen und Genossinnen provoziert. Sie und eine Freundin aus der SAJ rauchten einmal während einer Geselligkeit „zur Probe" und wurden daraufhin vor ein Gremium des Ortsvereins geladen, das über die weitere Mitgliedschaft der beiden befinden sollte. Nach einer mehrstündigen Diskussion durften sie schließlich in den Reihen der Jugendorganisation bleiben.[112] – Auch Frau M.-D.s einziger Versuch mit einer Zigarette wurde sanktioniert: „Wir haben mal auf einer Veranstaltung, Parteiveranstaltung, eine Jugendgenossin und ich mal so eine Zigarette gehabt, haben wir so, wir wollten nur mal so, eine gemeinsam, haben wir mal

---

110 Gespräch mit Elli Bick, a.a.O.
111 „*Der wichtigste Feind der deutschen Republik,*
    das ist der Alkohol,
    ihr Brenner und ihr Brauersleut',
    euch soll der Teufel holen,
    ihr nehmet den Arbeitern all' das Geld
    und den hungrigen Kindern das Brot.
    Wir sind für Abstinenz
    und fordern das Alkoholverbot!"
    Fast identisch ist der Wortlaut des Liedes, an den sich die acht Jahre ältere Frau Winter erinnert hat.
112 Paul MÜLLER, Jg. 1904, ehemaliger A.-J./SAJler aus Frankfurt a.M. schreibt: „Man hat über Vegetarismus und Rohkost sehr ernsthaft diskutiert und es wurde versucht, Beschlüsse zu fassen, daß nur Mitglied werden durfte, der nicht raucht" (1986, S. 369).

so dran gezogen und da tanzten grad so die Leute an uns vorbei und da sagte eine ältere Genossin ,pfui, ihr Dirnen!' (lacht)."[113]

Über die Alkohol- und Nikotinabstinenz hinaus sind die Spuren einer lebensreformerischen Praxis in der Essener SAJ nicht mehr so zahlreich zu finden. Die Bildquellen zeigen uns aber, daß die Reformkleidung, die den bürgerlichen „Wandervögeln" schon in der Kaiserzeit nicht mehr fremd war, mit Beginn der Weimarer Republik Einzug in die proletarische Jugendbewegung hielt.[114] Kurse in Körperbildung und rhythmischer Gymnastik wurden – häufig in Zusammenarbeit mit der Volkshochschule – angeboten.[115] Und die Gruppe Altendorf scheint die genossene Körperbildung dann auch im Essener „Licht- und Luftbad" der Praxis ausgesetzt zu haben.[116]

Die Lebensreformbestrebungen in SAJ und SPD suchten nach einer neuen Ästhetik, nach alternativen Stilen gegenüber der „verkitschten" Formensprache des Kleinbürgertums, die auch in viele Arbeiterhaushalte Einzug gehalten hatte. Das Erinnerungsbuch an den Hamburger Jugendtag von 1925 weist in dieser Hinsicht auf sozialistische Zukunftsvorstellungen à la „Metropolis": „Wir biegen in die monumental gedachte Mönckebergstraße ein. Auf beiden Seiten reihen sich riesige Geschäftshäuser, trotz Zweckform und Massigkeit schön, eindruckgebend, sich in die Einheit der breiten Straße schlicht einfügend. Es fehlen völlig die angeklebten Stucksachen [...]. Das Chile- und das Ballinhaus, beide wolkenkratzerähnliche Bauten am Meßberg, reißen uns zu einem hochatmenden Staunen hin, das wir sonst nur vor gotischen Domen so empfinden."[117] – Im Essener Folkwang Museum wurde 1930 eine Ausstellung des Dessauer Bauhauses gezeigt, zur Einführung sprach der Architekt Hannes Meyer über „Entfesseltes Bauen". Die sozialdemokratische Presse wandte sich an ihre Leser(innen)schaft mit der Aufforderung, die Ausstellung zu besuchen, „denn was das Bauhaus in Dessau leistet, ist, so merkwürdig es im einzelnen scheinen mag, Dienst am Volke und das Suchen nach Lebensbedingungen für eine neue Zeit."[118]

Käthe Winters Elternhaus kann als beispielhaft gelten für den Versuch, den vorgestellten weitreichenden Ansprüchen lebensreformerisch-sozialistischer Stilbildung im sozialdemokratischen Alltags Essens ein wenig Geltung zu verschaffen:

„Ich mein, wir waren aus 'nem einfachen Elternhaus, ne, wir hatten viel Bildung und [zögert] Unterhaltung. Aber all diese Überflüssigkeiten, die gab's nicht bei uns. Meine Mutter war auch so zu jener Zeit, wie ich dann zur Schule ging, Expressionismus war da so 'n paar Jahre alt, und da fing man auch an, die Schnörkel, wie ich sie

---

113 Gespräch mit Frau M.-D., a.a.O.
114 Die A.-J. Stoppenberg forderte noch 1921 ihre (männlichen) Mitglieder auf, „ohne Hut und lästigen Stehkragen" zu kommen, vgl. Essener Arbeiter-Zeitung vom 14.5.1921; siehe auch BEHRENS-COBET 1989; BILDER DER FREUNDSCHAFT 1988.
115 Vgl. z.B. Volkswacht vom 1.8.1927.
116 Dazu lud die Gruppe laut SAJ-Mitteilungen ein am 18.6.1930, 3.6.1931, 13.6.1931 und 25.5.1932.
117 VOLK VON MORGEN, a.a.O., S. 24.
118 Artikel „Bauhaus Dessau. Eine Wanderausstellung im Folkwang-Museum", in: Volkswacht vom 19.2.1930.

heut' wieder hab und liebe, abzumachen. Das war alles zu – mußte grade sein. Und denn wir auch [...]. Und dann im Elternhaus mußte mein Vater von den Küchenschränken, da hatten wir früher so Wölbungen dran, ne, mußte der alle gerade abmachen. Und – was hat die Mutter noch? – alles mußte auch so modern eingerichtet werden. Sie hat nicht viel Neues gekauft, das gabs ja früher sowieso nicht, aber alles mußte mein Vater so machen, daß das (unverständlich). Stuck mußt' er von der Wand, von der Decke hauen."[119]

4.2.3 Das Bücherlesen

„An ihren Büchern sollt ihr sie erkennen"[120], lautete eine Überschrift in der Zeitschrift „Arbeiter-Jugend", die ihren Leserinnen und Lesern ein weiteres Mal den Nutzen guter Bücher erzieherisch nahezubringen versuchte. Das Lesen galt als primäre Möglichkeit der proletarischen Selbstbildung sowohl in der Jugendbewegung als auch im gesamten sozialdemokratischen Milieu[121] und wurde auf verschiedene Weisen gefördert und unterstützt. Die SAJ verfügte seit Anfang der zwanziger Jahre über eine eigene Bibliothek; man forderte die Jugendlichen wiederholt auf, diese zu benutzen, und wies sie auf Neuanschaffungen hin.[122] Doch nachhaltige Leseerfahrungen konnten offenbar nicht in allen SAJ-Gruppen gesammelt werden bzw. ein Teil der ZeitzeugInnen sieht in dieser Hinsicht prägende Erfahrungen eher in einem Zusammenhang mit der familialen Sozialisation. In einer Reihe von Gesprächen hat der Punkt ‚Anregungen zum Lesen durch die SAJ' entweder keine Rolle gespielt oder wurde explizit verneint (das war der Fall in den Interviews mit Irmgard Schmitz, Anna Simon, Käthe Winter, Herrn Priebe, Herrn Haupt und Herrn Zimmermann), während andere die Zeit in der Jugendorganisation hinsichtlich der Lesegewohnheiten ausdrücklich als verstärkend oder animierend interpretieren (das sind Frau M.-D., Betty Hildebrand, Elli Bick, Kurt G. und Dieter O.) Vermutlich kam es auf die Atmosphäre in der Stadtteilgruppe, den amtierenden Vorstand, schließlich aber auch auf die individuellen Interessen der Mitglieder an. Bei einigen Befragten scheint der Umgang mit Büchern schon eine so selbstverständliche Kulturtechnik gewesen zu sein, daß die SAJ als Anregerin gar nicht erinnert wird.[123]

---

119 Zweites Gespräch mit Frau Winter, a.a.O.
120 THOMAS, Theodor 1922; siehe auch KATZENSTEIN, Simon 1925.
121 In der Funktionärszeitschrift der SAJ, im „Führer", erschienen regelmäßig Beiträge zur „Selbstbildung des Arbeiters", siehe beispielsweise LUDWIG, Walter 1929.
122 Essener Arbeiter-Zeitung vom 9.6. und 23.6.1923.
123 Siehe dazu auch das Portrait Charlotte Graf, Mitglied der SAJ und der Jungsozialisten: „Ich habe schon früh viel aus Büchern gelernt", in: SOMPLATZKI, Herbert 1990, S. 51ff.; WARTENBERG, Fritz o.J. (1983), S. 83f.; siehe auch BRANDT, Willy 1982: „Was ich in den ganz jungen Jahren las? Durchaus zunächst einmal, was zum ‚klassischen', doch nicht nur deutschen Pflichtstoff der Schule gehörte. Dann auch Jack London und Upton Sinclair, B. Traven und Martin Anderson Nexö, Ludwig Renn und Henri Barbusse, Maxim Gorki und Ernst Toller" (S. 30).

Nach einer Umfrage des Deutschen Archivs für Jugendwohlfahrt im Jahr 1932 lasen die Jugendlichen – die Zugehörigkeit zu einer Organisation war dabei nicht angegeben – vor allem „Schmöker": Bei den Jungen rangierte Karl May an erster Stelle, bei den Mädchen Hedwig Courths-Mahler.[124] Die SAJ vertrat ein anderes, intellektuelles Image, dem wohl auch ein Großteil ihrer Mitglieder entsprach. Der Dessauer Berufsschullehrer Stockhaus hat Mitte der 20er Jahre 400 Schüler u.a. nach ihren Büchervorlieben gefragt. Drei Viertel der Jungen seien dem allgemeinen Bild gerecht geworden, doch davon unterscheide sich, so Stockhaus, der „eigentliche Proletariertypus": „Es sind die bewußt Organisierten, dem Arbeiterjugendbildungsverein angehörenden Arbeiter. Sie bevorzugen Stoffe mit realistischem Hintergrunde, verlangen ihre Welt mit Licht und Schatten (Bröger, Schönlank, Barthel). Es sind etwa 12%, die diesem Typus angehören."[125]

Die A.-J./SAJ beteiligte sich während der Weimarer Zeit an den Kampagnen gegen „Schmutz und Schund."[126] In Essen ging der „Jugendring", ein Zusammenschluß der örtlichen Jugendgruppen, dem auch die A.-J. angehörte, massiv gegen den Buchhandel vor, weil dieser sich nicht nach den von den Jugendlichen aufgestellten ‚schwarzen Listen' richtete. Bücher beispielsweise von Courths-Mahler sollten aus dem Sortiment genommen werden. Der Jugendring bestand darauf, daß allein er zu bestimmen habe, welche Literatur in den Geschäften zu dulden sei. Als sich der Essener Handel jedoch trotzig zeigte und auf die Forderungen der Jugendlichen nicht einging, „wurden deren Fassaden und Schaufenster im Dunkel der Nacht beschmiert und mit Plakaten beklebt, welche das Publikum auffordern, ein solches Geschäft zu meiden."[127] Weniger aggressiv denn ironisch setzte sich der Jungsozialist Franz Osterroth mit der Schundliteratur auseinander; er schrieb eigens für die SAJ ein Theaterstück gegen das Lesen von Schmökern.[128] An positiven Anregungen mangelte es im kulturellen Umfeld der SAJ sicherlich nicht. Da war zuerst die Mitgliederzeitschrift der SAJ, die „Arbeiter-Jugend."[129] Neben der schon erwähnten SAJ-Bibliothek gab es bis 1930 eine zentrale

---

124 Vgl. den Artikel „Was lesen die Jugendlichen", in: Volkswacht vom 20.9.1932 sowie die Meldung in: Arbeiter-Jugend, 24. Jg. (1932), Heft 8, S. 249. – Bezogen auf Frankfurter Arbeiterkinder und -jugendliche dokumentiert Lesegewohnheiten WOLTER-BRANDECKER, a.a.O., S. 311ff., S. 363.

125 STOCKHAUS, Carl 1926, S. 51, zum Vergleich auch BUCHWALD, Reinhard 1934.

126 In Essen hat sich die A.-J./SAJ sogar mit ‚bürgerlichen' und kirchlichen Gruppen in dieser Frage zusammengetan. Ende Oktober 1920 fand auf dem Burgplatz in Essen eine Demonstration gegen „Schundliteratur" statt, an der sich die Organisationen des neu gegründeten Jugendrings beteiligten, das waren ca. 25.000 Jugendliche. Der Ruf nach Selbsthilfe wurde auf dieser Kundgebung laut und vom Reichstag ein Jugendschutzgesetz gegen Schund und Schmutz gefordert, vgl. die Meldung in Essener Arbeiter-Zeitung vom 1.11.1920; dazu auch PEUKERT, Detlev 1983.

127 Arbeiter-Zeitung vom 4.12.1920.

128 „Am Marterpfahl der Sioux oder Ein Mädchenraub im Wilden Westen". Schmökerspiel. Berlin 1927.

129 Die Zeitschrift griff Mitte der 20er Jahre Weltanschauungs- und Bildungsfragen auf, beschäftigte sich mit Geschichte und Kulturgeschichte, Theorie des Sozialismus, mit Technik, Kunst und Literatur, Landschaftsschilderungen und Wandervorschlägen. Sie druckte Erzählungen und Gedichte ab, stellte Bücher vor, übersetzte Fremdwörter. Regelmäßig berichtete sie über die Entwicklung der Jugendbewegung, u.a. in den Rubriken „Aus der Bewegung", „Aus der Internationale", „Vom Gegner".

Biblothek und kleinere Stadtteilbibliotheken der Freien Gewerkschaften[130], die Kruppsche Bücherhalle und die Stadtbibliothek. In diesen Kontext gehören auch die sozialdemokratischen Buchgemeinschaften „Bücherkreis" und „Büchergilde."[131] Die Eltern einiger hier Befragter schenkten zu Weihnachten und an Geburtstagen Bücher.[132] Frau M.-D. im Rückblick: „Ich weiß, mein Vater schenkte mir mal zu einem Geburtstag, da war ich vielleicht 13 oder 14, Freiligrath-Gedichte, und denn hat die Mutter [gesagt], ‚hätt' sie nich was anderes dringender gebraucht?' – ‚Nein', sacht er, ‚dringender gibt es nix' (lacht). Mutter dachte da mehr praktischer, nich"[133]. Bei Frau Winter sorgte hingegen die Mutter für Buchgeschenke: „Meine Mutter hat immer viel Bücher gekauft. Wir haben zu Weihnachten nur Bücher gekriegt, also das gab's selten mal, wie wir kleiner waren vielleicht, auch mal Spielzeug"[134].

In Kurt G.s Familie reichte das Einkommen für Buchgeschenke nicht aus. Als seine Mutter eine kleine Summe von der Wohlfahrt erhielt, durfte sich Kurt zwei Bücher kaufen: „Das erste: Handbuch für sozialistische Jugendarbeit, herausgegeben von der SAJ-Reichsführung; darin wurde versucht, den Anspruch zu begründen, daß die SAJ die Hochschule der Arbeiterklasse sei. Ich glaube, ich habe das Buch zweimal gelesen. Das andere Buch: Die Theorie des modernen Sozialismus von Abraham [...] [Vorname vergessen[135]]. Das war von nun an meine Bibel. Bald wußte ich endlich genau, was Sozialismus war. Ich war jetzt unschlagbar in allen Diskussionen, ob es sich um Jugendgenossen oder Alt-Sozis handelte."[136]

Herr Priebe las als Heranwachsender und junger Erwachsener zu Hause viel, u.a. die Veröffentlichungen des Laienastromonen Bruno Bürgel, Carl Dantz' Peter Stoll-

---

130 Die Bestände wurden 1930 der Essener Stadtbibliothek übergeben.

131 Gegen einen monatlichen Beitrag von 90 Pfennigen erhielten die Mitglieder vierteljährlich ein Buch. 1932 beurteilte die sozialdemokratische Volkswacht das Engagement der Arbeiter/-innen in dieser Hinsicht kritisch: „Bedauerlicherweise hat die Essener sozialistische Arbeiterschaft den Wert dieser Buchgemeinschaften lange nicht genügend gewürdigt [...]" (28.6.1932). Siehe auch die ausführliche Werbung für den „Bücherkreis" mit dem Sortiment: Deutschland-Romane, z.B. Max Barthel „Der Putsch", Franz Jung „Hausierer", Allgemeinprobleme (über Liebe und Ehe, Arbeitersport u.a.), Memoiren, Reisebeschreibungen und Literatur über das Ausland (a.a.O. vom 18.8.1932).

132 Zusätzlich animiert vielleicht durch folgende Zeitungsartikel: „Eine Jugendbuch-Werbewoche", in: Volkswacht vom 27.11.1926; „Bücher zu Weihnachten", in: a.a.O. vom 6.12.1926; „Kauft Bücher zu Weihnachten", in: a.a.O. vom 12.12.1927; „Gute Bücher für die Kleinen und die Kleinsten!", in: a.a.O. vom 20.12.1930. Am 22. März 1930, zum „Tag des Buches", wurden unter dem Slogan „Sozialistische Bücher sind Kampfgenossen" Bücher für die Jugend, u.a. aus dem Arbeiterjugend-Verlag, auf einer ganzen Zeitungsseite vorgestellt, vgl. Volkswacht vom 22./23.3.1930. Ein einprägsames Beispiel ist auch im Dezember 1930 (vor Weihnachten) ein „Peter-Stoll-Abend", an dem der Autor, Carl Dantz, aus seinem proletarischen Kinderbuch las. Der Abend wurde vom SPD-Bildungsausschuß und der sozialdemokratischen Volksbuchhandlung veranstaltet und umrahmt von musikalischen Darbietungen sowie Lichtbildern. Kinder und Jugendliche hatten freien Eintritt, vgl. Volkswacht vom 1.12.1930.

133 Gespräch mit Frau M.-D., a.a.O.

134 Zweites Gespräch mit Frau Winter, a.a.O.

135 ABRAHAM, Rudolf: Die Theorie des modernen Sozialismus: für die Jugend dargestellt. Hrsg. vom Hauptvorstand des Verbandes der Arbeiterjugendvereine Deutschlands, Berlin 1922.

136 Lebenserinnerungen Kurt G., a.a.O., S. 10.

**Die gesellschaftliche Arbeit der Jugend ist: das Kampfes-
wissen erwerben und ausbreiten. Auch Bücher sind Kameraden!**

Aus: Laßt uns Kameraden sein! Eine Jugendweihegabe. Jena 1933, S. 31.

Bücher[137], Karl May, die Reisebeschreibungen von Friedrich Gerstäcker und Sven Hedin. Paul Priebe war Mitglied im 1924/25 entstandenen „Bücherkreis": „[...] und da hab ich regelmäßig von meinem Taschengeld immer Bücher gekauft. Und die hat ich noch nachher, nach dem Krieg." Ihm fallen vor allem sozialkritische Texte ein, die dort verlegt wurden, z.B. der „Eiserne Moloch", ein Roman über das Leben einer Arbeiterfamilie im belgischen Industriegebiet. Die meisten Ausgaben seien „sehr frei" geschrieben gewesen.[138]

Aus den Beispielen zu schließen, daß die Bildungs- und Erziehungsziele in bezug auf das Lesen in der SAJ erreicht worden sind, wäre voreilig. Die Lust an sog. Schundliteratur war auch bei den organisierten Jugendlichen vorhanden. In der SAJ-Gruppe Süd gab es Mitte der 20er Jahre einmal einen Abend gegen „Schund- und Schmutzliteratur". Der Gruppenleiter wurde im Anschluß – ganz gegen die Intention – gefragt, ob er die ‚abschreckenden' Beispiele dem einen oder der anderen ausleihen könne.[139] Frau Simon meint von sich, sie sei „lesewütig" gewesen, jedoch befand sie sich damit nicht immer in Übereinstimmung mit den Maximen der SAJ: „Mit vierzehn, fünfzehn Jahren [...] haben wir diese Heftchen gelesen, Schmöker. Mein Bruder hatte 'n Freund, die hatten 'n Friseurladen und die liehen denn so Bücher aus, so Zehn-Pfennigs-Hefte, ‚Percy Stuart' und ‚Frank Allan, der Rächer der Enterbten', ‚Jürgen Peters, ein Schiffsjunge' (lacht)."[140] – Auf die Frage der Verfasserin, was er in seiner Jugend gelesen habe, antwortet Herr Sch.: „Dann waren et politische Dinge, aber dat kann ich heute nicht mehr sagen, wie die Bücher hießen. Dat waren dann Berichte vonne Partei und von Parteitagen, dann waren wohl mal [lacht] in unseren Schriften, da waren Abschnitte über Karl Marx, einige Dinge, aber ich hab sein ‚Kapital' nicht gelesen. Ich hab mal angefangen, da war mir so viel Hochtrabendes, da hab ich dann aufgehört [...]. Ja, also, so Vorträge haben wir oft gehört, aber, wie gesagt, ich hab selbst nicht viel gelesen, zum Ärger meines Vaters, der hat mir so manches gute Buch empfohlen [lacht]."[141] Und Otto Haupt ergänzt diese Erinnerung; er hat um 1930 zwei Jahre lang die Funktion eines Bücherwartes in der SAJ-Bibliothek inne gehabt: „Ich glaube, ein oder zweimal in der Woche saß ich da von abends 18 Uhr, nach Feierabend, dann zwei, drei Stunden. Wenn ich zehn Bücher ausgeliehen habe in dieser Zeit, dann ist das viel".[142]

---

137 Siehe Kap.3, Anm. 184, 285, 286.
138 Erstes Gespräch mit Herrn Priebe, a.a.O.
139 Beschrieben in: BEHRENS-COBET 1989, S. 38f.
140 Gespräch mit Frau Simon, a.a.O. Frau Simon benutzte zusammen mit ihrem Bruder häufig die Kruppsche Bücherhalle, dort soll die Ausleihe für Kruppianer (ihr Vater gehörte dazu) kostenlos gewesen sein: „Diese großen Bücher, Wilhelm Busch und die, die wurden nicht ausgeliehen, die konnte man sich da angucken, aber andere Bücher – wir haben sehr viel gelesen, mein Bruder und ich."
141 Erstes Gespräch mit Hans Sch. a.a.O.
142 Gespräch mit Herrn Haupt, a.a.O.

4.2.4 SAJ und Massenkultur

Auf ihrem niederrheinischen Jugendtag im Jahr 1920 nahm die A.-J.-Organisation eine Entschließung an, in der auf die schädlichen Folgen des Lesens von Schundliteratur, des Genusses von Alkohol und Nikotin und des Kinobesuchs hingewiesen wurde; die örtlichen Vereine sollten diese Einsicht verstärkt in die Mitgliedschaft tragen.[143] – Das Kino wurde Anfang der zwanziger Jahre also noch in einem Zusammenhang gesehen mit den weiter oben erwähnten „Waffen der Reaktion", den Genußmitteln bzw. den „Schmökern". Differenzierter war da schon eine Position innerhalb der Jugendbewegung, die nicht gegen das Kino schlechthin, sondern gegen die „Auswüchse des Kintopps"[144] agitierte und mit Protestveranstaltungen – wieder einmal überfraktionell getragen[145] – die Öffentlichkeit, insbesondere die Jugend, zu mobilisieren suchte.[146]

Das Kino als Medium der Kultur zu akzeptieren, fiel den Funktionären und Funktionärinnen offensichtlich schwer. Ende 1920 jedoch wurde in Essen unseres Wissens erstmals die Ablehnung durchbrochen und eine „Kinovorstellung des Bildungsausschusses für die Jugend"[147] annonciert. Der Inhalt ist nicht überliefert, doch spricht vieles dafür, daß es sich – wie in späteren Filmankündigungen – um Informatives wie eine Südpol-Expedition[148], um Amundsens Nordpolflug[149] oder um die „Arbeits-, Lohn- und Siedlungsverhältnisse in Südamerika"[150] gehandelt hat.

Die SAJ bekämpfte das „bürgerliche Klassenkino" nicht nur wegen seiner reaktionären Inhalte, sondern gleichermaßen wegen seiner ungeheuren Attraktivität für die Jugend. Nach einer im katholischen Milieu veröffentlichten und von der SAJ rezipierten Umfrage gingen 14–17jährige männliche Berufsschüler „trotz aller polizeilichen Vorschriften massenhaft regelmäßig ins Kino."[151] Priorität hatten bei diesen Jugendlichen Sitten-, Aufklärungs-, Abenteuer- und Kriminalfilme, und als Gründe für ihren Kinobesuch gaben die Berufsschüler Langeweile im Elternhaus, Sensationslust, ein „Verhältnis" und Mangel an guter Gesellschaft an[152]. Die Essener SAJ setzte sich mit

---

143 Vgl. Artikel „Bezirksjugendtag in Elberfeld", in: Arbeiter-Zeitung vom 13.7.1920.
144 SPIES, a.a.O., S. 59; siehe auch die Auseinandersetzung mit dem Kino in der österreichischen Arbeiterjugendbewegung, Quellen in: SOZIALISMUS UND PERSÖNLICHE LEBENSGESTALTUNG 1981, S. 187ff.
145 Die Arbeiter-Zeitung berichtete am 23.8.1919 über einen von allen Parteien und Richtungen getragenen Protest im Saalbau gegen die von „rücksichtsloser kapitalistischer Gewinnsucht" herrührenden „Auswüchse des Kinos"; man forderte die Kommunalisierung des Lichtspielwesens, bis dahin aber „zweckentsprechende Zensur".
146 Vgl. Arbeiter-Zeitung vom 23.1.1920, unter A.-J.-Mitteilungen, a.a.O. vom 28.1.1920. Ein Verein zur Bekämpfung der Schundfilms unter Beteiligung der Sozialdemokratie wurde gegründet (a.a.O. vom 29.9.1919).
147 Essener Arbeiter-Zeitung vom 11.12.1920.
148 Vgl. a.a.O. vom 9.5.1922.
149 Vgl. a.a.O. vom 29.6.1925.
150 Volkswacht vom 30.11.1926.
151 Artikel „Der Kinobesuch der Jugendlichen", in: Arbeiter-Jugend, 22. Jg. (Januar 1930), Nr. 1, S. 6.
152 Vgl. ebd. – Zu Kinobesuchen und Arbeiterschaft siehe auch WOLTER-BRANDECKER, a.a.O., S. 300f.

Bezug auf diese Umfrage von solcher Jugendkultur entschieden ab. „Bei aktiven Arbeiterjugendbündlern fallen Langeweile, Sensationslust und Mangel an guter Gesellschaft als Gründe für den Kinobesuch fort."[153]

Der Bildungsausschuß der Freien Gewerkschaften vermittelte 1926 Kinokarten für zwei Essener Lichtspielhäuser (Sperrsitz zum Preis von einer Mark, Karten die außer sonntags täglich gültig waren). Und die „Glückauf"-Lichtspiele, die den Anspruch hatten, als Reformkino[154] ‚gute‘, d.h. auch nichtkommerzielle Filme zu zeigen, konnten im selben Jahr eine stetige Zunahme der Besucherzahlen verzeichnen: „Insgesamt waren die Lichtspiele von 185 000 Personen besucht. Erwähnenswert ist die Einrichtung der Sonntagvormittagvorstellungen, die im Einvernehmen mit den Akademischen Kursen, der Volkshochschule und den Bildungsvereinen eingerichtet sind. In diesen Sondervorstellungen waren die Lichtspiele ständig überfüllt."[155]

Daß der Film in den Reihen der Jugendorganisation allmählich nicht mehr nur als Transportmittel für Lernstoffe gesehen, sondern diesem Medium auch eine ästhetische Qualität zugesprochen wurde, dauerte in Essen bis Mitte/Ende der 20er Jahre. Über den Hamburger Jugendtag der SAJ im Jahr 1925 wurde dann schon ein eigener Film hergestellt[156], auch der Streifen „Das neue Wien"[157] und andere durch die Arbeiterbewegung produzierte Beispiele trugen wohl zum Abbau der Vorbehalte bei. Die Zeitschrift „Arbeiter-Jugend" richtete 1929 schließlich sogar eine Rubrik „Film und Funk" ein. Obwohl die Frage, ob der Film nun „Verdummungsmittel oder Kulturfaktor"[158] sei, die SAJ noch 1930 beschäftigte, wurden seit Ende der zwanziger Jahre zunehmend Filme auf Gruppenzusammenkünften gezeigt, die in einem weniger vordergründigen Sinn aufklärenden Charakter hatten als die frühen belehrenden Vorstellungen. Beispiele sind Lewis Milestones „Im Westen nichts Neues"[159] (1930), Phil Jutzis „Mutter Krausens Fahrt ins Glück"[160] (1927) und Charlie Chaplins „Goldrausch"[161] (1925). Auch die „Russenfilme" von Regisseur Sergej Eisenstein waren bei den SAJlerInnen beliebt.[162]

---

153 Artikel „Jugend und Kino", in: Volkswacht vom 8.1.1930, Beilage „Schaffendes Jungvolk".
154 Eine akribische Darstellung der Essener Filmtheater von der Jahrhundertwende bis zum Jahr 1939 findet sich bei LANTERMANN 1992, siehe insb. S. 145f.
155 Verwaltungsbericht der Stadt Essen für das Jahr 1926, a.a.O., S. 44; Essener Arbeiter-Zeitung vom 26.9.1922.
156 Vgl. a.a.O. vom 29.9.1925.
157 SAJ-Mitteilungen (Gruppe Essen-West) in: Volkswacht vom 5.5.1928.
158 Artikel „Flimmerkasten und wir", in: Volkswacht vom 1.4.1930.
159 SAJ-Mitteilungen (Gruppe Holsterhausen) in: Volkswacht vom 9.1.1932.
160 SAJ-Mitteilungen in: Volkswacht vom 16.7.1930: Der Arbeitsausschuß der SAJ empfiehlt den Gruppen diesen sog. Zille-Film; Rezension in a.a.O. am 17.7.1930.
161 Vom Leiter des Lehrerseminars, Müller-Wolf, in der Volkswacht vom 3.6.1926 gewürdigt, während ein anderer in der Kulturarbeit der Essener Sozialdemokratie Aktiver, der Volkschor-Leiter und Lehrer an der weltlichen Gervinus-Schule, Franz Feldens, Chaplin als ‚Unkultur‘ etikettiert: „Ist der Ruf nach Jazzband, Foxtrott, Revue und Charlie Chaplin der ernste Wille unseres Volkes oder ist er das Wollen eines Kranken?" (Essener Arbeiter-Zeitung vom 4.1.1926).
162 Mündliche Mitteilung von Herrn Priebe; siehe auch GRÖSCHEL 1986, S. 144ff.

Der anfängliche Purismus der Arbeiterbewegung scheint im Fall des Kinos bei den SAJ-Mitgliedern nicht sonderlich alltagspraktisch geworden zu sein. Die einzelnen Jugendlichen haben weniger nach den Grundsätzen der SAJ-Leitung denn nach dem eigenen Geldbeutel entschieden, wann sie ins Kino gingen und was sie sich ansahen. Frau Schmitz besuchte zusammen mit ihrer Mutter in den 20er Jahren ab und zu ein Lichtspieltheater ihres Wohnbezirks. Dort gab es billige Stehplätze, man konnte „Ben Hur" (der 1926 anlief) und Liebes- sowie Unterhaltungsfilme sehen. Auch als Lehrling besuchte Frau Schmitz mit Gleichaltrigen manchmal Filme ohne besonderen Anspruch, zum Beispiel „Maskerade". Betty Hildebrand antwortete auf die Frage der Verfasserin, ob sie in ihrer Jugendzeit das Kino besucht habe, zunächst eher gleichgültig, zeigte sich dann jedoch gut informiert und endete mit einer ausgesprochenen Kinobegeisterung: „Ins Kino sind wir nur gegangen, wenn wir mal 'n bißchen viel Taschengeld hatten, ne. Denn waren immer 'n paar, die auch mal ins Kino wollten. Da war die ‚Schauburg' neu gebaut. Was meinst du, was das für 'n Kino war – dat war ne Sensation, wie die Schauburg da am Viehofer Platz gebaut wurde [...]. Ja, da gab et doch Henny Porten, Henny Porten und – wie hieß ihr Liebhaber. Der hatte nur so 'ne Fistelstimme, da kam nachher der Tonfilm auf, und da war er weg vom Fenster [...]. Aber Henny Porten kannte jeder. Ich hab' da noch 'n Dinges [Autogramm], hatte ihr mal geschrieben, da war sie irgendwo. Da schrieb sie ‚Dank und Gruß Henny Porten' [...]. Also Henny Porten war 'ne Wolke – ‚Kohlhiesels Töchter', da kam keiner mit [...], also dat war 'ne Wucht, die Henny Porten, da gibt et einfach keine Vergleiche für. – Harry Liedtke hieß er, der nachher die Fistelstimme hatte ."[163]

Als weitere Konkurrenz zu ihren Bildungsbestrebungen faßte die SAJ das Radio auf, ein Medium, das, wie das Kino, im Lauf der 20er Jahre im Alltag der Deutschen immer mehr Fuß faßte. In der Endphase der Republik, also noch vor der Einführung des „Volksempfängers" durch die Nationalsozialisten, hörten schon fast 4 Millionen Menschen Radio.[164]

Jugendliche, auch in Essen, bastelten ihre Rundfunkgeräte selber. Diese Praxis war so weit verbreitet, daß die Direktoren der Essener Berufsschulen und die Direktorin der Haushalts- und Mädchengewerbeschule in Essen vom Preußischen Kultusministerium aufgefordert wurden, ihre Schüler und Schülerinnen auf die ‚Verordnung zum Schutz des Funkverkehrs' von 1924 aufmerksam zu machen. Auf nichtgenehmigte Funkanlagen und Schwarzhören stand Strafe.[165] – Von Genuß- und Lustaspekten des Hörens war in der Sozialdemokratie offiziell nicht die Rede: „Die Hauptvorteile scheinen beim Radio in der kritischen und pädagogischen Benutzung zu liegen. Möge jeder

163 Zweites Gespräch mit Frau Hildebrand, a.a.O. – Kritische zeitgenössische Bemerkungen (aus der österreichischen Arbeiterbewegung) insbesondere gegen Harry-Liedtke-Filme sind abgedruckt in SOZIALISMUS UND PERSÖNLICHE LEBENSGESTALTUNG, a.a.O., S. 178, 191.
164 Vgl. LANGEWIESCHE, Dieter 1987, S. 130.
165 Vgl. StA Essen, Rep. 102, Abt. IX (Schulamt) – Berufsschulen, Verschiedenes (unpag.); siehe auch EBEL, a.a.O., der u.a. über zwei ansonsten angepaßte Jugendliche schreibt, die erstmals die Berufsschule schwänzten, um sich Radios zu bauen.

in reichem Maße davon Gebrauch machen", schreibt ein Essener Sozialdemokrat Mitte der 20er Jahre.[166] „Bildungsarbeit durch Radio, Hörgemeinschaften mit anschließender Diskussion"[167] blieben das Ideal eines in diesem Fall recht verengten Bildungsverständnisses.[168] Die „indifferente Masse, unaufgeklärte Frauen und Kinder" nähmen die Sendungen kritiklos hin, „statt zur Versammlung, zur Gewerkschaft zu gehen, statt z.B. die ‚Volkswacht' oder ein gutes Buch zu lesen, wird Operette und andere seichte Darbietungen abgehört."[169] Gleichzeitig verschloß die SPD nicht die Augen vor dem bislang vom politischen Gegner genutzten Massenbeeinflussungsmittel Radio. Die Partei war im (nur beratenden) Kulturbeirat des Reichsrundfunks vertreten sowie im Aufsichtsrat des seit 1926 bestehenden Westdeutschen Rundfunks, hielt ihren Einfluß jedoch für gering. In Preußen endete mit dem Papen-Putsch 1932 der Versuch, Forderungen der sozialdemokratischen Arbeiterschaft durchzusetzen, u.a. die Übertragung weltlicher und freigeistiger Morgenfeiern und Jugendweihen.[170]

Ob die Jugendorganisation der SPD Bildungs- oder andere positive Argumente ins Feld führte, ist nicht bekannt: Die Gruppe Stoppenberg-Schonnebeck jedenfalls erwog die Anschaffung eines Radio-Apparates.[171] 1929 sprach der SAJ-Vorsitzende Erich Ollenhauer in einem Radio-Vortrag 20 Minuten lang über „Die Freizeitbewegung der deutschen Jugend"[172]. Und 1929/30 ist aus den örtlichen Quellen sogar eine Art ‚Durchbruch' zu ersehen: Die Mitglieder der SAJ-Gruppe Heisingen wurden an einem Samstagabend zu zwei Darbietungen eingeladen, zunächst zu einem Vortrag – und anschließend „hören wir den lustigen Abend vom Westdeutschen Rundfunk"[173]. Wiederholt kommen auch Radio-Abende in anderen Gruppenankündigungen vor. Kurz nachdem 1930 der Radiofachmann und Sozialdemokrat Fritz Neumann vor drei Gruppen der SAJ einen Vortrag über „Proletariat und Rundfunk"[174] gehalten hatte, fand sich unter den Jugendlichen eine Arbeitsgemeinschaft „Radiotechnik" zusammen und traf sich bis Ende des Jahres im Gewerkschaftshaus.[175] Tüftler in der SAJ, wie der von

---

166 Feldner, Fr. (das ist vermutlich Franz Feldens, der Leiter des Essener Volkschors, ab 1946 Professor an der Pädagogischen Akademie in Essen-Kettwig): „Radiomusik", in: Essener Arbeiter-Zeitung vom 26.9.1925. – Auf Reichsebene war der Tenor der Diskussion ‚aufgeklärter', führende Sozialdemokraten sahen im Rundfunk eine technische und kulturelle Errungenschaft: vgl. HEIDENREICH, Frank 1983, S. 100–108.

167 Überschrift in Volkswacht vom 2.2.1932; zur Problematik des ‚aufklärerischen Bildungsethos' auch LEHNERT, Detlef 1989, S. 113.

168 Anna SIEMSEN dagegen warnte davor, das Medium Radio wie eine Volkshochschule einzusetzen, sie sah spezifische Möglichkeiten, etwa dadurch die Kunst der Erzählens wiederzuentdecken, vgl. HEIDENREICH, a.a.O., S. 105.

169 Artikel „Radio, ein Machtfaktor", in: Volkswacht vom 30.12.1930.

170 Vgl. ebd.; LANGEWIESCHE, a.a.O., 1987; HEIDENREICH, a.a.O., S. 106; VAN DER WILL/ BURNS, a.a.O., S. 67ff.

171 Vgl. SAJ-Mitteilungen in Volkswacht vom 10.1.1927.

172 Hinweis im örtlichen Teil der Volkswacht vom 18.2.1929.

173 A.a.O. vom 25.4.1929.

174 SAJ-Mitteilungen in a.a.O. vom 14.1.1930.

175 Vgl. SAJ-Mitteilungen in a.a.O. vom 30.1., 29.3., 2.6., 21.6., 28.7., 11.8., 1.9., 8.9., 22.9.1930.

mir befragte August Mader, machten sich kein Gewissen daraus, wenn sie nicht die in der Jugendorganisation noch verbreitete kulturelle Distanz zur Massenkultur hielten. 1926/27, erzählt Herr Mader, hätten auf Wanderungen manche Jungen ihre Kopfhörer-Konstruktionen dabei gehabt und konnten dann während der Rast über den Sender Langenberg Musik empfangen. Die Verfasserin hat Herrn Mader danach gefragt, was damals gehört worden ist. Herr Mader: „Ja, das war – wer zum Beispiel damals schon war, das war Schneider, der Willy Schneider hat zur damaligen Zeit im Orchester Leo Eysoldt[176], das war 'n Tanzorchester, hat der damals gesungen, Schlager und so, und die hab ich dann abends immer gehört. Ich hatte auch damals den ersten Plattenspieler, und viele meiner Jugendfreunde und -freundinnen aus der SAJ [...], die kamen dann zu mir nach Hause, und wir haben dann abends gesessen und haben dann gehört. Ich hatte dann aber nicht per Kopfhörer, ich hatte dann auch schon 'n Lautsprecher gehabt und hatte auch ein Schallplattengerät, also mit 'nem Motor [...]"[177]

Anfang der 30er Jahre kamen in den Gruppen-Mitteilungen der SAJ erstmals Grammophonplatten vor; die ‚Konserve' stellte wohl eine Ergänzung zur selbstproduzierten Musik dar.[178] Die mit den Schallplatten auch verbundene ‚Demokratisierung' der Kunst mag bei der Akzeptanz eine Rolle gespielt haben, findet aber in den örtlichen Veröffentlichungen keine Erwähnung.

Dem Druck von seiten der Basis war vermutlich das ansatzweise Zulassen des Paartanzens geschuldet – eine jahrelang verpönte, dem kameradschaftlichen Habitus widersprechende Form der Interaktion zwischen Mann und Frau.[179] Für ein Umdenken innerhalb der SAJ finden sich nur wenige schriftliche ‚Belege'.[180] Frau Hohmann, die Anfang der 30er Jahre in einer Gruppe der „Roten Falken" sozialisiert wurde, hat unbefangen erzählt, sie habe ihren Mann 1939 beim (Paar-)Tanzen kennengelernt, und auch Frau Kammer, ab 1927 in der SAJ, hat sowohl in ihrer Stadtteilgruppe Walzer und Rheinländer eingeübt als auch auf Reichsbanner- und anderen par-

---

176 Laut Auskunft des WDR Schall-Archivs (Januar 1993) waren diese Schlagerinterpreten noch bis in die 30er und 40er Jahre hinein populär.

177 Gespräch mit Herrn Mader, a.a.O.; mit ähnlicher Begeisterung schreibt WARTENBERG, a.a.O., S. 129 über seine ersten Radio-Erfahrungen.

178 Vgl. SAJ-Mitteilung (Gruppe Nord) in Volkswacht vom 19.12.1931, Gruppe Altenessen-Süd a.a.O. vom 4.4.1932, Gruppe Bergeborbeck a.a.O. vom 8.10.1932; Bericht über einen Kursus des Bezirksbildungsausschusses im Stendener Heim der SAJ: „Nachmittags ausgedehnte Fahrten und Spaziergänge, abends Elektrola-Schallplatten-Romantik; ..." (a.a.O. vom 17.6.1931). Siehe auch den kurzen wohlwollenden Bericht über ein Schallplattenkonzert des Radio-Betriebs Schlinghoff (a.a.O. vom 10.11.1927).

179 Dazu SCHOLING, Michael und WALTER, Franz 1986, S. 265. Paul MÜLLER, SAJler aus Frankfurt a.M. bestätigt diese Entwicklung: „Wir haben damals begonnen, die Volkstänze abzulösen durch Tango und weiß ich nicht alles, Tanzschlager. Die haben wir alle begeistert getanzt, und wenn der Refrain kam, haben wir ihn gesungen. Sentimental!..." (a.a.O., S.372); dagegen die distanzierende Stellungnahme von Heinrich Wiegand: Operette, Schlager, Jazz, in: Kulturwille, 3. Jg. (1.6.1926), Nr. 6, zitiert in SOZIALISMUS UND PERSÖNLICHE LEBENSGESTALTUNG, a.a.O., S. 179.

180 Vgl. SAJ-Mitteilungen (Gruppe Essen-Altstadt): „Walzerabend", in: Volkswacht vom 28.9.1932; Gruppe Holsterhausen: „Volkstanz und moderner Tanz", Vortrag, in: a.a.O. vom 18.8.1926.

teinahen Festen ,geschwoft'. Die ansonsten eher traditionell orientierte Essener „Volkswacht" hielt schon 1927 eine Öffnung hin zu ,modernen' Tänzen, zur „Negermusik"[181] für unausweichlich: „Der Foxtrott, der Jimmy, der Charleston und wie die neuen Tänze alle heißen, das ist eine Tanzkunst, die dem Rhythmus unserer Zeit entspricht. Und wenn noch so viele um die alten Tänze trauern und noch so viele die modernen Tänze als unsittlich und sogar als undeutsch ansehen mögen, der Tanz und die Jugend, die ihn tanzt, werden Recht behalten."[182]

Eine Konzession an massenkulturelle Entwicklungen scheint auch die Integration des Sports in das Bildungs- und Freizeitangebot der SAJ gewesen zu sein; ab 1924 sind Treffen zum „Sporten" o.ä. zu finden.[183] Hier mag bei den Funktionären und Funktionärinnen die Sorge bestanden haben, ohne diese kulturelle Konzession noch mehr Jugendliche an die ausgewieseneren Freizeitorganisationen der Linken, den Arbeitersport und die Naturfreundebewegung, zu verlieren.[184]

Die Kirmes, von der sich die Aktiven in der SA offiziell distanzierten, hat doch eine gewisse Anziehungskraft auch auf die ,aufgeklärte' Arbeiterschaft und deren Kinder gehabt.[185] Werner Bode berichtet über den „Prater"[186], einen fast ganzjährigen Vergnügungspark, den er zu besonderen Gelegenheiten zusammen mit seiner Familie und Bekannten aus der Arbeiterbewegung besuchte: „[...] nebenan ist heute [das] Gruga-Gelände, war der ,Prater', so 'n Dauerkirmesplatz, aber mit größeren Gebäuden drin. Da endete meinetwegen 'ne Maifeier, dann traf man sich auch kreuz und quer von Essen usw. [...], ja dat war schön, da hab ich meine erste ,Coca' getrunken [...]. Ich mein, dat wär '28 oder wat gewesen [...]. Ja, da durften wir rum[laufen], da gab's 'ne Frau mit 'nem Schlangenhals [...], 'ne Wasserrutschbahn, das war schön, da ist meine Mutter mit mir runtergerutscht."[187] Auf meine Frage nach den Kosten schränkt Herr B. ein, man sei ja nur ab und zu anläßlich von Festivitäten dort zusammengekommen und habe dann 10 oder 20 Pfennig für ein solches Vergnügen erübrigt, auch die Getränke seien dort preiswert gewesen: „Dat war für mich als Kind 'n Erlebnis".[188]

---

181 Artikel „Der Gesellschaftstanz einst und jetzt", in: a.a.O. vom 24.3.1927.
182 Ebd.
183 Siehe SAJ-Mitteilungen (Gruppe Essen-West) in: Essener Arbeiter-Zeitung vom 28.4. und 10.7.1924, Gruppe Kray-Steele a.a.O. vom 9.5. und 11.6.1924, Gruppe Holsterhausen a.a.O. vom 19.6.1925. Diese und andere Gruppen geben nun regelmäßig Sportveranstaltungen an.
184 Nach 1922 ging die Mitgliederzahl in der SAJ insgesamt von rd. 100.000 auf 56.000 im Jahr 1926 zurück, vgl. WALTER, Franz 1987, S. 344; HARTMANN, Günter und LIENKER, Heinrich 1982, S. 431.
185 Die Essener SAJ-Gruppe Stoppenberg-Schonnebeck hat sich 1927 an einem Festzug der Kirmes beteiligt, vgl. SAJ-Mitteilungen in Volkswacht vom 13.8.1927. Und der Ortsverband Essen suchte 1932 per Zeitungsaufruf interne Listen, die auf einer Kirmes verloren gegangen waren, vgl. a.a.O. vom 5.8.1932.
186 Der Vergnügungspark „Prater" hat von 1927 bis 1930 in Essen bestanden.
187 Gespräch mit Herrn Bode, a.a.O.; siehe auch GLAS-HÜMMERICH, Eva 1993, S. 39f.
188 Eine Festschrift des ADGB bestätigt Herrn Bodes Schilderung: Das „Fest der Arbeit" im Juli 1927 fand im „Prater" statt, siehe ALLGEMEINER DEUTSCHER GEWERKSCHAFTSBUND Ortsausschuß Essen 1927; zum allgemeinen Hintergrund ABRAMS, Lynn 1992.

4.3 Weiterbildungsinitiativen von SPD und Gewerkschaften

Die SPD hatte unabhängig von der SAJ eigene Bildungabsichten und setzte diese zeitweilig mit Hilfe eines Bildungsausschusses um.[189] Dieser Ausschuß entstand nach dem Ersten Weltkrieg im Jahr 1924 von neuem[190] und bot SPD-Mitgliedern Weiterbildungsveranstaltungen auf den Gebieten Wirtschaft, Politik und Geschichte an. Vor allem jüngere Teilnehmer/-innen waren gefragt, „damit ein guter Stamm von Funktionären herangebildet wird.“[191] Die schwierigen wirtschaftlichen Verhältnisse beeinträchtigten jedoch auch die Bildungsarbeit. Mitte der 20er Jahre ist von einem sehr langsamen, „aber doch steten Aufstieg“[192] der Bildungsaktivitäten die Rede. Die Tradition der Wander-Lehrer, Experten, die die Partei für mehrtägige und Einzelveranstaltungen ‚mietete‘, wurde fortgesetzt. Daneben hat man Kurse und Vorträge mit lokalem Personal geplant, „ebenso Veranstaltungen unterhaltender Art, heitere Kunstabende, Lichtbilder- und Filmvorträge“[193]. Wir können jedoch nicht davon ausgehen, daß alle Angebote auch ihr Publikum gehabt haben. Veranstaltungen, für die Eintritt erhoben werden mußte, sind offenbar weniger besucht worden, und auch manche Thematik scheint nur auf geringe Resonanz gestoßen zu sein. Ein Wirtschaftskurs im November/Dezember 1926 interessierte nur einige Sozialdemokrat(inn)en: „Der Besuch dieser Vorträge ließ leider zu wünschen übrig. Besser besucht waren die abgeschlossenen Vorträge für die Frauen.“[194] Vermutlich nahmen nicht mehr als 10–15 Prozent der SPD-Mitglieder verbindliche Formen der Weiterbildung ihrer Partei in Anspruch.[195] Frauen waren Mitte der 20er Jahre durchschnittlich mit nur 16 Prozent in den Bildungsveranstaltungen vertreten.[196]

Die Partei war bestrebt, „das kulturelle Niveau der Arbeiterklasse zu heben“[197], und dazu diente auch die sozialdemokratische Presse mit ihren allgemeinbildenden Beila-

---

189 Dieser Ausschuß hat nach dem Ersten Weltkrieg in Essen zunächst nicht mehr bestanden, vgl. HEIMANN, Antje 1987, S. 28; Bericht vom Niederrheinischen Parteitag der SPD im Jahr 1920. Dort werden 10 Bildungsausschüsse genannt, Essen ist nicht dabei, vgl. Essener Arbeiter-Zeitung vom 9.9.1920.

190 Vgl. Jahresbericht der SPD, Unterbezirk Essen, in: Essener Arbeiter-Zeitung vom 19.6.1925. – In anderen Orten und Bezirken hat es parallele Entwicklungen gegeben, Bildungsarbeit entstand wieder, nachdem die Probleme der unmittelbaren Nachkriegszeit, politische Unruhen (1920, 1923) und die Inflationszeit überstanden waren. Mit der Weltwirtschaftskrise gab es erneut Rückschläge, vgl. KLENKE, a.a.O., S. 712.

191 Ebd.

192 Artikel „Parteitag der SPD, Bezirk Niederrhein“, in: Essener Arbeiter-Zeitung vom 29.7.1925.

193 Ebd.

194 Jahresbericht der SPD für 1926, in: Volkswacht vom 4.3.1927; siehe auch Details im Jahresbericht 1927 in a.a.O. vom 21.3.1928, Jahresbericht 1928 in a.a.O. vom 27.2.1929 und Geschäftsbericht der SPD 1929 in a.a.O. vom 15./16.3.1930.

195 KLENKE gibt für Dresden im Jahr 1928 7,9%, in Thüringen 1930 13,7% an, vgl. S. 718.

196 Vgl. Artikel „Sozialismus und Kultur. Konferenz der Bildungsausschüsse“, in: Volkswacht vom 8.10.1926. WOLTER-BRANDECKER bemerkt in bezug auf die sozialdemokratische Bildungsarbeit in Frankfurt a.M. 1918–1923: „Anscheinend wurden Frauen von den Bildungsveranstaltungen nicht ausreichend angesprochen“ (S. 365).

197 Artikel „Bildung macht frei“, in: Volkswacht vom 19.7.1930.

gen.[198] Ende der 20er Jahre läßt sich zudem eine allmähliche Integration der neuen Medien Funk und Film wahrnehmen: „Die Schrift, die Zeitung und das Buch haben den Mächten der Finsternis schon Abbruch getan. Der Film, das Radio, der Lautsprecher usw. werden in dieser Richtung weiter wirken und es ist unsere Aufgabe, auch diese Mittel des technischen Fortschritts nach besten Kräften in den Dienst der sozialistischen Aufklärungs- und Bildungsarbeit zu stellen."[199]

Anfang der 30er Jahre richtete die SPD ihr Augenmerk zusätzlich auf die Arbeitslosen in den eigenen Reihen. Sie organisierte in Essen viermal wöchentlich Kurse in Deutsch, Volkswirtschaft, Naturwissenschaft, Kunst, Literatur, in Gesetzeskunde und Rhetorik.[200]

Die Bildungsofferten von SPD und Gewerkschaften ergänzten einander, doch partiell haben sie vermutlich wegen mangelnder Abgrenzung in Konkurrenz zueinander gestanden um die bildungsbeflissenen jugendlichen und erwachsenen Arbeiter/-innen und Angestellten. Denn wenn auch ein Theoretiker der Weimarer Arbeiterbildung, Fritz Fricke, als ‚gewerkschaftlich' nur die Bildungsarbeit bezeichnete, „die aus der Notwendigkeit entsteht, Menschen zu selbständiger verantwortlicher Tätigkeit im Namen der Organisation und ihrer öffentlich wirkenden Vertretungen zu schulen"[201], der Bildungsausschuß der Freien Gewerkschaften unternahm Anstrengungen auch auf Feldern der kulturellen Weiterbildung: Er organisierte Theater- und Filmaufführungen bzw. vermittelte Vorzugskarten für Gewerkschaftsmitglieder[202], veranstaltete Führungen durch das Folkwang-Museum.[203] Seine genuinen Aufgaben scheint der Ausschuß darüber nicht vergessen zu haben.

In Essen nahm 1919 eine gewerkschaftlich getragene Arbeiterbildungsschule[204] ihren Betrieb auf und bot Möglichkeiten systematischer Schulung und Bildung für Tätigkeiten in der Interessenvertretung für Arbeiternehmer/-innen. Nach dem Lehrgangsprinzip von zumeist mehrmonatiger Dauer wurden GewerkschafterInnen fortgebildet in den Fächern Gewerkschaftskunde, Ökonomie, Politik, Geschichte sowie in

---

198 Zum Beispiel die Beilage der Essener Arbeiter-Zeitung „Unterhaltung und Belehrung" (1920f.) und „Wissen ist Macht" in der Nachfolgerin „Volkswacht" ab Mai 1926; siehe auch um 1927 die Beilagen „Technik", „Unterhaltung" und „Unsere Frauen". – Den Stellenwert der Presse betont auch der Artikel „Erziehung zum Sozialismus", in: Essener Arbeiter-Zeitung vom 21.1.1924. Relativ verbreitet war offenbar die Zeitschrift „Urania" mit ihren vier Buchbeigaben pro Jahr. Deren Werbung in der Essener Presse hob ab auf die Selbstbildung des Arbeiters: „Auch der Arbeiter hat ein Recht auf Wissen über Naturerkenntnis und Gesellschaftslehre. Die ‚Urania' ist das Organ des eigenen Lagers, das Euch dies in leicht verständlicher Form und zu einem ganz geringen Preise vermittelt" (Essener Arbeiter-Zeitung vom 22.4.1925).

199 Artikel „Bezirks-Bildungskonferenz SPD Niederrhein" in Volkswacht vom 28.2.1929.

200 Vgl. Jahresbericht der SPD, in: Volkswacht vom 4.3.1932.

201 FRICKE, Fritz 1930.

202 Ein Beispiel aus der unmittelbaren Nachkriegszeit: Der Arbeiterbildungsausschuß weist auf die Theateraufführung „Dreimäderlhaus" hin, vgl. Arbeiter-Zeitung vom 14.11.1918; Werbung für den Film „Wege zur Kraft und Schönheit" in der Schauburg, siehe Volkswacht vom 23.8.1926.

203 Vgl. a.a.O. vom 3.7. und 31.7.1926.

204 Vgl. Arbeiter-Zeitung vom 18.9. und 14.10.1919, 14.2., 10.5., 8.5., 20.9.1920 und 5.4.1921.

freier Rede und schriftlichem Ausdruck. Die Teilnahme war 1919/20 kostenlos, 1921 wurde ein kleiner Unkostenbeitrag erhoben.[205]

Über die Essener Fortbildungskurse der Gewerkschaften schrieb ein (sicherlich nicht ‚geschönter') Verwaltungsbericht der Stadt Essen am Ende der Weimarer Republik, es herrsche noch immer „erfreulich starker" Besuch, obwohl die bisherigen Zuschüsse des preußischen Ministeriums für Handel und Gewerbe nicht mehr gezahlt würden.[206]

1931/32 waren vermutlich spezielle Kurse für Arbeitslose stärker frequentiert, wie sie der Deutsche Metallarbeiter-Verband (DMV) besonders für seine erwerbslosen jugendlichen Mitglieder einrichtete. Sie konnten Elektro-Fachkurse belegen, Englisch lernen oder sich über arbeitsrechtliche Zusammenhänge informieren.[207] Auch die Freie Gewerkschaft für Angestellte, der ZdA, wandte sich mit politischen und wirtschaftswissenschaftlichen Kursen an seine Mitgliedschaft. Aus aktuellem Anlaß referierte ein Dozent der staatlichen Wirtschaftsschule Düsseldorf über „Der Youngplan, die Lastenverteilung und die Angestellten."[208]

Für die Rekrutierung ihres Nachwuchses auf der Funktionärsebene richteten SPD und Gewerkschaften zusätzlich Langzeitkurse in Internatsform ein. Die Heimvolkshochschule Tinz war dafür eine ‚erste' Adresse; sie gab Volksschüler(inne)n Gelegenheit, in viermonaten Kursen „zur geistigen Weiterbildung im Sinne der sozialistischen Welt- und Kulturanschauung" zu gelangen.[209]

Mitte der 20er Jahre boten die Bildungsausschüsse von Partei und Gewerkschaften erstmals Bildungsferien an: „Damit wird weitesten sozialistischen Kreisen Gelegenheit gegeben, ihre Ferienzeit in Gemeinschaft gleichgestimmter Menschen mit geistigem Gewinn zu verleben. Die Veranstaltungen sollen Erholung mit geistiger Vertiefung verbinden."[210] Da die Teilnehmer/-innen einen Großteil der entstehenden Kosten selber zu tragen hatten, vermuten wir in der Essener Arbeiterschaft nur verhaltenen

---

205 Im Jahr 1921 reißen die Meldungen über die Arbeiterbildungsschule ab, vermutlich sind die Kurse in einem anderen Kontext – der VHS oder den Akademischen Kursen – weitergeführt worden. Vgl. dazu auch HEIMANN, a.a.O., S. 69, Anm. 35; DÄBRITZ, W. 1932, S.124.

206 Vgl. Verwaltungsbericht der Stadt Essen für das Jahr 1932, a.a.O., S. 128.

207 Vgl. Artikel „Winterbildungsarbeit des Deutschen Metallarbeiterverbandes, Ortsverwaltung Essen 1930/31", in: Volkswacht vom 12.5.1931; über die Schulungsarbeit der Freien Gewerkschaftsjugend auch: „Gewerkschaften und ihr Nachwuchs", in: Volkswacht vom 3.5.1932.

208 A.a.O. vom 9.4.1930.

209 Artikel „Die Volkshochschule in Tinz", in: Essener Arbeiter-Zeitung vom 24.5.1923.

210 Artikel „Sozialistische Bildungsveranstaltungen in der Ferienzeit", in: Essener Arbeiter-Zeitung vom 20.6.1924; siehe auch „Ferien-Studienreisen 1925" in a.a.O. vom 11.4.1925; „Sozialistische Ferienkurse", in: a.a.O. vom 23.6.1925; „Mit dem sozialistischen Bildungsausschuß an die Riviera (von einem Kruppschen Arbeiter)", in: Volkswacht vom 8.7.1929; „Ferien und Arbeiterschaft", in: a.a.O. vom 9.8.1929 (Beilage Wandern und Reisen); „Der Zug nach Süden", in: a.a.O. vom 9.8.1930 sowie die ganzseitige Anzeige „Was machen sie in den Ferien? Sie fahren selbstverständlich mit dem Reichsausschuß für sozialistische Bildungsarbeit...", in: a.a.O. vom 9.6.1931; siehe auch WAGNER, Siegfried 1930; FRISTER, Herbert 1926.

Zuspruch. Im Jahresbericht der Essener SPD 1925 wurde vermerkt, daß wegen der angespannten finanziellen Verhältnisse der Mitglieder keine Anmeldungen für Ferienkurse des Reichsbildungsausschusses eingegangen seien.[211]

4.4 Essen, „geistiger Mittelpunkt des Ruhrgebietes"[212]

Die nichtformalen Weiterbildungs- und Anregungsmöglichkeiten innerhalb des sozialdemokratischen Milieus waren verwirrend vielfältig. Darüber hinaus bot die ,bürgerliche' Kultur der Stadt Chancen, individuellen Interessen nachzugehen, das Wissen zu erweitern und Lernerfahrungen zu sammeln.

In Essen existierte seit 1919 eine nach Weltanschauungsgruppen gegliederte Volkshochschule. In die Literatur ist diese ungewöhnliche, mit der ,volksgemeinschaftlichen' Neuen Richtung in der Erwachsenenbildung zwar methodisch, nicht aber im bildungstheoretischen Ansatz korrespondierende Konstruktion als „Essener System" eingegangen.[213] Sozialdemokratische Hörer/-innen fanden ein adäquates Angebot am ehesten in der linksstehenden „Freien Gruppe", der Artur und Dore Jacobs, August Siemsen u.a. Pädagog(inn)en angehörten[214] und die auch spezifische Angebote für Jugendliche[215] unterbreitete, zum Beispiel das Einstudieren eines Bewegungschors durch Mitglieder des sozialistischen „Bundes"[216]. Bis zum Jahr 1933, also bis die Nationalsozialisten die Essener VHS für ihre Zwecke verwendeten, war diese auch eine von der Arbeiterbewegung genutzte Einrichtung. Im Jahr 1928 betrug der Anteil der Arbeiterschaft an den Hörer(inne)n rd. 41 Pro-

211 Vgl. Essener Arbeiter-Zeitung vom 31.3.1926.
212 HAHN, Heinrich Wolfgang 1986, S.220.
213 Siehe dazu beispielsweise SIEMSEN, August 1922 und 1924; JACOBS, Artur 1919; DICKE, Heinrich 1920; HAENISCH, Konrad 1921, S. 110; LUTHER, Hans 1958, S. 100ff.; ZIMMERMANN, Immanuel 1936, S. 52ff.; EMMERLING, Erich 1958, S. 45f.; HEIMANN, a.a.O., S. 31ff.; GÜNTHER, Ute 1988, S. 16f.; DIES. 1993; GROSSBRÖHMER/KIRCH, a.a.O.; zeitgenössische Artikel und Berichte finden sich in der heimatkundlichen Abteilung der Stadtbibliothek Essen.
214 In der Volkshochschule und den Akademischen Kursen waren die Intellektuellen Essens tätig, die der Arbeiterbewegung nahe standen, sich auch als Unterstützer der SAJ, der weltlichen Schulen, der Lebensreformbewegung profilierten. Dazu gehörten außer den schon genannten der Arzt Dr. Rubin, die Lehrer Genrich, Wagner, Ziegler, Birkenhauer, Müller-Wolf u.a. – Zur Verbindung von sozialistischer Bildungsarbeit und VHS siehe ADAMS, Kurt 1931.
215 Dabei gab es in der SAJ durchaus Reserven gegenüber städtischen Volkshochschulen. Die meisten, so mutmaßte man, vermittelten eine den Interessen der Arbeiterschaft zuwiderlaufende Bildung, vgl. BUGDAHN, Karl 1929; ENGELHARDT, Viktor 1925 und 1926; siehe auch zum Zusammenhang von Jugendbewegung und VHS FOERSTER, Ernst 1921.
216 Vgl. Essener Arbeiter-Zeitung vom 12.4. und Volkswacht vom 16.10.1926. Der „Bund" war an der Gründung und Konzeptentwicklung der Freien Gruppe der VHS beteiligt, seine Mitglieder Dore Jacobs, Lisa Jacob, Emmy Schreiber, Else Bramesfeld blieben während der Weimarer Zeit VHS-Lehrerinnen; JACOBS, Artur 1919, BRAMESFELD u.a., a.a.O. – Im Januar 1925 studierte Lehrer Wolff mit SAJler(inne)n und Jungsozialisten einen Sprechchor ein, vgl. Essener Arbeiter-Zeitung vom 7.1.1925.

zent[217], die Mehrzahl der Teilnehmer/-innen hatte Volksschulbildung.[218] Der Frauenanteil lag am Beginn der Weimarer Republik bei ca. 30%, seit Mitte der 20er Jahre stieg dieser auf ungefähr 45%.[219] Innerhalb der Sozialdemokratie gab es dennoch kritische Einschätzungen der Partizipation von Arbeiter(inne)n. Der Dozent der Freien Gruppe in der VHS, Rubin, fragt 1924 in einem Aufsatz nach den Gründen für das Fernbleiben der „Massen": „Die einzig stichhaltige Erklärung für den mangelhaften Besuch, den die Volkshochschule, mit ihr übrigens alle ähnlichen Kulturschöpfungen, gegenwärtig zu beklagen haben, ist die beträchtliche Senkung der Lebensführung, die als Folge der Wirtschaftskrise eingetreten ist. Vielen Arbeitern und auch Angestellten wird es heute gewiß schwer, auch nur 3 Mark (für einen 12stündigen) oder selbst 1,50 Mark (für einen sechsstündigen) [Kurs – H. B.-C.], noch gar für mehrere Familienmitglieder gleichzeitig auszugeben."[220]

Frequentiert unter anderem von „gebildeten Arbeitern"[221] waren die seit kurz nach der Jahrhundertwende bestehenden „Akademischen Kurse". Ursprünglich zum Zweck der kaufmännischen Fortbildung gegründet, widmeten sie sich weiterhin vor allem der beruflichen Weiterqualifizierung (die die VHS ausdrücklich nicht leistete).[222] Die Einrichtung bot in den 20er Jahren neben Sprachkursen auch künstlerische Vortragsreihen an. Diese bezogen sich u.a. auf die je aktuellen Aufführungen der Oper und des Schauspiels der Stadt.[223] – Akademische Kurse und VHS richteten Anfang des Jahres 1932 gemeinsam eine „Essener Notschule" ein, nachdem das städtische Arbeitsamt und das Wohlfahrtsamt festgestellt hatten, daß es „ein besonders starkes Bedürfnis nach Lehrgängen praktischen Inhalts"[224] gab. Deutsch-Kurse, Kurzschrift, Buchführung und Fremdsprachen wurden offeriert, Arbeitsgemeinschaften etabliert und Einzelvorträge

---

217 Vgl. Verwaltungsbericht der Stadt Essen für das Jahr 1928, a.a.O., S. 94; Anfang der 20er Jahre wird ein Anteil von rund 38% Arbeiter(inne)n an der VHS-Hörerschaft angegeben, vgl. Artikel „Erfahrungen im Volkshochschulwesen", in: Essener Arbeiter-Zeitung vom 24.3.1924. Dieser Prozentsatz galt auch für das 7. Betriebsjahr der VHS, für 1927, vgl. Volkswacht vom 13.1.1928.
218 Vgl.Verwaltungsbericht der Stadt Essen für das Jahr 1928, a.a.O., S. 95; HOCHBERGER, G. 1927 (Teil I).
219 Vgl. 10 JAHRE ESSENER VOLKSHOCHSCHULE o.J. (1929), S. 14.
220 RUBIN, J. 1924; zur Bildungsabstinenz zeitgenössisch auch KELLER, a.a.O., S. 375f.; siehe auch LANGEWIESCHE, a.a.O., 1987, S. 125f.
221 SWET, Kurt 1919 (Teil I); siehe auch DÄBRITZ a.a.O. – In einem Zeitungsartikel wandte sich der Leiter der Akademischen Kurse, Däbritz, ausdrücklich an die Arbeiterschaft Essens, eine Fortbildung sei auch mit „einfacher" Vorbildung möglich (vgl. Duisburger „Volksstimme", die während eines Verbots der Essener Arbeiter-Zeitung durch die französische Besatzung einen Essener Lokalteil führte, vom 21./22.4.1923). Die Akademischen Kurse nahmen sich u.a. der speziellen Weiterbildungbedürfnisse von Gewerkschaftsfunktionär(inne)n an. Zum Beispiel referierte Studienrat Herschel aus Düsseldorf über „Tarifvertragsfragen" (vgl. Volkswacht vom 29.10.1930, Rubrik „Bildung und Wissen") oder Direktor Däbritz leitete ein „Konjunktur"-Seminar (vgl. a.a.O. vom 25.11.1926); siehe auch die Vorlesungsverzeichnisse der Akademischen Kurse für Handelswissenschaften und allgemeine Fortbildung, z.B. vom Wintersemester 1919/20. Essen 1919.
222 Der Hauptakzent lag auf „Handelswissenschaften" bzw. Wirtschaftswissenschaften.
223 Siehe zu den Akademischen Kursen auch HAHN, a.a.O., S. 219ff.; GÜNTHER, Ute 1993.
224 DÄBRITZ, a.a.O., S.126ff.

gehalten.[225] Im Jahr 1932 nahmen bereits 600 erwerbslose Hörer/-innen dieses kostenlose Angebot in Anspruch.[226]

Kruppianer und deren Angehörige konnten darüber hinaus ihre Weiterbildungsam-
bitionen in der Weimarer Zeit über den Kruppschen Bildungsverein befriedigen. Der
Verein veranstaltete überwiegend allgemeinbildende Vorträge und Musikabende. Das
Vereinswesen insgesamt hatte nicht zu unterschätzende Bildungsfunktionen. Genannt
werden kann in diesem Zusammenhang stellvertretend der „Naturwissenschaftliche
Verein", ein Zusammenschluß, der unter der Leitung eines Studienrats regelmäßig
Exkursionen ins Umland unternahm (dem z.B. die Eltern von Frau Winter angehör-
ten).[227]

Für den Fort- und Weiterbildungsbedarf – insbesondere für sog. Multiplikatoren –
gab es daneben eine Reihe von berufsrelevanten Institutionen: seit 1920 eine Depen-
dance des preußischen Zentralinstituts für Unterricht und Erziehung, die Niederrheinische Verwaltungsakademie, um nur die profiliertesten zu nennen.[228] Ab 1927 bereicherten die Folkwang-Schulen für Musik, Tanz und Sprache die städtische
Landschaft.[229]

Die Museen der Stadt öffneten sich mit Führungen und Vorträgen den kulturellen
Bedürfnissen auch eines breiteren Publikums. Das Museum für Heimat- und Natur-
kunde wandte sich ausdrücklich an Kinder und Jugendliche, seine Sammlung zu studieren. Hinzu kam eine ortsgeschichtliche Ausstellung, die in den Räumen des Folk-
wang-Museums untergebracht war und mittelalterliche Dokumente und Urkunden
sowie volkskundliche Exponate zeigte.[230]

Die moderne Malerei war nach 1920 zunächst im Goldschmidt-Haus, Mitte der 20er
Jahre bis zum Ende der Weimarer Republik zusammen mit der Sammlung Karl Ernst
Osthaus im neuen Folkwang-Museum vereint. In den SAJ-Mitteilungen gab es Hin-
weise auf wiederholte Besuche beider Häuser.

In Essen bestanden außerdem private Einrichtungen wie das Aquarium und das
„Panorama", eine kreisförmige Schauwand mit Gucklöchern, ein sog. Kaiserpan-
orama, das Ansichten aus aller Welt zeigte und nach eigenem Bekunden „zur Hebung
des erdkundlichen Unterrichts [...] als Bildungsstätte in erster Reihe"[231] stand.

---

225 Vgl. Volkswacht vom 11.12.1931.
226 Vgl. DÄBRITZ, a.a.O., S. 128; Verwaltungsbericht der Stadt Essen für das Jahr 1932, a.a.O., S. 129.
   Schon im Jahr 1931 hatte die Zahl der erwerbslosen Hörer/-innen an VHS und Akademischen Kursen
   zugenommen, in der VHS betrug ihr Anteil 60 Prozent, vgl. den Artikel „Kunst- und Kulturinstitute",
   in: Volkswacht vom 2.3.1932.
227 Weitere Bildungsvereine bei DÄBRITZ, a.a.O., S. 139ff.
228 Ausführlicher bei HAHN, a.a.O., S. 224ff. und MEURER, Albert 1929, S. 125.
229 Einzelne Schüler und Lehrer sollen Kontakte zur SAJ geknüpft und beim Einstudieren des Sprechchors „Masse Mensch" und der Gründung des Kabaretts „Der eiserne Besen" geholfen haben.
230 Vgl. den Artikel „Museen als Volksbildungsstätten", in: Essener Arbeiter-Zeitung vom 19.2.1926; „25
   Jahre Museum der Stadt Essen für Natur- und Völkerkunde. 1750000 Besucher in 23 Jahren", in:
   Volkswacht vom 18.3.1930.
231 Essener Arbeiter-Zeitung vom 10.4.1920.

Die Essener Städtischen Bühnen sind im Zusammenhang mit der SAJ bereits erwähnt worden: Die Abteilungen Schauspiel und Oper waren vertreten sowie das städtische Orchester.

Essen war aber auch eine Stadt der leichten Muse. Außer der weiter oben genannten „Komischen Oper" bzw. dem „Colosseum"[232] finden wir in den Veranstaltungskalendern der 20er Jahre u.a. das Variété-Theater „Prater" und die Kleinkunstbühne „Hansa". In Essen gab es außerdem fast ganzjährig Zirkusse. Zirkus Hagenbeck hatte sogar ein festes Domizil, ein Holzhaus in der Innenstadt, auch Althoff, Sarrasani und Busch besuchten regelmäßig die Stadt.

4.5 Zusammenfassung

Die Jugendorganisation hatte eine Vorreiter-Funktion gegenüber der traditionellen, durch die gesellschaftlichen Verhältnisse der Kaiserzeit geprägte Arbeiterbewegung. Den älteren Genossinnen und Genossen hielt die Sozialistische Arbeiterjugend klein-bürgerliche Lebensformen, Stile und Anschauungen vor.[233] Der beispielgebenden Rolle der Jugendlichen ist in Parteikreisen jedoch nicht überall Sympathie entgegengebracht worden. Das hat sich u.a. an der oftmals spärlichen finanziellen Unterstützung durch den Bildungsausschuß bzw. die Partei gezeigt. Friedemann spricht sogar von „parteioffiziellen langjährigen Disziplinierungsversuchen."[234] Trotz des partiell belasteten Verhältnisses der Jugend zu ihrer (überalterten) Mutterpartei, trotz vieler Brüche und Ungereimtheiten in der Praxis der Jugendlichen: das damalige Avantgarde-Bewußtsein – nicht nur bezogen auf die älteren Genoss(inn)en, sondern insbesondere auch in Abgrenzung von der Mehrheitsgesellschaft – ist noch heute aus den meisten Erinnerungsberichten herauszulesen, wenn auch gegenwärtige Stile und ästhetische Vorlieben nur bei den wenigsten den ehemals jugendbewegten Habitus ahnen lassen.

Die Bildungsvorstellungen der SAJ-Leitung waren auf verschlungene Weise mit den Bildungsbedürfnissen ihrer Mitglieder verbunden. Es zeigte sich in der oben dargestellten Praxis, daß Verbandsziele (auf Zeit) nicht nur von den Funktionär(inn)en vertreten wurden. Dafür stehen beispielsweise die „Schund- und Schmutz"-Kampagnen um 1919/20, die Alkohol- und Nikotinabstinenz und nicht zuletzt die bei den meisten Befragten auffällige Identifikation mit ‚ihrem' Verein und seinem zeitaufwendigen Bildungs- und Freizeitangebot. Daneben aber war vielfältiges Unterlaufen der pädagogischen und politischen Anliegen der Jugendorganisation zu registrieren, etwa

---

232 Das „Colosseum" hieß vorübergehend „Scala" – die KPD feierte darin Ende der 20er/Anfang der 30er Jahre, separiert von der Sozialdemokratie, ihre Jugendweihen.
233 So der SAJ-Funktionär und Junglehrer Heinz NIEMEYER (1926).
234 FRIEDEMANN, Peter 1986, S. 110. Die Auflösung der „Jungsozialisten" durch die SPD im Jahr 1931 kann dafür als Indiz gelten; dazu auch WALTER, Franz 1986; MARTINY, Martin 1978.

beim Konsum von „Schmökern". Da half es nichts, daß Pädagog(inn)en wie Anna Siemsen gute Bücher als „unentbehrliches Werkzeug"[235] anpriesen, als Mittel, „junge Menschen zu klassenbewußten, klarblickenden und zielbewußten Mitarbeitern zu machen"[236]. Solche Maximen vermittelten zwar einerseits Handlungsorientierungen, andererseits provozierten sie die Suche nach nichtpädagogisierten Nischen, nach Lust und Genuß außerhalb der Bewegung bis hin zu trivialen Massenvergnügungen.[237] Gleichzeitig kamen kulturelle Artikulationen von seiten der Basis weiter oben an. Manchen Bedürfnissen konnten oder wollten sich die Funktionär(inn)en offensichtlich nicht verschließen – das betrifft die modernen Medien Radio, Film und Schallplatten und auch den Sport.

Die zahlreichen in der SAJ angesiedelten Bildungsmöglichkeiten waren unterschiedlich frequentiert. Die Jugendlichen suchten sich aus einem breiten Spektrum einzelne – seien es künstlerische oder mehr kognitive Angebote, sei es politische Schulung – heraus. Viele haben fast alles ‚mitgenommen'.[238] Sie scheinen sogar den Bildungskanon der SAJ als Anregungspotential über die NS-Zeit hinweg gerettet zu haben.[239]

Auch das städtische Umfeld wurde in den 20er Jahren im Hinblick auf die Weiterbildung genutzt. Die Volkshochschule und die Akademischen Kurse waren wichtige Institutionen für den bildungsbeflissenen Teil der organisierten Arbeiterschaft Essens.[240] Zwar standen für die Befragten dieser Untersuchung die Angebote der SAJ, der Freien Gewerkschaften und der Partei im Vordergrund, aber bezogen auf ihre kulturellen Interessen waren die Kruppsche und die Stadtbibliothek, das Stadttheater, Konzerte und Museen bevorzugte Bildungsstätten. Die ‚bürgerlichen' Bildungsinstitutionen hatten sich schon seit 1919 der Arbeiterschaft zugewandt. Die VHS

---

235 SIEMSEN, Anna 1930(a).

236 Ebd.

237 Eine Wiesbadener Lokalstudie zum Kinobesuch der proletarischen Jugend in der Weimarer Republik kommt zu einer vergleichbaren Schlußfolgerung: WUNDERER, Hartmann 1992, insb. S. 13.

238 Beispielhaft sei hier einmal die Äußerung eines Berliner Schriftsetzer-Lehrlings vom Ende der 20er Jahre wiedergegeben: „Mein Bestreben ist es, mich immer noch weiter zu bilden; dies wird mir in vielfältiger Weise durch meine Eltern ermöglicht. Fast meine ganze Freizeit gehört der Sozialistischen Arbeiter-Jugend, denn anregende Diskussionen, vielseitige Bildungsarbeit, lustige und ernste Unterhaltungsabende sowie an Sonn- und Feiertagen fröhliche Wanderungen geben mir immer wieder Lust und Kraft zu neuer Arbeit. Auch die ‚Volksbühne' und der ‚Bücherkreis' tragen viel dazu bei [...]" (zitiert bei KROLZIG, a.a.O., S. 122, siehe auch S. 17).

239 Oder auch in die NS-Zeit hinein: Kurt G., der in Kapitel 5 ausführlich vorgestellt wird, ist – obwohl ohne Sympathien für das Regime – nach 1933 Mitglied im NS-Kulturbund geworden, um subventionierte Theaterkarten kaufen zu können.

240 Nach 1933 veränderten sich die Bildungs- und Weiterbildungseinrichtungen unter der NS-Herrschaft grundlegend. Diejenigen Institutionen, die der Arbeiterbewegung direkt oder indirekt verbunden waren, existierten nur noch wenige Monate: Die weltlichen Schulen wurden im Frühjahr/Sommer 1933 aufgelöst, die VHS von der NSDAP-Gliederung „Kraft durch Freude" kooptiert, die Stadtbibliothek erhielt einen neuen Leiter und mußte sich ‚säubern' lassen (Artikel „Der neue Geist in der Essener Stadtbibliothek", in: National-Zeitung vom 18.5.1933); die Akademischen Kurse blieben zwar bestehen, änderten aber ihre Schwerpunkte und nahmen nun u.a. „Rassenkunde und germanische Vor- und Frühgeschichte" ins Programm (FUSS 1938, S. 197).

war von Sozialisten mitgegründet worden und wurde von ihnen bis 1933 mitgetragen, und die Akademischen Kurse unterhielten enge Beziehungen zum ADGB. Linke Intellektuelle am Ort waren sowohl in den kommunalen Instituten als auch in den Kulturorganisationen der Sozialdemokratie tätig. Langewiesches These von der allmählichen Auflösung des (zuvor hermetischen) Arbeiterbildungs- und -kulturzusammenhangs in den 20er Jahren findet in Essen auf institutioneller Ebene sowie am Beispiel von Akteuren und ‚Konsumenten' ihre Bestätigung.[241]

In den Jahren nach 1945 mußten sich die ehemaligen SAJler/-innen kulturell neu definieren und zuordnen, denn das Geflecht der die Freizeit strukturierenden Nebenorganisationen der Sozialdemokratie war stark geschrumpft. Hier griffen die SAJ-Veteranen, wie wir in den Selbstzeugnissen noch sehen werden, auf vertraute Weimarer Zusammenhänge zurück, z.B. durch Mitgliedschaft im „Theaterring", in der Büchergilde Gutenberg, bei den Naturfreunden oder den abstinenten Guttemplern. Diese Organisationen stellten angesichts einer veränderten Zusammensetzung der sozialdemokratischen Wähler- und Sympathisantenschaft nach dem Krieg[242] und forciert durch die bewußte Entscheidung der SPD gegen eine Renaissance des ‚Lagers' – einen „Abglanz der alten Tradition"[243] – dar.

Meine Interviewpartner/-innen hätten, wenn es nach den pädagogischen Intentionen von SPD und SAJ gegangen wäre, in ihren Jugendgruppen hauptsächlich einer antiindividuellen sozialistischen Erziehungspraxis und später, als Erwachsene, dem verwandten andragogischen Verständnis von Partei und Gewerkschaften ausgesetzt sein sollen. Stellvertretend und bezogen auf die Weiterbildung für gewerkschaftliche Tätigkeiten kommt dieses Verständnis in einem Zitat von Hermann Seelbach noch einmal zum Ausdruck: Weiterbildung erfolge nicht „zum Zwecke des persönlichen Aufstiegs, sondern aus solidarischem Handeln und somit zum Zwecke des kollektiven Fortschritts."[244] Doch der hohe Anspruch ließ sich zum einen in der alltäglichen Dynamik des Gruppenlebens nicht einlösen und stieß zum anderen auf den Eigen-Sinn der Betroffenen. Kapitel 5 wird zu zeigen versuchen, inwieweit die programmatische Orientierung der Arbeiterbewegung am Kollektiv in den persönlichen Rückblicken und Konstruktionen der Zeitzeug(inn)en als Bezugspunkt für die Aneignung von Wissen und Bildung relevant war und geblieben ist.

---

241 Siehe Anmerkung 60; LANGEWIESCHE, Dieter 1982, 1987; van der WILL/BURNS sehen den Niedergang der Arbeiterkultur auch in Illusionen und Theoriedefiziten der Sozialdemokratie, einschließlich der SAJ, begründet (insb. S. 67ff.).
242 Dazu PLATO, Alexander v. 1989; 1983, insb. S. 41.
243 TENFELDE, Klaus 1991, S. 9.
244 SEELBACH, Hermann *1931*. *Seelbach* war in den 1920er Jahren Direktor der Staatlichen Fachschule für Wirtschaft und Verwaltung Düsseldorf, Dozent der Akademischen Kurse in Essen, von 1930 bis 1933 Leiter der ADGB-Bundesschule Bernau; er sympathisierte nach Hitlers Machtübernahme mit dem Nationalsozialismus.

5. Biographien ehemaliger Mitglieder der Essener SAJ

5.1 Auf der Suche nach Bildungserfahrungen

Während in den vorangegangenen Kapiteln die Frage nach den Lebensbedingungen bzw. nach den Bildungsmöglichkeiten ehemaliger Essener SAJler/-innen leitend gewesen ist, wird nun die Perspektive der Befragten auf ihr ‚gelebtes' Leben, die bisher nur einzelthematisch einbezogen war, im Vordergrund stehen. Interviews und autobiographische Texte von vier Männern und fünf Frauen sollen inhaltlich wiedergegeben und interpretiert werden. Das heißt, die Subjektivität der Erzählenden wird die Deutungen leiten, um auf diese Weise die Lebenskonstruktionen der Befragten zu rekonstruieren[1] bzw. ‚freilegen' zu können und anhand der Konstruktionen den in der Einleitung formulierten Fragen nachzugehen. So hoffe ich zu erfahren, welchen Stellenwert die Bildung bzw. deren Facetten im Leben des/der einzelnen gehabt haben.[2] Des weiteren wird erkennbar, ob die Modernisierungsschübe der 20er und insbesondere der 1930er Jahre Spuren in den Lebensgeschichten hinterlassen haben. Die Konstruktionen lassen darüber hinaus Erfahrungsbündel und Verhaltensmuster sichtbar werden, die mit Hilfe der Kategorie ‚Geschlecht' stärker in den Blick genommen werden. In welchem Verhältnis, so eine weitere, eingangs gestellte Frage, stehen zeitgeschichtliche Ereignisse und Prozesse zu den Lebensverläufen, und wie wurden sie in den Lebensgeschichten ‚verarbeitet'? Gab es ein sozialdemokratisches Selbstverständnis über die Zeitläufte hinweg? Schließlich ist es für die Fragestellungen von Interesse, ob in die Konstrukte der „Biographieträger" die nachfolgende Generation erstens überhaupt und zweitens im Sinne einer Kontinuitätslinie oder eines Bruchs eingegangen ist. Diese Fragen und Zugänge sind, wie im Methodenteil ausführlicher erörtert, nicht abstrakt an das ‚Textmaterial' angelegt worden, sondern haben sich bereits quasi ‚dialogisch' aus Gesprächen, Lektüre, aus dem Quellenstudium entwickelt.

Die Auswahl von neun Lebensgeschichten aus zweiundzwanzig vorhandenen beruht nicht auf strengen Kriterien. Ausschlaggebend war einmal die Absicht, mög-

---

[1] Der Begriff „Lebenskonstruktionen" ist entlehnt bei Heinz BUDE (1987), S. 75ff. und 104ff., bezieht sich aber mehr auf die Subjektivität der Befragten denn auf „die verborgene Gefügeordnung individuellen Lebens" (S. 77); einen erziehungswissenschaftlichen Zugang zu lebensgeschichtlichen Konstrukten vertritt MAROTZKI, Winfried 1991, ins. S. 191f.

[2] Der Bedeutung des Lernens und der organisierten Erwachsenenbildung im Lebensverlauf sind nachgegangen BUSCHMEYER, Hermann u.a. 1987, SIEBERT, Horst 1985; (b) RABE-KLEBERG, Ursula 1993; TIETGENS bedauert, daß eine „tiefere Durchdringung der Sozialisationsprozesse" noch aussteht, die uns Einsichten in die Weiterbildungsbereitschaft Erwachsener (oder in ihr Gegenteil) vermitteln könnte (1991, S. 16); siehe auch DERS. 1964 sowie WOLF, a.a.O.

lichst mehrere Erfahrungsgenerationen vorzustellen und miteinander in Beziehung zu setzen – das legt der Rekurs auf die Zeitgeschichte und auf die Bildungsverständnisse und Angebote der Sozialisationsinstanz ‚SAJ‘ nahe. Zum anderen sollten selbstverständlich beide Geschlechter, und zwar nicht nur entsprechend ihrem Anteil an der Mitgliedschaft der Jugendorganisation, zu Wort kommen. Wenn die weibliche Seite nun sogar ein Übergewicht hat – fünf zu vier –, dann ist dies zu begründen mit der Neugier der Verfasserin und dem Wunsch, etwas mehr von der bislang weitgehend ‚verschütteten‘ Frauengeschichte in Selbstzeugnissen öffentlich zu machen.

5.2 Neun Beispiele

Betty Hildebrand, 1903–1992
Verkäuferin/Büroangestellte/Familienfrau

„Ich hatte Talent“

Frau H. gab in mehreren Gesprächen Auskunft über ihr Leben, sie verfaßte außerdem schriftliche Zeugnisse, Briefe und Erinnerungen und führte eine Reihe nachbereitender Telefonate mit der Verfasserin. Sie erweckt den Eindruck, als hätte sie häufig, zumindest in den letzten Jahren, über ihren Lebensverlauf reflektiert, und sie zeigte keine Scheu, diese Reflexionen auch mitzuteilen. Die eine oder andere Erinnerung hatte allerdings die Form einer ritualisierten Erzählung, war also nicht zum ersten Mal ausgesprochen worden.

Betty H. gehörte Anfang der 80er Jahre zu einer kleinen Gruppe ehemaliger A.-J.-SAJler/-innen, die der Mahn- und Gedenkstätte „Alte Synagoge“ in Essen anläßlich einer Ausstellung zu lokalen Jugendbewegungen umfangreiches persönliches Fotomaterial zur Verfügung stellte und zu mündlichen Auskünften bereit war. Frau H. hob schon damals stolz hervor, daß sie aus einem sozialdemokratischen Elternhaus kam (wenn auch die Mutter im Zusammenhang mit der Zustimmung der sozialdemokratischen Reichstagsfraktion zu den Kriegskrediten eine Zeitlang mit ihrer Partei unzufrieden gewesen sein soll). Zu den ersten Selbstdarstellungen gehörte darüber hinaus der nachdrückliche Hinweis auf die vier Jahre ältere Schwester, die die Essener Arbeiterjugendbewegung der Kaiserzeit mit organisiert und in der kulturellen Bildung der Jugendlichen Maßstäbe gesetzt habe: Sie unterrichtete Jungen und Mädchen im Gitarre-, Geige- und Mandolinespielen. Durch ihre Vermittlung hätten einige Schüler/-innen in der Oper als Statisten auftreten können und auf diese Weise auch anderen operninteressierten A.-J.-Mitgliedern verbilligte oder kostenlose Karten für Stehplätze verschafft.

In ihre Lebensrückblicke streute Frau H. oft Geschichten oder Formulierungen ein, die sie als positiv abweichend von den übrigen Jugendlichen im Jugendverein, aber auch von den Mitschüler/innen und sogar den drei Geschwistern darstellten. Schon beim Volkstanz in der A.-J.-Gruppe habe sie sich durch Selbstbewußtsein und Einfallsreichtum von der Mehrheit unterschieden: „Der Volkstanz kam auf [...]. Ich war wohl die Natürlichste von allen. Ich sag ja, mir fiel immer so 'n Gag ein, und dann ging natürlich jeder Volkstanz mit Gelächter zuende [...] Aber ich hatte immer viel Tänzer. Und die wußten auch, ,die Betty, da kannze wat mit machen'". Auch hätten sie und ihre Geschwister – im Gegensatz zu den meisten Arbeiterkindern – immer gepflegte Kleidung gehabt: Als der Vater noch den Schneiderberuf ausübte, fertigte er die Garderobe für seine Kinder, und nach einem Berufswechsel (zum Dienstmann) hatte er so gute Beziehungen zu den Kaufleuten der Innenstadt, daß er auf Sonderangebote aufmerksam gemacht wurde und auch Nachlässe erhielt. In den Kontext des ‚Besonderen‘ gehört zudem das Beherrschen und Besitzen von Musikinstrumenten: „Wir waren so 'n bißken Klasse, wir stachen so 'n bißken ab, will ich mal sagen, weil wir Instrumente hatten, und weil meine Schwester so intelligent war [...]"[3] Betty Hildebrand spielte Mandoline, Gitarre und Mandola. Die Eltern hätten sich selber „nix gegönnt, aber sie wollten ihren Kindern – daß die freier wurden und mehr vom Leben hatten." Sie und ihre Geschwister, drei Mädchen und ein Junge, sollten, so definiert Frau H. die pädagogische Zielsetzung ihrer Eltern, aufgeschlossen groß werden, „nicht so überängstlich und fanatisch". Bei ihrer Tante, der Schwester von Frau H.s Mutter, sei es ganz anders zugegangen. Alle sechs Mädchen hätten sofort nach der Schule „in Stellung" gehen und ihren ganzen Lohn abgeben müssen. „Also die Tante war rückständig geblieben. Das konnte meine Mutter so gar nicht verwinden, daß die ihre Kinder so dumm groß wurden, ohne jede Liebe und ohne jedes Drum und Dran. Da hätt' doch keiner in der A.-J. sein dürfen!"

Frau H. besuchte eine katholische Volksschule und hatte es dort oft schwer, weil sie aus einem dissidentischen und „roten" Elternhaus kam, aber auch weil sie kritisch war, nachfragte, sich nichts gefallen ließ. Frau H.: „Wir hatten 'ne fanatisch katholische Oberlehrerin [...], ach, und die sagte nun diesem kleinen, mickrigen Pastor K., wir hielten die [sozialdemokratische] Arbeiter-Zeitung. Ging doch niemanden etwas an, mein Vater war Soldat, meine Mutter hat se nich abbestellt, und wir hatten die Arbeiter-Zeitung. Und da hatt' ich nichts zu lachen. Da sagte der [Pastor], ,denn wollen wir mal die Rotzprinzessin drannehmen'. Dat war ich. Da sag ich, ,Herr Pastor, mein Vater ist Schneider gewesen, und er hat alle schönen weichen Lappen verwahrt für Taschentücher, und wir haben Berge Taschentücher. Von uns ist keiner, is' keiner 'n Rotzprinz oder 'ne Rotzprinzessin', ne [...]. Ich ließ mir nichts gefallen. Mein Vater hat immer gesagt, ,wenn ihr im Recht seid, denn schluckt es nicht, denn wehrt euch'. Ich hab

---

3   Die ältere Schwester Paula hatte eine private Handelsschule besucht und erhielt eine Anstellung im Büro der Firma Krupp. Als aus dem Ersten Weltkrieg zurückkehrende Soldaten Arbeit suchten, wurde Paula H. entlassen; sie arbeitete anschließend im Parteibüro der SPD.

mich gewehrt. Und denn sagte meine Lehrerin, ‚wer mit der Hildebrand geht, der ist verloren!' " Erlebnisse dieser Art verfestigten ihre antikirchliche Haltung: Mit 18 Jahren trat Frau H. aus der katholischen Kirche aus.

Als der Schneiderberuf des Vaters die Familie nicht mehr ernähren konnte, wurde er selbständiger Gepäckträger bei der Reichsbahn („Dienstmann Nr. 1"). Der neue Status habe ihn jedoch keineswegs von der Arbeiterbewegung entfremdet.[4] Ihr Vater sei sehr beliebt gewesen und habe das Ansehen der Familie noch gestärkt. Dazu hätten auch seine „Auftritte" mit Gedichten u.a. in der Arbeiterjugendorganisation beigetragen: „Wer was wissen wollte – Vatter kannte alles, er war sehr belesen und kannte Vögel und was die Natur so hervorbrachte, also wer wirklich etwas kennenlernen wollte, der hatte Gelegenheit [...]. Gesungen wurde immer, das überbrückte die Müdigkeit. Bücher und Theater waren ja für die meisten böhmische Dörfer – unbekannt. Viele Eltern kannten nichts und konnten dann auch kein Wissen weitergeben." – Von seiner Tätigkeit als Dienstmann am Essener Hauptbahnhof brachte Vater Hildebrand ab und zu einen reisenden A.-J.ler mit nach Haus, der dann eine warme Mahlzeit erhielt und anschließend seinen Weg fortsetzte.

Betty Hildebrand erinnerte sich an die Zeit in der Arbeiterjugendbewegung – auch, aber weniger plastisch, an die Mitgliedschaften in anderen Neben- bzw. Kulturorganisationen, den Arbeitersport, den Volkschor, die „Naturfreunde" – als eine Ergänzung und Verfeinerung des durch ihre Eltern hergestellten politischen und Bildungskontextes. Sie erwähnt VHS- und andere Vorträge im Rahmen der Arbeiterjugendbewegung, Wanderungen, Tanzabende, Leseerlebnisse: „Denn die Hauptaufgabe hieß ja, ‚jeder Mensch ist höchster Bildung fähig'. Und wo sollte er denn die Bildung herkriegen, wenn da keine Gelegenheit war, sich zu bilden, wer keine höhere Schule, Handelsschule oder nix besuchte. Da mußte doch dieses Niveau eigentlich sein, wenn jeder Mensch höchster Bildung fähig ist, ne?" Die Aufgeschlossenheit der Eltern – häufig wird in diesem Zusammenhang der Vater erwähnt, insbesondere dessen Belesenheit und Begeisterung für Literatur und fürs Theater – hätten die Kinder entscheidend beeinflußt: „[...] viel haben wir alle selbst unseren Grips 'n bißken angestrengt und dadurch schafften wir dat auch, wir konnten alle irgendwie dichten oder Gott weiß wat, also dat haute immer hin, also aufgrund weil meine Eltern 'n bißken aufgeschlossen waren, ne." Eichendorff, Morgenstern und Heine konnte Frau H. auswendig rezitieren.

Nach der Schulentlassung war Frau Hildebrand eine Zeitlang Laufmädchen, u.a. in einer Buchhandlung. Die ihr dort angebotene Lehrstelle schlug sie. aus. Es waren dann

---

4 Frau Hildebrands Vater wollte die bei ihm arbeitenden Dienstleute einer Gewerkschaft ‚zuführen'. Im ADGB wußte man aber gar nicht, wo diese Gruppe einzuordnen sei und hielt sein Anliegen, so Frau Hildebrand, für etwas „verrückt", zumal alle auf eigenes Risiko, also ohne Anstellungsvertrag, arbeiteten. Den Status eines Selbständigen im tertiären Sektor konnte Vater H. offenbar für sich nicht akzeptieren.

die Beziehungen der Eltern (sie waren Mitglieder in der Genossenschaft „Eintracht"), denen sie eine Lehrstelle als Verkäuferin zu verdanken hatte: „[...] und, wie gesagt, man kam ja auch schwer an Lehrstellen, da konnte nicht jeder sagen ‚ich komm' in 'n Konsum', ne?" Die Ausbildung ist allerdings von Konflikten mit einem Vorgesetzten begleitet gewesen, so daß Frau Hildebrand ihrem Arbeitgeber mit 17 Jahren den Rücken kehrte. Über Stenographie- und Schreibmaschinenkurse qualifizierte sie sich für Bürotätigkeiten und bewarb sich erfolgreich auf eine Annonce des SPD-Parteibüros.

Während sie dort beschäftigt war, fungierte sie ab und zu als Beraterin in der Essener „Zentralbibliothek" der organisierten Arbeiterschaft[5] : „Wenn so junge Leute kamen, denen hab ich dann Gerstäcker empfohlen. Und bei den anderen so Liebesromane, Ebner-Eschenbach und so wat alle".[6] Ihre Leselust hat Frau Hildebrand als Jugendliche bzw. junge Erwachsene auch in den Dienst der Kruppschen Bücherhalle gestellt: „Und die hatten viel Material, und auch schöne Sachen, gute Sachen [...]. So 'n Buch sollte ich lesen, und dann hab ich [es] so kurz zusammengefaßt, Familienromane oder auch dies oder das. Und wer ein Buch lieh, der las dann vorne so 'n Vorwort [die Inhaltsangabe von Betty H., d.Verf.]. Und dann war ich so beliebt bei denen, die nahmen sich die Zeit nicht, aber denn hatten die immer, wenn Neuerscheinungen kamen und ich hatte Zeit, denn haben sie mir dat zugeschanzt und ich hab denn da so durchgelesen und denn hab ich da rasch so 'n kurzen Überblick gemacht."

Durch Betty H.s Arbeit im Parteibüro der Essener SPD eröffnete sich eine weitreichende Perspektive: Die „Arbeiterwohlfahrt" war bereit, ihr ein Studium an der Heidelberger „Diesterweg-Schule", einer Akademie für Sozialarbeit, oder, wie es damals hieß, für „Wohlfahrt", an der auch Volksschülerinnen ausgebildet werden konnten, zu finanzieren. Während des Studiums in Mannheim, im Alter von Anfang bis Mitte 20, fiel Betty wieder aus dem Rahmen: Sie war zwar AWo-Stipendiatin aus ‚einfachen' Verhältnissen, aber sie wohnte in Heidelberg bei ihrer schon erwähnten inzwischen gut situierten Schwester.[7] Betty glänzte in der Mannheimer Sozialakademie nach ihren Aussagen durch gute Noten und weckte damit den Neid ihrer Mitschülerinnen. Besonders in Erinnerung geblieben ist ihr, daß sie einmal der Leiterin der Schule und den Schülerinnen ihrer Klasse Heidelberg zeigte und die Gruppe auf dem Rundgang am großbürgerlichen Wohnhaus ihrer Schwester und ihres Schwagers vorbeikam. Man war allgemein erstaunt darüber, in welch feudalen Verhältnissen Betty lebte, und sie

---

5   Das Parteibüro der SPD, die Bibliothek und die „Arbeiterwohlfahrt" befanden sich im selben Haus in der Essener Grabenstraße.

6   Frau H. beurteilt noch heute kritisch, daß es dort keine Karl-May-Bücher gegeben hat: „[...] dat war doch Blödsinn. Die haben doch keinem geschadet, die Bücher. Die [Leser] lernten doch Land und Leute und Charaktere kennen [...]".

7   Schwester Paula hatte einen Chemiker geheiratet, mit dem sie nach Heidelberg gezogen war. Der Reichtum begründete sich hauptsächlich aus finanziellen Anteilen an Erfindungen und am Nobelpreis des Vorgesetzten ihres Mannes. Sie bekleidete hohe Parteiämter in der Heidelberger Sozialdemokratie und soll als Anlaufstelle für Ratsuchende und Bedürftige bis zu ihrem Tod, Ende der 70er Jahre, in der Stadt bekannt gewesen sein. Eine Heidelberger Straße trägt heute ihren Namen.

genoß ganz offensichtlich die Verblüffung. Die Zeit in Mannheim war zweifellos eine Phase großer Offenheit und Lernbereitschaft (Betty H. trennte sich damals von ihren langen schweren Zöpfen): „Die Frau Direktor [Bernays], die war eine der ersten, die ihren Doktor gemacht hatte – war ja früher nicht erlaubt und außerdem war sie noch 'ne Jüdin – und die sachte immer, also, sie hätte noch nie 'ne Schülerin gehabt, die für den Beruf so prädestiniert gewesen sei wie ich, ne. Und die lobte mich immer über den grünen Klee [...]"

Im Verlauf der fünf Studiensemester in Mannheim gab es trotz kleinerer Auseinandersetzungen mit Lehrkräften keinen Grund, daran zu zweifeln, daß Betty die begonnene Ausbildung abschließen und danach einen der typischen gehobenen Frauenberufe der Weimarer Zeit, den der Fürsorgerin, ergreifen würde. Der Familie verbundene Funktionäre aus der AWo hatten ja Betty Hildebrand für die Mannheimer Ausbildung ausgewählt und ihr eine spätere Berufstätigkeit in deren sozialen Einrichtungen in Aussicht gestellt. All ihre Förderer mußte Frau H. dann doch enttäuschen, als sie 1927 die begonnene Ausbildung plötzlich aufgab. Betty H. ist noch heute darüber betrübt:

„Nicht nur meinetwegen – meinen Eltern, denen hätte ich so 'ne große Freude gemacht, wenn ich das schaffte und so beliebt war. Und auch hier, 'n Arbeiterkind, hat kein Abitur, Volksschule, macht dat und dat, ne – so viele, die haben, auch der Otto B. [AWo-Funktionär], den hat dat auch furchtbar getroffen, und den Emil, meinen Kettwiger [Freund], also 'n unglücklicherer Menschen konnt ich mir gar nicht vorstellen, wie den Emil, dat ich in Umständen war, also dat hat der einfach nich kapiert. Wir hatten nich' so sexuell, dat dat die Hauptsache spielte, dat war nich. Auch mein Mann und ich, wir gingen schon jahrelang Paddeln nur als Freund, waren zusammen im Chor und wanderten auch zusammen; er quietschte denn auf der Geige rum und ich hatte meistens die Gitarre mit und so, aber ich hatte ja gar nicht vor zu heiraten. Da sagt meine Schwester, ,die Schule strengt dich doch an [...] Jetzt mach dir mal erholsame Ferien [...], kannst in die Schweiz fahren und machst mal schöne Ferien, Vierwaldstätter See'." Bettys langjähriger Volkschorgenosse Wilhelm wollte mitfahren, und sie hatte keine Einwände. „Und wir sind zusammen gefahren. Da nahm das Unglück seinen Lauf. Also jetzt würde der Vierwaldstätter See mich nich zu so wat verleiten, aber zur Zeit war dat Natur, unberührte Natur, dat kann sich überhaupt keiner vorstellen [...]". Frau H. war also schwanger geworden und heiratete 1927. Sexuell aufgeklärt waren Betty H. und ihr Freund nicht: „Nee, wurde bei uns zu Hause, wurde dat gar nich erwähnt. Meine Eltern hatten uns dat alle gar nich zugetraut [...]"

Wilhelm, ihr Mann, sei ganz anders gewesen als sie selber, wenig couragiert, nicht durchsetzungsbereit. Seine Familie war christlich eingestellt: „Waren armselige Verhältnisse. Ich hatt' ja gar nicht vor zu heiraten, aber dat ergab sich ja da durch diese Vierwaldstätter-See-Romanze. Und dat hat denn meine Schwester, meinen Schwager, alle sehr getroffen, ganz bestimmt. Die wußten alle, ich hatte Talent". Noch heute, so

Frau H., könne sie manchmal nachts nicht schlafen, wenn sie an das Ende ihrer Fürsorgerin-Ausbildung denke.[8]

Über die Zeit von 1927/28 bis 1933 gab Frau H. keine weiteren Erinnerungen preis. Auf Nachfrage erfuhr ich, daß sie zunächst bei ihren Schwiegereltern, später nur mit Mann und Sohn in einer kleinen, von ihrer wohlhabenden Schwester finanzierten Wohnung lebte. Und über die NS-Zeit sagt sie zunächst nur: „Ja, also, ich war immer in Gefahr, muß ich sagen. Wenn mal was war – ‚und das sagen Sie? Wir wissen doch, wie Sie eingestellt sind‘ und so, ne. Und der Blockwart, der kam immer durch die Straße, sacht, ‚Frau Hildebrand, ich möchte Sie nicht anzeigen, aber ich muß jeden anzeigen, der keine Fahne am Fenster hat‘. Ich sach: ‚Ich hab kein Geld für ’ne Fahne, ich hab ’ne alte Mutter, die mir wichtiger ist und alles mögliche, dafür hab ich kein Geld!‘ Und ich sach: ‚und ich hab ’n Kind, wo ich schon mal wat [für] kauf, ich hab kein Interesse anner Fahne‘. Der hat mich aber nich angezeigt, also, das war ’n anständigen Kerl, der Blockwart". Später fügt sie noch hinzu, daß sie sich nicht nur bei ihrem Blockwart unbeliebt gemacht hat. Sie brachte sich auch in Gefahr damit, daß sie sich für einen befreundeten inhaftierten Kommunisten einsetzte: Betty H. überredete einmal den Leiter des Essener Gefängnisses, diesen „Schutzhäftling" mit seinem kleinen Sohn, den er noch nicht gesehen hatte, unbürokratisch zusammenzuführen.

Die Einführung der Arbeitspflicht für Frauen 1942/43 ist das Datum, um das herum Betty Hildebrand den Faden ihres ‚chronologischen Durchgangs‘ neu knüpft: Vermutlich in dieser Zeit suchte eine Institution per Chiffre eine „Dame mit guter Allgemeinbildung für interessante kulturelle Tätigkeit". Sie bewarb sich und erfuhr, daß es sich um eine Verwaltungs- und Organisationstätigkeit in der ehemaligen Volkshochschule, dem „Volksbildungswerk" in der Regie der NS-Organisation „Kraft durch Freude" handelte. Für das Vorstellungsgespräch in einem eindrucksvollen gründerzeitlichen Bürohaus des Essener Bankenviertels ("also ’n wunderbares Büro, Marmorfensterbänke, Polstermöbel") lieh sich Frau H. von Nachbarn einen Hut, um „nach was auszusehen"; Betty H. war erfolgreich und wurde eingestellt. Zu ihren Aufgaben gehörten Programmabsprachen, und Betty Hildebrand hat in ihrer Funktion auch ReferentInnen, die bei den Nazis nicht erwünscht waren, herangezogen und in die Volksbildungsstätte, wie sie sagt, „reingeschubst": „[...] denn hab ich immer gesagt, ‚et bleibt unter uns, aber wenn Sie jetzt Ihren Vortrag halten, denn vergessen sie nicht zu sagen, daß ja unser Führer Richard Wagner auch sehr schätzt‘, ich sach: ‚Sie brauchen nur den einen Satz zu sagen, aber Sie dürfen den nicht vergessen‘. Und denn waren die echt – denn durften die Vorträge halten, alles, aber vorher hat denen keiner geholfen, da mußt ich erst wieder drauf kommen, ne." – Betty H. zählte sich selber zu den „Separatisten" in

---

8   Noch in ihrem letzten Brief, im April 1992, formulierte Frau Hildebrand ihr Bedauern über die abgebrochene Ausbildung.

der Volksbildungsstätte; Betriebsausflüge und andere gesellige Zusammenkünfte habe sie immer boykottiert.

Wie sich im Verlauf des Gesprächs herausstellte, war Betty H. nicht nur für „Kraft durch Freude" tätig, sie wurde bereits um 1940 von einem Arbeitskollegen ihres Nachbarn angeworben, Kolumnen für die Zeitung der Deutschen Arbeitsfront (DAF), den „Ruhrarbeiter", zu schreiben: „ ‚Ja', sacht er, ‚sie tun mir direkt 'n Gefallen, wenn sie jetzt mal 'n Artikel schreiben. Viele Leute sind so unzufrieden. Es gibt auf Lebensmittelkarten, trotzdem die Karten da sind, die nötigen Dinge nicht, ne' [...], da soll ich mal ruhig kritisch zu Stellung nehmen. Ich sach, ‚und was kommt am Ende dabei raus [...]?', da sacht er: ‚nein, ich gebe ihnen den Auftrag, sie sollen ruhig schreiben, wie et wirklich ist und was sie durchlebt und was sie schon selbst erlebt haben'. Da hab ich natürlich losgelegt, 'n schönen Artikel geschrieben (schmunzelt). Ham se sich wohl alle gewundert, dat sowat inne Arbeitsfront-Zeitung stand und ich auch noch, ne, als Verfasser. Und weil er so gut [war] – der kam an, der Artikel [...]. Und denn sacht der, denn sollt ich doch mal jede Woche so 'n kleinen Artikel irgendwie schreiben, ne, so, ne, damit die Zeitung 'n bißken bunter würde, nich nur dies und dat und jenes." Frau H. fühlte sich einerseits in der Selbsteinschätzung, mit Worten und Texten gut zurechtzukommen, bestätigt, andererseits empfand sie das Dilemma, ausgerechnet für die Nazis ihr Schreibtalent einzusetzen, deren Regime sie ablehnte: „Und ich wollte doch nich anecken, und ich wollte auch nich später mir wat vorwerfen lassen, wie dat jetzt mit dem Waldheim is und so, ne. Und ich hab denn immer so ganz neutrale Themen gesucht, also wie Eltern Kindern bei Schulaufgaben [helfen] können, wie mit Vornamen so Unfug getrieben würde [...]"[9] – In der narrativen Situation vermischten sich die Erinnerungen an die Volksbildungsstätte mit der an die DAF-Textproduktion zeitlich und inhaltlich, in beiden Fällen fühlt sich Frau H. unter Rechtfertigungsdruck. Während sie die Verwaltungstätigkeit in der ehemaligen VHS aus der Perspektive der Besucher/-innen als legitime Möglichkeit der Ablenkung interpretiert und für sich selber als tauglichen Versuch, ‚gegen den Strom' zu schwimmen, indem sie mehreren auf der schwarzen Liste stehenden Dozenten die Chance gab, mit kleinen Zugeständnissen ans Regime wieder zu lehren, begründet sie ihre Mitarbeit an der DAF-Zeitung vor allem aus der Zwangslage, erst in zweiter Linie mit der Rechtfertigung, den LeserInnen in schweren Zeiten eine kleine Freude gemacht zu haben. Nach 1945 ist Betty H. dennoch von manchem Genossen vorgeworfen worden, sie habe sich mit ihren Texten auf die Ablenkungsstrategie der Nazis eingelassen.

Meine Intention, ohne konkrete Nachfragen zu erfahren, wie individuelle Lebenspläne, insbesondere, wie Bildungs- und Entfaltungsinteressen nach dem Zweiten Weltkrieg artikuliert und gegebenenfalls umgesetzt wurden, fanden nur wenige Anhalts-

---

9   Zum Beispiel schrieb sie die Artikel „Kostgeld oder Taschengeld", „Heiners Ferien. Ferien eines Pimpfen, der zu Hause blieb", „Mädchen, Schnee und Gulaschkanonen".

punkte. Weder bemühte sich Frau H. um eine weitere Anstellung an der nach 1945 wieder neugegründeten Volkshochschule, noch zeigten sich im Gespräch Absichten, die abgebrochene Ausbildung zur Fürsorgerin fortzusetzen. In der Nachkriegszeit ("dat waren ja schlechte Jahre") stand sie ihren ‚Mann' und kümmerte sich um die Bewältigung des Alltags, erschwert durch den Verlust der Wohnung und die weitgehende Zerstörung der Bleibe ihrer Mutter (der Vater war noch in der NS-Zeit gestorben): „Nach 45, da war ich arm wie Jupp, da mußt ich nur sehen, dat ich 'n Löffel und ne Gabel und n' Kochtopf [...] und Gott weiß wat kriegte". Auf die spätere Frage, ob es eigene Berufswünsche gegeben habe, führt sie die Ablenkung von persönlichen Plänen durch das Chaos der Nachkriegszeit an, damals sei „ne furchtbar schwere Zeit" gewesen, „da hab ich mich für gar nix interessiert, ich hatte ja keine Zeit dafür". Sie besorgte Handwerker, um den Kotten der Mutter wiederherzustellen, stellte Anträge für sanitäre Einbauten usw.; sie verschaffte ihrer Familie einen Platz in einem Behelfsheim und mußte nun nicht länger ihrer Essener Schwester in deren kleiner Wohnung zur Last fallen. Ihr Mann („er setzte sich ja nicht durch") verließ sich in heiklen Fragen offenbar ganz auf die Beredtheit und Resolutheit seiner Frau.

Betty Hildebrand erzählt, daß sie mit dem Einsatz ihres Sohnes im Krieg – er wurde einmal beim Wällebauen verschüttet und trug ein Trauma davon -, mit den massiven Sorgen nach 1945 und dem Zurückstellen persönlicher Wünsche für etwas bezahlen mußte, was sie als Sozialdemokratin gar nicht zu verantworten gehabt habe. Das verbittert sie und läßt sie die Kriegsjahre und die unmittelbare Nachkriegszeit rückblickend als fremdbestimmtes Leben auffassen.

Frau H. beförderte zwar nicht ihre eigene, aber die Berufstätigkeit ihres Mannes bzw. seinen Wechsel von der Hand- zur Kopfarbeit: Während des Krieges war er Dreher bei Krupp gewesen, nach 1945 arbeitete er als Maurer und verdiente das Einkommen für die Familie auch eine Zeitlang als Elektroschweißer. „Ja, und denn suchte die Polizei also Schutzleute, ne, mußten aber diese Größe haben und kein Brillenträger sein und so [...]. Und dat traf auf meinen Mann zu. Und da sach ich: ‚so, jetzt bin ich's leid mit Speisschleppen [10] und wat alle, jetzt meld's De Dich bei der Polizei. Er hat gekniffen und gekniffen, ne – ‚ich lauf doch nich in Uniform rum, die kennen mich alle' [...]. Ich sach: ‚Du bist niemandem was schuldig' und, ich sach, ‚es steht ja jedem frei, sich auch bei der Polizei zu bewerben, und Du bewirbst dich jetzt bei der Polizei. Und da hat er dat gemacht, und da hat ich wenigstens die Sorge nich mehr, ‚kriss am Ersten dein Gehalt', ne. Vorher war doch immer Regenwetter und so, dann konnten sie nich arbeiten am Bau, war immer wat los. Und dann hat er ja auch, wie er da schweißen mußte, wurde ja immer nur nachts geschweißt, da war er jede Nacht unterwegs [...]. Da hab ich ihn dann rumgekriegt, daß er bei der Polizei anfing. Er hatte die Größe, hatte keine Brille, sah gut aus, da hatt' ich die Sorge weniger, ne."

---

10 Speis = Mörtel.

In der SPD wollte Frau H. nicht aktiv werden (schon in der Arbeiterjugendbewegung ließ sich ja „nix andrehen"). Sie hatte die ältere Schwester Paula vor Augen, die in Heidelberg ihre ganzen Energien und einen Teil ihres Vermögens für soziale und politische Belange einsetzte, ebenso den altruistischen Vater – beides für sie eher abschreckende Beispiele. Jedenfalls begründet sie so ihre Enthaltsamkeit in der Parteipolitik: „Da war ich mir zu schade für. Ich denk' 'nee, gegen so viel Blödheit ankämpfen, 'da bist du auf verlorenem Posten' ".

In den 50er Jahren begann sie, Kommentare, Glossen und Filmkritiken für die Essener „Neue Ruhr-Zeitung" zu schreiben, eine Arbeit, die ihre Fähigkeiten, ihr „Talent", wie Frau H. sagen würde, herausforderte, ihr die Möglichkeit der Außendarstellung gab und sie doch nicht allzu sehr von der Familie entfernte. Ihr Mann sah allerdings diese Aktivität nicht gern, ihn störte das „Geklapper" auf der Schreibmaschine. Daß in den 60er Jahren diese Beschäftigung aufhört, mag mit der stärkeren Professionalisierung innerhalb des Feuilletons oder mit einer größeren Distanz Betty Hildebrands gegenüber dem neuen deutschen Film zusammenhängen. Erst als sie von ihrer verstorbenen älteren Schwester ein kleines Vermögen erbte, holte sie im Alter nach, was vorher individuelle und zeitgeschichtliche Barrieren verstellt hatten. Sie unternahm – häufig ohne ihren Ehemann – ausgedehnte Bildungsreisen, z.B. in die USA, die UdSSR, in asiatische Länder. Sie kaufte sich Bilder, Plastiken und Vasen – mit und ohne Kunstanspruch – und gestaltete sich auf andere Weise bis ins hohe Alter das Leben angenehm. Sie blieb aber in ihrer Drei-Raum-Wohnung in der Genossenschaftssiedlung, die sie nach dem Zweiten Weltkrieg bezogen hatte. Betty Hildebrand war seit 1979 Witwe; sie starb im Herbst 1992, eine Woche nach dem Tod ihres Sohnes.

Aus Frau Hildebrands Rückblicken, seien sie mündlich, seien sie schriftlich, läßt sich unschwer ihr positives Selbstbild ablesen. Sie weiß um ihre Belesenheit und ihre Intelligenz, einschließlich partieller Hochnäsigkeit gegenüber ihr Nahestehenden. Der Schlüssel zu ihrer Lebenskonstruktion – und das erscheint erst auf dem Hintergrund dieser Selbsteinschätzung plausibel – ist der unverhoffte Abbruch der vielversprechenden Mannheimer Fürsorge-Ausbildung, und zwar nicht nur, weil sie damit ihre Umwelt bis hin zur (sie finanzierenden) AWo enttäuscht hat. Frau Hildebrand deutet das Jahr 1927, die Schwangerschaft mit anschließender Heirat, als gravierende Veränderung ihrer Lebensplanung: Es war nun nicht mehr Betty H., die sich für oder gegen etwas entschied – das Angebot etwa, eine Buchhandelslehre zu machen, hatte sie ausgeschlagen, und ihr Lebenslauf enthält weitere Beispiele für ihren Eigensinn. Mit der Schwangerschaft und der anschließenden Heirat gab sie dem Zwang zur Konvention nach und verabschiedete sich von der Entwicklung ihrer sozialen Entfaltungs- und Lernmöglichkeiten durch formale Bildung. Die Aufgabe von Eigeninitiative muß für Betty H. um so schmerzlicher gewesen sein, als ihr Mann eher unauffällig, wenig selbstbewußt war und ihm zunächst lediglich die Rolle eines ‚Kumpels' zugedacht gewesen war. Während Frau H. sonst, beim Volkstanz und vielen anderen Gelegenheiten, eine starke Position gegenüber dem männlichen Geschlecht eingenommen hatte, war sie durch die Schwangerschaft zum erstenmal an einen Mann im Wortsinn ‚gebunden'. Diese „negative Verlaufskurve" (Schütze) bestimmt bis heute die Struktur ihrer lebensgeschichtlichen Darstellungen. Und der Anflug von Scham gegenüber der Umwelt, die sie enttäuschen mußte, begleiten sie bis in ihre Träume. Positiv wird in diesem Zusammenhang nur die Existenz des Sohnes gesehen, zu dem sie eine enge Beziehung entwickelt hat.[11]

Der zweite gravierende Einschnitt in ihrem Lebensverlauf wurde durch den Nationalsozialismus und die Kriegszeit verursacht. Die damaligen alltäglichen Situationen und Zwänge schrieben Frau H.s (Bildungs-)Geschichte primär mit. So konnte sie die Arbeitspflicht für Frauen paradoxerweise nutzen für die Realisierung und Entfaltung unter anderem ihrer kommunikativen Fähigkeiten. Ihre literarischen Kenntnisse, ihre Sprachgewandtheit qualifizierten sie für eine organisierende und disponierende Tätigkeit in der „Volksbildungsstätte", eine Stellung, die sie bis in die späte Kriegszeit hinein ausfüllte. Auch die Artikel für die DAF-Zeitung waren einerseits dem Zwang zur Anpassung im Nahbereich geschuldet, andererseits schmeichelte ihr, daß man gerade sie fragte. Sie konnte schreiben und bezog Befriedigung aus den regelmäßig nachgefragten und gedruckten Texten. Frau H. hatte darüber hinaus die Rechtfertigung, mit ihren ‚unpolitischen', humorvollen Aufsätzen ihren Leser(inne)n Spaß zu machen.

Ihre Glossen und Filmkritiken der 50er und 60er Jahre knüpften an Frau H.s Schreiberfolge im Rahmen der Deutschen Arbeitsfront an. Sie wußte ihre Leser(inne)n durch Witz und Ironie zu gewinnen und scheint mit diesen ‚kleinen Fluchten' ihre Familienzentriertheit kompensiert zu haben. Diese Erfolgserlebnisse ebenso wie ihre Reiseaktivitäten im Alter (die durch die Heidelberger Erbschaft möglich wurden) führt sie zurück auf das ‚Milieu' ihres Elternhauses und der Jugendbewegung; beides habe, wie bei ihrer Schwester Paula, so auch bei ihr, den Horizont erweitert. Die (reiche) Vermählung der Schwester entsprang somit in Frau Hildebrands Deutung demselben anregenden Zusammenhang, der sie selber in die Lage versetzte, das Schriftliche wie auch das Rhetorische zu nutzen und schließlich mit dem geerbten Geld kulturell ‚Wertvolles' im Sinne ihrer Sozialisation – wenn auch eher passiv genießend – anzufangen. Daß sie sich nach 1945 in der SPD nicht engagierte, sich der Partei gleichwohl verbunden gefühlt hat, paßt nicht ins harmonistische Bild traditionellen Lagerdenkens. Ihr Rückzug ins Private hat sich jedoch schon 1928, mit der Heirat, verstärkt. Und auch in den Jahren davor begriff sich ja Betty H. als ‚Ausnahmepersönlichkeit', was dem Formationsgedanken der Sozialdemokratie zuwiderlief. Ein ‚individualistischer' Zug haftet auch ihren Schilderungen über die

---

11 Betty H. sorgte sich bis zuletzt um ihren gesundheitlich labilen Sohn, obwohl sie selber Fürsorge und Aufmerksamkeit benötigte. – Ihr Sohn hat nach dem Zweiten Weltkrieg im Anschluß an eine technische Lehre die Staatsbauschule besucht und ist Vermessungsingenieur geworden. Auch sein Sohn studiert ein ingenieurwissenschaftliches Fach.

NS-Zeit an. Sie hat sogar mögliche Nachteile und Gefahren in Kauf genommen, um sich nicht ganz vereinnahmen zu lassen.

In ihrer Lebensgeschichte zählt sich Betty H. zur Arbeiterschaft, obwohl bereits ihr Vater zunächst dem Handwerkerstand, später als Dienstmann der Gruppe der Selbständigen zuzurechnen gewesen ist. Wie ihr Vater, der ‚seine‘ Arbeiter in einer Freien Gewerkschaft anmelden wollte und sich dieser Bewegung auch selber noch verbunden glaubte, hat Betty Hildebrand in der Familie, in der Jugendorganisation, während ihrer Ausbildung zur Verkäuferin und in ihrem späteren Leben die soziale Plazierung ‚Arbeiterkind‘ aufrecht erhalten. Der sozialdemokratische Zusammenhang wirkte auf Betty H. identitätsstiftend, war aber nicht ‚geschlossen‘, d.h. organisatorisch verpflichtet fühlte sie sich nie. Ihre emotional und kulturell verankerte – und qua Parteibuch bestätigte – Zugehörigkeit zur Sozialdemokratie hat sich dennoch durch nichts erschüttern lassen. Daß sie sich sozial nach ‚oben‘ orientierte – manifestiert im Kontakt zur begüterten Schwester, dem (von ihr angestoßenen) sozialen Aufstieg ihres Mannes und schließlich ihres Sohnes – stört diese Konstruktion nicht. Im Gegenteil: der 1927 mißglückte Aufstieg wird kompensiert durch die Entfaltungs- und Entwicklungsmöglichkeiten ihrer nächsten Angehörigen. Zu ihrer Selbststilisierung gehört der weite Weg „von unten auf“ über die vielen Bildungs- und Kulturerfahrungen bis hin zur Witwe eines Polizeibeamten, zur wohlhabenden Erbin, zur Mutter eines beruflich erfolgreichen Ingenieurs.

August Mader, geb. 1909
Selbständiger Handwerksmeister/Politiker

Mit Elektrotechnik durchs Leben

In dem vierstündigen Gespräch mit Herrn Mader war nur wenig Animation zum Erzählen von seiten der Verfasserin notwendig. August M. hat von sich aus einzelne Lebensphasen ausführlich vorgestellt. Der biographische Einstieg ließ bereits das in der Überschrift genannte Motto bzw. die ‚Moral‘ seiner Lebensgeschichte anklingen: Er erzählte mir, daß er die Bücher „aus der Zeit“ – und damit ist die aktive Funktionärszeit in der Jugend- und der Gewerkschaftsbewegung gemeint – über die NS-Phase hinweg retten konnte, weil er u.a. einmal das Radio eines einflußreichen Nationalsozialisten repariert habe. Die Nazis hätten daraufhin, quasi als Gegenleistung, keine Hausdurchsuchung bei ihm vorgenommen. Herrn M.s in der Jugendzeit über Umwege erworbene berufliche Orientierung – er gehörte zu den Pionieren des Elektrotechniker-Handwerks – bestimmte seine Perspektive auf die individuelle und allgemeine Geschichte. Der bisherige Lebenslauf erhält Struktur und Sinn vermittelt über sein Metier.

Über Vorbehalte gegenüber dem Kommunismus, entstanden in der Endphase der Weimarer Republik, als nicht nur die Nationalsozialisten die politischen Gegner der Sozialdemokraten waren, sondern zunehmend auch die Kommunisten, stellte Herr Mader zu Anfang des Interviews sein Demokratieverständnis in den Mittelpunkt. Er schilderte seinen Einsatz für die SPD nach 1945, seine vielen Ämter und Mandate, die langjährige Mitgliedschaft im Rat der Stadt und in der Landtagsfraktion. Als selbständiger Elektromeister habe er Ressentiments bei manchen seiner Genossinnen und Genossen gespürt. So sei es ihm in seiner Partei nicht gelungen, für den Bundestag aufgestellt zu werden, dort hatte er u.a. die spezifischen Belange der Selbständigen vertreten wollen.

In einer Gesprächspause habe ich Herrn M. gebeten, sein Leben einmal von 1909, also mit seiner Geburt beginnend, zu erzählen. Sehr rasch ist daraufhin sein familialer Hintergrund, die Herkunft und Übersiedlung aus Posen 1919 gestreift worden, um dann auf seine Technikbegeisterung, seinen frühen Umgang mit modernen Medien zu kommen. Beispielsweise nahm er, wie schon im Abschnitt ‚SAJ und Massenkultur‘ erwähnt, Detektor und Kopfhörer auf Wanderungen der Jugendgruppe mit und war damit Vorreiter.

Die Stadt Essen wurde ihm, so erzählt er, wiederum mit Hilfe seiner Berufstätigkeit nach und nach Heimatstadt: „Und so bin ich also 1919 nach Essen gekommen [...]. Und ich muß sagen, ich kenn Essen besser als mancher geborene Essener. Ich kenn Essen wirklich wie meine Westentasche. Ich wurde immer im Verkehrsausschuß bewundert, daß ich jede Straße, fast alle Ecken kannte. Die haben immer gesagt, ‚wie kommt das bloß?‘, da hab ich gesagt, ‚ganz einfach. Ich war in ’nem Radiogeschäft, da kauften Leute Radios, konnten die aber nicht bezahlen in den schlechten Zeiten damals und haben dat auf Stottern gemacht. Und wenn ich dann meinen Wochenlohn haben wollte, dann sachte der Chef [...], ‚hier hast du die Adressen, die haben alle nich‘ bezahlt. Hol dir dat Geld, denn hast du deinen Wochenlohn!‘ – Dann hab ich mich aufs Fahrrad gesetzt und dann bin ich abgefahren und hab dat Geld zusammenklabastert, damit ich meinen Wochenlohn hatte. Und so hab ich Essen kennengelernt wie kein anderer, jahrelang, ne, bis 35 [gemeint ist 1935] war ich bei dem.“

Herr M. brachte im Zusammenhang mit seiner politischen Entwicklung und seinem Bildungsgang sein Elternhaus nicht eigens zur Sprache. Wichtige Anstöße seien von der reformpädagogisch beeinflußten evangelischen Tiegelschule ausgegangen. Herr M. besuchte die Schule bis zum Jahr 1923 und ist auch noch nach dem Umzug der Familie in einen anderen Stadtteil ein Jahr lang täglich 2-3 km in diese Volksschule, in der er sich besonders gefördert sah, gelaufen. Er erinnert sich: „[...] und dann waren wir drei oder vier Jungens zusammen – wir waren damals mit vier Jungens aus der Meisselstraße zusammen – und haben ein bestimmtes Thema genommen. Dann kamen wir bei dem einen oder bei dem anderen [zusammen] und haben das Thema bearbeitet.

Das war also 'ne Arbeitsgemeinschaft. Das war toll. Wir fanden das so gut. Und dann hat er [der Klassenlehrer] auch folgendes gesagt, ‚ihr müßt euch im Leben bewegen können.‘ Er besorgte einen ganzen Haufen alter Fahrpläne vonner Bundesbahn [Reichsbahn], diese ganz dicken Kursbücher, ja? Und dann wurde Kursbuchlesen geübt. Und jeder, nicht wahr, bekam bestimmte Teile und mußte beim nächsten Mal vortragen [...]. Das fand ich so gut, da war ich voll dabei! Also das war wirklich mal ne Art und Weise, mit uns Jungens umzugehen, uns frei entfalten zu lassen und zur Entfaltung zu bringen – unter seiner Steuerung selbstverständlich.“

In Herrn Maders Lebensgeschichte wird in der Tiegelschule die Basis geschaffen, die weiteres „Zur-Entfaltung-Bringen“ überhaupt erst ermöglicht. Eine höhere Schule – offenbar die „verkürzte Realschule“ – hat allerdings nicht Herr M., sondern sein drei Jahre jüngerer Bruder besucht. Es wird im Gespräch nicht klar, ob er diesen um die umfassendere Schulbildung beneidet: „Mein Bruder, der hat die Realschule besucht, ich hab keine Realschule, hab nur die Volksschule, sonst gar nix. [...] Also in diesem Falle muß ich also ehrlich sagen, er hat natürlich Vorteile dadurch gehabt, aber wat nützt – die Vorteile nützen auch alle nix“.

Nach der Schulentlassung und während der (vergeblichen) Lehrstellensuche fand August M. Anschluß an die „Naturfreunde“-Organisation, die SAJ (wo er auch seine spätere Ehefrau kennenlernte[12]), den freigewerkschaftlichen Metallarbeiterverband sowie den Arbeiterradio-Bund, überall übernahm er Funktionen und sporadische Aufgaben. Man schätzt ihn als Referenten, z.B. hielt er in der SAJ-Gruppe Holsterhausen Vorträge über Hermann Löns oder brachte den Jugendgenoss(inn)en weitere Lesefrüchte nahe. Um 1930 bereits gab es einen Höhepunkt im Karriereverlauf innerhalb der sozialdemokratischen Arbeiterbewegung: Herr M. wurde Vorsitzender des Gewerkschaftsjugendkartells, dem alle Jugendabteilungen der freien Gewerkschaften angehörten. Er hatte dieses Amt bis 1933 inne. Sein spezifischer, häufig berufsbezogener Zugang zum politischen Geschehen wurde während der Schlußphase seiner Mitarbeit durch eine Geschichte illustriert. Er erzählt, daß durch seine Initiative eine Lautsprecheranlage für die öffentlichen Kundgebungen des Allgemeinen Deutschen Gewerkschaftsbundes (ADGB) angeschafft worden sei. Das Ende der Weimarer Republik und die Machtübernahme der Nationalsozialisten schildert er am Beispiel eben dieser Übertragungsanlage: „Und diese Lautsprecher, die haben wir dann wenn Gewerkschaftskundgebungen, 1. Mai oder sowat [war], eingesetzt. Das hat der Arbeiterradio-Bund damals gemacht, wo ich als technischer Leiter fungiert hab und wo mein Chef auch drin war [...]. Ja, und als dann der Zusammenbruch kam, da war er [der Chef des Radiogeschäftes] auf einmal inner NSDAP, war im Nachrichtensturm und machte für die NSDAP alles (Pause). Und ich mußte dann die Übertragungsanlagen am 1. Mai machen 1933 [aufbauen]. Was tauchte auf? Die Verstärkeranlage vom

---

12 Wie August Mader seine spätere Frau fand, wird erzählt in Kap. 3 auf S. 96.

ADGB. Die Nazis hatten alles beschlagnahmt, alles mitgenommen[13] [...]. Dann war dat ja wieder in unseren Händen. Ich kannte die Anlage ja, alles, ich wußte ja alles. Ich machte also die Übertragungsanlagen für die NSDAP."

Die Nationalsozialisten machten Herrn Mader aufgrund seiner Qualifikation Avancen und boten ihm technische Leitungsfunktionen, aber auch die Führung der HJ-Gruppe Essen-Stadtmitte an. Ihm gelang es jedoch, sie hinzuhalten, weder ja noch nein zu sagen. Die NS-Angebote wurden aufrechterhalten, und ein Obersturmbannführer bat Herrn M. explizit, sich die Mitarbeit noch einmal zu überlegen mit den Worten, „Sie sind 'n Mann und solche Leute können wir gebrauchen." Trotz aller Werbung: aus Vorsicht legte Herr M. bei den Übertragungsanlagen alle Leitungen doppelt, weil er nicht in den Verdacht der Sabotage geraten wollte. Seine ‚Drähte' zur NSDAP und sein Durchsetzungsvermögen retteten auch seinen späteren Schwiegervater, einen stadtbekannten Essener Gewerkschafter, vor dem unmittelbaren Zugriff der Nazis.

Auf der Linken wollte ihn nach 1933 der „Rote Kämpferkreis", dem schon Herr O., Herr G. und andere Bekannte von Herrn Mader angehörten, werben, aber Herr Mader brachte nur deren Rundfunkgerät in Ordnung (damit die Gruppe Radio Moskau hören konnte) und wollte ansonsten mit dem Widerstand nicht direkt zu tun haben: „Ich wollte nur sagen – dieser ganze Widerstand war sinnlos. Was [nennt Namen] gemacht hat und verschiedene andere, das war Quatsch, dat brachte nichts ein. Die haben Brot vertrieben, in Brot haben sie Dinge eingebacken, das war allet – [...], das war alles Unsinn. Ich hab' gesagt, ‚Menschenskinder, wenn ihr mal diese Organisation kennengelernt habt [die NSDAP], dann kannste nur die Augen zumachen, ihr hattet keine Chance, überhaupt keine Chance bei denen'."

Wie die meisten ehemaligen Gewerkschaftsmitglieder wurde auch Herr M. Mitglied der Deutschen Arbeitsfront (DAF). Er erlitt durch seine frühere politische Zugehörigkeit und seine für einen Jugendlichen hohen Funktionen in der Arbeiterbewegung jedoch keinen sozialen Abstieg, im Gegenteil: Herr H. hielt von der Handwerkskammer initiierte Vorträge über Radiotechnik und konnte trotz Musterung für den Militärdienst im Jahr 1942 noch seine Meisterprüfung ablegen. „Uk" gestellt, also vom Einsatz an der Front befreit, wurde er allerdings nicht. „Und dann kam der Ortsgruppenleiter hier von Essen für die Radio-Geschichte zu mir und sagte, ‚Herr Mader, die Marine braucht Leute, nicht wahr, von ihrem Fach. Ich bin gefragt worden, ob wir hier jemand haben, und da ich sie nicht frei gekriegt habe, trotzdem ich bis an Goebbels geschrieben habe, daß sie wichtig sind hier für solch eine Stadt, darf ich sie angeben dafür?' – ‚Ja', ich hab gesagt, ‚geben sie mich mal an'." 1942 wurde Herr M. dann aber doch nicht zur Marine, sondern zur Luftwaffe eingezogen, zur Abteilung

---

13   Die Ausschaltung der Gewerkschaften ist, wie im gesamten Reich, auch in Essen allerdings auf den 2. Mai 1933 datiert, als die Essener Büros durch SA und SS gestürmt, die Funktionäre/-innen verhaftet wurden. Insofern ist nicht klar, wieso die Übertragungsanlage bereits vorher beschlagnahmt war. Vielleicht ist der 1. Mai 1934 gemeint?

Luftnachrichten, und befand sich auch dort wieder in seinem Arbeitsgebiet. Er konnte den zuständigen Hauptmann von seinen Fähigkeiten so sehr überzeugen, daß Herrn Maders späterer Gestellungsbefehl zur Marine gegenstandslos wurde und er bei der Luftwaffe bleiben durfte, um dort die Reparaturen in der Funkwerkstatt vorzunehmen: „Und dann bin ich nach Frankreich gekommen, und in Frankreich war ich dann auch derjenige welcher [...]. Da war unser Leutnant da und dem ging es so dreckig und so schlecht, dem hab ich erstmal 'ne Elektroheizung gebaut in seiner Bude da [...], ich war also so gut angeschrieben."

Herr M. erlebt die Kriegszeit als berufliche Bewährung und zeigt sich beeindruckt von der Kriegstechnik, wie beispielsweise den automatischen Flakschuß-Anlagen: „Nur leider hatten wir von diesen Dingern nicht genug." 1944 wurde August Mader ins Sudetenland beordert, wo er deutsche Sendeanlagen wieder instandsetzen sollte. Herr M. versagt auch diesmal nicht, er erkannte sehr bald die Fehler und „siehe da, alle Geräte waren in Ordnung, ich war arbeitslos [lacht]." Doch er konnte sich (zwar für die Wehrmacht, aber in Zivilkleidung) weiter nützlich machen beim „Aufbau eines neuen Prüffeldes zur Fertigung von Telefongeräten". Im Sudetenland erlebte August Mader das Kriegsende und machte sich zu Fuß auf den Weg nach Essen. Herr M. war 37 Jahre alt, als „wieder die alte Zeit" anbrach, wie er die Nachkriegszeit nennt.

„Nach 45 dann, wie gesagt, dann fing ja alles wieder von vorne an, ne. Und [...] ich hab ja, wie gesagt, Zeit gehabt nachzudenken und zu lernen, und ich hatte damals beschlossen, meine Berufssache auszubauen, daß sie 'n festes Fundament war, und das hab ich getan. Und deswegen bin ich auch nicht mehr in die Gewerkschaft reingegangen, war ja Blödsinn [...], was soll ich denn, als Unternehmer kann ich nicht Mitglied einer Gewerkschaft sein, das widerspricht sich." Kurz nach seiner Rückkehr gründete er zusammen mit einem Freund in Essen einen Betrieb. Er betätigte sich auch sogleich als Repäsentant seines Handwerks einmal auf der Innungsebene, zum anderen in der Berufsbildung. Anfang der 50er Jahre eignete sich Herr Mader zusätzlich Kenntnisse der Television an. Er wird zum Initiator des Radio- und Fernsehtechniker-Handwerks. Einen gleich großen Stellenwert in seinem Leben nahm nach Kriegsende die Arbeit für die SPD ein: Herr M. machte auch auf dem Feld der Politik Karriere.

Einen Einschnitt sowohl in bezug auf sein sozialdemokratisches Selbstverständnis als auch die Reputation bedeuteten die Proteste der Essener Lehrlinge Anfang der 70er Jahre, die sich auch gegen Herrn M.s Firma richteten: „Als ich 1970 wieder in 'n Landtag wollte, haben [die] Jusos gegen mich ein Kesseltreiben veranstaltet und wollten mich raus haben [...]". Man warf ihm „Ausbeutung" der Auszubildenden vor, was Herrn Mader tief getroffen hat: „Das war das Schlimmste für mich – Ausbeutung. Das Schlimmste, was es überhaupt gab, denn wenn einer von Ausbeutung reden kann, denn kann ich von Ausbeutung reden. Wenn ich an meine Jugendzeit denke, was ich bei Krupp alle mitgemacht habe als Jugendlicher von 17 Jahren [...]". August Mader räumt ein, daß er sich Ende der 60er Jahre zu stark um partei- und berufspolitische Belange und zu wenig um die Qualität der Ausbildung in seinem Betrieb gekümmert hat, dennoch bleibt er dabei, daß er zu unrecht als kapitalistischer Vampyr auf Plakaten und Flugblättern angeprangert wurde: „Ich bin durch eine Lehre, eine Schule usw. gegangen der Arbeiterschaft, wirklich von der untersten Stufe bis ich diesen Stand erreicht habe. Dat kann ich wohl – bin ich stolz da drauf. Und die, wegen solcher Lappalien usw. haben sie wer weiß was gemacht." Die Kampagnen von Jusos und Lehrlingen brachten Herrn M. und seine Frau in eine Krise auch im Verhältnis zur Partei. Seine Frau verließ die SPD, Herr Mader, der der Partei seit 1930 angehört, zweifelte zwar und fühlte sich von seinen Genossen in diesem Konflikt alleingelassen, blieb aber SPD-Mitglied. Seine Frau starb einige Jahre nach diesen Auseinandersetzungen (Herr M. glaubt, als Folge davon).

Anfang der 80er Jahre gab Herr M. seinen Betrieb auf, sein 1947 geborener Sohn wurde Nachrichten-Ingenieur und trat gewissermaßen das Erbe seines Vaters an. Vater und Sohn leben großfamiliär in einem bürgerlichen Vorort Essens. „[Das ist] mein ganzer Werdegang gewesen von der SAJ aus weiter, was ich im Kriege für Vorteile gehabt habe durch meine Tätigkeit, daß ich also das Radio angefangen habe im Selbststudium sozusagen oder wie man sagt als Autodidakt angefangen habe [...]".

In Herrn Maders Lebensgeschichte sind die Buntheit und Vielgestaltigkeit der Jugendbewegung, der er in der Weimarer Zeit angehört hat – er las, er hörte Musik, war gewerkschaftlich aktiv, wanderte mit den „Naturfreunden" usw. – schon ab 1933 nicht mehr zu erkennen. ‚Schöngeistiges‘ und Lebensreformerisches treten ganz zurück gegenüber der Qualifizierung und dem politischen Aufstieg: „[...] und ich hab viele Bücher gelesen und ’ne Menge Bücher gelesen als ich noch Zeit hatte. Aber dann hat’s aufgehört. Also, als ich erstmal anfing, selbständig zu werden hat’s sowieso aufgehört". – Herrn M.s Interessen bündelten sich am Ende der Weimarer Republik, nachdem der sozialdemokratische Organisationskosmos zerschlagen war, beruflich. Seine technischen Fähigkeiten überzeugten selbst die Nationalsozialisten, so daß die von Herrn M. eingeschlagene Laufbahn nicht nur nicht unterbrochen, sondern – eine Ironie des Schicksals? – unter dem, auch massenmedial modern sich gerierenden NS-Regime gefördert und während der Kriegszeit zusätzlich ausgebaut werden konnte. Neben der Qualifizierung, der Berufskarriere gibt es in Herrn M.s Lebensgeschichte noch einen anderen Aspekt: die Lebensbewältigung, das ‚Durchkommen‘ mit Hilfe technisch-organisatorischer Fähigkeiten. Mehrfach konnte er damit sich und andere vor der Willkür der örtlichen NS-Repräsentanten schützen.

Herrn M.s Biographie weist auf männliche Reservate, sie ist eine Erfolgsgeschichte auch wegen traditionell maskuliner Verhaltensweisen und Orientierungen: die Nationalsozialisten hatten auf diese Seite seiner Persönlichkeit abgehoben (zur Erinnerung: „Sie sind ’n Mann und solche Leute können wir gebrauchen"). Sein Durchsetzungsvermögen hatte August Mader schon in der Arbeiter(jugend)bewegung Ansehen und Ämter eingetragen; er galt als ‚Macher‘, den Volkstanz weniger ansprach, der aber anspruchsvolle Literatur vorstellte, sich für Jugendinteressen bei der Stadtverwaltung einsetzte, Reden hielt. Seine ‚Tüchtigkeit‘, seine Versessenheit auf Technik ließen ihn selbst das Militär und die Kriegsziele der Deutschen Wehrmacht als Herausforderung begreifen. Schließlich war auch die unternehmerische Selbständigkeit im Handwerk eine Männerdomäne, in der Herr M. wiederum seine Fähigkeiten unter Beweis stellen konnte. Bildung ist in seiner Lebensgeschichte wiederholt zum Thema gemacht worden, sei es im Zusammenhang mit der Schule, der SAJ, der Lehrstellensuche, den politischen Aktivitäten. Herr Mader hat auch hervorgehoben, daß er, der „die Volksschule, sonst gar nix“ besucht hat, in seinem Betrieb jungen Leuten Aufstiegsmöglichkeiten eröffnete. Diejenigen, die „was im Kopp“ hatten, seien Meister, Ingenieure oder Berufsschullehrer geworden. Herr M. ist stolz auf seinen Werdegang und weiß doch, daß er es als Arbeiterkind ganz besonders schwer hatte, sich zu behaupten. Evangelisch erzogen, gab es bei ihm, als er sich der Arbeiterbewegung anschloß, zunächst keine ausgeprägte Antihaltung gegenüber der Kirche. Doch im Zusammenhang mit der Bildungsfrage, die er als soziale Frage begreift, hat er sich als junger Erwachsener von seiner Konfession gelöst, nämlich als er feststellte, daß die Söhne und Töchter von Pastoren studieren konnten – „wir Arbeiterkinder konnten nicht studieren. Wir konnten fast auch nicht zur höheren Schule [...]“.

Nach 1945 ist Herrn M. bewußt geworden, daß er sich als Selbständiger von der „Arbeiterklasse“ entfernt hat – er verweigert die nur formale Ehrenmitgliedschaft im DGB. Und in den siebziger Jahren hat ihn die Essener Lehrlingsinitiative gar zum ‚Klassenfeind‘ gestempelt.[14] Seine sozialdemokratische Identität war zunächst weder durch den veränderten beruflichen Status noch durch seinen von keiner Verweigerungshaltung behinderten Einsatz im Krieg gestört worden. Er nahm 1945 sofort wieder Kontakt zur Partei auf und war bis in die 70er Jahre hinein eine ihrer Essener Stützen. Die Lehrlinge haben 1970/71 jedoch sein Selbstverständnis (bis heute) erschüttert. Für sie hatte Herr Mader die Seite gewechselt, war nicht mehr Ausgebeuteter, sondern Ausbeuter. Am ‚Fall‘ Mader hat sich das Dilemma zugespitzt gezeigt, das für viele ehemalige Arbeiterjugendliche Gültigkeit hatte, nämlich die veränderte soziale Plazierung. Zum einen erfüllt Herr Mader noch den Weimarer Typus des autodidaktisch und durch die SAJ und andere Organisationen gebildeten Funktionärs, zum anderen hat er sich im Zuge seines beruflichen Aufstiegs und nicht zuletzt durch die NS-Erfahrungen mehr und mehr von orthodoxen Klassenbegriffen gelöst und nahm mit seiner gleichzeitigen ‚Treue‘ zur SPD individuell schon das Godesberger Programm von 1959 vorweg, das den Antagonismus von Kapital und Arbeit nicht länger zur ideologischen Grundlage der politischen Arbeit machte. Neue Schichten sollten gewonnen werden – und hatten sich in den eigenen Reihen bereits etabliert –, die SPD war keine Arbeiter-Partei mehr.

---

14 WEILER, Joachim und FREITAG, Rolf: Ausbildung statt Ausbeutung. Der Kampf der Essener Lehrlinge, Reinbek bei Hamburg 1971.

Paul Priebe, geb. 1913
Schlosser/Konstrukteur

Aufbruch in der Jugend, Resignation im Alter

Herr Priebe gehörte Mitte der 80er Jahre zu den ersten Informanten über die örtliche proletarische Jugendbewegung und fiel auf durch eine den damaligen Erwartungen der Verfasserin entsprechende Charakterisierung seiner Sozialisationserfahrung, die folgendermaßen lautete: „Das war für mich so, wie einer evangelisch oder katholisch ist, so war ich in der Familie sozialistisch erzogen worden, und ich kam von den ‚Kinderfreunden‘ automatisch nach der Schulentlassung zur SAJ."

Zwischen 1988 und 1991 ist mir Herr Priebe zum Beispiel in den eingangs erwähnten Gesprächskreisen zur Weimarer Republik und zur Kriegszeit sowie auf jährlichen Treffen ehemaliger weltlicher Schülerinnen und Schüler begegnet. In thematischen und biographischen Beiträgen, insbesondere in Gruppensituationen, gab er selbstreflexive, politisch besonnene Statements ab. Er schien noch immer die positiven Eigenschaften eines ehemaligen SAJ-Funktionärs zu verkörpern, der auch in schwierigen Situationen mit zum Teil sehr anders Denkenden seine Diskursfähigkeit unter Beweis stellte. Sein Spitzname aus der SAJ-Zeit war wohl nicht von ungefähr im heute rudimentären Beziehungsnetz der Solidargemeinschaft, also bei den alten Sozialdemokraten, den „Naturfreunden" und den Guttemplern, weiterhin geläufiger als sein Familienname: Herr Priebe schien noch im Alter jugendbewegten Elan und Interessenvielfalt auszustrahlen. Er bot damit der (mit mündlichen Quellen zunächst unerfahrenen) Forscherin eine bequeme Projektionsmöglichkeit.

Über seinen Vater, der nach Auskunft anderer Zeitzeug(inn)en ein „kleiner Gelehrter" gewesen sein soll, ‚lernt‘ Herr Priebe schon in jungen Jahren den Slogan „Wissen ist Macht". Er erzählte mir, daß „das Interesse daran, sich weiterzubilden, mehr zu wissen" stets orientierend auf seinen Lebensverlauf eingewirkt hatte. Für seine Eltern, der Vater war Hilfsarbeiter bei Krupp, die Mutter Hausfrau, sei es keine Frage gewesen, daß der Sohn und die Tochter eine berufliche Ausbildung durchlaufen sollten. Aus damaliger Sicht unbescheidene Ansprüche in bezug auf die Bildungslaufbahnen ihrer beiden Kinder hätten sie jedoch nicht gestellt. So sind es auch nicht seine Eltern, sondern die Lehrkräfte der weltlichen Schule gewesen, die Herrn Priebe den Besuch der „verkürzten Realschule"[15] nach der sechsten oder siebten Volksschulklasse empfohlen haben. Paul P. glaubt zwar, daß unter anderen gesellschaftlichen Bedingungen eine weiterführende Schule für ihn in Frage gekommen wäre, er aber auf dem Hintergrund der Franzosenbesetzung 1923/24 und der damit verbundenen Evakuierung von Essener Schulkindern einen Mißerfolg erleiden mußte: „Ja, das war die verkürzte Realschule,

---

15 Siehe dazu Kap. 3.3: Weimarer Schulverhältnisse

[...] zu der Zeit bin ich sehr viel auf Schulen gewesen in Thüringen auf Dorfschulen und in Ostpreußen usw. und war 'n bißchen weltfremd hier als es dann hier zu der Prüfung ging [...]."

Nach dem Abschluß der (weltlichen) Volksschule im Jahr 1928 lernte Herr P. nach einer mehrmonatigen Phase als Laufbursche Schlosser und wurde dann arbeitslos. Während seiner Lehrstellensuche und Ausbildungzeit nahm er nicht nur an möglichst allen Veranstaltungen der SAJ teil – von Musikdarbietungen über Sexualaufklärung bis hin zu politischer Schulung -, er wurde auch selbst aktiv in seiner Stadtteilgruppe, später im Unterbezirksvorstand. An drei oder vier Abenden war er mit der SAJ unterwegs (u.a. spielte er im Trommler- und Pfeifenkorps), hinzu kamen der Arbeitersportverein und seine Tätigkeit als Jugendvertreter des freigewerkschaftlichen Deutschen Metallarbeiterverbandes.

Da seine Mutter bei den „Kinderfreunden" und der „Arbeiterwohlfahrt", sein Vater in Partei und Gewerkschaft aktiv waren, lernten Paul Priebe und seine Schwester kein beschauliches Familienleben kennen und vermißten es nach seinen Aussagen auch nicht. Mutter und Vater werden als gewährend beschrieben. So nahm die Mutter den Kindern das Helfen im Haushalt fast vollständig ab; sie verwöhnte ihre beiden Kinder soweit es die Verhältnisse zuließen. Zum Beispiel brachte die Mutter Herrn Priebe in der Lehrlingszeit bei Krupp mittags eine warme Mahlzeit und blieb die Pause über bei ihrem Sohn. Die Zwei-Raum-Wohnung der Priebes war mehrfach Treffpunkt der SAJ-Stadtteilgruppe, und laut SAJ-Mitteilungen in der sozialdemokratischen Presse wurde dort 1930 sogar die Weihnachtsfeier der Gruppe begangen.[16] Herr P. konnte also bei der Planung seiner Freizeit mit der Liberalität, dem Verständnis seines Elternhauses rechnen; er ist nur selten an Grenzen gestoßen: „Ich kann mich nur einmal erinnern, daß wir 'ne Nachtwanderung gemacht haben und wir wollten dann wieder nach Hause zurück [...]. Und dann sind wir unten in ein Bootshaus gekommen, das war unten, da an der Ruhr zwischen Kettwig und Werden, ne. Und da war 'n Bekannter da: ‚ach, [ihr] könnt ja hier schlafen [...]. Dann haben wir da geschlafen, und am anderen Morgen sind wir erst nach Hause. Und ich hab dann erst 'n paar nach Hause [gebracht], die hatten Angst, nach Hause zu kommen. Dann hab ich die erstmal nach Hause gebracht und hab die beschwichtigt, die Eltern, war alles aufgeregt, dat die in der Nacht weggeblieben waren. Und ich denk ‚ach, man, zu Hause ist wohl alles in Ordnung, die werden wohl wissen, daß nix passiert'. Und ich komm nach Hause, da war auch alles aufgelöst [...]."

Die Eltern seien es auch gewesen, die Paul das Bücherlesen nahebrachten, die SAJ erwähnt er in diesem Zusammenhang nicht: „Ich habe geschenkt bekommen von Bruno Bürgel das Buch Dr. Ulebuhle[17] [...], nich. Das waren – so wie man heute wis-

---

16 Der Ankündigung in der Volkswacht ist die Aufforderung hinzugesetzt: „Jeder muß eine Tasse und Pantoffeln mitbringen." Herr Priebe besitzt ein Foto dieser Feier.
17 Die seltsamen Geschichten des Doktor Ulebuhle. Ein Jugend- und Volksbuch, Berlin 1920.

senschaftliche Bücher schreibt, im Vergleich ‚Götter, Gräber und Gelehrte', das waren praktisch solche Bücher, die [...] Jugendliche schon mit naturwissenschaftlichen Dingen in Berührung brachten, die man auf der Schule nicht lernte, ne. Dann ‚Peter Stoll'[18] und aber auch, dann hab ich auch Karl May gelesen und Gerstäcker und sehr viel Johann[19], die Reisebeschreibungen, hab ich sehr viel gelesen [...], dann Sven Hedin, seine Asienabenteuer und auch Polarfahrten und so weiter, also sehr viel Reisebeschreibungen, nich". – Einige der Buchproduktionen des „Bücherkreises"[20] haben den Bombenkrieg in Essen überstanden, und Herr Priebe zeigte sie mir bei unserem ersten Gespräch, u.a. „Mirantje", die Lebensgeschichte eines holländischen Jungen sowie ein Buch über Friedrich Ebert. Lily Brauns „Memoiren einer Sozialistin" seien dagegen beschädigt gewesen, als eine Luftmine den Haushalt der Priebes um 1943 durcheinanderwirbelte.

Nach seiner Schlosserlehre bei Krupp wurde Herr Priebe 1932 zunächst arbeitslos, und bemühte sich, zusammen mit anderen SAJlern, auf der Walz um seine tagtägliche Existenzsicherung. Noch im selben Jahr erhielt er jedoch die Nachricht, daß man eine feste Anstellung für ihn habe: „Unser Betriebsführer, der mochte mich irgendwie, ich weiß nich, der hat denn zweimal verlängert[21]. [...] Da hab ich wieder zu arbeiten angefangen. In der Beziehung hatt ich denn Glück, obwohl ich mit meiner Trommel und meinem blauen Kittel und mit meiner roten Krawatte zur Werkstatt gegangen bin und ich auch den Betriebsleiter mal bei Wanderungen getroffen habe. Er war 'n, ich weiß, er war 'n Deutschnationaler, 'n schwerer, militärischer Anhänger von Strammstehen usw. und trotzdem hat er gewartet und mich eingestellt". Dabei hatte Paul Priebes Anstellung tatsächlich an einem seidenen Faden gehangen. Nachdem er in Flensburg postlagernd einen zweiten Brief seiner Eltern erhalten hatte, in dem sie ihm ein weiteres, gerade noch nicht verstrichenes Datum für die Einstellung bei Krupp mitteilten, mußte er auf schnellstem Weg nach Essen zurück, hatte aber kein Geld. Der zuständige Gewerkschaftssekretär des DMV lehnte es ab, Paul ein Darlehen für die Fahrkarte zu geben. Herr P. war zunächst ratlos: „[...] Das war sogar noch 'n Wochenende, Samstagabend sind wir rumgelaufen. Da sacht der eine [Tippelbruder], ‚Mensch, komm, gehn wir mal

---

18 Das waren die schon weiter oben erwähnten Kinder- bzw. Jugendbücher von Carl DANTZ: Peter Stoll. Ein Kinderleben, Berlin 1925 und Peter Stoll der Lehrling erzählt von Flegel-, Lehr- und Wanderjahren, Berlin 1930.

19 JOHANN, Alfred Ernst (= Alfred Wollschläger) schrieb zum Beispiel: Der unvollkommene Abenteurer. Ein Lebenslauf in 12 Episoden. Berlin 1930; Mit zwanzig Dollar in den wilden Westen. Schicksale aus Urwald, Steppe, Busch und Stadt. Berlin 1928; 40000 Kilometer! Eine Jagd auf Menschen und Dinge rund um Asien, Berlin 1929.

20 Neben der „Büchergilde" gab es seit Mitte der 20er Jahre den „Bücherkreis" als Buchgemeinschaft der sozialistischen Arbeiterbewegung (auch andere Weltanschauungs- und religiöse Gemeinschaften hatten solche Buchklubs). Siehe die Abhandlung über den „Bücherkreis" von RUTHMANN, Danièle 1982; aus der Sicht eines Autors des „Bücherkreises" mit spöttischer Distanz: JUNG, Franz 1979, S. 336f.

21 Das Einstellungsdatum wurde zweimal hinausgeschoben, weil Herr Priebe unterwegs nicht erreichbar war.

zur Kriminalpolizei', und denn sind wir da oben zum Nachtdienst der Kriminalpolizei gegangen und da guckte mich einer an: ‚ach', sacht der. ‚ich kenn den Dezernenten hier vom Wohlfahrtsamt' [...]. Und denn hat der den angerufen und denn konnte ich Montagmorgen sofort auf dem Sozialamt meine Fahrkarte nach Essen abholen, dann den nächsten Zug, ab nach Hause". Das Geld habe er sofort von seinem ersten Lohn nach Flensburg zurückgeschickt – „Es gibt so viele, so viele Dinge im Leben, wo man 'n bißchen Glück haben muß, ne, sonst hätt ich es nicht geschafft – zu Fuß oder tippeln [...]"

Herr P. nahm auch das Fortbildungsangebot der Freien Gewerkschaften wahr, z.B. besuchte er einmal eine mehrtägige Veranstaltung über „Kosten des Streiks", die ihn darüber informierte, daß es in manchen Branchen und zu manchen Zeiten unzweckmäßig sein kann, zu streiken. Dieses Wissen sei ihm später in realen Streiksituationen zugute gekommen.

„Nach 33 hab ich denn die Maschinenbauschule besucht, weil ich zuviel Zeit hatte. Und habe da meinen Werkmeister gemacht und bin dann, sagen wir mal, vom Betrieb übernommen worden als Konstrukteur". I.: „Wieso hatten Sie zuviel Zeit?" – Herr P.: „Ja, die Arbeiterjugend gab's ja nicht mehr, das waren ja Abendkurse, diese sechs Semester, die ich da mitgemacht habe da an der Maschinenbauschule, ne". Seine nun plötzlich unverplante Zeit verbrachte Paul Priebe nicht nur in den Abendkursen der Essener Maschinenbauschule, er lernte auch (Paar-)Tanzen und traf dabei seine spätere Frau, die 1933 ihren sozialen Zusammenhang der ‚Freidenker-Jugend' verloren hatte. „Ja, und, wie gesagt, dann haben wir [nach 1933] viel gelesen, viel [...], ‚Sinuhe, der Ägypter' [von Mika Waltari] usw., das sind ja so, so Romane, die in erzählerischer Form viel über die damalige Zeit auch vermittelten, obwohl man vielleicht sagt Trivialliteratur, nich, sagt man vielleicht heute auch, ich weiß es nicht, stimmt das? [...]. Ja, Sie müssen bedenken, wir hatten nur die Volksschule".

Schon 1936 ist Paul Priebe acht Wochen lang bei der Fliegerabwehr der Wehrmacht ausgebildet worden. Über seine Erfahrungen im Krieg bemerkt er knapp und sachlich: „Und bin dann im Juni 42 wieder eingezogen worden, und bin dann bis zum Kriegsende Soldat gewesen, bin in [...] Kiefersfelden in amerikanische Kriegsgefangenschaft gekommen im Mai 1945".[22] Einige Monate später wurde er jedoch nach Frankreich überstellt und war dort bis zum Jahr 1948 Kriegsgefangener. „Erst Kriegsgefangener, dann als ‚freier Arbeiter' nannten sich die, denn wurden wir in Arbeitsverhältnisse übernommen und konnten denn ein Jahr noch da arbeiten." Für Herrn Priebe boten sich im Anschluß an die Kriegsfangenschaft unverhoffte Chancen: „Und nach 'nem Jahr wurden viele weggeschickt, ne, mich hat man aufs Büro übernommen dann, aufs Konstruktionsbüro da, und ich hab meine Familie nachkommen lassen usw. und – zehn Jahre in Frankreich". Mit der fremden Sprache hatte Herr P. keine besonderen Pro-

---

22 In einer späteren Gesprächsphase erzählt Herr P. dann doch noch eine längere Geschichte des Rückzugs aus Frankreich über Brüssel nach Köln, dann wieder ins Elsaß usw. bis er schließlich mit seiner Einheit in die Hände der amerikanischen Truppen gelangte.

bleme („Striche sind überall grade"), sein Vorgesetzter war Schweizer und konnte bei Bedarf dolmetschen. Herrn Priebes Frau stand dem Plan einer Übersiedlung nach Frankreich zunächst reserviert gegenüber: „Meine Frau sagt heute noch: ‚wenn die Währungsreform ’n Halbjahr eher gekommen wäre, dann wär ich nicht nach Frankreich gekommen‘, sagt sie immer, aber sie sagt im gleichen Atemzug auch ‚ich möchte die zehn Jahre in Frankreich nicht missen‘". Und auch für Herrn Priebe war der kollegiale Umgang mit Algeriern, Franzosen, Schweizern u.a. ein Stück praktizierte Weltoffenheit, eine Schule für Toleranz. Daß der Krieg damals gerade erst seit kurzem Vergangenheit war, habe sich auf die Atmosphäre unter den dortigen Kollegen/-innen nicht belastend ausgewirkt, man konnte sich bald politisch untereinander einordnen, und Herr Priebe wurde nicht mit dem NS-Regime identifiziert.

Paul Priebes 1939 geborener Sohn integrierte sich ins französische Schulsystem: Er stellte sich ganz auf die neue Sprache um und machte 1958 das Abitur. Das Ende der Schulzeit ihres Sohnes war für das Ehepaar Priebe Anlaß, nach Essen zurückzukehren. Herr P. bewarb sich bei Krupp und konnte wieder eine Anstellung im Konstruktionsbüro finden; denn Ende der 50er Jahre wurden qualifizierte Arbeitskräfte gesucht. Herr Priebe war Mitte 40, als er erneut in die SPD eintrat (auch in die AWo und die IG Metall) und nach ehemaligen Jugendgenossen/-innen suchte: „Ich kann mich nur entsinnen: als ich hier zurück kam nach Essen, da bin ich mal zu einer Veranstaltung gegangen in den Ausstellungshallen, und denn hab ich immer Bekannte gesucht – immer nach jungen Mädchen geguckt (lacht). Daß die alle in meinem Alter waren – [...]". Er fand nach und nach SAJler(inne)n wieder (auch über die Verbindungen seiner Frau), die bis heute bestehen. Eine sehr intensive Freundschaft zu einem SAJler aus der früheren Gruppe Nord hat sich erst vor ungefähr 10 Jahren entwickelt: Mit diesem teilte Herr Priebe bis zu dessen Tod nicht nur das Hobby, Briefmarkensammeln, sondern tauschte sich aus über „alte Zeiten", d.h. die Weimarer Republik und die Phase des Nationalsozialismus.

Herr P. sprach in den Interviews über genutzte und verpaßte Chancen seines Lebens, über das „Glück", das er häufig hatte, etwa als er seinen freigehaltenen Arbeitsplatz bei Krupp 1932 mit geborgter Fahrkarte gerade noch erreichte oder ihm im Anschluß an die Kriegsgefangenschaft ein beruflicher Aufstieg in Frankreich eröffnet wurde. Paul Priebes Biographie enthält einige typische zeitgeschichtliche ‚Ablagerungen‘. Die Dialektik von Allgemeinem und der Besonderheit seines individuellen Lebens, vor allem verschiedene Brüche und bei genauerem Hinsehen trotz einer insgesamt ‚schlüssigen‘ Lebenskonstruktion sichtbar werdende kulturkritisch-resignative Züge, geraten dabei leicht aus dem Blick und erschlossen sich der Verfasserin erst nach Jahren und einem zweiten Interview.

Herr Priebe thematisierte häufig den Komplex ‚Bildung‘, u.a. im Zusammenhang mit der weltlichen Schule und der nicht bestandenen Prüfung zur Oberrealschule. Über die Weimarer Zeit resümiert er in diesem Kontext, die reaktionären Kräfte, die Burschenschaften, hätten sich auch weiterhin die Schlüsselpositionen in Staat und Gesellschaft zugeschoben. Herrn Priebe ist sehr bewußt, daß er von vielen Entfaltungs- und Aufstiegsmöglichkeiten ausgeschlossen war und sich dennoch heute eine positive gesellschaftliche Entwicklungslinie am Beispiel seiner Familie nachzeichnen läßt: „[...] mein Vater war ungelernt, sein Bruder auch, ich bin nun Handwerker gewesen, auf der Maschinenbauschule Aufbaukurse [...] und, ja, mein Sohn ist Akademiker jetzt, also, sowas (lacht) wär früher gar nicht möglich gewesen, ne, also vor dem Ersten Weltkrieg nicht."

Seit den 60er/70er Jahren fühlt er trotz seines in beruflicher Praxis wie Vereins-, Partei- und Gewerkschaftsfunktionen erworbenen Könnens und Selbstbewußtseins zunehmend wiederum eine Kluft zwischen den ‚Gebildeten‘, auch in seiner Partei, und den Bildungsbenachteiligten, zu denen er sich (und seine Frau) rechnet. „Ich habe manchmal, als zum Beispiel von der SPD das Buch rauskam ‚Orientierungsrahmen ’85‘ – das hab ich mit’m Wörterbuch lesen müssen, da waren so viele Ausdrücke drin, so viele Fremdwörter drin, die ich gar nicht kannte, daß ich hier ’n Duden dazu nehmen mußte [...]." Seine Bildungsanstrengungen, angeregt durch sein Elternhaus, die SAJ und durch Eigeninitiative, sieht er heute zunehmend weniger gewürdigt und erfährt deren Unzulänglichkeit. Ist darin auch der Grund für seine zunehmende Leseabstinenz zu sehen? „Ich lese sehr wenig [...] In der Jugend hab ich viel gelesen, ach, immer. Ich bin also ’n etwas unruhiger Mensch. Und wenn ich lese, denn mein ich, ich mein immer, ich müßt irgendwas machen, irgendwie müßt ich was sehen hinterher, ne".

Ein Schlüsselerlebnis war für ihn der (einmalige) Besuch der Essener VHS: „Wir haben mal einen Kurs mitgemacht in der Volkshochschule. Und zwar war das damals der Dr. G., der leitete. Das war mehr so ’n philosophischer Kurs. Und dann hat er mal bei uns im Ortsverein gesprochen und hat denn gesagt, er wundert sich, daß so viele Menschen, also, daß die Volkshochschule von so wenig Arbeitern besucht würde. Und da hab ich ihm gesagt, daß die Leute, die da die Kurse abhalten, also dermaßen viele Fremdworte gebrauchen, daß ein Mensch mit Volksschulbildung da nicht mitkommt. Da meinte er, da könnte was dran sein. Und dann sind wir da mal zu dem Kursus gegangen – wir haben auch nachher aufgehört. Also, wir mußten [...] alles aufschreiben, zu Hause nachgucken, was bedeutet das überhaupt, was die da erzählen. Also, es ist wirklich so [...] Es wird vorausgesetzt, daß gewisse Dinge eben bekannt sein müssen, ne. Das hat mit dem Verstand nichts zu tun, da fehlen eben – die Begriffe fehlen, ne". An Gesprächskreisen in der „Alten Synagoge" und im Ruhrland-Museum, die an die Zeitzeugen- und Alltagsexpertenschaft der Teilnehmer/-innen anknüpften, hat sich Herr Priebe beteiligt und, wie eingangs erwähnt, in den zum Teil hitzigen Diskussionen eine konstruktive Rolle gespielt. „Ich bin diskutierfreudig gewesen", hat Herr Priebe einmal gesagt, eine Fähigkeit, die er offenbar vor allem mit seiner Jugendzeit und dem frühen Erwachsenenalter verbindet.

Neben Paul Priebes eher skeptischer Einschätzung dessen, was er in seinem bisherigen Leben sich aneignen konnte und wie er mit den Anforderungen seiner inzwischen häufig akademisch ausgebildeten Umwelt zurechtkommt, trägt auch die Beurteilung der politischen Lern- und Erfahrungsprozesse – beginnend mit der SAJ-Zeit und endend mit der Arbeit in einer Essener Bezirksvertretung – resignative Züge: „Na ja, erstmal ist es ja so gewesen, wir waren ja praktisch noch Feuer und Flamme für unsere Idee, als der Nationalsozialismus kam, und man sieht oft nur das, was man sehen will. Oder man sieht das Positive, das Negative verdrängt man manchmal, oder man sieht nur das Negative und verdrängt das Positive, also, das hängt von der jeweiligen Stimmung ab, von der jeweiligen Lage, so daß man doch in der Situation ist, daß man sagt, ‚Mensch, du hast gestern ganz was anderes gesagt wie heute‘, ne also. Das kommt daher [...], wenn man sich Gedanken darüber macht. Und, wie gesagt, denn spielt die Kriegsgefangenschaft 'ne Rolle, wo auf ganz engem Raum ganz viele Menschen zusammen waren. Da hat man dann gesehen, der eine, der hat für 'ne Zigarette sein Essen weggegeben [...]. Dann macht man so Studien, wie der Mensch sich verhält, und dann kommen gewisse Zweifel auf, ne, und denn sagt man sich manchmal ‚soll doch jeder machen, was er will, nach seiner Façon selig werden, aber kümmer dich nicht drum und versuch nich, jemanden umzudrehen‘ -“. Den Jugendtraum von einer sozialistischen Umgestaltung der Gesellschaft habe er aufgegeben. Das führt er zurück auch auf das korrupte und widersprüchliche Verhalten von Politikern, die er aus nächster Nähe kennengelernt hat. Zwar würde Paul Priebe trotz großer Veränderungen in seinem Denken die Partei nicht verlassen, „aber, wie gesagt, ich habe meine ganzen Aktivitäten praktisch eingestellt“. I.: „Gehen Sie nicht mehr in den Ortsverein?“ – Herr P.: „Doch, ab und zu geh ich mal hin, wenn was da ist, was mich interessiert, aber so nicht mehr aktiv, nicht mehr aktiv.“

Herr Priebe ist, wie es die Verfasserin schon Mitte der 80er Jahre – allerdings damals in idealisierender Weise – vermutete, Repräsentant des alten Bildungsverständnisses der Sozialdemokratie. Er hat sich autodidaktisch und über die Organisationen des Lagers weitergebildet. Er konnte aber auch während des Nationalsozialismus seinen beruflichen Aufstieg realisieren. Verstärkt durch seine 10jährige Abwesenheit, erlebte er, daß sich in der SPD ein anderer, besser ausgebildeter Politikertypus durchgesetzt hat. – Mooser sieht in diesem, nicht auf Essen beschränkten Generationenwechsel einerseits die notwendige Professionalisierung (und Folge zunehmender Partizipation an formaler Bildung), andererseits auch ein Problem: „Mit dem Ausbau des Sozialstaats und dem Abschied vom emphatischen Bildungsbegriff verwandelte sich bei den Kadern ein großer Teil der alten geistigen Energie in das sozialpolitische Expertentum. Dieses hat jedoch auch ein Vakuum hinterlassen, das heute als ‚Sinnkrise‘ der Arbeiterbewegung spürbar ist.“[23] Herrn Priebes Biographie spiegelt zumindest eine Krise seiner Sicht auf Politik und seiner politisch-kulturellen Zuordnung wider.

---

23 MOOSER, a.a.O., S. 232; zur Veränderung des Lagers auch v. PLATO 1989.

Kurt G., 1915 – 1988
Schriftsetzer/technischer Zeichner/Journalist

„Mein ewiger Traum: Redakteur"

Zwischen 1984 und 1988 gab es einen lockeren Gesprächskontakt zwischen Herrn G. und der Verfasserin. 1988, kurz vor seinem Tod, verfaßte Kurt G. ein 30seitiges lebensgeschichtliches Manuskript und sandte mir eine Kopie zu. Ein methodisch kontrolliertes Interview war verabredet, als Herr G. 73jährig plötzlich starb.[24]

Herr G. war sehr offen und streitlustig, eine kommunikative Herausforderung in der Art und Weise, wie er sein Gegenüber einbezog, es durch Fragen und Thesen aus der Reserve lockte. Er schätzte es, über gerade Gelesenes zu diskutieren, breitete sein Wissen über die Geschichte der Arbeiterbewegung ebenso aus wie über die politischen Entwicklungen innerhalb und außerhalb der SPD. Er kaufte und besaß Bücher aus dem weiten Feld der Gegenwartsliteratur. Anstöße seines Sohnes, eines Hamburger Journalisten, nahm er auf (bei einem unserer letzten Zusammentreffen hatte er sich auf dessen Anregung gerade mit der Beziehung Jean Paul Sartre/Simone de Beauvoir beschäftigt). Herr G. konnte als der Autodidakt par exellence erscheinen: Er hatte einen Weg vom stigmatisierten vaterlosen Volksschüler aus der Exmittierten-Baracke zum stellvertretenden Chefredakteur einer Tageszeitung zurückgelegt und damit sein Lebensziel, nämlich Journalist zu werden, mehr als erreicht. Welch außergewöhnlichen Lebensverlauf er vorzuweisen hatte, insbesondere, wie sich Selbst- und Fremdbestimmung darin verschränken, läßt er anhand seines Lebensrückblicks nachvollziehen.

Herr G. hatte schon in vorangegangenen Gesprächen erzählt – und er schönt diesen Punkt in seinen „Altersgrübeleien" nicht –, daß er und seine beiden Brüder problematische Familiensituationen erfahren haben. Der Vater führte beruflich ein wechselvolles Leben: Er war gelernter Bäcker, hielt sich mit Hilfsarbeiten über Wasser, arbeitete als Redakteur des kommunistischen „Ruhr-Echo" und in einer späteren Phase als Sekretär bei der Hirsch-Dunckerschen-Gewerkschaft. Kurt G.s Vater hatte die Söhne in der Freien Schule angemeldet, und sie sollten im „Jung-Spartakus-Bund" eine politische Orientierung im Sinne des Kommunismus erhalten. Kurze Zeit später verließ er seine Familie. Herrn G.s Mutter stand als Christin den politischen Ambitionen ihres Mannes reserviert gegenüber. Sie war nicht berufstätig und konnte schon bald die Miete für die Wohnung im (sozial deklassierten) Segeroth-Viertel nicht mehr aufbringen. Frau G. mußte mit ihren Söhnen in eine Obdachlosen-Siedlung im Essener Norden umziehen.

Ein Lehrer aus der Freien Schule, zu dem Kurt G. ein enges Verhältnis hatte und der

---

24 Außer Herrn G.s „Altersgrübeleien" und protokollartigen Aufzeichnungen der Verfasserin stand ein Tonbandinterview der Essener „Falken" mit Fragen nach Herrn G.s politischer Einstellung aus den 70er Jahren zur Verfügung, das als Teiltranskript peripher in die Interpretation eingegangen ist (Archiv Alte Synagoge Essen).

ihn, wie er betont, zu überdurchschnittlichen Leistungen anspornte, war bei der Lehr-stellensuche in der Zeit der Weltwirtschaftskrise behilflich. Kurt G. wurde Schriftset-zerlehrling bei der „Volkswacht". Angesichts der nicht nur verbalen Kämpfe zwischen den Arbeiterparteien mahnte sein Lehrer stets zu Toleranz und Besonnenheit und konnte mit solcher Einflußnahme Kurt nach und nach für die Sozialdemokratie gewin-nen: „Lehrer Thissen warnte vor der Parole ‚Und willst Du nicht mein Bruder sein, so schlag ich Dir den Schädel ein'. Das schien mir einleuchtend. So ging es nicht. Als ich 15 war, sagte ich mir, ‚Du gehörst nicht nur in die Gewerkschaft, Du gehörst auch in die SAJ' ".[25] Er schloß sich nicht nur seiner Stadtteilgruppe an, sondern gleichzeitig auch dem Sprechchor der Sozialistischen Arbeiterjugend.

Nach der Schulzeit und mit Beginn einer Schriftsetzerlehre bei der sozialdemokra-tischen „Volkswacht" um 1929/30 bildete sich Kurt G. in seiner Freizeit politisch und kulturell weiter. Er besuchte Kunstausstellungen, studierte die sozialistischen Theore-tiker und nahm die Angebote von SPD und Gewerkschaften wahr (Kurt G. gehörte dem Verband der deutschen Buchdrucker im ADGB an). „In allen Kursen und Semi-naren war ich wie früher in der Klasse Musterschüler. Natürlich machte ich mir damit nicht nur Freunde. Es wird einem schnell Arroganz unterstellt." Seine Informiertheit und Eloquenz fielen nicht nur den Mißgünstigen auf: „Ein paar Jugendgenossen mein-ten, ich hätte das Zeug zum 2. Vorsitzenden des Unterbezirks Essen [der SAJ]; der Posten war neu zu besetzen. Besonders Fritz M. [...] und Erwin L. betrieben meine Wahl, zogen durch die Stadtteilgruppen und brachten eine Mehrheit zusammen. Meine Wahl auf der Jahreskonferenz des U[nter]-Bezirks war eine große Überra-schung. Ich war gerade 16 Jahre alt. Der 1. Vorsitzende, Karl B., war 24 Jahre alt. Im U-Bezirksvorstand übernahm ich den Bereich Schulungsarbeit [...]". Bis 1931, also rund ein Jahr lang, blieb Kurt G. in dieser Position. Der Richtungsstreit innerhalb der SPD, der eine Parallele in der SAJ hatte[26], sowie Gefühle der Überforderung brachten Herrn G. jedoch dazu, von seiner Funktion zurückzutreten („ein bißchen Intelligenz allein macht es auch nicht"). Statt dessen wurde er Vorsitzender einer nördlichen Stadtteilgruppe und gehörte dem „Führer-Kreis" der Essener SAJ an.[27] 1932, im Jahr der Reichspräsidenten-Wahlen und des Papen-Putsches in Preußen verstärkte sich Herrn G.s Distanz gegenüber dem Kurs der SPD: „Ich begann zu zweifeln und zu suchen. Ich nahm den Kontakt zu Erwin L. wieder auf. Er hatte etwas anzubieten, das meiner Neugier entgegenkam. Er arbeitete mit der Gruppe ‚Rote Kämpfer' zusam-

---

25 Lehrer Thissen ist 1933 Mitglied der NSDAP geworden; Herrn G.s Wertschätzung seiner pädagogi-schen Kompetenz ist jedoch geblieben. Das hätten andere auch gemacht, kommentierte er diesen Schritt, ein „toller" Lehrer sei er dennoch gewesen.
26 Siehe die Artikel in der Volkswacht: „Geschlossene Front der Jugend. Spaltungsversuche im Bezirk Niederrhein des SAJ gescheitert" (18.8.1931, Beilage ‚Schaffendes Jungvolk); „Jugend und Partei. Keine Gemeinschaft mit den Sonderbündlern" (10.10.1931); „Hoch die Partei! Der Unterbezirk Essen gegen die Spalter" (12.10.1931); „Die Jugend steht zur Partei" (13.10.1931); „Die SAJ, Bezirk Nieder-rhein steht treu zur Partei" (27.10.1931).
27 Vgl. SAJ-Mitteilungen in: Volkswacht vom 8.7., 26.7. und 15.9.1932.

men. Die ‚RK-Korrespondenz', die hier vertrieben wurde, bestach mich durch ihren Stil, ihr intellektuelles Niveau, durch die anscheinend neuen Ideen. Man war dort linkssozialistisch, aber entschieden antibolschewistisch, wollte eine Art ‚Arbeiterdemokratie' [...]. Da der RK keine Partei sein wollte, sondern sich nur auf eine spätere Phase ganz neuer Arbeiterbewegung vorbereiten, auch ganz ohne Illusion auf eine längere faschistische Herrschaft eingestellt war, sah ich keinen Widerspruch darin, hier mitzumachen und dennoch, 18 Jahre alt geworden, im Februar 1933 Vollmitglied der SPD zu werden."[28]

Nach dem Verbot der sozialdemokratischen Presse im Frühjahr 1933 verlor Herr G. seine Anstellung. Er nahm kurzfristige Jobs als Schriftsetzer an und bildete sich beruflich (z.B. durch Kurse im „Schriftschreiben") und im Englischen weiter. Der Regimegegner Kurt G. wurde Mitglied im NS-Kulturbund, um weiterhin verbilligte Theaterkarten kaufen zu können.

Drei Jahre lang beteiligte sich Herr G. zusammen mit fünf (meist SAJ-sozialisierten) Essener Jugendlichen und jungen Erwachsenen, darunter war sein jüngerer Bruder Heinrich, an der Arbeit der „Roten Kämpfer", das hieß, man traf sich in Diskussionszirkeln, tauschte Informationsmaterial und Literatur aus. Der Schriftenversand von Stadt zu Stadt geschah häufig, indem Lebensmittelpaketen nicht entwickelte Fotos beigelegt waren, die bei Lichteinwirkung jedoch verdarben. 1936 wurde das Netz der RK-Gruppen (nicht nur des Ruhrgebietes) aufgedeckt. Die Essener Mitglieder kamen in Untersuchungshaft, und Herr G. wurde zu vier Jahren Zuchthaus verurteilt. Über diese Zeit schreibt Kurt G.: „Ich habe versucht, die Knastzeit etwas zu nutzen. Auf dem Arbeitskommando in Dedinghausen bei Lippstadt [in einer Ziegelei] war die Überwachung nicht allzu streng. Ich konnte Bücher verstecken, setzte mein Englischstudium, das ich 1933 während der Arbeitslosigkeit begonnen hatte, fort und begann außerdem mit Französisch. Karl M., der Musiker und Trotzkist, und Ewald K., der KPD-Mann, paukten mit mir. Beide waren älter und besaßen einige Vorkenntnisse. Liesel M., die Sekretärin des Ziegelei-Besitzers, besorgte mir regelmäßig Schreibpapier, und wenn ich in der Freizeit nicht Schach spielte, hockte ich über der Grammatik". Von seinem Mithäftling Karl M. ließ sich Herr G. auch musiktheoretische Kenntnisse vermittelt: „Er [...] brachte mir bei, was der Quarten- und Quintenzirkel ist. Das Komponieren habe ich allerdings trotz größter Mühen seinerseits nicht mehr ganz gelernt."[29]

Herr G. lernte seine Ehefrau, die zwei Jahre ältere Klara, in der SAJ-Gruppe Alten-

---

28   Der „Rote Kämpfer-Kreis" hatte im ganzen Reich 400 bis 500 Mitglieder, siehe FOITZIK, Jan 1986, S. 32–36 und S. 90f.; STEINBERG, Hans-Josef 1973, S. 81ff.; MIKUSCHEIT, a.a.O., S. 96ff.; IHLAU, Olaf 1969.

29   Seine musikalischen Interessen, schreibt Herr G., seien im Laufe seines Lebens vielseitiger geworden: „Bach, Beethoven, Brahms, Schumann, Richard Strauß. Zu meiner Freude beginnt seit einiger Zeit auch mein Sohn sich für die Klassiker zu interessieren. Gustav Mahler ist sein Favorit. Meiner jetzt auch."

essen kennen. „Meine Verhaftung warf natürlich schwierige persönliche Probleme auf. Ich bot Klara an, sich von mir zu trennen. Sie lehnte das ab." Auch der zukünftige Schwiegervater, ein bekannter Sozialdemokrat, der sich einen sozial „passenden" Ehemann für seine Tochter gewünscht hatte, versagte Kurt G. während der Haftzeit die Unterstützung nicht und versorgte ihn mit kleinen Geldbeträgen für den Einkauf von Lebensmitteln. Nach dem Ende der Haftzeit, im Frühjahr 1941, heiratete das Paar und zog in die Wohnung von Klara G.s Eltern.

In seinem erlernten Beruf als Schriftsetzer fand Kurt G. keine Arbeit. Per Fernkurs ließ er sich zum technischen Zeichner umschulen und erhielt auf Empfehlung seines Freundes einen Arbeitsplatz am Zeichenbrett bei einer Stahlbaufirma in Dortmund. In dieser Zeit, so erzählte Herr G. einmal, habe er sich zusammen mit seiner Frau viele NS-Filmproduktionen angesehen. „Das war im Sommer 42. Leider dauerte der Spaß nur ein paar Wochen. Dann – kamen die Nazis wieder und holten mich, nein befahlen mir zu kommen [...]" Herr G. war „versuchsweise wehrwürdig" erklärt worden, das bedeutete: Man zog ihn ein in die Division „999". „Mitte April 1943 wurden wir dann nach Tunesien geflogen, zum Schießen sind wir aber nicht mehr gekommen; Rommel war schon weg, und wir hatten zwar funkelnagelneue Geschütze mitgebracht, aber die zugehörige Munition wurde wohl über dem Mittelmeer von den Engländern abgeschossen. Am 11. Mai marschierten wir ab in die Gefangenschaft, teils zu den Franzosen, teils zu den Amerikanern. Jetzt zahlte sich mein Lerneifer im Zuchthaus aus: Ich konnte bald Dolmetscherdienste übernehmen. Auch wurde ich so eine Art Sprecher der Politischen in den Lagern, zumal ich meine Kenntnisse noch verbessern durfte; ein halbes Jahr lang verbrachte ich auf einer französischen Farm, mit Familienanschluß gewissermaßen. Madame Yvonne und Monsieur Maurice waren, wenn auch unbeabsichtigt, gute Lehrmeister in Umgangsfranzösisch, auch hatte ich jeden Tag eine Zeitung, die ,Dépêche Tunisienne'. Ich war also etwas auf dem Laufenden". Von französischer Seite wurden Kurt G. in tunesischen Kriegsgefangenenlagern weitere Dolmetscher- und Organisationsfunktionen übertragen. Sein Ansehen bei der Lagerleitung sank jäh und seine Funktionen wurden ihm genommen, als Gefangene bei einer von Herrn G. mitinitiierten Feier deutsche Wander- und Marschlieder sangen und damit die Franzosen provozierten. „Ausgerechnet ich als Anti-Nazi wurde wegen des Absingens von Nazi-Liedern bestraft!" Herr G. meldete sich nach diesem sozialen Absturz zum Arbeitseinsatz in Algerien, doch über die nordtunesische Stadt Biserta ging der Transport dann nicht hinaus. Im dortigen Gefangenenlager hatte die Anti-NS-Fraktion eine Zeitung ins Leben gerufen, und in dieser Gruppe konnte man Herrn G.s Fähigkeiten und Fertigkeiten gut brauchen. Er schrieb Artikel, Gedichte und Texte für einen Sprechchor. Wegen einer Erkrankung entließ man Kurt G. vorzeitig aus der Gefangenschaft. Im Frühjahr 1947 war er wieder in Essen: „Jetzt mußte erstmal der politische Standort geklärt werden". Die pazifistische Haltung seiner Jugendzeit nahm Herr G. nicht mehr ein: „Als die Amis 1944 schließlich in der Normandie landeten, kam in mir ein Gefühl großer Dankbarkeit auf. Es hat bis heute angehalten – sogar trotz Nixon und Reagan. Ohne die Amis wären wir unsere Nazis wahrscheinlich nie losgeworden. Realpolitik muß lernen Umwege zu gehen". Richard Löwenthals Buch „Jenseits des Kapitalismus', die Erfahrungen der zurückliegenden Jahre und die Berichte von Freunden über die Verhältnisse in der sowjetischen Besatzungszone ließen Herrn G. wieder den Kontakt zur SPD suchen. „Inzwischen war ich Volontär in der [...]Redaktion geworden. Ich hatte Dieter O.[30] gebeten, mich einfach als Redaktionssekretär einzustellen, alles andere würde ich dann schon selbst besorgen. Mein Ziel war ja, Zeitungsmann, Redakteur zu werden. [...] Das hieß nun, ein Jahr lang Lehrling sein, aber nach neun Monaten wurde ich dann doch schon Redakteur. Seit dem 1.1.1948 war ich nun also Journalist, befand mich in einem neuen Lebenselement. Neu? Gewiß, aber eigentlich nicht fremd. Als kleiner Junge hatte ich meiner Großmutter geholfen, die ‚Gelsenkirchener Zeitung' auszutragen [...] Am 1. April 1929 wurde ich in einer Zeitungsdruckerei Schriftsetzerlehrling. Mein Traum, mein ewiger Traum: Redakteur. In der Kriegsgefangenschaft habe ich jeden Abend meinen Kameraden die französischen Zeitungsnachrichten übersetzt und vorgelesen. Mein Traum auch damals und erst recht: politischer Journalismus. 1948 ging alles in Erfüllung. War ich am Ziel? Es schien jedenfalls so." Das Ehepaar G. fand eine Wohnung in der Kruppschen „Gartenstadt" Margarethenhöhe, und 1947 wurde der Sohn Wolfgang geboren (Herrn G.s damals favorisierter Komponist Wolfgang Amadeus Mozart stand Pate). Das einzige Kind hat auf akademischem Level den Berufsweg seines Vaters gewählt und ist heute Redakteur der Wochenzeitung „Die Zeit".

Über das Ressort Wirtschaft ist Herr G. wenige Jahre später wunschgemäß in die politische Nachrichtenredaktion gelangt: „Meine erste große politische Reportage schrieb ich über den Bochumer Prozeß gegen die deutschen Demontageverweigerer. Zur Saar-Abstimmung war ich in Saarbrücken [...]" Mitte der 50er Jahre arbeitete Herr G. als Chefreporter und übernahm dann die Leitung des Landesbüros Düsseldorf; er stieg auf der Karriereleiter noch bis zum stellvertretenden Chefredakteur auf. Ende der 70er Jahre beendete Kurt G. die Phase seiner aktiven Berufstätigkeit, vereinbarte aber mit ‚seiner' Tageszeitung eine freie Mitarbeit, die er noch einige Jahre ausübte. Kurt G. ist im Jahr 1988 gestorben.

Herr G., der seinen Lerneifer stets auffällig betonte und als erster gegenüber der Verfasserin die SAJ als „Hochschule des Proletariats" bezeichnete, war – ähnlich wie andere frühe Kontakte zu Zeitzeugen, beispielsweise zu Frau Hildebrand und Herrn Priebe, eine ‚Station' auf dem Weg zur Forschungsfrage nach dem Stellenwert von Bildung in der Biographie.

An Herr G.s Text „Altersgrübeleien" fällt auf, daß die Lebensgeschichte als Bil-

---

30 Herausgeber der Zeitung, ehemaliger SAJ-Genosse und „Roter Kämpfer"; siehe den Kurzlebenslauf Dieter O.

dungs- und Entwicklungsgeschichte formuliert wurde. Herr G. beschreibt die allmähliche Entfernung vom sozialen Status des Obdachlosen, die wir u.a. ablesen können an der Betonung seiner hervorragenden schulischen Leistungen, der Ausbildung zum Schriftsetzer, der Ehe mit einer Angehörigen der Arbeiter-Aristokratie Essens. Seine Selbstachtung und sein Selbstbewußtsein, so vermittelt es der Text, waren an trotzige Behauptung unter schwierigsten Bedingungen gebunden. Herr G. fügte sich nicht in die Opfer-Rolle; er erkannte seine Stigmatisierungen und fand Wege, sich daraus zu befreien. Kurt G.s Lerneifer, sein Erfahrungshunger und schließlich sein Aufstiegsstreben scheinen unter anderem in der Etikettierung als „Exmittierter" einen konstanten Bezugspunkt zu haben.[31] In einem Interview in den 70er Jahren hat er von seinem „Bildungstrieb" gesprochen, den er allgemeiner mit der gesellschaftlichen Ausgrenzung der Arbeiterschaft von weiterführender Bildung erklärt: „[...] und studieren – da mußt' man ganz gute Noten haben, um mal ein Stipendium zu erwerben. Heute ist das ja alles viel leichter, so daß hier auch, sagen wir mal, der Drang zur Selbstbildung viel stärker ausgeprägt war." Herr G. konnte sein sozial vorbestimmtes Bildungsschicksal wenden. Neben zielstrebiger Teilnahme an den Schulungen von Partei und Gewerkschaften zeigt er in seinem Text die einerseits zeitgeschichtlich, andererseits auch immer durch seine Initiativen begründeten Lernanlässe auf: unter anderem die vier Jahre im Zuchthaus, die Kriegsgefangenschaft. Darüber hinaus eröffnet er uns Einblicke in die an Wandlungen reiche politische Sozialisation: Lernen, Bildung und Erfahrung werden von Herrn G. in einen Zusammenhang gestellt mit seiner politischen Reflexion.

Herrn G.s Lebensverlauf verweigert sich dennoch der Interpretation als simple Aufstiegs- bzw. Erfolgsgeschichte. Er macht deutlich, daß er sich an vielen „Knotenpunkten" seines Lebens keineswegs für die vordergründig vielversprechendere Handlungsmöglichkeit entschieden hat. So tritt er etwa von seinem Unterbezirksvorstandsposten zurück, er geht auf Oppositionskurs zur SPD, schließt sich dem Widerstand an, wechselt mehrmals seinen Beruf. Er stellt sich dar als lernfähig in einem weiteren Sinn, als jemand, der aus Erfahrungen klüger wird und daher seinem Lebensweg einige Male eine andere Richtung geben konnte. Dabei war sein ‚Einsatz' jedesmal hoch. Kurt G.s Lebenskonstruktion basiert aber auf der Moral, daß der kumulative Prozeß des Erfahrungs- und Wissenserwerbs die Risiken gleichzeitig begrenzte und Rückschlägen ihre existentielle Bedrohung nahm.

---

31 Siehe zum autobiographischen Schreiben als Stigma-Bewältigung BERGMANN, Klaus 1991, S. 192f.

Werner Bode, geb. 1917
Zimmermann/Hausmeister

Der „rote Werner"

Herr B.eröffnete seinen Lebensrückblick mit der Einschulung in eine weltliche Volksschule im Jahr 1923. Dort hätten die (Jung-)Lehrerinnen und -Lehrer Einfluß auf seinen weiteren Lebensverlauf genommen, indem sie seine Versetzung auf die Mittelschule befürworteten und ihn später, mit nur 12 Jahren, zur Mitarbeit in der SAJ animierten: „Die haben Gruppenarbeit mit uns gemacht [...], die haben uns direkt dahin geführt." Viele Lehrerinnen und Lehrer seien ihm schon als HelferInnen aus der Zeit bei den „Kinderfreunden" bekannt gewesen; man war vertraut miteinander, duzte sich.[32]

Seinen Eltern war – wie in so vielen anderen Fällen – zunächst gar nicht eingefallen, ihren Sohn in eine Realschule gehen zu lassen: „Auch der Herr H., unser Rektor, der hat sich da auch so für [eingesetzt] – ja, wir wurden – wir hatten dat Zeug. Der hat die Eltern kommen lassen usw." An das völlig veränderte Lernklima in der Mittelschule konnte sich Werner Bode nicht gewöhnen, er habe dort häufig gelitten: „Fing schon an, mein Vater sagte, ‚Du mußt auch die Religionen kennenlernen usw.'. Und da ich mich da nicht auskannte, hab ich viele Fragen gestellt. Und da bin ich erst der [Lehrerin] K. auf 'n Wecker gegangen. Die hat das meinetwegen als Störung des Unterrichts empfunden, wenn ich frag, ‚is dat dasselbe, Petrus und Paulus?'. Nachher bin ich denn raus aus 'm Religionsunterricht, weil er [der Lehrer] sagte, ‚das kannst Du ja nicht wissen, Dein Vater ist ja Sozialdemokrat' [...]. Ich hatt's da nicht gut".[33] Die politischen Einstellungen seien um 1932 bei Lehrkräften und Schülern im negativabgrenzenden Sinn weiter „nach außen" gekommen. 1934 hat Werner Bode die Schule abgeschlossen.

---

32 Mehrheitlich sollen sozialdemokratisch eingestellte Eltern und Lehrer/-innen in seiner weltlichen Schule gewesen sein. Wir können uns eine Art Gesinnungsgemeinschaft vorstellen, wie sie von REICHLING 1985/86 am Beispiel einer weltlichen Schule in Holsterhausen/Dorsten dargestellt worden ist: „Auch aus den Berichten über die Lehrerinnen und Lehrer der Freien Baldurschule wird die besondere Färbung dieses Schüler-Lehrer-Verhältnisses deutlich. Diejenigen, die länger an der Schule arbeiteten, waren selbstverständlich aktive Sozialdemokraten bzw. Linkssozialisten, die auch außerhalb der Unterrichtsstunden im Milieu der sozialistischen Bewegung lebten. Probleme zwischen Eltern und Lehrer konnten so z.B. am Rande der Reichsbanner-Sitzung erledigt werden; die Mütter engagierten sich freiwillig bei der Ausgestaltung von Festen, und in der Zeit der Arbeitslosigkeit [...] nahmen viele Eltern an Wanderungen und Exkursionen teil" (S. 329f.); siehe auch GRAU, Dieter 1992, S. 281. Eine Bestätigung haben diese Schilderungen durch die 1890 geborene Helene Kempkes erhalten, die der Freien Schulbewegung angehörte und in engem Kontakt stand zur Schulleiterin (und Klassenlehrerin ihrer Tochter) der Freien Schule Rüttenscheid (Gespräch mit H. Kempkes im Juni 1988).

33 Herrn Bodes Vater war aus der katholischen Kirche ausgetreten, die Mutter noch evangelische Christin. Als der Pfarrer sarkastische Bemerkungen über ihren Mann machte und die protestantische Haustaufe von Werner 1917/18 zu einem Affront gegen die „Mischehe" nutzte, kehrte auch Werners Mutter ihrer Konfession den Rücken. Werner Bode kündigte mit 16 oder 17 Jahren seine Religionszugehörigkeit auf.

Für Werner B. begann wohl, vermittelt zum einen durch die jugendbewegten Lehrkräfte, zum anderen durch seine sieben Jahre älteren Brüder, die Integration in das Organisationsgeflecht der Sozialdemokratie sehr früh. Im Arbeitersport „war ich nebenbei bemerkt auch noch mit drin, im Rad- und Kraftfahrerbund ‚Solidarität' (lacht). Da war ich sehr lange [...], da bin ich mit 10 Jahren angefangen, aber mein Bruder war auch Leiter der Sportabteilung und so bin ich auch da reingekommen – Radsport, Kunstfahren, Reigenfahren und so 'n Zeug." Enge Beziehungen gab es auch zu den „Naturfreunden": „Mein Vater und mein Bruder haben das Haus[34] damals am Flughafen mit aufgebaut [...] Ich habe jetzt vor kurzem meinem 70. Geburtstag da oben gefeiert und da kamen die ganzen Gedanken ja natürlich noch verstärkt." Daß besonders sein Vater (die Mutter weniger) unentwegt für die Partei oder die Gewerkschaft, den Zentralverband der Zimmerleute, auch für den Elternbeirat der weltlichen Schule im Einsatz war, kommt in Herrn B.s Erzählungen immer wieder positiv besetzt vor: „Also, ich komm aus 'ner politisch aktiven Familie!" Herrn Bodes institutionelle Integration ins sozialdemokratische Lager wurde jedoch durch die politischen Veränderungen schon im Alter von 16 Jahren unterbrochen. Die Absetzung der preußischen Regierung im Juli 1932 (nach den April-Wahlen nur geschäftsführend unter Ministerpräsident Braun, SPD) war für ihn ein ‚politisierendes' Datum, und innerhalb der SAJ habe man über die Zusammenarbeit mit der Schutzformation „Eiserne Front" diskutiert. Doch als Werner B. 1934 eine Ausbildung zum technischen Zeichner bei Krupp begann, waren schon ganz andere Mitgliedschaften und Loyalitäten gefordert: „[...] einmal pflichtgemäß, sonst hätte ich bei Krupp – da wurd ich automatisch in die Arbeitsfront reingenommen. Und da hab ich [nach 1945] drauf bestanden, daß die Zeit nicht mit berechnet wurde. Ich hab nach dem Krieg meine zweite Lehre beendet, und von da an bin ich freiwillig in die Gewerkschaft, ab da zählt meine Gewerkschaftszeit. Hab 'ne goldene Nadel vonner Gewerkschaft." Die Zeit in der Deutschen Arbeitsfront habe, so Werner Bode, seiner ganzen Sozialisation widersprochen: „Das war doch Zwang!" Erst im zweiten Interview 1991 fügt Herr B. die Erfahrung einer weiteren Nötigung hinzu: „Und inne HJ sollt ich eintreten. Hab ich das nicht erzählt?" Er deutet nur an, daß das weder für ihn noch für seinen prinzipientreuen Vater in Frage kam: „Dann mußte ich einer anderen NS-Organisation beitreten. Da bin ich in' NSKK[35], Nationalsozialistisches – nee [kommt nicht auf den Namen] – Kraftfahrkorps. Die haben mir immer Aufforderungen geschickt, und ich bin da nicht hingekommen [lacht]".

Herr Bode ist auch nach dem Verbot der SAJ mit einigen Jugendgenossen weiter privat zusammengekommen („nicht alle, so 10, 12 Mann"). Man traf sich in Wohnun-

---

34 Das Essener „Naturfreunde"-Haus auf dem Böllrodt in Mülheim (fertiggestellt 1932) ist als architektonische Besonderheit abgebildet und beschrieben in Klaus NOVY, Arno Mersmann und Bodo Hombach 1991, S. 377.
35 Nationalsozialistisches Kraftfahrkorps, eine Gliederung der NSDAP.

gen oder wanderte zusammen: „Dat war am 1. Mai [1933], da war der Willi R.[36] usw. noch dabei. Da sind wir von Werden aus nach 'm Pastoratsberg rüber, da unsere Maiwanderung machen. Da gab's auch Zunder, da haben sie uns unten abgefangen und [wir] mußten laufen." Ein großer Teil der SAJ-Gruppe fand eine Zeitlang Aufnahme bei den „Guttemplern"[37] und traf sich dort an Wochenenden. Nach 1936 führte „illegales Wandern" zu Herrn Bodes Verhaftung: „Die letzte Wanderung, die wir gemacht haben, die ging Ostern 1936 über Hervest-Dorsten-Gahlen zur Heide und 'n paar Tage später hat man mich zu Hause abgeholt. Da hab ich 59 Tage da oben [in U-Haft] gesessen [...]. Uns hatten sie zwei, drei Mal auch bei Wanderungen erwischt und – man durfte ja nur noch [...], durfte keinen Brotbeutel und nichts mehr bei sich haben usw. [...]. Da durften nicht drei Mann zusammen wandern." Vor 1933 seien Keilereien mit Nazis nichts Ungewöhnliches gewesen. – Herr B. spricht darüber, als wäre das bis zur Machtübernahme für ihn fast eine sportliche Herausforderung gewesen, danach aber hatte das Regime den längeren Arm. Zwischen 1933 und 1936 griff die Polizei Herrn Bode auf, als er z.B. mit mehreren Jugendlichen in Werden „herumstand", „[...] nach 'm Polizeipräsidium gebracht, alles nachgefragt usw., und dann hat man uns am anderen Morgen wieder nach Hause laufen lassen". Schließlich wurde er aber der „verbotenen Zusammenrottung" beschuldigt – und nicht nur das: „Dann haben sie mich zum Schluß zum 175er machen wollen". I.: „Wie kamen die [Nazis] darauf?" Herr Bode: „Och, hier anner Ecke, da waren ja meistens Jungens, und da war wirklich 'n 175er dazwischen, das ist uns aber nicht aufgefallen, ja." Der Prozeß gegen Herrn B. fand Ende 1936 statt und endete mit einem Freispruch. Als er entlassen wurde, brachte man seinen Pflegebruder Hugo[38] ins Präsidium, der beim Verteilen oppositioneller Flugschriften festgenommen worden war.

„Und dann wollte ich meine Lehre, meine Arbeit wieder aufnehmen, und damit fing das Elend wieder an, Krupp nahm mich nicht mehr [...], und dann bin ich Kohlenwagen nachgelaufen, habe Kohlen eingescheppt, die früher ja noch mit Pferdewagen – [...], dat man auch mal 'n paar Mark kriegte." Seine Haft wirkte auf die Lehrstellensuche wie eine Vorstrafe. Herr Bode mußte schließlich den Wunsch aufgeben, technischer Zeichner zu werden. Er entschloß sich nach langen vergeblichen Bemühungen zu einer Unterredung mit der Gestapo, die ihm ja diese Probleme bereitet hatte. „Und da bin ich dann hier wieder zur Gestapo rauf und habe denen gesagt, ‚ja, was soll ich denn jetzt machen?' " Der ihm menschlich erscheinende Kriminalkommissar N. sah keinen anderen Ausweg, als die freiwillige Meldung zur Wehrmacht. Dann, so dessen Überlegung, würde der ‚Makel' der Verhaftung in Vergessenheit geraten. Herrn B.

---

36 Ein ehemaliger SAJ-Funktionär.
37 Diese Gruppe mußte sich zwar 1933 in Deutscher Guttempler-Orden umbenennen und einen NS-Mann in die Leitung aufnehmen, blieb aber im großen und ganzen unbehelligt. Siehe auch die Biographie von Käthe Winter und den Kurzlebenslauf von Wilma Kammer und Gertrud Schneidereit.
38 Hugo W., Herrn Bodes Pflegebruder, war 1929/39 aktiv im Unterbezirksvorstand der SAJ, wegen „Landesverrats" erhielt er eine Strafe von vier Jahren Zuchthaus.

leuchtete das ein. Mit knapp 20 war er allerdings noch nicht volljährig und benötigte die Einwilligung einer/s Erziehungsberechtigten: „Mein Vater hat dat, nebenbei bemerkt, nicht unterschrieben, [da] hat er [der Kommissar] im Auftrag des Erziehers den Antrag unterschrieben [...]. Der Mann hat sich denn auch noch dafür eingesetzt, dat ich während meiner Soldatenzeit glimpflich weggekommen bin." Kriminalkommissar N. habe sowohl in der Zeit des Arbeitsdienstes (ab Frühjahr 1937) als auch anschließend beim Militär die Hand über ihn gehalten, und auch Werners Meldung zur Luftwaffe geschah unter dem Einfluß dieses Gestapo-Mannes. Herr B. war bei der Wehrmacht vor allem mit Luftaufnahmen in Norwegen und Ausbildungsaufgaben in Rumänien beschäftigt. „Und damit hab ich auch den ganzen Krieg gut überstanden, Glück gehabt, auf keinen Menschen schießen brauchen, auf mich hat keiner geschossen" (Herr B. dankte es dem Kommissar nach 1945, indem er in einem Entnazifizierungsverfahren zu seinen Gunsten aussagte). – Der Vater sei über die Entwicklung unglücklich gewesen, er wollte seinen Sohn nicht in der Uniform der Wehrmacht akzeptieren. Auf meine Frage nach einem evtl. erworbenen Dienstrang bei der Wehrmacht, antwortet Herr B. recht gleichgültig: „Hm, wat war ich da? (Pause) Na, wahrscheinlich war ich schon Unteroffizier". Im Arbeitsdienst habe er keinen Rang erreicht, sei als „Arbeitsmann" gekommen und wieder gegangen.

Der Arbeitsdienst brachte Herrn Bode mit seiner späteren Frau, einer Büroangestellten, zusammen, die in deutschnationalem Milieu in Essen aufgewachsen war. Das Paar heiratete 1941. Schon nach Werner Bodes Rückkehr aus dem Krieg scheiterte die Ehe. Das gemeinsame Kind kam bei einem Bombenangriff ums Leben.

In der Nachkriegszeit begann Werner B. eine weitere Ausbildung und wurde, wie sein Vater, Zimmermann. Er habe schon bald frühere Bekannte aus dem sozialdemokratischen Lager getroffen: „[...] wir trafen uns und ,wir machen hier 'ne Gründungsversammlung vonne SPD in Frohnhausen'. Da bin ich in die SPD wieder eingetreten, da bin ich wieder bei der Gründung der ,Solidarität' [des Rad- und Kraftfahrer-Bundes, H.B.-C.] bin ich dann wieder hingegangen, bin ich wieder zu den ,Naturfreunden' gegangen. Da war ich nur noch überall auf Achse [lacht]." Mehr als für die Parteiarbeit im engeren Sinn interessierte sich Herr Bode aber für den sozialdemokratischen Nachwuchs: „[...] da bin ich denn wieder in die Jugendarbeit gegangen, dat machte mir mehr Spaß, und die ,Falken' mit aufgebaut." Ein großer Teil dieser Aufbaugeneration der Falken hatte das Alter von Werner Bode (um die 30), manche waren sogar noch älter. Auf internationalen Treffen habe man sich über die gar nicht mehr jugendlichen westdeutschen „Falken"-Funktionäre gewundert. Herr B. blieb der Arbeit bis Anfang der 60er Jahre verbunden, pflegte die nationalen und europäischen ,Falken'-Kontakte. Und aufgehört hat Herr B. dann nicht ganz aus eigenem Antrieb: „Da gab's Meinungsverschiedenheiten innerhalb der ,Falken'. Da hatten wir schon den ehemaligen Stammführer der Hitlerjugend aktiv inne SPD [...] und wir hatten Vorbesprechung zur Wahl. Und hier unsere ganze Frohnhauser Ecke und vor allen Dingen der ganze SJ-Ring, die wollten mich zum Vorsitzenden haben [...]". Es habe aber eine zu starke Opposition gegen ihn gegeben. „Wir haben uns dat überlegt, und denn sind, na ungefähr 35-40 Mann, geschlossen zur ‚Solidarität' rübergegangen." Das sei dann der Abgang der Älteren, in der Weimarer Sozialdemokratie Sozialisierten aus der „Falken"-Arbeit gewesen. Einen Volkstanzkreis der Falken leitete Herr B. noch einige weitere Jahre: „Wir sind überall aufgetreten, so, wenn Veranstaltungen waren." Der Rad- und Kraftfahrer-Bund „Solidarität" konnte Herrn Bode das Funktionärsengagement bei den „Falken" ersetzen, auch dort übernahm er verschiedene Ämter. „Bis ich '67 beruflich mich veränderte und mußte zur Stadt ziehen und hatte 'ne Dienstzeit von morgens 4 bis abends um 22 Uhr, Hausmeister [...], ich hatte 29 Häuser bei der Stadt zu verwalten, dafür zu sorgen, daß alles in Ordnung war. Dann is dat aber auch eingeschlafen. Zu den einzelnen Leuten hab ich heute – von den ‚Falken' teilweise noch 'n sehr gutes Verhältnis. 35 Mann von den Alten waren an meinem 70. Geburtstag da, dat sacht alles. Ich hatte den Spitznamen ‚Boss', hier heiß ich ja der ‚rote Werner'." An der Wahlarbeit für die SPD seines Ortsvereins beteiligte sich Herr Bode trotz des (sicherlich kränkenden) Generationenwechsels bei den „Falken"-Funktionären immer wieder. Er führte Gepräche mit Nachbarn, verteilte Partei-Zeitungen, auch noch nach 1980, mit Beginn des Ruhestands.

In der Nachkriegszeit heiratete Werner B. zum zweiten Mal. Mit seiner Frau, die vor der Ehe Köchin und Dienstmädchen gewesen war, hat er zwei Kinder, eine Tochter, geb. 1947, und einen Sohn, geb. 1956. In Diskussionen mit seinen Kindern gibt es nicht nur Harmonie: „[...] wir liegen da nicht immer ganz einer Meinung, trotzdem sie in der politischen Richtung liegen, ja, aber die sind mit meinen Meinungen, gerade über Politik usw. nicht so einverstanden, sind kritischer. Bei mir ist noch alles, ‚wat dat Alte war, is gut, dat machen wir weiter'. Und die sind kritischer, können aber nicht aus der Art schlagen [...]." Von den Organisationen, mit denen Herr Bode seine Kinder bekannt machte, den „Falken", dem Arbeiter-Schach-Klub, dem Rad- und Kraftfahrerbund „Solidarität" ließen sich diese nur kurzzeitig ansprechen. Sein Sohn besuchte die Volksschule, war Techniker im Dienst der Polizei (und inzwischen Meister); Herr B.: „Als er älter war, wurde er wat schlauer – dat er lernen mußte." Seine Tochter besuchte die Mittelschule, und über das Ruhr-Kolleg erwarb sie als junge Berufstätige die Hochschulzulassung, gab aber den Plan, Lehrerin zu werden, auf. Sie hat heute eine gute Sachbearbeiterinnen-Position in einem Ministerium – „nicht durch Partei, muß ich dazu sagen, selbst!" Auf beide, betont Herr B., könne er stolz sein, „da sie das vor allen Dingen aus eigener Kraft gemacht haben, ne, das ist nämlich wichtig." – Bei unserem ersten Gespräch hatte Herr B. noch den Wunsch, wieder eine Volktanzgruppe nach Weimarer Muster ins Leben zu rufen. Daß sich diese Form des Tanzes unter Kindern und Jugendlichen überlebt haben könnte, glaubte er damals nicht. Als wir im November 1991 unser zweites Gespräch hatten, war die Idee als ‚schöner Traum' bereits verworfen: „Ich hab's probiert, ich kann denen nichts mehr vormachen [...], erzählen könnt ich dat, aber Volkstanz mußt Du vormachen, vormachen."

Herr Bode hob in zwei Gesprächen zwar die sozialisatorischen Wirkungen der SAJ hervor, die ‚Bildungsfrage' war in diesem Zusammenhang aber kein Thema. Vielmehr sprach er, sich an die Weimarer Aktivitäten erinnernd, hauptsächlich über den Volkstanz, den Bewegungschor, das Singen und über die Auseinandersetzungen mit dem politischen Gegner. Seine Bildungsbedürfnisse scheinen mit dem sozial und psychisch belastenden Besuch der Mittelschule ‚ausgelebt' worden zu sein.

Die Tragik des Scheiterns seiner Lebensplanung reflektiert er nicht: Werner Bode gehörte in der weltlichen Schule zu den wenigen Schüler/-innen seiner Klasse, die eine weiterführende Schule besuchen konnten („wir hatten das Zeug"). Er läßt sich zum technischen Zeichner ausbilden, entfernt sich also mit der Wahl eines ‚white-collar'-Berufes von seiner Herkunft. Die Nazis verhinderten durch den Vorwurf der „unerlaubten Zusammenrottung" und den Verdacht der Homosexualität seine beruflichen Perspektiven vollständig. Ausgerechnet zu den Verursachern der existentiellen Krise, zur Gestapo, ging Herr B. und ließ sich den für einen überzeugten Sozialdemokraten („Hitler bedeutet Krieg") katastrophalen Weg in die Wehrmacht ebnen. Als Soldat hatte er „Glück": Seine kriegerischen Handlungen spielten sich im Wortsinn über den eigentlichen Kampfzonen ab, denn er war die meiste Zeit mit Photographieren und Vermessen aus der Luft beschäftigt. Nach dem Krieg scheint Herr B. den Mut oder Elan, den begonnenen Wechsel in den Angestelltenstatus fortzusetzen und zu einem Abschluß zu bringen, nicht mehr gehabt zu haben. Er wird, wie sein Vater, Zimmermann. Seine Berufstätigkeit spielt in der zweiten Hälfte seiner Lebensgeschichte allerdings eine ganz untergeordnete Rolle. Eine Entschädigung (und damit Rehabilitation) für seine Haftzeit und deren Folgen konnte Herr B. nicht erlangen: Er sei nur 59 Tage inhaftiert gewesen, so die Begründung. „Mit 60 [Tagen] hätte ich hinterher Entschädigung gekriegt. Lachst Dich kaputt! Die Richter von damals wußten schon, wie die Gesetze aussehen [...] Wegen des einen Tages ist es nicht anerkannt worden."

Am Schluß des ersten Gesprächs habe ich Herrn Bode gefragt, ob er nach dem Zweiten Weltkrieg Teilnehmer an Weiterbildungsveranstaltungen gewesen ist. Herr B. besuchte in den 50er Jahren einen Italienisch-Kurs in der VHS, „weil ich damals mit der Gruppe nach Italien wollte." Der organisierten Weiterbildung gegenüber blieb Herr Bode, wie die meisten Befragten, reserviert: „[...] ich hatte überhaupt keine Zeit zur Weiterbildung. Meine Weiterbildung war die Politik und die Jugendarbeit."

Käthe Winter, geb. 1910
Haushaltshilfe/Familienfrau

Entfremdungserfahrungen und enttäuschte Hoffnungen

Über Frau Winter lag bereits das Teiltranskript eines mehrstündigen Gesprächs aus dem Jahr 1988 vor, das im Rahmen eines lokalgeschichtlichen Projektes entstanden ist.[39] Damals waren u.a. Sozialdaten erfragt worden und so konnten sich lebensgeschichtliche Interviews 1990 und 1991 weitgehend auf Frau Winters Stegreiferzählungen konzentrieren.

Die Verfasserin hat Frau Winter 1989 als Teilnehmerin eines erfahrungsgeschichtlichen Gesprächskreises über den Zweiten Weltkrieg im Ruhrland-Museum kennengelernt. Aufgefallen ist mir, daß sich Frau Winter in diesem Kreis von 15 bis 20 Diskutanten schon in der Vorstellungsrunde als Sozialdemokratin zu erkennen gab, als die übrigen Männer und Frauen den eigenen politischen Standort noch verschwiegen. Frau Winter fühlte sich beim Thema ‚Krieg‘ moralisch offenbar nicht verstrickt, sondern gerade auch in der Frage militärischer Gewalt repräsentierte sie als NS-Gegnerin das ‚bessere‘ Deutschland. Mit dieser Position wollte sie die Männer und Frauen des Gesprächskreises offenbar sogleich konfrontieren. Ihr Bekenntnis trug Frau Winter, wie sich denken läßt, nicht nur Sympathien ein. – Nur kurze Zeit später bereits begegnete ich indirekt erneut Frau W., als ich im Essener Stadtarchiv bei Recherchen in den Akten des Schulamtes aus den Jahren 1926/27 einen Antrag von Frau Winters Mutter fand; diese bat um Befreiung von der Schulgeldzahlung.[40] Käthe W. besuchte damals eine Hauswirtschaftsschule in Duisburg. Da das Familieneinkommen in Folge der Arbeitslosigkeit des Vaters sehr stark gesunken war, konnten Frau W.s Eltern das Schulgeld von monatlich ca. 20 Mark nicht mehr aufbringen. Frau Winters Mutter rekurrierte in ihrem längeren Schreiben auf Käthes überdurchschnittliche schulische Leistungen (die in einem handschriftlichen Zusatz von ihrer früheren Schule, der städtischen Mädchenmittelschule, überschwenglich bestätigt wurden).

Ausgestattet also mit einer Reihe von Vorinformationen über Frau Winter, bat ich sie um einen Interviewtermin. Daraus sind mehrere intensive, z.T. sehr persönliche Gespräche und Telefonate geworden. An Frau Winters Beispiel hat sich einmal mehr bestätigt, daß die Arbeit mit ‚mündlichen Quellen‘ mehr ist als die Erforschung eines bloß interessanten historischen Gegenstandes.

Frau Winters früheste Erinnerungen beziehen sich auf das Alter bis zu ungefähr

---

39   Mit Frau Winter haben die Historikerinnen Petra Kamburg und Anne Tepaß gesprochen, siehe deren Beitrag ‚Mädels zwischen Volkstanz und Klassenkampf‘ (1989).
40   Stadtarchiv Essen IX, Reg. 102, Nr. 100, S. 442f.

zehn Jahren, insbesondere auf die Traditionen und Gewohnheiten im Elternhaus, die Reisen zur bayerischen Verwandtschaft der Mutter, die sonntäglichen Wanderungen, die Weihnachtsfeiern: „Und dann, ach ja, um diese Zeit war es wohl auch, da hab ich meinen Geschwistern gesagt, daß es gar kein Nikolaus ist, daß das [nennt einen Namen] ist, ne. Und denn hat mein Bruder das wohl meiner Mutter gesagt oder meine Schwester [...], und da weiß ich noch, daß sie furchtbar mit mir geschimpft hat, und zwar deshalb, sie sagte, ‚warum sagst Du das, behalte das für Dich, was Du weißt, laß die ruhig noch in dem Glauben‘. – Da war ich noch keine zehn, da war ich acht oder neun Jahre alt." – Frau W.s Erinnerung illustriert sehr sprechend das Fortleben der spezifischen Sozialisationserfahrungen der Mutter, geb. 1867, der Hauptperson in Frau Winters Lebensgeschichte. Ihre Mutter, SPD-Politikerin und langjähriges Mitglied des Stadtparlaments, war im bäuerlichen Milieu Niederbayerns fromm katholisch erzogen worden. Obwohl sie sich – häufig auch publizistisch[41] – gegen den § 218 einsetzte und in der Frage weltlicher Schulen und der Einführung von Krematorien den aufgeklärten Standpunkt der Sozialdemokratie vertrat, stand sie doch gleichzeitig zu den mythischen und religiösen Prägungen ihrer Kindheit. Sie blieb „gottgläubig", gehörte aber seit 1914 wegen der Haltung des Klerus zum Krieg ihrer Konfession nicht mehr an; sie wurde Mitglied der Deutschen Friedensgesellschaft. Ihre drei Kinder mußten allerdings regelmäßig den katholischen Gottesdienst besuchen, und Frau Winter nahm ebenso wie ihr Bruder 1920 an der Erstkommunion teil.[42] Frau W.s Vater, Jg. 1876, ein politisch vermutlich nicht aktiver Malermeister und Protestant, nimmt in der Lebensgeschichte nur eine Randstellung ein. Er scheint dem Familienleben nicht die entscheidenden Impulse gegeben zu haben: „[...] mein Vater war etwas ruhiger und zurückhaltender. Und er war vor allen Dingen in Erdkunde und so, Landschaft, Bäume und Sträucher und so was, das kannte er alles". Die Eltern hatten sich nach der Jahrhundertwende auf der Walz des Vaters in Bayern kennengelernt. Als er sich vor dem Ersten Weltkrieg in Essen niederließ, zog die Mutter, die inzwischen in einem Münchner Haushalt als Dienstmädchen arbeitete, ins Ruhrgebiet.

Vor allem das Elternhaus, so Frau Winter, habe ihre ausgeprägte Bildungsmotivation zu verantworten: „[...] mit dem Elternhaus hatten wir nämlich so viel, alles, was uns so bißchen formte, bißchen dahin, wo man eventuell auch Interessen für was anderes haben konnte. Meine Mutter war da ganz – [...], die interessierte sich für meine Schulbücher mehr als ich." Auch gemeinsame Spiele habe es gegeben, nicht so „alberne Sachen", sondern solche mit Wissensfragen über Landschaften, Tiere und anderes: „Das waren lauter so Bilderchen, ne, und da waren Fragekarten dabei, und

---

41 Sie schrieb zum Beispiel die politischen Artikel „Es sollte unter den Frauen kein Streit darüber sein..., in: Korrespondenz Frauenpresse (1925); „Arbeitslos" in: Korrespondenz Frauenpresse (o.J.); „Jugendweihe" (undatiert); „Was not tut" (undatiert) sowie Heimat- und Naturgeschichten.
42 Erst nach ihrer Schul- bzw. Ausbildungszeit trat Käthe W. aus der katholischen Kirche aus, ihre drei Kinder wurden nicht getauft.

dann hieß es zum Beispiel, ‚was ist das seelenvollste Streichinstrument?‘, und das mußte man aber wissen, was das ist, und das war die Geige [...]". Zu den abendlichen Gemeinsamkeiten gehörte auch das Vorlesen. Der zwei Jahre ältere Bruder las Reisebeschreibungen, Geschichten oder Romane vor, die Mutter und die Schwestern strickten währenddessen oder besserten Kleidung aus. Außerdem sei man viel ins Museum und ins Theater gegangen, weniger in Konzerte, obwohl eine Beziehung zur Musik vorhanden war. Zu Hause wurde oft gesungen. Im Alter von zwölf Jahren erhielt Käthe Winter eine Zeitlang Mandolinenunterricht. Die beschriebene Familienidylle bekräftigt Frau W. durch ein Foto aus dem Jahr 1912: Es zeigt die Wohnküche (das war einer von zwei vorhandenen Räumen), in der Vater und Mutter mit ihren drei Kindern auf einem Sofa bzw. in einem Lehnstuhl sitzen, umgeben von einem vollen Bücherregal, je einem – symmetrisch gehängten – Goethe- und einem Schiller-Bild, von selbstgefertigten Malereien und einem größeren Rahmen mit Portraits der Gründer der Sozialdemokratie und der Gewerkschaftsbewegung.

Frau Winters Elternhaus und nicht die Sozialistische Arbeiterjugend ist es, woran sich Frau Winter als Sozialisationsagentur für noch heute gültige kulturelle Orientierungen erinnert: „Das ist ja hauptsächlich das Elternhaus, was uns so geprägt hat [unverständlich], und das hat so vielen anderen Kindern, glaube ich, gefehlt. Daß sie da nicht so orientiert waren für und auch nicht so interessiert waren. Ich bin mein Leben gern ins Theater gegangen, ins Konzert geh ich heute noch, leider nicht mehr so viel. Allerdings, das Theater heute kann ich auch nicht mehr so mitmachen, besonders die Schauspiele nicht [...], die Opern sind mir zu [zögert], zu verändert, nich. Ich sehe ganz gern Opern, aber die Oper muß aus der Zeit sein. [...] Ich kann unmöglich 'n Bajazzo, der sich früher abgespielt hat auf einem spanischen Markt, kann ich auf einem Gerüst, einem Zechengerüst mir ansehen [...]".

Frau Winter besuchte – ganz gegen die ursprüngliche Erwartung der Mutter – nach vier Jahren auf einer katholischen Bekenntnis-Grundschule als einziges der Geschwister eine Mädchen-Mittelschule.[43] Der ältere Bruder habe nicht die Begabung gehabt, und die jüngere Schwester sei am schulischen Lernen (sie war weltliche Schülerin) nicht interessiert gewesen. Käthe Winter denkt daran zurück, daß sie sich vieles aus eigener Kraft und Initiative aneignen mußte: „Wenn ich auch mal meine Mutter was gefragt hab [unverständlich], dies und das, da sacht sie ‚Mädchen, Du mußt mich nicht fragen, ich weiß es nicht‘. Und das hat ihr denn wohl auch sehr leid getan. Na, mit dem [Problem] mußt ich denn zur Bücherei gehen, mußte mal gucken, ob ich irgendwo her was kriege oder sonstwie, und ich hab mich nicht schwergetan beim Lernen [...]". Die leichte intellektuelle Überlegenheit, die Frau Winter in der Einstiegsgeschichte ihren Geschwistern gegenüber offenbart, scheint das Verhältnis untereinander strukturiert zu

---

43 Auf S. 60 hat Frau Winter geschildert, wie überrascht die Mutter war, als sie hörte, daß ihre *Tochter* eine Empfehlung für die Mittelschule erhalten hatte.

haben: „Meine Schwester war auch lieb und nett, und ich konnte sie auch sehr gut handhaben, weil sie alles tat, was ich dachte, was sie machen sollte." Beispielsweise übertrug Frau W. ihrer Schwester „Hausaufgaben", das war das Abschreiben von Vokabeln oder Gedichten. Die jüngere Schwester habe das gern gemacht. Der Bruder sei ein weniger „geistiger" Typ gewesen. Deswegen versteht Käthe W., daß nicht er (wie von der Mutter ursprünglich gedacht), sondern sie eine weiterführende Schule besuchen konnte.

Auf der Mittelschule nahm Frau W. das für Kinder aus finanzschwachen Familien zweischneidige Privileg eines Freiplatzes in Anspruch, d.h. für die Eltern entstanden nur die Kosten für die Lernmittel, die Bücher, Atlanten usw. In ihrer unmittelbaren Nachbarschaft im Arbeiterstadtteil Essen-Ost wurde Käthes schulischer Aufstieg mißtrauisch betrachtet. Die Proletarierer hätten sie (die eine sog. bunte Mütze mit den Farben ihrer Schule trug) und ihre Familie nun der ‚anderen Seite' zugerechnet. Zu Mitschülerinnen aus den mehr kleinbürgerlich geprägten Stadtteilen und aus zumeist relativ begüterten Elternhäusern bestanden Distanzen unter umgekehrten Vorzeichen.

Nach der Mittleren Reife besuchte Frau W. ein Jahr lang eine „Hausfrauenschule" in Duisburg. Auswärtige Schülerinnen zahlten dort mehr Schulgeld als Duisburgerinnen: „Ja, es war nun auch 'ne schwere Zeit, für meine Mutter ja auch an und für sich, weil der Vater erwerbslos war." Ob das Essener Schulamt den eingangs genannten Antrag auf städtische Übernahme des Schulgeldes positiv beschieden hat, weiß Frau Winter nicht, die AWo, so glaubt sie, hat zumindest für einen Monat das Schulgeld gezahlt. „Aber meine Mutter war ja auch keine, die Betteln ging oder so etwas, ne. Und [sie hat] mir auch erzählt, daß mein Vater gesagt hat, sie sollte mich von der Schule nehmen". Das geschah jedoch nicht, denn nach Käthe Winters Zukunftsplänen (bzw. denen der Mutter) wurde eine Ausbildung zur Wohlfahrtspflegerin angestrebt. Das hieß, nach Hausfrauenschule und praktischem Jahr mußte sich noch ein Krankenpflege- oder Säuglingsschwesternexamen anschließen, um überhaupt eine Fachausbildung für Wohlfahrt bzw. Fürsorgewesen erhalten zu können. Die AWo signalisierte Interesse an einer solchen Qualifikation. „So hatte ich ursprünglich, hatten wir ursprünglich mal so geplant." – In ihrer Freizeit und während der Bahnfahrten von und nach der Duisburger Schule las Käthe Winter Bücher, ihr fallen die Autoren Felix Dahn, Wilhelm Raabe, Theodor Storm und Gustav Freytag ein.

Solange der Vater ein relativ florierendes Malergeschäft betrieb, ging es der Familie gut, die Eltern hätten den Kindern etwas „geboten", also gemeinsame Freizeitunternehmungen gemacht und sogar vom Auszug aus der Zwei-Raum-Wohnung und dem Kauf eines kleinen Hauses geträumt – bis der Vater das Geschäft in der Inflationszeit aufgeben mußte und gezwungen war, sich eine Anstellung zu suchen. Frau W. vermutet, daß er Hilfsarbeiter bei Krupp geworden ist, mit zunehmender wirtschaftlicher Krise aber oft beschäftigungslos war.

Ihr praktisches Jahr im Anschluß an die Hauswirtschaftsschule absolvierte Frau

Winter im Haushalt eines Lehrers in Hannover. Dort besuchte sie zum erstenmal die Veranstaltungen der Sozialistischen Arbeiterjugend. Auch die örtlichen nichtsozialistischen Jugendgruppen hätten Volkstanzkreise gehabt und reihum Feste organisiert; Frau Winter hat ebenso gern an den Tanzabenden der Katholiken teilgenommen, sie blieb meist bis zum Schluß einer jeden Veranstaltung. Ihr Arbeitgeber hatte nichts dagegen, wenn sie erst gegen Mitternacht nach Haus kam.

„Und dann bin ich nach 'nem Jahr weg. Und da war ja auch hier die große Erwerbslosigkeit. Ich weiß nicht, ob ich mich dann erst bei der Kinderklinik angemeldet hab oder ob ich das vorher gemacht hab [...] In dieser Zeit, in dieser Freizeit, da hab ich mal im Haushalt gearbeitet und sowas all gemacht. Mein Vater war ja auch arbeitslos, so daß da auch schlecht alles stand. Man kriegte ja für die Woche acht Mark oder für den Monat, weiß ich nicht mehr, furchtbar wenig, überhaupt nicht der Rede wert. Und da bin ich auch zur Jugend [zur SAJ] gegangen. Das ist eigentlich 'ne Zeit gewesen, wo ich sehr viel bei der Jugend war, ne, wandern gegangen [...]". Darüber hinaus fallen ihr im Zusammenhang mit der SAJ das Singen, der Bewegungschor, der Sprechchor, die Gymnastik, auch der eine oder andere Theaterbesuch und Demonstrationen ein. Nicht an allen Angeboten und Unternehmungen habe sie teilgenommen: „Ich war auch nicht überall, ich suchte mir das aus, was ich gerne machte und was ich wollte." Den engeren Bildungszusammenhang der SAJ thematisiert Frau Winter im Gespräch nicht, vielmehr die kulturellen und geselligen Aktivitäten. Für sie scheint das Tanzen weiterhin die Hauptattraktion gewesen zu sein. Sie sei Menschen gegenüber aufgeschlossen gewesen in dieser Phase, die für sie ja Wartezeit auf den Ausbildungsplatz in einem Kinderkrankenhaus mit vielversprechenden Perspektiven war. Käthe W. wurde damals kurze Zeit Schriftführerin im Unterbezirksvorstand der SAJ („ich mein' manchmal, daß ich das nur als Ersatz gemacht habe"), nahm an Veranstaltungen ihrer Jugendgruppe der Älteren in der SAJ teil, war Helferin bei den „Kinderfreunden" und schrieb kleinere Artikel für die Jugendbeilage der Essener „Volkswacht". Vor allem drei Jugendgenossen war sie freundschaftlich verbunden. Die Jungen mißbilligten ihre Krankenhausausbildung. Sie fürchteten, daß Käthe als internatmäßig untergebrachte Lernschwester den Kontakt zur SAJ und zu ihnen abbrechen würde, daß sie eine Art Klosterschülerin werden könnte: „Da hat noch der eine von denen, das war so 'n großer, der wollte nach Amerika. Und der wollte doch, daß ich mit ihm ging. Ich hatte ja nun dies vor. Kann mir nicht vorstellen, daß ich irgendwie in Konflikt kam zwischen dem und dem, das kann ich mir nicht denken. Für mich war das ja nun schon soweit, daß ich da die Laufbahn machen wollte."

Um 1930 begann Frau Winter dann tatsächlich ihre Säuglingsschwester-Ausbildung in einer städtischen Kinderklinik und war, wie es die Jugendfreunde ahnten, sehr angebunden, „förmlich fest", so drückt es Frau Winter aus. Nur alle 14 Tage durfte sie abends ausgehen und mußte um 22 Uhr im Schwesternhaus sein. Als sie einmal ein Konzert besuchte, sei sie sogar schon vor dem Ende gegangen, um keinen Ärger zu bekommen. Auch diese Lehre war mit Kosten verbunden, „wir wurden aber auch versorgt dann, ganz." Frau Winter erzählt nun traurig, wie schon nach einem knappen Jahr ihre Berufswünsche enttäuscht wurden: „Ja – und die Kinderklinik, das ist die, die alles verändert hat, alles verändert und beendet hat. Ich hörte ja schlecht damals schon, und zwar hab ich das mitgebracht 1923, wie ich mit meiner Schwester, das hab ich früher schon mal erzählt, aus Ostfriesland kam.[44] Und ich bin dann auch in Behandlung gewesen [...] Und dieses Gesundheitszeugnis, das ich hatte, da stand das auch drin. Das mußten wir da vorzeigen [im Kinderkrankenhaus], wie wir angemeldet wurden, ne. Da stand drin, ‚es besteht ein leichter Gehörfehler‘ und trotzdem bin ich mit dem aber angenommen worden. Und nach einem – jetzt ist das ja so, wenn Sie in einem Krankenhaus sind so als Schwester, denn stehen Sie ganz hinten, wenn der Chefarzt denn kommt oder überhaupt ein Arzt [...], und denn stehen sie da hinten, da stehen die verschiedenen Schwestern, Oberschwestern [...], und wir stehen ganz hinten. Und wenn der was sagte, denn mußten wir aber schon laufen [...] Ich hab das meistens weder gehört noch verstanden [...] Und da hat man mir, meiner Mutter, anheimgestellt, mich nach einem Jahr abgehen zu lassen. Und da war meine Mutter auch sehr erbost drüber, und das hätte doch im Zeugnis gestanden." Die Krankenhausleitung hatte diesen Vermerk übersehen. „Und damals war ich zwanzig, einundzwanzig, und das war ja auch noch die Zeit der Erwerbslosigkeit, konnt' ich mich nur so 'n bißchen durchschlagen, ne. Ich weiß, ich weiß, daß ich sehr geknickt war darüber. Da kann ich mich wohl entsinnen darauf [Frau W. weint]. Ich bin dann auch schnell wieder da drüber weggekommen, bin dann – so viel ich weiß, bin ich nicht viel mit der Arbeiterjugend zu Wege gekommen. Ich bin dann aber wieder zu einem Tanzkreis, Volkstanzkreis gegangen, das war 'n städtischer, der tagte in der Luisenschule, und der war allgemein bekannt, daß der gut ist [...]. Ja, und dann lernt' ich meinen Mann kennen. Da ist er auf mich zugegangen. Und da war natürlich alles weg, ne. Meine Mutter war ganz begeistert von meinem Mann [...]. war groß, stattliche Figur, das hat ihr auch zugesagt [...]. Dann war eigentlich alles weg, und mein Mann, der war in der Guttempler-Jugend, und dann bin ich natürlich viel da mit [gegangen]." Frau Winters Eltern gefiel besonders die strenge Alkoholabstinenz des Guttempler-Ordens.[45] Durch ihren drei Jahre älteren Freund Hermann schloß sich Frau Winter also noch einmal einer Organisation an und erlebte mit 21 Jahren bei den Guttemplern eine aktive Zeit der Geselligkeit und des Wanderns.

Nachdem Frau W. ihr Leben bis zu diesem Einschnitt erzählt hatte, habe ich nachgefragt, wo sie nach dem erzwungenen Ende ihres Ausbildungsganges um 1931 Arbeit

---

44 Während der Besetzung des Ruhrgebietes durch Franzosen und Belgier (die auch Inflationszeit war) wurden die meisten Essener Schulkinder evakuiert.

45 Obwohl die Eltern selber diesen Lebensreformgedanken nicht streng handhaben: Sie tranken selbstproduzierten Obstwein und verschmähten auch nicht ganz den Genuß von Bier. Frau Winter dagegen hat die Maximen der Jugendbewegung übernommen und hielt sich vom Alkohol fern. Sie hat in einem unserer Gespräche das Lied vom „größten Feind der Republik", dem Alkohol, gesungen.

fand. Sie hat keine genauen Erinnerungen an diese Zeit zwischen der Destruktion ihrer Lebensplanung und ihrer Heirat: „[...] hauptsächlich im Haushalt immer, andere Möglichkeiten hatten wir ja nicht viel um die Zeit. Und ich hab da verschiedene Familien gehabt, mal hatte ich ne jüdische und – wo die wohl alle geblieben sind? War ne Witwe, die hatte zwei Söhne [...]". Außerdem war sie Haushaltshilfe bei einem Steinmetz und half eine Zeitlang ihren Verwandten väterlicherseits in Ostfriesland.

Kurz vor Hitlers Machtübernahme heirateten Käthe und Hermann Winter. Frau Winters Mutter vermittelte ihrem Schwiegersohn, dem arbeitslosen Schlosser, eine Anstellung bei der Firma Krupp.

Die SAJler/-innen verlor Käthe W. aus den Augen, bis nach 1933 Mitglieder aus zwei Gruppen der Sozialistischen Arbeiterjugend fragmentarischen Zusammenhalt und Schutz unter dem Dach des von den Nazis nicht verbotenen Guttempler-Ordens suchten.

Die Guttempler und ihre Familien trafen sich nach 1933 und auch während der Kriegszeit ganz selbstverständlich an Wochenenden in einem Blockhaus im Stadtwald.[46] „[...] und wie gesagt, da oben, mit der [Guttempler-]Jugend, da sind wir groß und alt geworden."

Da Frau Winter im Laufe eines langen Gespräches nicht noch einmal auf ihre ehemals angestrebte oder eine andere Berufstätigkeit zurückgekommen ist, habe ich sie gefragt, ob sie nach ihrer Heirat erwerbstätig war. Frau Winter antwortete: „Während ich verheiratet war, nee, nee. Ich bin ja, wie ich die Kinderklinik aufhörte, da bin ja auf meinen Mann gleich gestoßen, ne?" – Und das hieß wohl auch, daß damit die weibliche Entfaltungsphase in beruflicher Hinsicht als abgeschlossen galt.

Bis zur Geburt der Zwillinge übernahmen Käthe und Hermann Winter in ihrer Freizeit leitende Funktionen in der Guttempler-Jugend. Als anderthalb Jahre später eine Tochter geboren wurde, zog sich das Ehepaar aus der Jugendarbeit zurück. „Ja, und dann hatte ich meine Kinder, und dann brach der Krieg aus 39 [...]". Während des Bombenkrieges behielt ihr Mann seine Anstellung bei Krupp, Frau Winter war mit den Kindern, mit ihrer Mutter und Schwester unter anderem in Bayern evakuiert. Dort versuchte eine Vertreterin der NS-Frauenschaft, Frau Winter anzuwerben, aber „das ist ihr nicht geglückt". Nach Kriegsende bis zum Tod der Mutter im Jahr 1952 lebten in einer vierräumigen Werkswohnung im Nordwesten Essens nicht nur die Winters mit ihren drei Kindern, sondern auch Käthes Eltern. Zeitweilig mußte eins der Zimmer an eine weitere Familie vermietet werden.

1945 half Frau W., obwohl sie mit der Bewältigung des Alltags eigentlich schon ausgelastet war, beim Aufbau der SPD ihres Stadtteil mit. Wenn es aber um die verbindliche Übernahme von Verantwortung für die Partei ging, verhielt sich Frau W., und

---

46 Über die zwei 1922 vom Guttempler-Orden erworbenen Blockkütten in Essen schreiben NOVY/ MERSMANN/HOMBACH a.a.O., S. 371.

sie führt das auf die partiell negativen Erfahrungen ihrer Mutter im Politikgeschäft zurück, eher zögerlich: „Na ja, und ich könnte mir denken, daß ich von dem her auch 'n bißchen geprägt war, obwohl ich wußte, daß sie gerne Stadtverordnete war; sie hat das im Tagebuch geschrieben. Na ja, und dann hab ich das in [Essen-]G., Partei G., da hab ich dann Frauenveranstaltungen gemacht, große im großen Saal bei M., hab mich gewundert, daß ich soviel Leute zusammenkriegte. Da hab ich mich viel beschäftigt." Wegen eines Umzugs (ihr Mann fand Arbeit in einer Nachbarstadt) sind diese Kontakte nicht fortgeführt worden.

Erst in den 70er Jahren, nach der (zeitweiligen) Trennung von ihrem Mann, hat sich Frau W. vom organisatorischen Zusammenhang des Guttempler-Ordens ganz gelöst und ihre Interessen wieder mehr auf die „Arbeiterwohlfahrt" und die SPD konzentriert: „Da hab ich mich dann in die ‚Arbeiterwohlfahrt' und Partei hineingestürzt." Die 60 hatte sie schon überschritten, als sich Käthe Winter in den Vorstand ihres Seniorenclubs wählen ließ. „Und denn bin ich da lange Jahre gewesen, ne, bis ich so fast 70 war, dann hab ich das auch fallenlassen [...]". Dennoch traf Frau Winter aus ihren früheren sozialen Zusammenhängen, der SAJ, den Guttemplern, der AWo, immer wieder einzelne bei den „Naturfreunden". Alle 14 Tage wurde sie von ihrer Tochter ins „Naturfreunde"-Haus gefahren, um dort mit anderen zu singen. Mit dem Repertoire war sie zwar nicht ganz zufrieden, sie hätte lieber statt der alten Wanderlieder Anspruchsvolleres und Experimentelles vorgetragen, z.B. Lieder aus den deutschen Bauernkriegen, dafür fand Frau Winter aber keine Unterstützung.

So richtig festgelegt auf eine Organisation habe sie sich doch in ihrem ganzen Leben nicht, resümiert Frau Winter selbstkritisch. – I.: „Aber für die Partei doch, in der SPD sind Sie [...]" – Frau Winter: „Auch nicht, auch nicht, was meinen Sie. Man ist oft an mich herangetreten, ich sollte noch dies und das machen die letzten Jahre, auch mit der ‚Arbeiterwohlfahrt'. Da sag ich ‚nee, nee' ". – I.: „Aber die Mitgliedschaft hat bestanden?" Frau W.: „Ja, sicher, ja, ja, sicher. Und, ja, ich hab vor 'n paar Jahren auch mal so 'n Jubiläum gehabt [lacht]". Frau Winter kann auf eine 60jährige Parteizugehörigkeit zurückblicken.

Über ihre Nachkriegsaktivitäten für die SPD in einem weitgehend katholisch bestimmten Stadtteil ist Frau Winter im Gespräch auf die nach dem Nationalsozialismus wieder verstärkt von konfessionellen Antipathien belasteten schulischen und zwischenmenschlichen Verhältnisse gekommen. Ihre Tochter, weiß Frau Winter, hat unter den Abgrenzungen ihrer Umwelt gegenüber der „Gottlosen" gelitten. Die Tochter machte einen Versuch, auf die „sehr katholische" Mittelschule ihres Wohnviertels zu wechseln, bestand aber die Eignungsprüfung nicht (Frau W. führt den Mißerfolg auf das christliche „roll back" zurück, das ihre konfessionslose Tochter subtil benachteiligte, weniger auf deren tatsächliche Leistungsfähigkeit).

Nach dem Krieg habe man die Kindern bedauerlicherweise in jeder Hinsicht zu wenig fördern können, nicht einmal Lebensmittel und Kleidung seien ausreichend vorhanden gewesen. In diese Notzeit fiel ein Angebot der AWo, eins der Kinder nach Schweden zu schicken. Es sollte dort in einer Familie Erholung und bessere Entwicklungsmöglichkeiten finden. „Na, ja, und dann hab ich mich dazu aufgerafft, ne, und hab gedacht, ,na, tu das mal'. Mein Mann war vielleicht nicht so recht mit einverstanden, aber der hat sich nicht ausgedrückt [...] Und dann jetzt: welchen schick ich von beiden? Also wenn, denn kam nur einer von den Jungen in Frage. [Die] Tochter hätt ich nicht weggegeben. Ja, welchen denn nun?" Der „leichter zu Handhabende" der Zwillinge wurde dann ausgeguckt, und er habe keine ablehnenden Äußerungen gemacht. Er blieb anderthalb Jahre in Schweden, wo es ihm in einer wohlhabenden kinderreichen Familie sehr gut ging.

Auf die schulischen Leistungen ihrer Kinder habe sie eine ganz entspannte Sicht gehabt, betont Frau Winter: „Ich hab oft gesagt, die brauchen sich keine Mühe [zu] geben. Wir haben auch nicht lange dahinter gesessen. Der eine war handwerklich gut zuwege, der hat immer allerhand gemurkst und getan nebenbei und viel Spiel und Sport [...]" I.: „Hatten Sie bestimmte Vorstellungen, was aus Ihren Kindern werden sollte, wie haben Sie sich da verhalten?" – Frau W.: „Ja, ich hatte immer viele Vorstellungen, aber da war auch mein Mann das große Hemmnis. Mein Mann hat ja nur eine Volksschule besucht, eine [alt-]katholische Schule [...]". Ihr Mann sei ein guter Schüler gewesen, wollte aber nicht auf ein Gymnasium oder eine Mittelschule überwechseln. „Der hat sich gewehrt mit Händen und Füßen, er wollte nicht auf 'ne höhere Schule, obwohl er es auch gekonnt hätte, ne [...] Und so war mein Mann immer der Ansicht, es genügt, wenn man eine Volksschule besucht hat". Frau Winters weitergehende Ausbildungspläne für die Söhne, etwa eine Architekturausbildung, scheiterten wohl nicht allein an der Genügsamkeit ihres Ehemannes, sondern auch daran, daß die Zwillinge keine auffällige Lern- und Bildungsbereitschaft entwickelten. Ein Sohn machte eine Maurerlehre und wurde anschließend Feuerwehrmann. Sein Zwillingsbruder wurde zum Elektriker ausgebildet und arbeitet heute als Kalkulator in einem großen Elektrobetrieb. I.: „Und Ihre Tochter?" – Frau W.: „[...] da hab ich mich denn nicht so [gesorgt?], die lernte ja auch furchtbar leicht [...] Und dann war die Schule nach'm Krieg – die taugte ja nichts." Ihre Tochter hat Bürokauffrau gelernt und hat heute eine Verwaltungsstelle in einem Architekturbüro.

Als ,Modell' für die Kinder fungierten in politischer Hinsicht weder die Großmutter noch die Mutter: Söhne und Tochter verhielten sich der Parteipolitik gegenüber reserviert und führten die sozialdemokratische Tradition nicht fort. Aber auch kulturelle und künstlerische Vorlieben scheinen von der nächsten Generation kaum übernommen worden zu sein.

Frau Winter ist seit mehreren Jahren Witwe. Sie lebt allein, weiß sich gleichwohl auf vielerlei Weise zu beschäftigen: Sie liest eine Tageszeitung, populärwissenschaftliche Zeitschriften, zeitgenössische und klassische Literatur. Ab und zu besucht sie trotz einer Gehbehinderung Ausstellungen und Konzerte und macht sonntägliche

Besuche bei den Guttemplern im Stadtwald. Sie informiert und unterhält sich auch mit Hilfe des Fernsehens. Die vielen Artikel und das Tagebuch ihrer Mutter aus der Weimarer Zeit hat sie aufgehoben und hofft, daß sich die jüngere Generation weiterhin für die Familiengeschichte interessieren wird.

Daß Frau Winter ihren Plan, Wohlfahrtspflegerin zu werden, aufgab, hing mit einer Hörschwäche zusammen, weniger mit zeitgeschichtlichen Zäsuren und Interventionen. Geduld und Selbstvertrauen zum Erreichen einer alternativen beruflichen Qualifikation scheinen mit dem Abbruch der Ausbildung zur Säuglingsschwester jedoch erschöpft gewesen zu sein. Jedenfalls berichtet Frau Winter nicht von der Suche nach weiteren Ausbildungswegen, obwohl sich bei ihren formalen Voraussetzungen – mittlere Reife und Hausfrauenschule – vermutlich Chancen eröffnet hätten. Den Zustand des Verlusts ihrer Zukunftsperspektive hat die Begegnung mit ihrem späteren Ehemann beendet. Während Käthe W. noch 1929/30 ein (männliches) Angebot, mit nach Amerika zu gehen, ablehnte und offenbar keine Entscheidungsprobleme empfand, war für sie nun – und vermutlich nicht nur für die Mutter – die Heirat die nächstliegende Möglichkeit. Das ‚Leben für andere‘ galt eben auch im sozialdemokratischen Lager noch immer als akzeptierte weibliche Aufgabe, und Selbstentfaltung von Frauen durch formale Bildung und Ausbildung hatte im proletarischen Milieu ohnehin mit der Eheschließung ihre ’natürliche‘ Grenze. Bei Frau Winter kam verstärkend hinzu, daß sich die im Rahmen des Erreichbaren liegenden Chancen als Sackgassen erwiesen hatten. Und der Arbeitsmarkt für qualifizierte Hausangestellte, auf den sich Frau Winter schon häufiger begeben hatte, war eng; denn viele Mädchen ohne Ausbildung boten sich bei Niedriglöhnen als Haushaltshilfen an. – „Dann war eigentlich alles weg“, sagt Frau Winter in der Interviewsequenz über den Abbruch der Ausbildung und die Beziehung zu ihrem späteren Ehemann. Nach Stimme, Mimik und Gestik ist nicht nur das Verfliegen ihres Kummers damit gemeint, sondern auch die Enttäuschung darüber, den schon ansatzweise gemeisterten Aufbruch aus dem Proletarierinnenschicksal nicht fortgeführt zu haben.

Frau Winter war während ihres gesamten Lebensverlaufs äußerst bildungsbeflissen. Das Lesen ist ihr vertraut, ebenso andere Kulturbereiche: das Theater, die Malerei, der Tanz, die Musik. Ihre vielfältigen Interessen führt sie zurück auf die Impulse ihres Elternhauses, insbesondere auf den Einfluß ihrer Mutter. In der SAJ hätten ihre Interessen lediglich eine gewisse Unterstützung erfahren. Auffällig an Frau Winters Lebensgeschichte ist, daß sie die meisten Anregungen ihrer Kinder- und Jugendzeit aufgriff und fortsetzte. Zwar bemühte sie sich um ihren sozialen Aufstieg nach der Ernüchterung im Jahr 1931 nicht mehr, aber sie bildete sich vielseitig weiter.

Käthe Winter entfernte sich im Lebensverlauf intellektuell und kulturell von ihren sozialen Bezügen. Gegen die jungenzentrierten Erwartungen ihrer Eltern erreichte sie den Wechsel auf eine Mittelschule und war schon bald der Mutter auf manchen Wissensgebieten überlegen, auch ihrer jüngeren Schwester und ihrem älteren Bruder, die beide Volksschulen besuchten. Die Nachbarskinder akzeptierten Käthe Winter nun nicht mehr selbstverständlich als Spielgefährtin. In der Essener SAJ war sie als ‚Ältere' (die eigene Zusammenkünfte hatten) aktiv, d.h. sie war mit Beginn ihrer Essener SAJ-Zeit schon 18 Jahre alt und an Bildung und Erfahrung bedeutend reicher als die mehrheitlich 14–16jährigen Gruppenmitglieder. Außer beim Tanzen und Singen sah sich Frau W. in der SAJ wahrscheinlich unterfordert. Im ersten Interview hatte sie die mangelnde Lese- und Diskutierfreudigkeit in der SAJ bemängelt: „Die einzigen, die was wußten, das waren die aus Bredeney [einem ‚bürgerlichen' Stadtteil] [...], die waren 'n bißchen gebildeter. Aber mit denen kam man ja in der Arbeiterjugend nicht zusammen"[47]. Das Gefühl, den anderen voraus zu sein, ebenbürtige GesprächspartnerInnen nicht zu finden, zieht sich denn auch durch viele ihrer lebensgeschichtlichen Erzählungen. Auch ihr Ehemann war, wie sie sagt, ein Mann „der Tat", weniger der verbalen Auseinandersetzung und schon gar nicht des ‚kultivierten' Gesprächs, und für den Guttempler-Orden und die Mitglieder der „Naturfreunde"-Organisation wird Frau Winter wohl immer eine Spur zu schöngeistig orientiert gewesen sein. Schließlich teilen auch die Tochter und die Söhne nur wenige ihrer zahlreichen Interessen. Die SPD und die „Arbeiterwohlfahrt" waren zumindest einige Jahre lang ein zufriedenstellendes politisches Aufgabenfeld. Käthe Winter mußte erfahren, so läßt sich resümieren, daß die Entfaltung von Interessen und Fähigkeiten nicht nur Befriedigung, sondern auch soziale Distanz und sogar Isolation bedeuten kann.

Irmgard Schmitz, geb. 1916
Kaufmännische Angestellte/Frührentnerin

„[...] zufrieden, wie es so gelaufen ist"

Ein Strauß roter Nelken in ihrem Wohnzimmer – das Jubiläumsgeschenk ihrer Gewerkschaft „Handel, Banken und Versicherungen" – regte Frau Schmitz an, um das Datum 1933 herum aus ihrem Leben zu erzählen. Ab Mai habe es ja das Verbot der Gewerkschaften gegeben und man sei als Arbeitnehmerin oder Arbeitnehmer „allgemein" in die Deutsche Arbeitsfront übernommen worden. „Na ja, und es war denn eben so, und nach 1945 bin ich denn wieder reingegangen [...], ich hätts ja nicht gebraucht wegen meines Berufes, also hätt ich es nicht gebraucht [...], ja, ich war dann praktisch zahlendes Mitglied in all den Jahren." Frau Schmitz teilte mir mit dieser Einstiegsgeschichte bei unserem zweiten Treffen noch einmal mit, daß ihr Status im Betrieb, sie war Prokuristin, sich ‚eigentlich' mit dem alten Weimarer Interessenstandpunkt nicht mehr deckte, sie aber ihre ideelle Verbundenheit mit der Arbeitnehmer-

---

47 Eine ähnliche Erfahrung reflektiert BRANDT, a.a.O., 1990, S. 88.

vertretung weiter kundtun wollte. Im Jahr 1990 war Frau Schmitz 60 Jahre Gewerkschaftsmitglied (einschließlich, wenn man so will, der DAF). Ihr Vater hatte sie mit 14 Jahren, nach dem Besuch der Freien Schule und mit dem Beginn einer kaufmännischen Lehre, im Zentralverband der Angestellten angemeldet. – I.: „Hat Ihr Vater Sie auch in der Partei angemeldet?" – Frau Schmitz: „Nein, das hab ich selbst gemacht, denn es war ja so, ich war damals in der Sozialistischen Jugend[48], nich, aber dann hinterher war das dann so, 1933, da konnt' ich schon nicht mehr immer hingehen, weil da meine Ausbildung für mich ja wichtiger war [...]. Ich bin aber '46 reingegangen, wieder reingegangen. Wenn ich auch, muß ich ehrlich sagen, manchmal nicht mit allem so einverstanden bin, aber das ändert ja nichts an der Grundeinstellung, nich, jedenfalls ist es die Partei, die heute meine Interessen auch immer noch am ehesten vertritt".

Ich habe Frau Schmitz danach gefragt, was sie für wichtig, für mitteilenswert in ihrem Leben hält. – „Ja, das ist jetzt eigentlich 'ne schwierige, 'ne schwierige Frage. Wenn ich so den großen Bogen spanne. Ich hatte eben eine sehr gückliche und eine sehr schöne Kindheit [...]. Wir waren eine sehr heile Familie, möcht ich sagen [...]. Es war so, zum Beispiel kamen wir jeden Sonnabend bei meiner Oma zusammen [...], es wurde dann, weil wir alle etwas wissenshungrig waren eigentlich, über sehr schöne Sachen immer gesprochen. Zum Beispiel meine Eltern holten sich auch die Bücher aus der Kruppschen und aus der städtischen Bibliothek und lasen hauptsächlich Reisebeschreibungen, und mein Vater interessierte sich so für Astronomie, also für den Sternenhimmel [...], er konnte sich so ins Universum vertiefen, hatte Sternenkarte, Globus und ach – alles mögliche und las auch viel da drüber. Ich weiß, ein Buch, das hab ich damals auch gelesen, das hieß, ‚Vom Arbeiter zum Astronomen', das war von, ich glaub' Willi Bürgel hieß der[49], nich. Also, ich will nur damit sagen: so ging's da zu bei uns. Und dann natürlich auch mal fröhlich, nich [...]". Es sei viel gesungen worden. Verwandte von Frau Schmitz hätten sich die Anschaffung eines Klaviers zusammengespart, ein anderer spielte leidlich Geige – „und denn sangen wir auch schon mal, Volkslieder [...]". In einer späteren Gesprächsphase trägt Frau Schmitz noch das Medium Radio nach, das von Freunden „aus der Richtung" gebastelt worden war. Zuerst mit Detektor, später, wahrscheinlich Ende der 20er Jahre, habe man sich um ein Lautsprechergerät versammelt. Irmgards Eltern hielten die Essener sozialdemokratische Tageszeitung, die Leipziger Volkszeitung, den „Wahren Jacob", und sie waren darüber hinaus „Urania"-Abonnenten.[50]

Der aus bäuerlicher Familie im Norden Deutschlands stammende, protestantisch erzogene Vater (Jg. 1885) und ihre ebenfalls evangelische, in Essen geborene Mutter

---

48 Die Zugehörigkeit zur SAJ wird als Parteimitgliedschaft angerechnet.
49 Bruno Bürgel: Vom Arbeiter zum Astronomen. Die Lebensgeschichte eines Arbeiters, Berlin 1919.
50 Nach unserem ersten Gespräch schenkte mir Frau Schmitz mit dem bedauernden Hinweis darauf, daß sie keine Erben habe, einige der inzwischen kostbaren Urania-Buchbeigaben.

(Jg. 1890) werden von Irmgard Schmitz, die einziges Kind war, fast schwärmerisch beschrieben. Ihr Vater habe eine gute Allgemeinbildung gehabt, sei aber beruflich gar nicht ehrgeizig gewesen; er war Kruppscher Arbeiter. Die SPD-Mitgliedschaft habe er als Selbstverständlichkeit angesehen, allerdings war der Vater die treibende Kraft beim Eintritt ihrer Mutter in die Partei (aktiv sei sie wohl deswegen nicht geworden).

Die Schilderung der Zusammenkünfte im Familienkreis nahmen einen großen Teil der Erzählungen ein, auch die mündlichen überlieferten Erlebnisse und Eindrücke der älteren Generation aus dem kaiserzeitlichen Essen. Die Kruppsche Wohnung der Großeltern mütterlicherseits prägte sich Irmgard seit der Kinderzeit ein, diese habe zwar kein Bad gehabt, aber zwei große helle Räume mit einer, wie sie betont, „kleinbürgerlichen" Ausstrahlung. – Resümierend unterstreicht Frau Schmitz ihre „besonnte" Jugend und „hab hinterher auch privat sehr viel Schönes erlebt, immer große Reisen gemacht. Und natürlich hat's auch Rückschläge gegeben, [ich] mein, die hat jeder mal, nich, aber im allgemeinen möcht ich sagen, bin ich zufrieden, wie 's so gelaufen ist. Und hab, wie gesagt, auch heute noch das Glück, sehr viele liebe Menschen zu haben, von denen ich weiß, daß sie mir zugetan sind, daß ich eigentlich nicht das Gefühl hab, allein zu sein." Frau Schmitz hat sich im Lebensverlauf außer an ihre Eltern nicht enger an eine Person gebunden; sie war nicht verheiratet.

Erst im Erwachsenenalter sei ihr die erzieherische Liberalität ihres Elternhauses zum Bewußtsein gekommen. Als Kind war es für sie alltäglich, daß sie etwa zum Spielen Nachbarskinder mit in die Zwei-Raum-Wohnung bringen durfte, daß kaum Verbote ihr gegenüber ausgesprochen wurden: „Die haben alles eigentlich so ermöglicht, was mir Freude macht, vor allen Dingen, die haben mich nicht eingeengt. Auch als ich später älter war." Die Vertrauensbasis reichte aus, sie zum Beispiel den Zeitpunkt ihrer abendlichen Rückkehr selbst bestimmen zu lassen, „während, ich weiß von Freundinnen, die so streng gehalten wurden, daß sie wirklich alles mögliche gemacht haben. Das brauchte ich gar nicht, weil ich – ich durfte ja." Auch die „Kinderfreunde"-Organisation, die „Roten Falken" und die weltliche Schule hätten zu diesem Klima beigetragen, zur ‚Entfaltung der Persönlichkeit' – „und eben auch versuchen, Interessen zu entwickeln. Denn es ist ja so: Manch einer wäre ja sicher auch anders, wenn in ihm etwas geweckt worden wäre, ne. Ja, und das muß ich eben sagen, besonders heute, damals war das ja selbstverständlich für mich. Aber heute seh' ich doch eigentlich, wie meine Eltern doch schon fortschrittlich waren, nich. Und mein Vater besuchte ja damals auch immer schon Kurse der Volkshochschule, das war ja nach'm Ersten Weltkrieg so aufgekommen, eben um die Schwachstellen, die ja bedingt waren durch die damalige [zögert] Schulbildung, die früher ja nicht so ausgeprägt war – da ging's ja nur um Kaiser, Gott und Vaterland, so ungefähr, und das hat er eigentlich immer versucht zu kaschieren."

Frau Schmitz wiederholte in unserem zweiten Gespräch ihre schon früher geäußerten Lesevorlieben der Jugendzeit, z.B. Remarques „Im Westen nichts Neues" und

Arnold Zweigs „Junge Frau von 1914" und andere pazifistische Literatur: „Ich hab eigentlich auf jedem Gebiet versucht, mich weiterzubilden, und das konnte man ja am besten durch Lesen, ne, auch." Sie nahm in ihrer SAJ-Gruppe Holsterhausen eine Weile an einem Esperanto-Kurs teil, „aber ich hab's nicht durchgehalten und denn, wissen Sie, kam ja nachher 33 und da waren ja diese Dinge sowieso alle verpönt, die irgendwie nach Menschenverbindung hätten also riechen können." Mit Gleichaltrigen ging Frau Schmitz ab und zu ins Theater, häufiger – ab Mitte der 20er Jahre bereits mit ihrer Mutter – ins Kino.

1930 fand Frau Schmitz eine Lehrstelle im Büro eines jüdischen Unternehmers; dieser habe keine Vorbehalte gegen ihr Abschlußzeugnis einer weltlichen Volksschule gehabt. Sie besuchte parallel Stenographiekurse und solche im Maschineschreiben. Den relevantesten Wissensschub habe sie aber erhalten durch eine über zwei Jahre laufende Nachhilfe in fachlicher[51] und allgemeiner Bildung: Die Familie ihrer Mutter finanzierte regelmäßige Unterrichtsstunden bei einem Handelsschullehrer. Begründet hätten die zeitweilig gut verdienenden Onkel und Tanten[52] diese Hilfe mit Irmgards mangelnder Schulbildung. Nach der Grundschule wären weder Frau Schmitz' Eltern noch Verwandte in der Lage gewesen, die Kosten für eine weiterführende Bildung aufzubringen. Nach drei Jahren schloß Irmgard Schmitz ihre Lehre ab.

Es waren die Familie und vertraute Freunde, mit denen Irmgard Schmitz nach der Machtübernahme der Nationalsozialisten offen über ihre sozialdemokratisch-oppositionellen Einstellungen sprechen konnte. Darüber hinaus verhielt sie sich „unpolitisch". In der Familie hörte man den „Feindsender" BBC. Als dieser die Deutschen über die Existenz von Vernichtungslagern aufklärte, hielten sie und ihre Familie das für eine Übertreibung der Engländer: „Ich bin vergangenes Jahr 'mal in Buchenwald gewesen, da, unter anderem hab ich so 'ne DDR-Fahrt gemacht. Ja, also, das hat mich dermaßen erschüttert. Und Buchenwald war ja, jetzt hört sich das furchtbar an, noch nicht das Schlimmste, wenn ich an Auschwitz denke, ne, das ist fürchterlich gewesen. – Ja, und da war man etwas informiert, selbst wenn man denn die Hälfte abziehen mußte, denn die [Briten] machten ja auch Propaganda". Frau Schmitz erinnert sich an einige damalige Bekannte, die nicht mit einem vergleichbaren weltanschaulichen „Fundament" ausgestattet gewesen seien und sich somit durch die NS-Jugendorganisationen begeistern ließen. Nach dem Krieg hätten diese sich geläutert und verträten heute „dieselbe Einstellung, die ich immer schon hatte."

Während der NS-Zeit, mit Anfang 20, schaffte Frau Schmitz in ihrem Lehrbetrieb einen Aufstieg. Ihr Arbeitsplatz befand sich damals eine Zeitlang in einer Nachbarstadt, und sie pendelte täglich. Irmgard Schmitz löste sich wegen der Haltung des Klerus zum Krieg von der protestantischen Kirche und scheint in dieser Lebensphase wei-

---

51 Wie der Abschnitt über die Berufsschulsituation für Mädchen gezeigt hat, war der Unterricht in Büroberufen – wenn er überhaupt stattfand – rudimentär.
52 Wie das Geld erworben wurde, hat mir Frau Schmitz nicht anvertraut.

tere, umfassendere Emanzipationserfahrungen gemacht zu haben: „Ne glückliche Zeit, auch für mich, in jeder Beziehung". Bis '24/25, meint sie, habe sie ihre „schönsten" Jahre verbracht: „Wenn ich aufstand, denn war ich glücklich, daß ich lebte und daß es so schön war, wirklich, so war die Zeit damals. Ich möchte nicht in Details gehen. Aber denn kam der Krieg und dann änderte sich alles und ich war denn auch nicht mehr in der Lage, jeden Tag die Fahrt zu machen, wollte denn aber auch, wie gesagt, nicht weg von Essen und hatte die Möglichkeit, hier nach Essen zu kommen durch eine Freundin, die hier eine sehr gute leitende Position hatte und die durch Heirat nach Berlin mußte und händeringend nach einer Nachfolgerin suchte, weil der Betriebsleiter Soldat war."

1941 wechselte sie also in ein Essener Unternehmen der Telekommunikation, das kriegswichtig war. „Ich hab jeden Angriff, alles, in Essen mitgemacht. Und auch betrieblich, also im Betrieb – und denn, der Chef, der war ja Soldat, und ich mußte alle Entscheidungen allein treffen und jeden Tag praktisch war was Neues, ne, ach – kann man gar nicht so schildern, was alles war. Denn mußten sie da wieder was ausfüllen, denn sollte da wieder was sein [...]". Aber Frau Schmitz wurde den unübersichtlichen Anforderungen gerecht und ersetzte den Chef dieses kriegswichtigen Unternehmens hervorragend. „Gedrängt" habe sie sich nicht nach solcher Verantwortung, die sei ihr „fast automatisch" und durch die Kriegsumstände zugewachsen. Bei allem Understatement spricht Frau Schmitz an anderer Stelle doch von ihrem „beruflichen Ehrgeiz" und hebt hervor, daß sie mit wichtigen Essener Politikern und Bürokraten zu tun gehabt hat, um zum Beispiel Techniker „uk" stellen zu lassen, d.h. sie vom Fronteinsatz zurückzustellen. „Und ich hatte sogar damals, das fällt mir jetzt auch ein [lacht], ich weiß nicht, ob das jetzt auch wichtig ist – da waren hier bei einer, bei einer ganz großen Firma, waren in einer Nacht 34 ganz wichtige Maschinen ausgefallen, die wir aber beschaffen mußten. Na ja, und denn haben wir auch Bezugsscheine gekriegt usw. Und ich bin denn auch bei Nacht und Nebel zu dieser Firma gefahren [...] und hab damals sogar mit dem Speer, der war da Rüstungsminister, telefoniert, damit der die Genehmigung erteilte [...]."

Nach dem Krieg wohnte Frau Schmitz zunächst wegen des Mangels an Wohnraum weiter mit Mutter und Vater zusammen. Erst Anfang der 60er Jahre überlegte sie, eine eigene Wohnung zu mieten, empfand aber Verantwortung gegenüber ihren inzwischen alten Eltern, so daß sie sich für eine größere gemeinsame Wohnung in einer Genossenschaftssiedlung entschied. Sie blieb bis zu deren Tod mit den Eltern zusammen.

Politische Aktivitäten entfaltete sie nach dem Krieg nicht. Der Gewerkschafts- und Parteibeitritt erfolgten zwar, und Frau Schmitz abonnierte auch vom ersten Tag ihres Erscheinens an die Neue Ruhr Zeitung (die frühere Tageszeitung der Sozialdemokratie). Mehr Engagement konnte sie jedoch nicht aufbringen, dafür sei sie im Alltag und im Beruf zu stark belastet gewesen. Viele Überstunden seien nach 1945 abzuleisten gewesen, und ihr war bewußt, daß es genügend Arbeitsuchende gab, wenn sie ihre

Tätigkeit nicht zur Zufriedenheit ihres (aus dem Krieg heimgekehrten) Vorgesetzten erledigt hätte.

Eine Krankheit zwang Irmgard Schmitz, schon mit 55 Jahren Rentnerin zu werden. „Na ja, damals war ich sehr unglücklich". Im nachhinein beurteilt sie den plötzlichen Ruhestand anders. Sie war schon bald froh, sich intensiv um ihre Eltern kümmern zu können. Ihre finanziellen Möglichkeiten gestalteten sich unerwartet gut, „und ich hab noch tolle Reisen gemacht, hinterher, da war ich ja frei, also". Ihre Mitgliedschaft im Theaterring gab sie erst vor wenigen Jahren auf. Sie besucht jedoch weiterhin Ausstellungen, hört Vorträge, oft im Rahmen des Deutschen Frauenbundes, deren Mitglied sie ist, und führt ein reges soziales Leben: „Und, wie gesagt, ich habe einen sehr großen Freundeskreis, der sich aus allen Schichten und Berufen zusammensetzt [...], also Langeweile kenn ich nicht. Wenn ich gesund bleibe, hoffentlich, dann bin ich ausgefüllt".

Frau Schmitz ist ein weiteres Beispiel für die zentrale Thematisierung des Bereichs Bildung und Aufstieg in der Lebensgeschichte. Wenn man sich die Stationen ihres beruflichen Werdegangs ansieht, so sind diese eingebunden in kulturelle und zeitgeschichtliche Kontexte, zuallererst den der bildungsbeflissenen Verwandtschaft, die dem Einzelkind vielfältige Anregungen und sehr konkrete Förderung (als Ersatz für die entgangene Schulbildung) bereitgestellt hat. In der Konstruktion ihrer Lebensgeschichte hat dieser Einfluß die größte Relevanz. Frau Schmitz ist der Auffassung, etwas aus sich gemacht zu haben, weil zu Hause ihre Interessen und Ambitionen im Rahmen des für Arbeiterfamilien Möglichen ernstgenommen und unterstützt wurden. Hinzu kommen die Organisationen der sozialdemokratischen Erziehungsbewegung, aber auch der (jüdische) Lehrherr, der – eine wiederkehrende Erfahrung weltlicher Schülerinnen und Schüler[53] – dem Lagerdenken in der Ruhrmetropole nicht verhaftet war, im Gegenteil vielleicht bei der Einstellung von Frau Schmitz sich bewußt vom selben Toleranzgebot leiten ließ, auf das auch die Freien Schulen rekurrierten. Schließlich ist es wiederum die NS-Zeit, in der die zielstrebige Irmgard Schmitz dann eine Position erreicht, wie sie in den 20er und 30er Jahren von Frauen noch selten eingenommen wurde. Ihr Vorteil ist es zunächst, daß sie nicht den Ressentiments (und Ausschlußregeln) des „Doppelverdienens" ausgesetzt war. Den steilen Aufstieg löst die Kriegszeit aus – der Chef war Soldat, und eine qualifizierte Kraft mußte im Betrieb vorübergehend „die Stellung halten".[54] Daß sie sich auch nach dem Zweiten Weltkrieg auf gehobener Hierarchieebene bewähren konnte – zwar nicht mehr die Leitung, aber Prokura bekam – , verdankte sie wohl vor allem dem überdurchschnittlichen Einsatz ihrer Arbeitskraft. Am Ende unseres Gesprächs habe ich Frau Schmitz nach den Erfahrungen gefragt, die sie als weibliche Prokuristin im Berufsleben machen konnte. Frau Schmitz: „Ich möchte eigentlich sagen nur, die Erfahrung hab ich

---

53 Siehe BEHRENS-COBET/SCHMIDT/BAJOHR a.a.O., S.88f.
54 Eine vergleichbare Karriere stellt NIETHAMMER in seiner Interpretation „Not am Mann" vor (1983 Bd. 1, S.181 ff.).

gemacht, als Frau muß man – wahrscheinlich heute auch noch – viel mehr leisten als 'n Mann, um anerkannt zu werden [...], na ja, ich muß sagen: man mußte sich schon einsetzen..."

Eine Ausnahme stellt Frau Schmitz insofern dar, als in ihrer Lebensgeschichte bis auf die versäumte weiterführende Schulbildung keine ‚verpaßten Chancen' vorkommen, auch keine eindeutigen Diskriminierungserfahrungen aufgrund des Geschlechts. Spätestens 1945 scheint Frau Schmitz endgültig eine Entscheidung zugunsten ihres Berufs und gegen die weibliche Normalbiographie getroffen zu haben. Ob sie nach dem Krieg noch über Alternativen zu ihrem Lebensentwurf nachgedacht hat, ob die „Höhen und Tiefen", die sie einmal erwähnt, auch die Enttäuschung beinhalten, keinen traditionellen weiblichen Lebenszyklus vorweisen zu können? Darüber spricht Frau Schmitz nicht.

Berta M.-D., geb. 1909
Verkäuferin/Büroangestellte/Politikerin

„[...] ein Treppchen nach dem anderen hinaufgeklettert"

Frau M.-D. gehört noch jetzt zu den prominenten ehemaligen SPD-Politiker(inne)n Essens. Sie erzählte mir, daß sie als ehemalige Bürgermeisterin weiterhin zu vielen Festlichkeiten und Jubiläen eingeladen wird und einen erheblichen Teil ihrer Altersversorgung für Blumen, Geschenke, Taxifahrten usw. ausgeben muß. Ihre Rente hat sich jedoch durch ihre vielen Ämter bis hin zum stellvertretenden Stadtoberhaupt nicht erhöht. Politik war für sie stets vor allem ein Ehrenamt, an Pfründe ist sie nie herangekommen, und das hätte vermutlich auch ihrem Selbstverständnis widersprochen, wonach der Einsatz für die SPD und die Nebenorganisationen in erster Linie Berufung sei und weniger Broterwerb.

Frau M.-D. hat im ersten Teil unseres Gesprächs sehr ausführlich und anschaulich über ihre Zeit in der Sozialistischen Arbeiterjugend berichtet. Sie trat um 1922/23 ein und kann sich noch gut daran erinnern, wie bewußt sich die jungen Leute durch auffällige Kleidung – Mädchen trugen Leinenkleider mit kurzen Taillen oder Cordmiedern und dazu lange gekräuselte Röcke – von den „Alten" abzusetzen suchten. In der Kruppschen Siedlung, in der sie aufwuchs, hätten die Nachbarn über sie gespottet und gelacht, aber das machte ihr nichts aus. Im Gegenteil: sie fühlte sich der nächsten Umwelt und den nichtorganisierten Jugendlichen gegenüber „haushoch überlegen". Sie habe sich damals einen jungenhaften Wanderschritt zugelegt, und wenn sie mit ihrem Brotbeutel und ihrer „zünftigen" Kleidung sonntags sehr früh loszog, sonnte sie sich in dem Bewußtsein, einer Elite anzugehören. „Und da hatten wir diese kleinen Hefte, die Broschüren, ‚Schaffende Jugend'[55] hießen die damals, und dann bin ich da mit kassieren gegangen, aber immer so, daß auch jeder, der mir entgegenkam oder mich überholte, das lesen konnte. Ich war doch stolz, ich hab doch kassiert für die SAJ [lacht]." Nach einiger Zeit hatte Berta M.-D. sich eine solche Vertrauenbasis geschaffen, daß man sie in den Unterbezirksvorstand wählte und sie dort das Amt der Schriftführerin übernahm. „Einmal in der Woche hatten wir diese Gespräche, Vorträge, manchmal über Literatur[56], manchmal über Politik, je nach dem, was gerade akut war. Einmal trafen wir uns denn zu diesem Lesekreis und einmal zum Volkstanzkreis. Ja, die Woche war ich immer [unterwegs] – und sonntags natürlich auf Fahrt. Wenn ich nicht auf Fahrt gegangen bin, denn fehlte mir was, immer raus, früh raus, ja, ja, und alles zu Fuß, alles zu Fuß." Frau M.-D. beteiligte sich am Chor und am Sprechchor der Jugendorganisation, führte u.a. Brögers „Kreuzabnahme" und Tollers „Masse Mensch" im großen städtischen Saalbau mit auf. „Im Saalbau waren dann auch Konzerte [unverständlich], ach ja, und da haben wir dann auch in der Jugendbewegung, wir haben dann auch über Komponisten oder über musikalische Werke gesprochen. Wir haben richtig für das Allgemeinwissen was getan. Also wer wollte, konnte manches lernen damals." Sie selber spielte „ein bißchen" Gitarre.[57] Nach ihren Leseerfahrungen und -gewohnheiten habe ich Frau M.-D. gefragt: „Ja, einmal dieser Romain Rolland und dann, was ich ja gerne gelesen hab [unverständlich], ich hab Storm für mein Leben gern gelesen, etliches von Storm. Und sonst eigentlich, was man gerade so hatte, wat gab et an Literatur? Ich hab natürlich auch August Bebel ‚Die Frau und der Sozialismus' gelesen [...], obwohl es auch nich ganz einfach ist. Ich hab denn manchmal, hab ich was gelesen und dachte ‚wat hasse denn jetzt gelesen?', wieder zurückgeblättert, wieder gelesen, wissen Sie, es war nicht immer so ganz leicht, vor allen Dingen auch abends, wenn man von der Lehre nach Hause kam." Auch Texte von Lily Braun und Angelika Balabanoff habe sie gelesen. Den Anfang von Heines Wintermärchen gab Frau M.-D. gegenüber der Verfasserin unaufgefordert zum besten.

An anderer Stelle[58] ist bereits erwähnt worden, daß Berta M.-D. Verkaufslehrling war, als sie sich der SAJ anschloß. Unmittelbar nach der Schulzeit verbrachte sie zunächst mehrere Monate auf dem Land, weil sich keine Lehrstelle für sie fand. Trotz Zuredens ihres Lehrers (einer evangelischen Volksschule) und der Möglichkeit eines

---

55 Vermutlich handelte es sich um die SAJ-Zeitschrift „Arbeitende Jugend".
56 Während der geselligen Veranstaltungen in der Gruppe Frohnhausen seien um die 30 Jugendliche gekommen, zu literarischen Abenden nur um die 10.
57 In der „Volkswacht" vom 28.7.1927 kündigt die SAJ-Gruppe Holsterhausen „Darbietungen" von Berta M.-D. an. Ich habe ihr diese Ankündigung kopiert und zugeschickt, daraufhin rief mich Frau M.-D. an. Sie erinnerte sich über diese Spur wieder daran, daß sie in verschiedenen Gruppen rezitierend und singend aufgetreten ist. Sie habe sich aus der Bibliothek der Arbeiterbewegung Literatur beschafft, Texte von Hermann Löns („Lieder zur Laute"), Fritz Reuter, Theodor Storm, um sich mit den Dichtern vertraut zu machen, anschließend lernte sie Gedichte auswendig. Sie zog in diesem Zusammenhang am Telefon noch einmal das Fazit: „Wer wollte, konnte in der Zeit [der SAJ-Mitgliedschaft, d.Verf.] viel für sich tun."
58 In den Kap. 3.4.2 und 3.4.3.

Stipendiums meinten ihre Eltern, die Nebenkosten einer längeren Ausbildung zur Fürsorgerin nicht aufbringen zu können. Sie kalkulierten vielmehr die 10 Mark Ausbildungsvergütung, die Berta M.-D. in einem Gardinen- und Dekorationsgeschäft monatlich verdiente, mit ein. Nach der Ausbildungszeit im Jahr 1927 fand sie keine Anstellung und half rund 12 Monate ihren Verwandten auf dem Land in Schleswig-Holstein. In Essen erwarteten sie anschließend lediglich Aushilfsstellen in den Kaufhäusern „Woolworth" und „Epa". Die Arbeitslosenunterstützung betrug ungefähr 10 Mark wöchentlich und war verbunden mit der Verpflichtung, an einem Unterricht für erwerbslose Mädchen teilzunehmen. Frau M.-D. konnte durch den Zwangsunterricht viel Neues lernen und verdiente für sich (und ihre Familie) etwas hinzu, indem sie einer Mitschülerin kaufmännisches Rechnen beibrachte. Die Scheu, den üblichen Nachhilfe-Tarif von zwei Mark in der Stunde zu nehmen, redete ihr die Klassenlehrerin aus: Das Kind sei dumm und der Vater könne sich als Bauunternehmer diesen Betrag leisten. „Mein Gott, sach ich, zwei Mark die Stunde, aber half natürlich sehr, ne, das war sehr schön."

I.: „Bis wann sind Sie in der SAJ geblieben?" – Frau M.-D.: „Bis 1927 und denn bin ich in die Partei eingetreten. Mein Wunsch war, daß das Parteibuch das Datum meines 18. Geburtstages hatte. Hatte es dann auch, 21.6.27. Mutter kam an dem Tag nicht zum Parteibüro, aber der Sekretär hat denn zwei Tage später zurückdatiert. Ich wollte doch das schwarz auf weiß haben: an meinem 18. Geburtstag eingetreten."

Die symbolische Bedeutung des Datums – Eintritt in die Partei, sobald das für Jugendliche möglich war – führt Frau M.-D. fraglos auf die starke Verbindung ihrer Eltern zur Sozialdemokratie zurück. Ihre Mutter gehörte während der Weimarer Zeit viele Jahre dem Essener Stadtparlament an, und sie hatte darüber hinaus eine Reihe von Parteiämtern. Berta M.-D. und ihre Mutter scheinen sich schon früh gut ergänzt zu haben. Mit 18 Jahren wuchs Berta daher allmählich aus der SAJ heraus und half der Mutter bei der Bewältigung ihrer vielen Aufgaben für die SPD, beim Kassieren und Flugschriften-Verteilen zum Beispiel („ich war immer dabei").

Ihre Eltern seien nicht nur an Parteipolitik interessiert gewesen. Der Vater, Hilfsarbeiter bei Krupp und nach einem Unfall dort als Waschraumwärter beschäftigt, habe sehr viel gelesen. Vater und Mutter waren Mitglieder im Kruppschen Bildungsverein („obwohl sie sonst mit den Einrichtungen der Firma Krupp nicht viel im Sinn hatten"), sie hätten die Volkshochschule und Konzerte, das Theater und die Oper besucht, auch der „Volksbühne" angehört; Berta wurde häufig mitgenommen.[59] Frau M.-D. denkt mit besonderem Respekt an die Bildungsbeflissenheit ihres Vaters (und anderer befreundeter Genossen/-innen) zurück, sie schätzt das Klima in der Sozialdemokratie rückblickend als hochgradig bildungsorientiert ein: „Und auch in der Partei – die

---

59 Sie hat in diesem Zusammenhang auf die in Kap. 4 erwähnten Einführungen für Jugendliche von Stadtbibliotheksdirektor Sulz verwiesen, die für Frau M.-D.s Verständnis etwa der Brechtschen Stücke relevant waren.

Parteiveranstaltungen, die waren nicht nur Organisationsveranstaltungen, wo Organisationsfragen oder, wie das heute ist, Kandidaturen zur Debatte standen, sondern die haben auch viel gute Vorträge gehabt, meinethalben aus der Wirtschaft und – wie soll ich mich mal ausdrücken – [H.B.-C. schlägt ‚allgemeinbildende‘ vor], allgemeinbildende, was Kunst und Kultur anging, aber auch was Wirtschaft war, das wurde auch da besprochen und viele gute Vorträge, internationale Dinge. Ich meine, da ist mehr getan worden". Sie bedauert, daß es ein solch umfassendes Angebot nicht mehr gibt, „aber ich glaube, das Interesse ist nicht so groß durch die Möglichkeiten des Radios und des Fernsehens, nich' da sind die übersättigt und hören ja immer alles aus erster Hand".

Der Einfluß der Eltern und der SAJ führte Frau M.-D. außerdem in die Gewerkschaft hinein – und von der evangelischen Kirche weg: Sie war getauft worden; „[...] und bin denn auch zum Unterricht, bin auch konfirmiert worden, bin denn allerdings nicht mehr zum Abendmahl gegangen [lacht] [...], bin auch ausgetreten mit meinem 16. Lebensjahr, das war damals bei uns in der Jugend: Wer so 'n bißchen äh, na sagen wir mal, dachte oder oder so 'n bißchen fortschrittlich war, der blieb nicht inner Kirche, ne [...]. Meine Eltern waren ja auch ausgetreten." Ihre drei Jahre jüngere Schwester besuchte eine weltliche Schule und nahm an der obligaten Jugendweihe teil.

Die Nazizeit ist in unserem Gespräch weitgehend ausgeklammert gewesen. Frau M.-D. war in dieser Phase mit ihrem ersten Ehemann, einem Automechaniker, verheiratet, sie lebte häufig bei seinen bäuerlichen Verwandten in Ostwestfalen und half dort tatkräftig, machte auch mit ihren Nichten und Neffen Hausaufgaben. 1937 wurde ihr Sohn geboren. – Über eine Erinnerung ans Radio streifte Frau M.-D. das Thema ‚Nationalsozialismus‘ noch einmal kurz. Am ‚Volksempfänger‘ sitzend wurde während der Kriegszeit gemeinsam der englische Sender gehört.

Dabei war die NS-Zeit für Frau M.-D. und ihre Familie bedrückend bis gefährlich: Ihre Mutter, Auguste Labudat, vertrat von 1924-33 die SPD im Stadtparlament und gehörte in der Weimarer Zeit dem Unterbezirksvorstand der Partei an. Die Nazis nahmen sie zweimal kurzzeitig in Haft, und Frau M.-D. brachte ihre Mutter, um sie vor weiteren Aktionen der Nazis zu schützen, ohne Kenntnis der Behörden ins Sudetenland; dorthin war Frau M.-D. mit ihrem Sohn und ihrer Schwester evakuiert worden.[60]

Die Erinnerungen an das sozialdemokratische Milieu, die Bildungsangebote der Partei und die Interessen der Mitglieder führen Frau M.-D. im Interview mit einem zeitlichen Sprung in die Nachkriegszeit, als sie selber initiativ wurde und versuchte, als Funktionärin mehr als nur reine Parteiversammlungen abzuhalten. Sie hatte damit meist keinen Erfolg, die Bergarbeiter ihres Ortsvereins hätten kein besonderes Interesse an Hintergrundwissen und Referaten gehabt. – I.: „Wann sind Sie da aktiv gewor-

---

60 Vgl. SOMPLATZKI a.a.O., S. 39ff. – Frau M.-D.s Vater hinterließ über die Zeit 1944/45 in Essen Tagebuchaufzeichnungen: KLEIN, Anton und LABUDAT, Fritz 1985.

den?" – Frau M.-D.: „Ja, als ich 45 zurückkam[61], da hat meine Mutter gesagt – obwohl die auch erst 60 war – nun mach Du man jetzt'. Ich hab nur im Krieg gesagt ‚ich mach nie Politik für dies doofe deutsche Volk'. Ich war so enttäuscht damals, da hab ich gesagt, ‚Mutter, Du hast Zeit und Geld und Familie geopfert, nun guck Dir diese doofen Leute an, wie die sich doch davon hinreißen lassen und kein bißchen überlegen oder denken und – meine Zeit!', hab ich gesacht, ‚und das soll ich nachher [machen]?', – 'nee', sach ich, ‚Mutter, dat mach ich nie!'. Nachher hab ich's doch gemacht, ne. Mutter hat denn den Haushalt versorgt. Wir haben erst in so 'nem ganz kaputten Haus in der Schubertstraße gewohnt mit meinen Eltern zusammen, und die Mutter hat sich denn so um Haushalt und auch um mein Kind gekümmert, daß es nicht so ganz alleine sein mußte. Und ich bin dann gleich 46, als wir zurückkamen, gleich eingestiegen – Partei und ‚Arbeiterwohlfahrt' mit aufgebaut von 46 bis 54, ganz ehrenamtlich, ohne einen Pfennig Vergütungen, genauso als sei ich hauptamtlich, so war ich beschäftigt."

Ihren erlernten Beruf übte Frau M.-D. nach dem Zweiten Weltkrieg nicht mehr aus. Sie war 35 Jahre alt, als sie sich ganz der Politik zuwandte. „Ja, und dann hatten wir damals ja noch nicht so viele Frauen dabei, und ich hatte 'n bißchen Erfahrung durch die Jugendbewegung und das Elternhaus und hab dann auch von Anfang an herausragende Funktionen gehabt in der Partei, ne." Ihr sei damals keine Arbeitsbelastung zuviel gewesen. 1948 wurde sie vom Unterbezirk Essen dem Ortsverein in Schonnebeck als Kandidatin für die Kommunalwahl empfohlen. Der OV, mit mehrheitlich männlichen Mitgliedern, Bergleuten vor allem, stand dieser Empfehlung zunächst ablehnend gegenüber. Eine Frau wollte man eigentlich nicht akzeptieren, stimmte nur aus Parteiräson der Kandidatur zu. Man habe sich jedoch an sie gewöhnt. Von 1948 bis 1979 blieb Frau M.-D. Schonnebeck verbunden und „immer, auch als Frau, gleich bei der ersten Wahl über 50 Prozent aller Stimmen, und bei der nächsten Wahl steigerte es sich. Ich hatte zum Schluß 63 Prozent." Sie habe sich dem Stadtteil dann ganz verschrieben, d.h. sie ging zu allen Veranstaltungen, besuchte die Vereine, war für die Bewohner da, obwohl sie, anders als die „Karrieristen", die heute Politik machten, keinen materiellen Vorteil gehabt habe.

Erst 1954 konnte sie ihre politischen Ambitionen wenigstens zum Teil auch zu einer Profession machen. Frau M.-D. erhielt eine Anstellung in der Verwaltung der „Arbeiterwohlfahrt" in Düsseldorf, Anfang der 60er bis Mitte der 70er Jahre übernahm sie die Geschäftsführung der Essener „Arbeiterwohlfahrt". Abends mußte sie dann häufig noch in ihrem Ortsverein Schonnebeck oder bei Stadtteilveranstaltungen präsent sein.

Als Delegierte auf mehreren SPD-Parteitagen vergrößerte Frau M.-D. ihre Bekanntheit. Sie war eine Zeitlang Vorsitzende des Sozialausschusses und Mitglied des Haupt-

---

61 Aus der Evakuierung. – Über die unmittelbare Nachkriegszeit hat Thomas Rother ein Interview geführt mit Frau M.-D. und ihrer Schwester, siehe „Unsere einzige Freude: Wir lebten und hatten uns wieder!", in: Westdeutsche Allgemeine Zeitung vom 21.12.1985.

ausschusses. Ihre Zuwahl in den Fraktionsvorstand beurteilt sie illusionslos: „meistens auch aus dem Grunde, weil ich immer Protokolle, Niederschriften anfertigen mußte, das mußten die Frauen ja immer, ne? Wenn sie die in den Vorstand wählten, dann schon mit dem Hintergedanken, ‚da haben wir ne Schriftführerin‘.“ Als sie 1954 in den Landschaftsverband Rheinland entsandt wurde, sei sie in ihrer Fraktion die einzige Frau unter 54 Männern gewesen.[62] Sie übernahm wiederum das Amt der Protokollantin. Nach einiger Zeit hat sich Berta M..-D. ansatzweise beschwert: „Ich sag, ‚ich habs jetzt zweimal gemacht, ich mein, das müßte einer aus dem Vorstand machen‘, ‚ach‘, sacht er [der Vorsitzende], ‚das ist doch ’ne Idee, seid ihr einverstanden, daß wir die Berta noch mit in den Vorstand wählen, noch zusätzlich?‘ – Denn kam ich in den Fraktionsvorstand in Köln [lacht] und hatte da aber auch viel Erfolg. Man sagt ja, man schiebt die Frauen gerne auf das soziale Gebiet ab, aber ich hab’s auch gerne getan [...], lag mir sehr.“ Im Landschaftsverband habe sie weitere Funktionen ausgefüllt und sei so „ein Treppchen nach dem anderen hinaufgeklettert“, von der Schriftführerin zur stellvertretenden Präsidentin, „und Bürgermeister wurde ich dann 1969.“ Damals setzte sich der Essener Oberbürgermeisterkandidat ihrer Partei ausdrücklich dafür ein, daß der Posten des Stellvertreters entweder von einem Jugendlichen oder von einer Frau eingenommen werden sollte. Mehrere hätten sich (überraschend) für Berta M.-D. ausgesprochen: „Ich glaub, ich hab Fieber gekriegt, in dem Moment.“ Sie habe dann im Lauf der Zeit ihre eigene, weibliche Art des Herangehens an das neue Amt gefunden: „Ich hab immer so versucht, auch das frauliche Element so ’n bißchen zum Tragen zu bringen, wissen Sie, ausgleichend zu wirken. Ich mein, das läg doch ’ner Frau noch mehr – mag auch manchen Mann geben – ’n bißchen ausgleichend und auch versucht, dem einen zu sagen, ‚Mensch, sei mal toleranter‘ und ‚sieh mal das so‘ [...]. Ich hab auch, wenn ich mal Kritik zu üben hatte an den eigenen Leuten, dat nie so offen gemacht, immer meistens so unter vier Augen, daß ich gesagt hab ‚watte jetzt gemacht hast, dat war nich gut‘ [...]. Ich glaube, das war so das, was sie bei einer Frau wohl auch erwarteten, auch die Fraktion wohl erwartete. Und wenn ich das Wort ergriff, war man auch still, man hörte auch zu, auch die Privatgespräche hörten auf.“

Frau M.-D. lebt, seit Anfang der 60er Jahre verwitwet, in einer bescheiden komfortablen Wohnung im Essener Süden. In den 40er Jahren hatte sich Frau M.-D. von ihrem ersten Mann getrennt und war Anfang der 50er Jahre erneut eine Ehe eingegangen. Ihr zweiter Mann, ein Journalist, habe ihren Aufstieg innerhalb der Partei – im Gegensatz zum ersten – mit Wohlwollen begleitet und sie unterstützt.

Berta M.-D. weiß mit ihrer Zeit viel anzufangen. Sie hat wegen eines Augenleidens

---

62 Für die 1. Landschaftsversammlung 1954–1956 werden allerdings zwei weibliche Mitglieder der SPD-Fraktion angegeben, eine hatte vermutlich die Funktion einer Vertreterin. Frau M.-D. gehörte diesem Gremium über zehn Jahre lang an. – Ich danke Herrn Kahlfeld vom Archiv des Landschaftsverbandes Rheinland für seine Recherchen in: Handbücher der Landschaftsversammlung Rheinland, 1. und 2. Landschaftsversammlung; Der Landschaftsverband Rheinland: Handbuch mit dem Bericht der Verwaltung von der Gründung 1953 bis 1958, Düsseldorf 1958.

Schwierigkeiten beim Lesen, läßt sich diese Beschäftigung aber nicht nehmen. Sie las, als wir uns trafen, gerade Anna Seghers. Ihr Bücherregal enthielt die Belletristik der vergangenen Jahrzehnte, darüber hinaus politische Literatur, Rückblicke ehemaliger Politiker u.a. Seit einigen Jahren liest sie auch Heimatliches aus Ostpreußen. Sie ist mit fünf Jahren, 1914, nach Essen gekommen, hat dennoch einige wenige Erinnerungen an Besuche und natürlich die mündliche Überlieferung ihrer Eltern. Beides bewirkte eine emotionale Beziehung.

Regelmäßig besucht sie die Oper, geht in Konzerte. Am Tag vor unserem Interview hatte sie eine Musikdarbietung besucht: „War wunderbar. Ich mag den Richard Strauß nicht, der ist mir zu disharmonisch, sag ich immer, so komisch, so laut und so schreiend und so durcheinander [...], aber der Cellist war ausgezeichnet". – I.: „Gehen Sie auch ins Theater?" – Frau M.-D.: „Ja, aber nicht mehr so häufig, erstmal aufgrund der Augenoperation [...]. Und dann bin ich auch ehrlich, ist sicher auch 'ne Generationenfrage: Die Inszenierungen gefallen mir nicht immer, ob nun Don Carlos oder was man auch immer nimmt von alten Opern – ich mein immer, die haben – in der damaligen Zeit hat sich das zugetragen, hat sich das abgespielt, warum muß man das unbedingt modernisieren? [...]"

In einem nachbereitenden Telefongespräch habe ich Frau M.-D. nach dem Werdegang ihres Sohnes gefragt. Dieser habe in der Schule keine besondere Leistungsbereitschaft gezeigt und als Berufswunsch lange Jahre „Knecht" angegeben. Frau M.-D. führt diese Orientierung auf positive Einflüsse durch die vielen Landaufenthalte bei der Verwandtschaft zurück. Seine Klassenlehrerin habe vom Besuch einer weiterführenden Schule abgeraten. Ihr Sohn ist (wie sein Vater) Automechaniker geworden. Er habe eine gute Stellung bei einer großen Energiefirma und arbeite im Betriebsrat mit, Sympathien für die SPD seien vorhanden. Heute bedaure er manchmal, nicht mehr gelernt zu haben. Frau M.-D. spricht davon, daß sie ihren Sohn „an der langen Leine" geführt hat, und überlegt hin und wieder, ob nicht etwas mehr Druck besser gewesen wäre.

Berta M.-D.s Erzählungen hatten einen Schwerpunkt in der Weimarer Zeit. Die SAJ vor allem habe sie sehr beeinflußt in bezug auf ihre kulturellen und ihre politischen Interessen, aber ebenso stark werden die Einflüsse des Elternhauses bewertet. Der zweite größere Erzählblock bezog sich auf die Nachkriegsphase, in der sie ihre Mutter in der Parteiarbeit quasi ‚abgelöst' hat und damit auch den Schock der NS-Zeit abarbeitete.

Frau M.-D. ist in unserem Gespräch immer wieder zurückgekommen auf die Themenkomplexe Bildung, Kultur, sozialdemokratische Sozialisation. Sie sagt von sich, sie könne sich aufgrund ihrer Bildungs- und Lebenserfahrungen auf jedem Parkett bewegen, sei es bei den Bergarbeitern in Essen-Schonnebeck, sei es bei Empfängen in der Kruppschen Villa Hügel. Sie sieht aber erhebliche kulturelle Unterschiede zwischen den Generationen und spricht damit einen zentralen Punkt auch dieser Untersuchung an: „Wissen Sie, es tut mir manchmal auch so ein bißchen leid für unsere ältere Generation, die ja nun nach und nach weniger wird durch natürlichen Abgang. Aber diese Leute – auch meine Eltern, aber das liegt ja noch 'n bißchen weiter zurück – aber die auch nicht viel älter sind als ich oder mit mir, die doch auch viel dazu beigetragen haben, daß unsere Jugend studieren konnte, daß sie zu weiterbildenden Schulen konnte usw. und denn nachher, hinterher diese Redegewandtheit dieser Jungen, die ja die Alten so übern Löffel balbierten, wissen Sie, einfach sich so großsprecherisch darstellten, dat die Alten gar keinen Mut mehr hatten, sich zur Diskussion zu melden [...]". Die alten Parteimitglieder seien heute die „Dummerchen" in den Versammlungen. „Das hab ich auch in dem Arbeiterviertel Schonnebeck empfunden, wenn da welche aufkreuzten, die so rednerisch sich hervortaten".[63]

Frau M.-D. hat sich erheblich von denjenigen befragten Frauen unterschieden, die in Gesprächen einen genuin weiblichen Lebensentwurf repräsentierten. Es gibt bei ihr keine Fürsorgehaltung gegenüber Mann und Kind. Der Haushalt und die Kindererziehung wurden lange Jahre von ihrer Mutter übernommen, eigene Verpflichtungsgefühle oder gar ein schlechtes Gewissen aufgrund ihres politischen Engagements waren nicht Gegenstand ihrer Rückblicke. Sie erfüllt mit ihrer Nonchalance (oder Ignoranz?) gegenüber der ‚eigentlichen' weiblichen Domäne, dem Haushalt und der Kindererziehung, so gar nicht die noch verbreiteten traditionellen Erwartungen an die Frauenrolle. Dennoch trägt sie bei zur Aufrechterhaltung genuin weiblicher Tugenden und steht damit für die Widersprüchlichkeit, die uns genauere Einblicke in Lebensgeschichten zumeist vermitteln: Berta M.-D. stiftet selbstlos unter ihren Politikerkollegen Harmonie, hat sich wie selbstverständlich als Protokollantin einspannen lassen. Frau M.-D. hat diese Praxis jedoch nicht als Herabsetzung, sondern quasi als Norm aufgefaßt. Den Arbeitsschwerpunkt Soziales übernimmt sie ebenso fraglos („das lag mir"). Und schließlich erwähnt sie eigens, daß im Plenum zugehört wurde, wenn sie redete. – Daraus kann nun nicht der Schluß gezogen werden, daß sie geduckt war, bescheiden am Katzentisch des Politikgeschehens wartete. Frau M.-D. hat sich nicht im geringsten ausgeschlossen gefühlt von den Schaltstellen der Macht. Sie wollte und konnte sich „als Frau" in einer Männerwelt behaupten. Brüskiert hat Frau M.-D. das andere Geschlecht jedoch nie, denn feministische Attitüden sind ihr fremd.[64] Sie steht folglich mit ihrer Lebensgeschichte für allgemeine Aspekte, nämlich für die im Schneckengang vorankommende „Frauenfrage" innerhalb der Sozialdemokatischen Partei[65], zum

---

63 Über die „Akademisierung" auch der nordrhein-westfälischen SPD der 70er und 80er Jahre BECKER u.a. 1983, S. 62f.

64 In Zeitungsinterviews anläßlich ihres 80. Geburtstages unterstrich sie ihre Abneigung gegen eine Quotenregelung (Neue Ruhr Zeitung vom 20. Juni 1989); „Ich war nie eine Quotenfrau", äußert sie auch gegenüber der Westdeutschen Allgemeinen Zeitung (unter der Überschrift „Mit viel Charme regierte sie Essens Männerwelt" am 21.6.1989).

65 Am Bild der „Männerpartei" habe sich in den vergangenen 70 Jahren kaum etwas geändert, konstatieren BECKER u.a., a.a.O., S. 55; siehe zur ‚Modernität' der SPD MICHAL, Wolfgang 1988.

anderen aber auch für die Chancen individueller Emanzipationsversuche und -strategien selbstbewußter Funktionärinnen. Frau M.-D.: „Vielleicht haben wir, die wir so anfangs tätig waren, auch dazu beigetragen, daß man sich doch da durchgerungen hat zu der Ansicht, daß oder zu der Erkenntnis, daß auch die Frauen durchaus in der Lage sind, bestimmte Funktionen auszuüben."

Ihre Haltung, voll und ganz für die SPD da zu sein, hat keine Aspekte von Aufopferung. Das Leben ‚fürs Kollektiv', auf das die Bildungsarbeit von SAJ und SPD vor 1933 abzielten, brachte ihr gleichermaßen auch einen persönlichen Gewinn: Vielfältige Beweise ihrer Kompetenz und Akzeptanz auf zwischenmenschlicher Ebene und eine für die 50er und 60er Jahre in Essen ungewöhnlich steile Karriere.

Erika Hohmann, geb. 1917
Näherin/Familienfrau

„Rote", „Schwarze" und politische Lernprozesse

Frau Hohmann habe ich kennengelernt, als ich 1988 ein längeres Gespräch mit ihrer sehr auskunftsbereiten 98jährigen Mutter führte. Diese war mir als eine der wenigen noch lebenden Zeitzeuginnen genannt worden für die Themenbereiche ‚sozialdemokratische Frauen- und Erziehungsbewegung'. Über Erika Hohmann – sie nahm an dem Gespräch teil – erfuhr ich en passant einige Daten und andere Einzelheiten ihres Lebensverlaufs, so daß das Interesse an einem Interview auch mit ihr entstand. Beide hatten damals sehr stark den sie persönlich belastenden Minderheitenstatus von Sozialdemokraten und Dissidenten thematisiert. Die Mutter war schon in Ostpreußen auf dem Dorf als „Rote" wenig gelitten gewesen und wurde auch als junge Erwachsene in Essen von ihren katholischen Schwiegereltern abgelehnt ("Ketzerin"). Frau Hohmann wiederum bekam von den christlichen Nachbarkindern in Rüttenscheid das Gefühl vermittelt, außerhalb der Gemeinschaft zu stehen. Auch sie heiratete später in eine katholische Familie ein und blieb dort fremd. Erika Hohmann und ihre Mutter nutzten das Interview zum Teil dazu, diese Kränkungen ‚aufzuarbeiten'; Frau Hohmann stellte, bezogen auf ihre Mitgliedschaft bei den „Roten Falken" und den Besuch einer weltlichen Schule die Frage, ob Eltern ihren Kindern die Rolle von gesellschaftlichen Außenseitern zumuten sollten.[66]

Im Sommer 1991 – ihre Mutter war Anfang des Jahres gestorben – habe ich einen Gesprächstermin mit Frau Hohmann vereinbart. Nun stand also Erika Hohmanns Lebensgeschichte im Vordergrund – von der Verfasserin in der Auswertung ergänzt um die Aussagen und Einschätzungen des Mutter-Tochter-Interviews.

---

66 Siehe den Dialog auf S. 107 f.

Frau Hohmann lernte, anders als die bisher ausführlicher vorgestellten Männer und Frauen, die SAJ im engeren Sinn nicht mehr kennen, sie gehörte im Alter von ungefähr 10 bis 15 Jahren den „Roten Falken"[67] an. „Und denn haben wir ’n Zeltlager gemacht, oben am ‚Naturfreunde'-Haus, bin ich zweimal mitgewesen vonne Falken [...], oh, das war ja toll, 14 Tage, war ganz toll. Wer konnte damals zum Zeltlager? Aber da waren ja, da kamen die Nazis ja schon so langsam." Auch am Spielmannszug der „Roten Falken" hat sich Frau Hohmann bis zum Ende der Weimarer Republik beteiligt.

Als Frau Hohmann das SAJ-Alter erreicht hatte – mit Beendigung der Schulzeit – konnte ein Übergang wegen des Beginns der Naziherrschaft nicht mehr stattfinden. In der Kluft der „Roten Falken" hätte man gleich 1933 nicht mehr auf die Straße gehen können, erzählt sie. Doch mehr als später unter den Nazis hat Erika Hohmann in der Weimarer Zeit unter den „Schwarzen" gelitten, die mit einer „Roten" nicht spielen wollten, so daß sie in der Nachbarschaft völlig isoliert gewesen sei. „Ja, und so als Kind – heute wären wir ja ganz anders gewappnet, ne, aber damals als Kind, ich hab, ich bin manchesmal raufgekommen und hab geweint. Die anderen haben gespielt, und da haben die gesagt, ‚Du? Du nicht!' ". Frau H. reflektiert über die Herabsetzungen, die sie als Mitglied der „Roten Falken" in ihrer Rüttenscheider Nachbarschaft erlebt hat. Schon damals will sie sich hinsichtlich ihres Umgangs mit eigenen Kindern folgendes vorgenommen haben: „[...] das würdest Du Deinem Kind nie antun' [Pause], nein, das hätt ich nicht getan, da hätt ich mich ganz rausgehalten irgendwie politisch, damit mein Kind das nicht mitmacht".

Frau H. hat sich durch die Frage der Verfasserin nach dem bisherigen Lebensverlauf nicht zu längeren Ausführungen ‚verleiten' lassen. Sie hat knapp erzählt, daß sie ein zartes kränkliches Kind war, einen älteren (inzwischen verstorbenen) Bruder hatte, ihr Vater als Lokführer und Werkstattarbeiter bei der Reichsbahn sein Geld verdiente und ihre Mutter als Hausschneiderin zum Lebensunterhalt der Familie beitrug, daß beide Eltern überzeugte Sozialdemokraten waren. „Ja, und dann zur Schule gegangen, auf die freie Schule natürlich, [zuerst] auf die Ernstschule in Rüttenscheid und nachher, ich glaub, dat siebente Schuljahr waren wir da, wie wir nach Holsterhausen kamen[68] [...] Und denn nachher war ich in so ’ner Nähschule[69] gewesen und da hab ich genäht. Zweieinhalb Jahre bin ich da hingegangen[70], und denn hab ich genäht. Und denn nachher hab ich meinen Mann kennengelernt, und 1940 haben wir geheiratet". An diesem

---

67 Ab 1928 konnten „Rote Falken" im Alter von 12 bis 14 Jahren der „Kinderfreunde"-Organisation angehören, von 14 bis 17 Jahren gab es auch „Rote Falken"-Gruppen in der SAJ, vgl. WINKLER, Heinrich August, a.a.O., 1985, S. 361, Anm. 340; KOHLMEIER u.a., a.a.O., S. 76 – sehr streng scheint diese Einteilung, wie die mündlichen Quellen, z.B. Frau Hohmann und Werner Bode, verraten, nicht gewesen zu sein.

68 Die Freie Schule Rüttenscheid ist 1931 wegen zu geringer Klassenzahl „als selbständiges System" aufgelöst worden (vgl. Personalakte der damaligen Schulleiterin Emma Schattke, StA Essen Nr. 14083, S. 108).

69 Es handelte sich um eine private Nähschule, betrieben von einer Schneidermeisterin.

70 An anderer Stelle wird der Besuch der Nähschule mit ca. einem Jahr angegeben.

Punkt war Frau Hohmann mit ihrer Lebensbeschreibung schon am Ende bzw. äußerte sich zunächst nicht weiter. Sie konnte aber durch weitere Fragen ein wenig zum Erzählen animiert werden. So trug sie nach, daß sie die Nähschule ursprünglich nicht besuchen wollte, dies nur in Ermangelung einer Lehrstelle als Schneiderin oder Putzmacherin tat. Als Freie Schülerin und Kind aus sozialdemokratischem Haus habe sie keine Chance auf einen Ausbildungsplatz gehabt. Nach einigen Monaten Aushilfstätigkeit in Essener Haushalten entschloß sie sich, um nicht zu Hause „herumzulungern", eine private Nähschule zu besuchen (und ihre Eltern zahlten ca. 10 Mark Schulgeld monatlich). „Da hab ich richtig Kleider nähen gelernt, und vor allen Dingen damals hab ich schon meine Aussteuer da genäht, da hab ich Sticken gelernt und so was alles".

Ihren späteren Mann traf Frau H. Ende der 30er Jahre im Tanzlokal „Bredeneyer Krone". Er gehörte dem katholischen Milieu an, den „Schwarzen", wie es Frau Hohmann in einem anderen Zusammenhang formulierte. Da er das Nazi-Regime ablehnte, konnte Herr Hohmann Erikas Sympathien erringen. „Damals war das so, für mich war die Hauptsach' [...] egal, bei was für 'ner Partei, die Hauptsache war für mich ja, dat dat kein Nazi war [...]."

Als im September 1939 die Arbeitsdienstpflicht für Mädchen eingeführt wurde, wäre auch Frau Hohmann davon betroffen gewesen. „Und da hat mein Mann gesagt damals – da waren wir ja noch nicht verheiratet und nix, ne – ‚nee', hat er gesagt, ‚dat will ich nich' – und verheiratete Frauen konnten nicht eingezogen werden. Und ich sollte damals nach Krupp gehen inne Fabrik. Und da hab ich ne Bekannte gehabt, die war bei [Firma] V.[71] da Abteilungsleiterin, hat gesagt, ‚komm zu uns hin, wir suchen Schneiderinnen'. Und da bin ich da angefangen, hab ich da genäht." Im Jahr 1940 heiratete Frau Hohmann. Drei bis vier Jahre habe sie noch für diese Firma gearbeitet, „und dann kam ich in Umstände. Und wie ich das merkte, daß ich in Umständen war, hab ich sofort gekündigt, ne, da konnten sie ja [die Nazis, d.Verf.] nichts machen, ne." Finanziell hätte es sich auch nicht sehr gelohnt bei einem Verdienst von ungefähr 60 Mark monatlich unter Anrechnung der Unterstützung, die sie aufgrund des Militärdienstes ihres Mannes bekam. „Da kamen sie wohl und sachten, ich sollte stundenweise. ‚Nee', ich sach, ‚mein Mann is in Rußland' ich sach, ‚da soll ich hier arbeiten und denn noch nachts in 'n Bunker?', ich sage, ‚nein!' ". Frau H. bat ihren Arzt um ein Attest, so konnte sie die Berufstätigkeit ganz beenden.

Während Herr Hohmann 1943 am Krieg gegen die Sowjetunion teilnahm, wurde das erste Kind, die Tochter Bärbel, geboren. Die Geburt des Kindes war für Frau Hohmann überschattet vom Unfalltod ihres Vaters: „Also ich hab da unheimlich viel mitgemacht, als ich unsere Bärbel gekriegt hab." 1944/45 wurden Frau Hohmann, ihre Tochter und ihre Mutter evakuiert. Nach dem Krieg hielten die Notzeiten noch mehrere

---

71 Das war ein Reinigungsbetrieb.

Jahre an, jetzt vor allem bezogen auf die Wohn- und die Ernährungsverhältnisse der Familie. Frau Hohmann und ihre Mutter halfen, vermittelt über die „Arbeiterwohlfahrt", bei der Ausgabe der „Schwedenspeisung"[72]: „Ja, und denn haben wir Essen ausgegeben, nich, da hab ich denn auch noch mitgeholfen. Da waren wir denn froh, daß wir da 'n Mittagessen kriegten." Noch um 1950, als Frau Hohmanns Sohn schon geboren war, brachte die Mutter jeden Tag ihr Essen Erika Hohmann in die Wohnung. Mit der Geburt des Sohnes war 1948 eine weitere Belastung auf die (Groß-)Familie zugekommen: Der Sohn kam mit einem Hirnschaden zur Welt. Wegen der Behinderung ihres Sohnes – um ihm Freiräume zu schaffen –, aber auch wegen der ohnehin nach dem Krieg ganz unzulänglichen Wohnbedingungen, entschlossen sich Frau und Herr H. Anfang der 50er Jahre, ein Siedlungshaus zu bauen. Für ihren Bruder und ihre Mutter – die „Omi" –, mit der Frau Hohmann immer in einer Wohnung oder Tür an Tür zusammengelebt hat, sollten Wohnmöglichkeiten eingeplant werden: „Mit der Omi. Omi war immer dabei. Wir sind zusammen evakuiert gewesen, denn nachher in Bernburg waren wir evakuiert. Omi war immer dabei. Ich bin nie alleine ohne Mutter gewesen. Es war immer schön. Omi war ja nun auch ne ganz aufgeschlossene Frau, ne ja, also, Omi war ganz toll. Ich vermiß sie sehr. Omi war immer tätig inner Partei, AWo. Omi war die erste hier in Essen, die inner AWo war, am längsten von allen drin, auch inner Partei, ne, das färbt ja immer irgendwie ab auf die Kinder, ne." – I.: „Wann sind Sie in die Partei eingetreten?" – Frau Hohmann: „Ich bin gar nicht in der Partei. Ich bin gar nicht. Ich bin wohl inner AWo. Ich bin gar nicht in der Partei. Wissen Sie, ich hatte 'n Mann, der war aus einem ganz streng katholischen Hause. Mein Mann sollte mal Pastor werden. Und da hat er mich kennengelernt und da war dat alle vergebene Mühe, ne." Frau H. meint, daß durch die Unterschiedlichkeit der Personen, die nun durch Heirat verbunden waren – sie weltlich, er katholisch, sie sozialdemokratisch beeinflußt, er christdemokratisch – Rücksichtnahme geboten war. Um die Konfessionalität habe es schon genug Querelen gegeben, vor allem mit ihren Schwiegereltern, die die „gottlose" Erika nicht akzeptieren wollten und schockiert waren über die nur standesamtliche Trauung. „Um des lieben Friedens willen" habe man dann beide Kinder katholisch getauft. Ein klareres Bekenntnis ihrerseits zur SPD, glaubt sie, wäre für die Ehe zum Problem geworden. „[...] ich muß ehrlich sagen, also weil, er sagte auch, ‚ich hab das nich so gerne', ne. Ich sach ‚is gut, aber ‚Arbeiterwohlfahrt', dat willste ja wohl erlauben?', ne – ‚ja, ja, dat is ja auch ne gute Sache' und so. Also, ich will damit sagen, es können auch verschiedene Meinungen sein, und man kann trotzdem 'ne gute Ehe führen, ne [...]". Es habe im Lauf der Zeit hin und wieder Diskussionen und Streit über politische Fragen gegeben. „Du änderst mich nicht!", war dann Frau Hohmanns Antwort und sie habe ihren Mann darauf verwiesen, daß sie und ihre Mutter nun ein-

---

72 Spenden aus Schweden ermöglichten in den ersten drei Nachkriegsjahren die Ausgabe einer warmen Mahlzeit an Kinder und andere Bedürftige (vgl. Verwaltungsbericht der Stadt Essen von 1945–1949, S. 94).

mal ganz anders eingestellt seien. Frau Hohmanns Ehe blieb eine „Mischehe" in konfessioneller und weltanschaulicher Hinsicht.

Ihr Mann fand (mit Hilfe der Parteibeziehungen seiner Schwiegermutter) nach der Rückkehr aus russischer Kriegsgefangenschaft eine Anstellung in einem Unternehmen der Energieversorgung, während Frau Hohmann ganz für die Familie und den Haushalt zuständig war. Und sie hatte offenbar jahrzehntelang keinerlei Motivation, wieder in ihrem Beruf als Schneiderin oder auf einem anderen Feld zu arbeiten: „Früher war das ja so, die Männer wollten das ja auch nicht. Ich mein, ich hätt's auch nicht gekonnt, weil ich den Jungen hatte, ganz unmöglich, ne. Und nachher hab ich denn mal gesagt, ‚au', ich sach, ‚ich könnte doch so 'n bißchen [arbeiten]" – [imitiert ihren Mann] ‚nee, nee!', ne [...], mein Mann hat immer gesacht, ‚für Geld sorge ich, wie dat verteilt wird, das is Deine Sache', ne, denn hat sich mein Mann da nicht drum gekümmert, ne, also, das war damals so. Ich mein, heute – würd ich sagen, das is richtig, daß sie es machen, ne, aber sobald ne Familie drunter leidet, soll man's doch lassen, ne, ich, ich konnte auch nich, und es war auch viel Arbeit, ne [...], ich konnte meinen Jungen nicht eine Minute aus den Augen lassen." 1955 starb Frau H.s Sohn.

Seit Frau Hohmanns Ehemann nicht mehr am Leben war (ihr Bruder starb schon in den 60er Jahren), bewohnte sie Mitte der 80er Jahre das Siedlungshaus im Grüngürtel der Stadt Essen allein mit ihrer Mutter. Die beiden hätten noch viel politisiert, wenn Frau Hohmann morgens ihrer inzwischen sehbehinderten Mutter die neuesten Nachrichten aus der Tageszeitung vorlas. Ihre Tochter Bärbel sei „so ganz anders" geworden, ganz unpolitisch, sie stehe, wenn Diskussionen aufkämen, auf dem Standpunkt „ich hab meinen Beruf, ich will damit nichts zu tun haben." Frau Hohmann wundert sich darüber – „kann man nicht glauben, ne?" Bärbel Hohmann hat eine Realschule besucht und bekleidet eine gute Position in der Verwaltung. Sie sei insgesamt „so 'n bißchen strebsam", wie ihr Vater. Sie bildet sich regelmäßig fort, lernt und vervollständigt Sprachen: „Die hat unheimlich viel gelernt" – staunt Frau Hohmann. Die Tochter lebt allein. Frau Hohmann hat es aufgegeben, auf Enkelkinder zu hoffen. Sie verkauft nun, nach dem Tod ihrer Mutter, das Haus, das sich die Familie unter Mühen und Entbehrungen in den 50er Jahren gebaut hat.

Frau Hohmanns Lebensschilderungen weichen deutlich ab von den bisher vorgestellten. Die Struktur ihrer Biographie ist bestimmt von Daten und Ereignissen und von vorherrschenden Erfahrungen der Diskriminierung, und zwar zuerst ausgelöst durch die Nachbarkinder, die nicht mit der „roten Heidin" spielen wollten, dann bei der Lehrstellensuche, indem das Zeugnis einer weltlichen Schule negative Wirkungen auf dem ohnehin schwierigen Arbeitsmarkt zeitigte und schließlich hervorgerufen durch die Heirat mit einem Katholiken: ihre Schwiegermutter sah die Verbindung bis zu ihrem Tod als Mesalliance an. Von einem an die Zeit vor 1933 erinnernden Lagerdenken hat sich Frau H. unter solchen Bedingungen bis heute nicht freimachen können. Das Gefühl, mit ihrer Kirchenferne zu einer ‚exotischen' Minderheit zu gehören, beschäftigt Frau H. noch immer: „Ich mein, ich seh ja bei uns inner Siedlung, innerhalb der Siedlung, da sind manche Schwarze, da sind einige – ‚wie, Du bist nicht inner Kirche?'. Wir sind die einzigsten inner Siedlung. Und denn will ich Ihnen eins sagen: Bei uns inner AWo, wir sind die einzigsten, die nicht inner Kirche sind, die anderen sind alle kirchlich gebunden, aber wie!"

Frau H. kam durch die Entscheidung ihrer Eltern in die „Falken"-Organisation wie auch in die Freie Schule. Der eher freiwillige Schritt in die Jugendorganisation der 14- bis 20jährigen[73] konnte bei ihr 1933 nicht mehr erfolgen – und wäre vermutlich von Frau Hohmann verweigert worden. Dennoch: die ‚Integration' ins sozialdemokratische Lager hat stattgefunden, wenn auch nicht im Sinne einer Mitgliedschaft. Das läßt sich an Frau Hohmanns Biographie nachvollziehen. Die Eingliederung ist das Ergebnis wiederholter Diskriminierungserfahrung – eine Art Trotz-Sozialismus. Frau H. wußte so ‚zwangsläufig', wohin sie gehörte, nämlich zu den „Roten". Die sachlich-ideologischen ‚Essentials' dieser Zugehörigkeit scheinen – wohl auch aufgrund des jugendlichen Alters von Frau Hohmann – peripher gewesen zu sein. Daß sie moralisch auf der richtigen Seite stand, war ja allein schon angesichts der Anfeindungen und Kränkungen durch die „Schwarzen" bewiesen. Habitus und Symbolik der „Roten Falken" unterstützten die emotionale Identifikation mit der SPD. – Praktisch im Sinne von Parteipolitik wurde Frau H.s sozialdemokratische Identität nach 1945 nicht. Den Weg ihrer Mutter in bezug auf Mitgliedschaften und Aktivitäten schlug sie, wenn man einmal von der Zugehörigkeit zur „Arbeiterwohlfahrt" absieht, nicht ein.

Und noch etwas anderes fällt auf: ‚Bildung' in der weiten Begrifflichkeit, wie sie bisher verwendet wurde, ist in der Perspektive auf ihre Person für Erika Hohmann kein Thema. Sie hat mir zu diesem Aspekt erzählt, daß ihr Bruder Schüler des Aufbau-Gymnasiums in Kettwig[74] war und die Eltern seine Schulbildung nur bis zum „Einjährigen" finanzieren konnten, daß ihr Mann „strebsam" sein konnte und ihre Tochter ihm in der Beziehung nacheiferte. Sie selber dagegen stellt sich als bildungsabstinent dar, und auch kulturelle Aktivitäten kommen in ihren Erinnerungen nicht vor.

Ihr Beruf, das Nähen, scheint Broterwerb und eine Fluchtbewegung vor den Arbeitszwängen des NS-Regimes gewesen zu sein (obwohl Frau H. betont, daß sie gern Schneiderin oder Putzmacherin geworden wäre). Ihr Durchsetzungsvermögen gegenüber den Nationalsozialisten, ihren Eigen-Sinn nutzte Frau H., um ihren Beruf ganz aufgeben und noch vor der Geburt ihrer Tochter die Rolle der Familienfrau einzunehmen. Die Wahlmöglichkeit zwischen Erwerbstätigkeit und traditioneller weiblicher Berufung – oder die Schwierigkeit, beides zu verbinden – war nicht Gegenstand ihrer Lebenskonstruktion. Auf die sozialdemokratischen Diskussionen und Initiativen

---

73 Auf dem Kieler Parteitag der SPD im Jahr 1927 wurde die Altersgrenze in der SAJ vom 14. bis zum 20. Lebensjahr verlängert (vorher lag sie bei 18 Jahren); vgl. WINKLER, a.a.O. (1985), S. 361; MARTINY, a.a.O., S. 58.
74 Siehe Kap. 3. Anm. 134.

zur Gleichstellung von Frauen reflektiert Frau Hohmann in ihrer Lebensbeschreibung nicht. In den 50er Jahren war sie wegen der Behinderung ihres Sohnes ganz ans Haus gebunden. Aber für Frau H. hieß Berufslosigkeit offenbar nicht, eine Chance verpaßt zu haben. Sie hatte – so liest sich ihre Biographie – genau den Platz eingenommen, der ihr schon in der Jugend vorschwebte. Unter anderem der Verweis auf die bereits in der Nähschule angefertigte Aussteuer läßt sich so deuten. Als ihre Tochter selbständig war und ihr Mann pensioniert, gab es kurzzeitig Neugier auf eine nicht näher benannte Tätigkeit außer Haus („ich könnte doch ..."), aber die Abwehr ihres Mannes war für sie Grund genug, dieser Idee nicht weiter nachzugehen. Der große Garten, die betagte Mutter, der Ehemann sind dann schließlich ‚objektive‘ Gründe dafür gewesen, daß Frau Hohmann über Alternativen zum Bestehenden nicht nachdachte. Vielleicht stand das Wohl ihrer Familie dann doch über dem kurz aufscheinenden individuellen Interesse an einem beruflich vermittelten sozialen Zusammenhang (oder dem eigenen Verdienst), vielleicht waren bei Frau Hohmann aber auch individuelle Interessen und familialer Kontext nahezu identisch.

5.3 Erste Verallgemeinerungen

Die genauer vorgestellten Lebensgeschichten von fünf Frauen und vier Männern sind in erster Linie im Hinblick auf die Relevanz von Bildung untersucht worden, und zwar zunächst auf der Basis der weiten Begriffsbestimmung, wie sie die Jugendorganisation (siehe Kapitel 4) und die Zeitzeugen benutzten. Daß die ‚Bildungsfrage‘ die Lebenskonstruktionen der einzelnen ganz wesentlich mit konstituiert hat, die Befragten dieser große Bedeutung für den Verlauf ihres Lebens zumessen, ist in nahezu allen Schilderungen augenfällig. Doch darüber hinaus läßt die Interpretation komplexer Einzelfälle nur wenige Verallgemeinerungen zu und verbietet abschließende Antworten.

Bildung, Lernen, gesellschaftlicher Aufstieg
Ein Resümee, das verstehen und erläutern will, kann nicht darauf verzichten zu differenzieren, was in den Interviews jeweils unter ‚Bildung‘ verstanden wurde. Die Erzählenden selber haben ihre integrierende Sicht auf Bildung, Lernen und lebensweltliche Erfahrung hin und wieder aufgegeben zugunsten abgegrenzter Bereiche wie berufliche Ausbildung, Partizipation an Kunst und Kultur, politische Schulung usf.

In Frau M.-D.s Biographie beispielsweise bleibt die formale Bildung (notgedrungen) hinter der kulturellen und politischen Weiterbildung zurück. Sie leitet aus der Beschäftigung mit Kultur und Politik die Fähigkeit ab, sich ihrer Herkunft zum Trotz auf jedem „Parkett" bewegen zu können. Frau M.-D. hat ihr Aufstiegsstreben nicht geleugnet, doch im Vergleich mit den Karriereabsichten von Herrn Mader und Herrn G. erscheint dies weniger bemüht. Herr Mader möchte stets überall „derjenige welcher" sein und auch Herr G. gibt uns die individuellen Anstrengungen seines Fortkommens detailliert zur Kenntnis. Bei Herrn Mader haben sich Orientierungen auf Plazierungen weiter oben in der sozialen Hierarchie beruflich und politisch erfolgreich koppeln lassen, dagegen bleibt die Erweiterung seiner allgemeinen und kulturellen Kenntnisse und Erfahrungen sekundär bzw. wird bezogen auf das Erwachsenenalter sogar explizit verneint. Frau Schmitz wiederum steigt in einem Büroberuf auf und geht parallel weiter intensiv ihren kulturellen Interessen nach. Sie ist bis heute auch um ihre Allgemeinbildung wie um ‚soziales Lernen' im Kontakt mit der jüngeren Generation bemüht. Im Bewußtsein der familialen Tradition bleibt Frau Schmitz Mitglied in der SPD und der Gewerkschaft, doch an Bestätigung oder gar Aufstieg auf dem Feld der Politik liegt ihr nichts. Frau Hildebrand dagegen verweist zwar auf ihre vielseitige Bildung, aber gleichzeitig auf den sozialen Aufstieg anderer – den ihrer Schwester, ihres Mannes und ihres Sohnes – und scheint damit entschädigt für eigene gescheiterte Anstrengungen.

Die Bildungsorientierungen Käthe Winters sind ähnlich ‚ganzheitlich' wie die von Herrn Priebe und Kurt G. Sie vermochte diese jedoch mit keinem beruflichen und sozialen Fortkommen zu verknüpfen, nicht einmal, wie es Frau Hildebrand tat, mit dem ihrer Angehörigen; und eine Karriere in der SPD hat sie ausgeschlagen. Herr Bode und Frau Hohmann schließlich haben ihr Bildungsschicksal am wenigsten offen thematisiert. Beide repräsentieren die Schlußphase der SAJ bzw. der „Roten Falken", in der der Wahlkampfeinsatz für die Partei mehr als in den vorangehenden Jahren die traditionellen Bildungsaktivitäten in den Schatten gestellt hat. Dennoch muß zwischen beiden unterschieden werden: Herr Bode hat zumindest über die Zeit auf der Mittelschule gesprochen („ich hatt's da nicht gut") und beschreibt seinen während der NS-Zeit mißglückten Wechsel in die Angestelltenschicht sowie seinen politischen Auf- und Abstieg nach 1945 – nicht zu vergessen die mit Stolz vorgetragene Lernbereitschaft und das berufliche Weiterkommen des Sohnes und der Tochter. Für Frau Hohmann indessen waren die Perspektiven von Anfang an begrenzter. Ihre Eltern haben nur dem Sohn eine weiterführende Schullaufbahn eröffnet. Das Bild vom Mädchen, das „ja doch heiratet"[75], bestimmte die elterliche wie auch Erika Hohmanns eigene Lebensplanung. Daß sie nach dem Besuch der Volksschule und einem Nähkurs ohne bildende Umwege die existentielle Sicherheit und soziale Geborgenheit der Ehe anstrebte, hatte neben gängigen, konventionellen Vorstellungen seinen Grund in den Ausbildungs- und Arbeitsmarktverhältnissen Anfang der 30er Jahre, die dazu führten, daß auch weniger bescheidene Frauen nicht nach den „Sternen" griffen. Frau Hohmanns Lebenslauf ist geprägt von der nachteiligen Verschränkung spezifischer Lebensbedingungen weiblicher (und dissidentischer) Arbeiterjugendlicher während der Weltwirtschaftskrise.

---

75 Es ist in den Abschnitten ‚Schulverhältnisse', ‚Berufswahl', und ‚Junge und Mädchen in der Jugendorganisation' (Kap. 3) anhand mündlicher und schriftlicher Quellen umrissen worden.

Alle neun Biographien weisen also stark differierende „patterns" auf und geben doch Einblicke in soziale Diskriminierungen, Aspekte der Genusgeschichte sowie in das Ausschöpfen individueller Spielräume bzw. den Eigensinn der Biographieträger.

Gemeinsam ist den Befragten, daß sie die Angebote der kommunalen organisierten Weiterbildung nach dem Zweiten Weltkrieg nur in ganz geringem Maße genutzt haben oder nutzen: der eine oder andere Sprachkurs, etwas Philosophie oder Kunst. Bei den vier vorgestellten Männern dominierte die berufliche Fortbildung bzw. Umschulung. Dennoch hat sich gerade bei näherem Hinsehen gezeigt, daß die meisten nicht das Selbstverständnis haben, zur „bildungsungewohnten" Bevölkerung zu gehören.

Individualisten

Auf ein weiteres, die Biographien Verbindendes läßt sich verweisen: Das Hauptmerkmal sozialistischer Erziehung und sozialdemokratischer Bildungspolitik, nämlich der formationstheoretische Blick, hat die Entfaltungs- und Anerkennungsbedürfnisse der einzelnen offenbar nicht beschädigt. Die Biographien zeigen uns, daß es Möglichkeiten gab, „individualistische" Bedürfnisse mit der Klassenperspektive in einer Balance zu halten. Herr Mader und Frau M.-D. – um nur die zwei besonders hoch Aufgestiegenen zu nennen – haben sich einerseits für die Partei engagiert und andererseits ihre persönliche Entwicklung, ihre Aufstiegsambitionen keineswegs zurückgestellt. Dem Proletariat sind zwar beide nach 1945 entwachsen. Sie konnten dennoch in dem Bewußtsein leben, Repräsentanten sozialdemokratischer Politik zu sein und diese aktiv mitzugestalten. Bei anderen – Frau Hildebrand, Frau Schmitz – ist der Einsatz für die Arbeiterbewegung gegenüber den personalen Emanzipations- und Aufstiegsinteressen sogar bedeutungslos geblieben. Die beiden Frauen bewahrten ideologischen Rückhalt und die in ihrer Jugendzeit konstituierte politische Identität über formale Mitgliedschaft(en), oft auch mit Hilfe der alten Sozialbeziehungen des „Lagers". Die auffällig eigensinnige Resistenz gegenüber dem Kollektivanspruch der Bewegung sollte jedoch nicht als ganz bewußter Akt, als reflektierte Entscheidung aufgefaßt werden. Vielmehr lehren uns die Biographien, daß die Partizipation- und Emanzipationsansprüche der Individuen offenbar zu den Ansprüchen der sozialdemokratisch-gewerkschaftlichen Organisationen in einer komplizierteren Relation stehen, als es von pädagogischem Optimismus getragene Konzepte sozialistischer Pädagogik und Andragogik wahrhaben wollten. Die Bildungsanstrengungen von ‚oben' koinzidierten in vielen Fällen mit den Weiterbildungsmotiven der Jugendlichen und jungen Erwachsenen.

Zeitgeschichte und Biographie

In allen Lebensläufen hat die Zeitgeschichte Spuren hinterlassen, und in den Lebensgeschichten werden diese reflektiert. Die SAJ-Mitglieder der letzten Phase vor Hitlers

Machtergreifung haben sich noch weniger als die Kohorten vor ihnen in einem jugendkulturellen Schonraum befunden: Herr Bode erzählt, daß um 1932 die politischen Einstellungen „mehr nach außen" gekommen seien. Die Tagespresse dieser Zeit berichtet häufig von NS-Übergriffen auf Jugendliche aus der SAJ und anderen Nebenorganisationen. Es gehörte mehr denn je Bekennermut dazu – und couragiert war es unter den minoritären Verhältnissen im Ruhrgebiet schon vorher gewesen – , sich dem sozialdemokratischen Lager offen und öffentlich (man trug „Kluft") zuzuordnen. Wer jetzt bei der SAJ oder den „Roten Falken" blieb, war in die harten weltanschaulichen Auseinandersetzungen vor 1933 verwickelt. Nach 1933 nahm das Bekenntnis zur Sozialdemokratie (das Beispiel von Herrn G. und die Kurzlebensläufe von Herrn Sch. und Dieter O. geben darüber Auskunft) lebensbedrohliche Dimensionen an. Zeitgeschichtliche Einflüsse hatten sich schon in den fortwährenden Krisen der 20er Jahre gezeigt, in der notorischen häuslichen Mangelwirtschaft, den Wohnverhältnissen und den darin begründeten engen Spielräumen. Der Wunsch nach einem ‚besseren' Leben ist auf diesem Erfahrungshintergrund in allen Biographien aufgehoben. Die Daten 1933 und 1945 sowie die Kriegszeit sind häufig als Zäsuren genannt worden, die jeweils aber nicht nur Enttäuschungen und Ängste, sondern auch neue Lern- und Erfahrungschancen verursachten. Die Schilderungen der Zeit zwischen 1933 und 1945 haben außerdem auf Anpassungs- und Überlebensstrategien verwiesen, auf vielfältige Kontakte zwischen den Lagern und sogar auf solche zu NS-Angehörigen und -Institutionen – bisher ein ‚weißer Fleck' in der Geschichtsschreibung der Arbeiterbewegung.

Den kollektiven Aufstieg der Arbeiterschaft nach 1945, die Wandlung der SPD zu einer Volkspartei, die Diffusion der Lager auch aufgrund der sozialen und konfessionellen Durchmischung der deutschen Nachkriegsgesellschaft – all das spiegeln die Biographien als Allgemeines im je Besonderen wider.

Modernität

Die Modernisierungsschübe der 20er und 30er Jahre haben einige der vorgestellten Lebensverläufe mitbedingt. Massenkulturelle Einflüsse waren bereits zu SAJ-Zeiten spürbar, trotz eines weit verbreiteten Festhaltens an der Arbeiterbewegungskultur der Sozialdemokratie: Die neuen Massenmedien, das Kino und das Radio, gehörten mehr und mehr zu den Bildungsmitteln und zum alltäglichen Vergnügen des hier in einem Teilbereich untersuchten sozialdemokratischen Milieus. Frau Hildebrand hat sich, obwohl die älteste Interviewpartnerin, schon als Jugendliche den „Lichtspielen" gegenüber aufgeschlossen gezeigt und in den 50er Jahren in der Essener Tagespresse regelmäßig Spielfilme rezensiert. Herr Mader steht mit seiner Geschichte für die „Modernisierungsgewinnler" der Weimarer, vor allem aber der NS-Zeit. Er erschloß sich nach und nach das Rundfunk- und Fernsehmetier und brachte es darin zu Qualifikationen, Ansehen und Wohlstand. In diesen historischen Kontext läßt sich auch

Frau Schmitz einordnen. Sie konnte während des Zweiten Weltkriegs in einem Betrieb der immer wichtiger werdenden Telekommunikation aufsteigen.[76]

Bei meinen Besuchen in den Wohnungen der Interviewpartner/-innen waren Fernsehgeräte zumeist an exponierter Stelle sichtbar, während Bücher in Schränken oder Regalen auffällig versteckt wirkten – jedenfalls nicht als Statussymbole fungierten. Das Fernsehen, wurde denn auch häufig betont, habe die Kommunikation in den Familien entscheidend verändert, Visuelles sei weitgehend an die Stelle gedruckter Medien wie auch der abendlichen Geselligkeit getreten. Auf das Informations- und Unterhaltungsmedium TV wollte jedoch niemand mehr verzichten.

Distanzen, manchmal sogar Affekte gegenüber heutiger Ästhetik und innovativer Kunstauffassung bemerkte ich bei allen Theaterbesuchern unter den befragten Männern und Frauen.[77] Und die Stile in Kleidung und Wohnungseinrichtung repräsentierten nicht (mehr?) den formal strengen Anspruch der Avantgarde der zwanziger Jahre mit ihrer Ablehnung kleinbürgerlicher Lebensformen und „verkitschten" Geschmacks.[78]

Söhne und Töchter

Die nächste Generation, die Kinder meiner Interviewpartner/-innen, haben in einigen Fällen die autobiographischen Erzählungen ‚gekrönt' – so bei Herrn G., Herrn Priebe, Herrn Mader, Frau Hildebrand (die Söhne konnten eine akademische Laufbahn einschlagen[79]) und auch bei Herrn Bode, allerdings sind Tochter und Sohn Umwege gegangen, bis sie in der Verwaltung bzw. bei der Polizei sichere und gut bezahlte Anstellungen fanden. Frau Hohmanns Tochter hat einen qualifizierten Büroberuf und steht (ohne Familie) auf eigenen Füßen, ein Umstand, den meine Gesprächspartnerin lediglich erwähnt, nicht aber als Fortsetzung ihrer eigenen Entwicklung interpretiert. Frau Winter und Frau M.-D. hätten ihren Kindern rückblickend gern mehr schulische Bildung angeboten. Sie überlegen heute, ob stärkere erzieherische Zuwendung vonnöten gewesen wäre. Sicher sind sie sich nicht, zumal ihre Kinder auf der Grundlage einer Volksschulbildung das Leben gut bewältigen. Bei meinen Gesprächspartner(inne)n war das Bewußtsein vorhanden, daß es ihre Kinder, soweit sie von den Schulverhältnissen der Kriegs- und der frühen Nachkriegszeit betroffen waren, schwer hatten. Die ab Mitte/Ende der 40er Jahre Geborenen konnten schon eher kulturell partizipieren, wenn auch noch belastet durch Schulgeldzahlungen und konfessionelle Einflußnahmen. – Bei allen Unterschieden: Der Traum von einem besseren Leben hat sich

---

76 Daß Modernität und Fortschritt während der NS-Zeit nicht ein und dasselbe waren, reflektiert PEUKERT 1987(a).

77 Eine Beobachtung, die schon FROMM am Ende der Weimarer Republik bei Wählern und Funktionären der SPD machte (a.a.O., S. 160ff.).

78 Zur „alltäglichen Moderne" Alheit, Peter 1993(a).

79 Unter den 22 Befragten traf dies noch zu auf die Kinder von Dieter O., Lotti Förster, Sophie Lochner (siehe die Synopse im Anhang).

in der nächsten Generation erfüllt, Arbeiter oder Arbeiterin ist von den Kindern der Befragten niemand mehr (siehe die Übersicht im Anhang).[80] Sieben Söhne sind Handwerker geworden, zwölf Töchter und Söhne arbeiten in Büroberufen, eine Tochter hat Krankenschwester gelernt, eine andere Erzieherin; zwei Töchter und sieben Söhne konnten studieren.[81] In den Fällen, in denen die Enkelkinder zur Sprache kamen, wurde fast durchweg darauf verwiesen, daß diese ein Gymnasium oder eine Gesamtschule besuchten, studierten oder bereits einen akademischen Abschluß erreicht hatten.[82]

---

80 Über die nordrhein-westfälische SPD heißt es bei Becker u.a., mehrheitlich komme die Mitgliedschaft aus Arbeiterhaushalten, übe jedoch heute – das war Anfang der 80er Jahre – einen anderen Beruf aus (a.a.O., S. 58).

81 Siehe auch das auf die 60er Jahre bezogene Beispiel eines Elternpaares aus der sozialistischen Jugendbewegung bei WURZBACHER: „Obwohl nun das Ideengut, unter dessen Einfluß sie und ihre Freunde viele Jahre stehen, die Anerkennung und das Selbstbewußtsein des Handarbeiters vertritt und obwohl der Familienvater ein gutes Einkommen durch seinen Beruf hat, ist alles Streben, besonders der Mutter, auf den sozialen Aufstieg des Sohnes gerichtet" (a.a.O., S. 175).

82 Kurt G., Betty Hildebrand, August Mader; bezogen auf die Gesamtheit der Befragten auch bei Kläre Bick, Hans Sch., Anna Simon, Lotti Förster.

6. Die Biographische Bedeutung von Bildung

In den Abschnitten des dritten Kapitels sind diejenigen gesellschaftlichen Rahmenbedingungen der Weimarer Republik genauer expliziert worden, welche bei der Deutung der Biographien ehemaliger Mitglieder der Essener SAJ als Kontextwissen berücksichtigt werden mußten und in den Stegreiferzählungen der Zeitzeugen häufig Erwähnung fanden. Das Thema Bildung hat insofern einen etwas ausführlicheren Rekurs auf ‚Objektives‘ verlangt, als Aufstiegsorientierungen, Bildungsinteressen, aber schließlich auch das spätere Desinteresse an (Erwachsenen-)Bildung in einem Zusammenhang zu sehen sind mit der Lebenslage der Biographieträger in ihrem Jugendalter, einer Phase also, in der Entscheidungen über zukünftige soziale Plazierungen zu treffen waren und in der sie der bildungsambitionierten sozialistischen Arbeiterjugendorganisation beigetreten sind.

Die ökonomische Krisenhaftigkeit der Weimarer Zeit mit ihren Ernährungs- und Wohnraumproblemen hat bei dem – gemessen an der Gesamtheit der Arbeiterschicht – kleinen Ausschnitt der sozialdemokratisch orientierten Jugendlichen Aufbruchs- und Aufstiegsmotive, den Wunsch nach einem ‚guten‘ Leben provoziert. Die Weimarer Schulverhältnisse waren allerdings dazu angetan, Emanzipationsbestrebungen über den Erwerb formaler Qualifikation zu dämpfen: Nur ganz wenigen Arbeiterkindern gelang nach vier Grundschuljahren der Übergang in eine weiterführende Schule oder nach der siebenten Volksschulklasse der Besuch eines Aufbaugymnasiums. Mindestens so stark wie die Barrieren Schulgeld und Kosten für Lehrmittel wirkten in diesem Zusammenhang die habituellen Ausgrenzungsmechanismen und nicht zuletzt die Ressentiments der sozialdemokratischen Basis gegen Zertifikate und gegen Intellektualität in den eigenen Reihen („Hornbrillen-Proleten“). Die Bildungspolitik der SPD hat in der Weimarer Zeit – auch wenn man regionale Abweichungen positiv berücksichtigt – die Partizipation der Arbeiterschaft am „kulturellen Kapital“, an den Bildungstiteln, nicht deutlich unterstützt. Die Partei war keine Befürworterin einer Bildungsexpansion und fürchtete, aufgestiegene Klassengenossen an die ‚andere Seite‘, also ans Bürgertum, zu verlieren. Die in der Einleitung referierten Bedenken der SAJ-Veteran(inn)en gegenüber höheren Bildungsabschlüssen und die Furcht vor „Akademikerschwemmen“ spiegelten insofern noch die Diskussionen der 20er Jahre wider, die eine quantitative Ausweitung der „höheren“ Schullaufbahnen ablehnten und nur den „Begabtesten“ das Recht auf schulische Entfaltung zugestehen wollten.

Entscheidungen für eine betriebliche Ausbildung bzw. einen Beruf fanden bei den Jugendlichen im Rahmen der begrenzten Möglichkeiten des Arbeitsmarktes der Zwischenkriegszeit statt, zeigten dennoch häufig schon eine erste Entfernung von der Arbeiter-Existenz und „Proletarität" der Elterngeneration. Jungen versuchten mehrheitlich, ein Handwerk zu erlernen, einige bildeten sich intensiv fort, und einer Minderheit gelang bereits der Aufstieg in einen „white-collar"-Beruf. Die einzelnen thematischen Abschnitten zugeordneten Interviewsequenzen sowie die Lebensgeschichten im fünften Kapitel haben einerseits auf den Euphemismus des Begriffs Berufswahl verwiesen – denn häufig mußten die Jugendlichen nehmen, was sich bot, einige orientierten sich mehrfach um oder blieben ohne Lehrstelle bzw. verbindliche Berufstätigkeit – zum anderen aber auch auf die Kategorien Eigen-Sinn und Eigeninitiative: Einzelne Jungen und Mädchen haben sich durch individuelle Weiterbildungsanstrengungen der Bestimmung der „überflüssigen Jugendgeneration" (Peukert) entziehen können, und andere – eine ebenso bemerkenswerte Beobachtung – nahmen vorhandene Chancen nicht einmal wahr.

Von ‚Bildungsschicksalen' kann mit besonderer Berechtigung beim Betrachten der Lebensläufe von Frauen gesprochen werden. Zwar scheint die Koedukation in der SAJ weibliches Selbstbewußtsein begründet und Mädchen bzw. junge Frauen mit neuen Rollenanforderungen in der Politik und im Verhältnis der Geschlechter vertraut gemacht zu haben, doch das Leitbild „neue Frau" fand erst ansatzweise Anklang. Die triviale Doppelverdienerthese, wonach die Arbeitslosenproblematik u.a. der weiblichen Erwerbstätigkeit zugeschrieben wurde, verlor ihre Bedeutung auch im sozialdemokratischen Lager während der Weimarer Zeit (und darüber hinaus) nicht. So blieb die Ernährerfunktion des Mannes in der Familie unangezweifelt und ebenso ihr Pendant, die bloß „transitorisch-temporäre"[1] Berufstätigkeit von Frauen. Ein Beruf versprach relative wirtschaftliche Unabhängigkeit bis zur Heirat und sollte darüber hinaus eine Rückversicherung für ‚schlechte' Zeiten sein. Wer von den befragten Frauen noch nach der Heirat eine Anstellung hatte, konnte damit in der Tat wirtschaftlich schwierige Zeiten überbrücken. Und für die Alleinstehenden bzw. Verwitweten wurde die Erwerbstätigkeit – abweichend vom ursprünglichen Lebensplan – existenzsichernd und zugleich zu einem Bestandteil ihrer Identität. Sowohl der mehrfach gewählte Beruf der Verkäuferin als auch der der Bürogehilfin hoben zwar ab auf weibliche Sekundärtugenden, boten aber – verglichen mit den Möglichkeiten der Müttergeneration – Qualifizierungs- und Individuierungschancen und ermöglichten in vielen Fällen den Wechsel in die Angestelltenschicht. Dennoch läßt sich zusammenfassen: Für die Mehrzahl der Frauen blieb der Hauptberuf der einer Familienfrau.[2]

Das Leitbild „soziale Mütterlichkeit" mit seinen nicht nur dienenden, sondern auch latent beherrschenden Anteilen war Merkmal der (häufig mißglückten) Ausbil-

---

1   JASCHKE, a.a.O., S.147.
2   Siehe auch HAGEMANN, a.a.O., 1990(a), insb. S. 640; BAJOHR, Stefan, a.a.O., S. 220.

dungsanstrengungen von SAJlerinnen. Manche versuchte eigeninitiativ – oder von Lehrkräften ausdrücklich animiert –, die „Fürsorge" zur Profession zu machen. Die Hauswirtschaft oder das Nähen waren auch für junge Sozialdemokratinnen die nächstliegenden, ‚natürlichen' Berufsbereiche und werden von den Erzählenden bis heute nicht als traditionell wahrgenommen. Ein Teil der ehemaligen SAJ-Funktionärinnen hat sich nach 1945 auf das Feld der Parteipolitik begeben, die eine oder andere stellte ihre Erfahrungen und Kenntnisse den „Falken", der „Arbeiterwohlfahrt" oder der „Volksbühne" zur Verfügung. Auch in dieser Zeitspanne dominierte das Feld des Sozialen als Domäne der Frau.

Die weiblichen Lebensgeschichten haben das vorfindliche allgemeine Wissen bestätigt bzw. illustriert und es gleichzeitig weiter ausdifferenziert, indem die Ereignisse und Bedingungen, die auf die Lebensplanung einwirkten, ebenso wahrzunehmen sind wie die im einzelnen außerordentlich unterschiedlichen Selbstverständisse der Frauen und die komplizierte Dialektik weiblicher Emanzipation.

Jugendliche aus der SAJ galten in der Literatur tendenziell als „aufstiegsorientiert", und in der Tat scheint auch die Essener Jugendorganisation Sozialisationsagentur für bildungsbeflissene Jungen und Mädchen gewesen zu sein – wenn nicht für die Mehrheit, so doch für einen relevanten Teil. Vielfach waren diese schon in ihren sozialdemokratischen Elternhäusern auf Weiterbildung und kulturelle Partizipation hin ‚erzogen' worden. Aber auch die wenigen SAJ-Mitglieder aus christlichen, kommunistischen oder „indifferenten" Elternhäusern konnten in der Jugendorganisation einen Lern- und Anregungsschub erleben und sich damit eine Grundlage schaffen für weitere – seien es autodidaktische, seien es formalisierte – Bildungsprozesse. Das breite Spektrum der kulturellen Angebote in den SAJ-Gruppen sowie die Schulungs- und andere Weiterbildungskurse von Partei, Gewerkschaften und Kommune sind über Zeitungsrecherchen belegt und waren in fast allen Lebensgeschichten wiederzufinden.

Nach 1945 fiel die Teilnahme an Veranstaltungen der organisierten Weiterbildung bei den meisten Befragten wider Erwarten gering aus. Ehemalige SAJ-Mitglieder haben die Essener Volkshochschule nicht zu ihrem zentralen Lernort gemacht. Dennoch ist die Gruppe der Befragten keineswegs als „bildungsfern" zu charakterisieren. Und auch mit dem Begriff des „Lernwiderstandes"[3] läßt sich diese Abstinenz nicht zutreffend beschreiben. Wenn man von einer hin und wieder artikulierten kulturellen Distanz absieht, scheinen die Männer und Frauen mit einer langjährigen SAJ-Sozialisation die primäre Einrichtung des Erwachsenenlernens, die VHS, nicht eigens benötigt zu haben. Meine Interviewpartner/innen konnten aber als Autodidakten lebensbegleitend zahlreiche Bildungserlebnisse und Lernerfahrungen sammeln, meist über Bücher, das Radio, über einzelne Vorträge und Konzerte oder in geselligem Zusammenhang durch Theaterbesuche, Reisen (beispielsweise mit der Gewerkschaft

---

3   AXMACHER, Dirk 1989, 1990; TIETGENS a.a.O. 1991, 1964.

oder der SPD), nicht zuletzt auch durch berufliche Fortbildung und Berufswechsel. Selbstlernaktivitäten, berufliches Fortkommen, Musizieren, Theaterbesuche, Lesen und schließlich „learning by doing" werden von den einzelnen durchaus als Bildungsaktivität aufgefaßt, von der Erwachsenenbildungsforschung bislang jedoch noch wenig ernst genommen.[4]

Gesellschaftlicher und/oder parteipolitischer Aufstieg sind von den SAJler(inne)n nicht durchgängig intendiert gewesen bzw. nicht erreicht worden. Viele ließen sich ‚nur' kulturell und lebensreformerisch inspirieren und hatten dadurch, wie es Scholing/Walter formulieren, ein „erfüllteres Leben"[5]. Beispiele sind das regelmäßige Wandern oder Musizieren mit Gleichgesinnten bei den „Naturfreunden", die Beschäftigung mit ‚gesunder' Ernährungs- und Lebensweise, die Auseinandersetzung mit der Zeitgeschichte.

Die eingangs gestellte Frage nach der möglichen Kompensation von Sozialisationsnachteilen aufgrund der Schichtzugehörigkeit und anderer nicht veränderbarer Rahmenbedingungen, wie der Weltwirtschaftskrise, der politischen Umbrüche u.a.m., läßt sich nun beantworten: Ehemalige Mitglieder der SAJ scheinen tatsächlich eine Reihe negativer Verlaufskurven der 20er Jahre z.T. schon in der NS-Zeit und nach dem Zweiten Weltkrieg kompensiert zu haben.[6] Dazu waren außer Lernbereitschaft Mobilität, Selbstbehauptung und schließlich Anpassungsleistungen die Voraussetzung. Die Interviews haben fast durchgängig ein Bewußtsein dieses zurückgelegten Wegs offenbart, vielfach durch die Thematisierung des Lebensbereichs ‚Wohnen'[7], die Art und Weise, wie über den beruflichen und/oder politischen Werdegang nach 1945 gesprochen wurde, durch einen Verweis auf die soziale Plazierung der Kinder und Enkel.

Der Minderheitenstatus bzw. das Subkulturelle der SAJler/-innen gegenüber der Weimarer Mehrheitsgesellschaft ist in der Arbeit nicht ignoriert worden, gleichzeitig folge ich jedoch Schley, der auf Zehntausende mit vergleichbaren Sozialisationserfahrungen aus der sozialistischen Jugend- und Erziehungsbewegung verweist[8]. Diese haben nach 1945 mit ihren spezifischen Erfahrungen als „Multiplikatoren" gewirkt.

---

4   WACK, Otto Georg o.J.
5   SCHOLING, Michael und WALTER, Franz 1986, S. 269.
6   Zur sozialen Mobilität in der Zwischenkriegszeit SCHÜREN, Reinhard 1991. – Außer den hier genannten sind (inzwischen verstorbene) ehemalige SAJ-Mitglieder in hohe politische Positionen aufgestiegen: Otto Bessel war in den 50er und 60er Jahren u.a. Vorsitzender der SPD-Ratsfraktion, Grete Rudoll Bundestagsabgeordnete, Erwin Lange langjähriger SPD-Funktionär und im Alter Europaparlamentarier, Heinrich Spies übernahm einige Jahre den Posten eines Stadtdirektors in Essen; weitere Beispiele in STREICH, Gustav o.J.; Verallgemeinerungen bei SCHOLING/WALTER, a.a.O., insb. S. 70.
7   „Der durch die Einkommensentwicklung bestimmte und geförderte kollektive Aufstieg zur Respektabilität zeigt sich wohl am auffälligsten am Wohnen der Arbeiterfamilie" (MOOSER, a.a.O., S. 142); siehe auch SCHULZ, Günther 1991.
8   SCHLEY a.a.O., S. 332, dazu auch BRANDECKER, Ferdinand 1976, S. 54f. – Zur Erziehungsbewegung zählen die in die Hunderttausende gehenden Mitglieder der „Kinderfreunde"-Organisation und die Schülerinnen und Schüler weltlicher Volksschulen. RICHARTZ bezeichnet die Erziehungs- und Bildungsarbeit von SAJ und Kinderfreunden als die „bisher wohl erfolgreichste" (1991, S. 74).

226

Die Praxis der SAJ führte somit nicht nur in eine selbstgenügsame „Gegenwelt"[9] innerhalb der kapitalistischen Ordnung, sondern die vielen einzelnen mit ihren historisch bedingten Stigmata und ihrem „Individualismus" haben schließlich zur „Respektabilität" (Mooser) der Arbeiterschaft beigetragen; sie bewirkten deren kollektiven Aufstieg mit. ‚Lesende' Arbeiter und Arbeiterinnen waren es auch, die durch ihre soziale Mobilität ungewollt die Veränderung der Sozialdemokratischen Partei mit herbeiführen konnten, die deren kulturelle Verinselung aufbrachen und nach 1945 eine soziale Öffnung forcierten.[10]

In ihren Lebenskonstruktionen ist von meinen Gesprächspartner(inne)n neben der sozialen immer wieder die politische Zugehörigkeit in ihrer Ambivalenz herausgearbeitet worden. Das Bekenntnis zur Sozialdemokratie war für die einzelnen häufig auf der einen Seite von einem starken Gruppengefühl getragen, auf der anderen mit Diskriminierungserfahrungen verbunden. In Essen hingen Ausgrenzungen und (Selbst-) Isolation – ganz anders als etwa in Berlin – mit der Diaspora-Situation der SPD im rheinisch-westfälischen Industriegebiet zusammen. Das Auftreten der NS-Formationen und die Diskreditierungen von kommunistischer Seite, besonders in Gestalt der „Sozialfaschismus"-These, erforderten ein hohes Maß an couragierter Identifikation. Die Frage der Religionszugehörigkeit bzw. Dissidenz hingegen wirkte in Abgrenzung zum katholischen ‚Lager', den „Schwarzen", zuspitzend und nahm sogar Formen eines Kulturkampfes an.[11]

Mit der Auflösung der alten Solidargemeinschaft vor und nach dem Zweiten Weltkrieg, dem Weg nach ‚Godesberg' und dem Erreichen einer SPD-Majorität im Ruhrrevier in den 60er und 70er Jahren sind wichtige Stationen markiert, die die Befragten teils erleichtert, teils irritiert nachvollzogen und nicht immer bruchlos in ihr politisches Selbstverständnis integrieren konnten.[12] Die mir zwischen 1988 und 1992 erzählten Lebensgeschichten haben gezeigt, daß zwar die ursprüngliche Grundlage für eine arbeiterbewegte Identitätsbewahrung lange verloren ist – und zwar sowohl individuell als auch in bezug auf die veränderte Partei. Dennoch, so paradox es angesichts des veränderten Charakters der SPD erscheint, haben sich bei vielen Reste eines Kollektivbewußtseins erhalten, das auch an der Zugehörigkeit zu Fragmenten der alten Solidargemeinschaft zu zeigen ist: den „Naturfreunden", den Baugenossenschaften, der Gewerkschaft, der „Arbeiterwohlfahrt", an der (nur noch sehr vermittelt sozialdemokratischen) Tageszeitung.[13] Darüber hinaus ist der Selbsthilfegedanke der alten

---

9 Der Essener SAJ-Vorsitzende und Junglehrer Willi Wolf anläßlich einer Werbefeier der Arbeiterjugend des Landkreises Essen, Essener Arbeiter-Zeitung vom 22.4.1925.
10 Vgl. LÖSCHE, Peter und WALTER, Franz 1992; ROHE, Karl 1992.
11 Siehe Abschnitt 3.6.4.
12 Wenn sie nicht, wie Frau Nienkamp und Herr Eisenblätter, die Partei verließen.
13 Zu einem anderen Aspekt der Arbeiterkultur, der Freidenkerbewegung, wird ein vergleichbares Phänomen beschrieben bei BRÜCKER, Eva und GRÖSCHEL, Roland 1991; bezogen auf die ehemaligen „Kinderfreunde" bei SCHLEICHER, a.a.O.; LÖSCHE/WALTER sprechen von „Kontinuität im Wandel" (a.a.O., S. 81).

Arbeiterbewegung ein weiteres Mal praktiziert worden: Die Erinnerungen an die Arbeitssuche nach 1945 haben in vielen Fällen auf Protektion durch Genossinnen und Genossen verwiesen.

Daß die SPD-Identität fast aller Befragten[14] zeitgeschichtliche Fährnisse und innerparteiliche Kursänderungen schließlich doch überstanden hat, ist noch überraschender, wenn man die Lebensgeschichten genauer ansieht. Sie enthalten vielfach auf individueller Ebene seit dem Ende der Weimarer Republik schon kulturelle und politische Öffnungen. Manche Ehepartner beispielsweise gehörten ehemals konkurrierenden oder ‚gegnerischen‘ Lagern an. Und in der NS-Zeit vermischten sich bei den informellen Jugendzusammenkünften[15] oder in den Volkstanzkreisen der Organisation „Kraft durch Freude" die Lager.[16]

Heilsam enttypisierend wirkten die Erzählungen der Zeitzeugen und Zeitzeuginnen, wenn sie die Zeit das Nationalsozialismus genauer berührten: Repräsentanten des NS-Regimes spielten nämlich, ganz gegen die verbreitete Vormeinung, zentrale Rollen in den Lebensgeschichten fast aller Interviewpartner/-innen. Entweder halfen diese bei der Stellensuche oder deckten in Gestalt eines Blockwartes oder Vereinsvorsitzenden (so bei den Guttemplern) die Gefährdeten. Einzelne Nationalsozialisten waren, so erinnert man sich, hilfsbereite Nachbarn oder weichherzige Polizeibeamte, die ihrem Schützling aus der SAJ das Ablegen einer Meisterprüfung ermöglichten oder ihn während des Krieges vor einem Fronteinsatz bewahrten. Drei der Befragten haben offen oder in Form eines partiellen Einverständnisses gegenüber den Kriegszielen der Wehrmacht mit dem NS-Regime sympathisiert. Die Integrationsangebote der Nationalsozialisten stießen also nicht per se auf die Resistenz der „Solidargemeinschaft".

Verwirrende Geschichten sind erzählt worden, aber eben auch Lern- und Bildungsgeschichten, die zeigen, wie sich unter diktatorischen Verhältnissen Individuierung, Selbstbehauptung und Über-Leben abspielten, wie Kompromisse und sogar Gemeinsamkeiten mit politisch Andersdenkenden sich herstellten. Ein Zugewinn an Einsicht besteht gerade darin, daß solche Lebenserinnerungen zur Harmonisierung und Idealisierung nicht taugen.

Die herausragende Bedeutung sehr verschiedenartiger Lebensgeschichten in dieser Arbeit provoziert die Frage nach der „Normalbiographie" eines SAJlers/einer SAJlerin. Im autobiographischen Schreiben – so dem privaten von Kurt G. ebenso wie dem

---

14 Lediglich Frau Nienkamp hat sich schon vor 1933 zur KPD bekannt; Frau Förster sympathisierte eine Zeitlang mit dem NS; Herr Haupt und Herr Mader haben sich, mehr als von einem Sozialdemokraten zu erwarten, für die Kriegsziele der Nationalsozialisten eingesetzt. Einzelne andere sind kritische Mitglieder der Sozialdemokratischen Partei geblieben, 'Parteisoldaten' waren die wenigsten (siehe den dafür beispielhaften Lebenslauf von Max Zimmermann im Anhang).
15 Darüber haben Herr Bode und Herr Eisenblätter berichtet, vgl. auch MIKUSCHEIT, a.a.O., S. 94f.
16 Frau Schneidereit erzählte, daß sie dort neben unorganisierten Jugendlichen viele aus den verbotenen katholischen Jugendgruppen und der SAJ getroffen hat.

öffentlichen des ehemaligen SAJlers Erich E. Schmidt und anderer[17] – scheint die vermeintliche Normalität in der Einzigartigkeit des je unverwechselbaren Lebenslaufs auf, wird Teil der Selbststilisierung der Autoren: Vorannahmen und organisationsgeschichtliches Vorwissen der Leser/-innen, etwa über Bildungsbestrebungen, politischen Einsatz und sozialdemokratische Identität (einschließlich ihrer phasenweisen Erschütterungen) werden angesprochen und bekräftigt. Von diesen Beispielen ausgehend, könnten dann andere, sperrig oder auch ganz gradlinig erzählte Lebensgeschichten als Abweichung gelten. Aber das hat diese Untersuchung nicht intendiert. Die Gespräche mit 22 ehemaligen Jugendbewegten bestätigen vielmehr eine Einsicht Budes: „Das individuelle Leben variiert die typische Gestalt des sozial möglichen individuellen Lebens"[18]. Die erstmals genauer betrachtete Vielgestaltigkeit der vorgestellten Biographien läßt die Frage nach der Normalität und dem ‚Typischen' vorerst zurücktreten und hat den Blick freigegeben auf wenige vorläufige Verallgemeinerungen, daneben auf eine Reihe von Widersprüchlichkeiten in bezug auf die Lebensplanung, auf politische Loyalitäten, individuelle und geschlechtsspezifische Aufstiegs- bzw. Emanzipationsstrategien. Daß nur eingeschränkt verallgemeinerbare Aussagen zu treffen sind, muß als Charakteristikum der biographischen Methode gelten. Dies ist eine Begrenzung, die schon in der Recherchephase für die vorliegende Arbeit durchaus gesehen und akzeptiert worden ist. Leitend war hingegen der ‚Nutzen' des lebensgeschichtlichen Ansatzes. Seine besondere Qualität gegenüber den gängigen Befragungsmethoden der empirischen Sozialforschung kam meiner Forschungsarbeit zugute: Nur durch meist zu diesem Zweck entstandene mündliche Quellen wurden Einblicke in eine inzwischen weitgehend ‚verschwundene' Lebenswelt überhaupt möglich und damit auch Kenntnisse über die Selbstdefinitionen der Subjekte. Dieser Weg hat die Chance eröffnet, aus mehrdeutigen Perspektiven weitere neue Fragestellungen etwa hinsichtlich der familialen und schulischen Sozialisation in der Zwischenkriegszeit und der Bildungsbereitschaft Erwachsener entwickeln zu können.

Ihre Lebensgeschichten sind von meinen Interviewpartner(inne)n keineswegs immer als Aufbruchs- und Entfaltungsgeschichten erzählt und begriffen worden. In der Sekundärliteratur überwiegt zwar noch die Idealisierung der Veteranen der Arbeiterbewegung, wenn es beispielsweise heißt: „Sie haben sich in der Regel durch autodidaktische Studien, unterstützt durch die Vorfeldorganisationen der Arbeiterbewegung, zu Persönlichkeiten entwickelt, die durchaus in der Lage sind, mit Intellektuellen mitzuhalten. Auch ohne ein wissenschaftliches Studium können sie Phänomene einordnen, stringente Analysen durchführen".[19] Diese Sicht ignoriert, daß Lebensge-

---

17 SCHMIDT, Erich 1988; MÜLLER, Paul 1986; BRANDT, Willy 1982 und 1990; JACOBY, Henry 1980; PÖPPEL, Walter 1984; WARTENBERG, a.a.O.; „MEIN ARBEITSTAG – MEIN WOCHENENDE", a.a.O., S. 24f. und 42f.; BRUNS, Adelheid 1987; WALZ, Reinhold 1991.

18 BUDE, a.a.O., 1987, S. 80.

19 Jörg WOLLENBERG zitiert bei SIEBERT, Horst 1985 (a) S. 58.

schichten ehemaliger Arbeiterkinder auch aus Leidens-, Mißerfolgs- und Entfremdungserfahrungen bestehen. Geschichten vom individuellen Aufstieg ebenso wie die vom ‚Durchkommen' und Scheitern sind es aber gerade, aus denen unter erziehungswissenschaftlichem Blickwinkel sozialisatorische Wirkungen und gesellschaftlicher Wandel ebenso wie die Spielräume der Subjekte in ihrer Verschränktheit mit dem ‚Allgemeinen', also den geschichtlichen Verläufen und den „heteronomen Systembedingungen" (Alheit), verstehbarer geworden sind.

Einleitend ist gefragt worden, ob die Lebensgeschichten Spuren einer Mitgliedschaft in der Organisation SAJ, der „Hochschule des Proletariats", enthalten: Eindeutigkeit läßt sich zwar nicht behaupten, aber die Einzelinterpretationen geben vielfältige Anhaltspunkte und stellen Bezüge her zu dem im vierten Kapitel vorgestellten Bildungskanon der SAJ, zur Lebensreform und auch zur Massenkultur. Das kollektive Gedächtnis der Angehörigen der Subkultur SAJ verweist zweifellos auf die erfahrene Bildungsbenachteiligung in der Kindheit und Jugendzeit. Der Zusammenhang von Diskriminierungen im Schul- und Bildungssystem mit dem Zwang zur Selbstbildung in sozialdemokratischen Jugendgruppen ist nicht nur von Pädagogen/innen wie Anna Siemsen[20] reflektiert worden, sondern auch vom größten Teil der Befragten, indem nämlich diese der Bildung im Lebensverlauf selber einen nicht zu übersehenden Stellenwert eingeräumt haben.

---

20 Auch von anderen sozialistischen Pädagogen und Theoretikern: Max ADLER 1924; Georg Engelbert
    GRAF 1931; Leonard NELSON 1931; Otto Felix KANITZ 1970; Kurt LÖWENSTEIN 1976; siehe
    auch BRANDECKER u.a. 1989.

Anhang

Kurzlebensläufe

Elli Bick, Jg. 1908

Elli B.s Elterns waren Mitglieder der Essener SPD. Ihr Vater hatte vor der Heirat als Wander-maurer sein Geld verdient, in Essen wurde er Schaffner. Ihre Mutter arbeitete als Ledige in einem Haushalt und ging später keiner Erwerbstätigkeit mehr nach; sie versorgte ihre Tochter und ihren Sohn, geb. 1904. Die Eltern engagierten sich in vielen Nebenorganisationen der Sozialdemokratie, sie gehörten u.a. dem Freidenker-Verband an. Die Mutter arbeitete in der „Kinderfreunde"-Bewegung und im Elternbeirat mit.

Elli B. ging von 1914 bis 1922 in eine evangelische Volksschule, ihre Eltern meldeten sie 1919 vom Religionsunterricht ab (in der Schule machten drei Kinder von diesem Recht Gebrauch). Frau B. besuchte einen vom Freidenkerverband in einer Gaststätte organisierten Lebenskundeunterricht. Ihre Schulzeit endete mit der Jugendweihe. Sie erhielt 1923 eine Lehr-stelle im Verkauf des Konsums „Eintracht", dem ihre Eltern ebenfalls angehören. Frau B. wurde gleichzeitig Gewerkschafts- und SAJ-Mitglied (schon ihr älterer Bruder war in der Jugendbe-wegung organisiert) und spielte Handball im einem Arbeitersport-Verein. Elli B. war lange Jahre Funktionärin in ihrer SAJ-Stadtteilgruppe (Bergerhausen), sie gehörte Ende der 20er Jahre dem Vorstand des SAJ Unterbezirks Essen an und war eine Zeitlang stellvertretende Vorsitzende. Ihre aktive SAJ-Zeit dauerte von 1922 bis 1933 (mit 18 Jahren begann ihre SPD-Mitgliedschaft). Schon dem eigentlichen Jugendalter entwachsen, blieb sie Helferin und Unterstützerin der SAJ. Elli B. hat sich insbesondere für die Bildungs- und die Kulturarbeit in ihrer Gruppe und später im Unterbezirk stark gemacht: Sie initiierte Sprechchor- und Theater- Aufführungen, Musik-abende und sorgte mit dafür, daß Jugendliche über den „Theaterring" verbilligte Eintrittskarten erhielten.

Nach ihrer Lehrzeit blieb Elli B. im Konsum und setzte sich im Betriebsrat für ihre Kolleginn-nen und Kollegen ein. 1932 gab sie ihren Beruf auf und heiratete den gleichaltrigen Verwal-tungsangestellten Hermann W., den sie aus der SAJ kannte, der, wie sie selber, dort auch in meh-reren Funktionen tätig war und aus einer stadtbekannten sozialdemokratischen Familie kam. Das Ehepaar versuchte während der NS-Zeit Kontakte zu Gleichgesinnten zu halten (Hermann W. verteilte in den ersten Jahren verbotene Druckschriften). 1933 wurde eine Tochter, 1935 ein Sohn geboren.

Nach 1945 knüpfte Elli wieder Fäden zu den früheren Mitgliedern der „Solidargemein-schaft", u.a. indem sie SPD- und auch „Falken"-Gruppen in Essen mit aufbaute. Sie wurde Mit-glied bei den „Naturfreunden", in der „Arbeiterwohlfahrt". Im „Theaterring" übernahm sie Funktionen. Elli B. war in der SAJ eine „Institution" und konnte dadurch nach dem Zweiten Weltkrieg ins sozialdemokratische Milieu hineinwirken. Berufstätig war sie nicht wieder, nahm auch nicht an Angeboten der organisierten Weiterbildung teil. Neben ihrem Engagement im „Theaterring" half sie ihrem Mann, der sich nach 1945 als Steuerberater selbständig gemacht hat; er starb 1968. Bis kurz vor ihrem Tod interessierte sich Frau B. für das Theater wie auch für das politische Geschehen. Sie starb 1989 im Alter von 83 Jahren.

Werner Bode, Jg. 1917

Wegen der Kirchenferne seiner Eltern – die Mutter war aus der evangelischen, der Vater aus der katholischen Kirche ausgetreten – war es keine Frage, daß Herr B. 1923 in die weltliche Schule seines Stadtteils eingeschult wurde. Die Eltern hatten sich schon vor 1923 für die Weltlichkeit des Schulwesens eingesetzt. Sie gehörten dem Freidenkerverband an, hatten Interesse am Schulleben (sein Vater war Mitglied im Elternbeirat). In seiner Freizeit ging Werner B. zu den Treffen der „Kinderfreunde" und schloß sich einige Jahre später einem Arbeiterradsportverein. Auf Initiative seiner Klassenlehrerin wird Werner B. der Besuch einer Mittelschule bis zum Abschluß ermöglicht. Seinem Vater, der als Zimmermann bei Krupp arbeitete und allein die fünfköpfige Familie ernährte, fiel die Zahlung des Schulgeldes von 8 Mark monatlich schwer.

Werner B.s Eltern waren beide Sozialdemokraten, der Vater hatte verschiedene basisnahe Funktionen in der Partei, daneben war er Hauptkassierer im freigewerkschaftlichen Zentralverband der Zimmerleute, die Mutter (vor ihrer Ehe Dienstmädchen) nahm an Frauenveranstaltungen der Sozialdemokratie teil. Die ganze Familie gehörte auch der „Naturfreunde"-Organisation an. Werner B. wuchs mit einem älteren Bruder und einem Pflegebruder auf.

Schon mit 12 Jahren und auch unter dem Einfluß seiner Brüder und seiner Lehrer/-innen, die in der Jugendbewegung engagiert waren, besuchte Werner B. als jüngstes Mitglied die Gruppenabende der SAJ Essen-West. Er wanderte, nahm an mehrwöchigen Zeltlagern und an Demonstrationen teil und erlebte die massiven Auseinandersetzungen zwischen Sozialisten und Nationalsozialisten am Ende der Weimarer Republik. Nach dem Verbot der Jugendgruppen 1933 gehörte er zu einem Kreis ehemaliger SAJler/-innen, der sich weiterhin, auch mit anderen Regimegegnern, traf, sogar gemeinsam wanderte. 1936, nach verschiedenen Verwarnungen, verhafteten die Nazis Herrn B. Man warf ihm u.a. „verbotene Zusammenrottung" vor. Er blieb 2 Monate in Untersuchungshaft.

1934 begann Herr B. eine Ausbildung zum technischen Zeichner bei Krupp (er mußte der Deutschen Arbeitsfront und dem NSKK, dem Kraftfahrerkorps, beitreten). Seine Untersuchungshaft 1936 schadete ihm trotz des anschließenden Freispruchs: Er konnte seine Lehre nicht beenden. Verschiedene Jobs verschafften ihm zwar ein geringes Einkommen, eine Ausbildungsstelle fand er jedoch nicht mehr. Von einem Kriminalkommissar wurde ihm in dieser Situation geraten, freiwillig zur Wehrmacht zu gehen. Seine Familie hatte zwar für diesen Weg kein Verständnis, dennoch meldete sich Herr Bode 1937, knapp 20 Jahre alt, nachdem er den Arbeitdienst und die militärische Grundausbildung abgeleistet hat, zur Luftwaffe. Er war in Norwegen und Rumänien stationiert, gehörte einer Lehrtruppe an und hatte während des gesamten Krieges nichts mit Kampfhandlungen zu tun.

1941 schloß Herr B. seine erste Ehe, die nach vier Jahren scheiterte (das gemeinsame Kind starb an den Folgen eines Bombenangriffs während der Evakuierung).

Nach dem Krieg begann Werner B. seine zweite Ausbildung und wurde – wie sein Vater – Zimmermann. Er knüpfte die alten Verbindungen aus der Weimarer Zeit neu: ging in die SPD, in die Gewerkschaft, zu den „Naturfreunden", zum Rad- und Kraftfahrerbund „Solidarität". Er war maßgeblich beteiligt am Aufbau der „Falken"-Organisation in Essen, leitete einen Volkstanzkreis und nahm insbesondere die internationalen Verbindungen auf. Er verlegte nach einem Generationenwechsel innerhalb des Jugendverbandes Anfang der 60er Jahre seinen Arbeitsschwerpunkt auf den Rad- und Kraftfahrerbund, die letzte bestehende Organisation in der Tradition des Arbeitersports. Von 1967 bis ins Rentenalter war er als Hausmeister in städtischen Diensten erwerbstätig gewesen.

Herr B. bildete sich eine Zeitlang in Abendkursen beruflich fort, lernte auch einmal vor einer Reise als „Falken"-Funktionär Italienisch. Er liest gern (hat bis heute einen Leseausweis der Stadtbibliothek), informiert sich über Politik. Er pflegt zusammen mit seiner zweiten Frau, einer Köchin, langjährige Kontakte zu Genoss/-innen, wandert, verreist hin und wieder zusammen mit seiner 1948 geborenen Tochter. In seinem Viertel kennt man ihn als den „roten Werner". Wie einige andere SAJler/-innen hat er dort, in der Genossenschaftssiedlung, fast sein ganzes bisheriges Leben verbracht.

Helmut Eisenblätter, Jg. 1917

Herr Eisenblätter besuchte ab 1923 eine weltliche Schule. 1925 meldeten ihn seine Eltern bei den „Kinderfreunden" an, anschließend ging er zu den „Roten Falken" und 1931 zur SAJ-Gruppe Ost, wo er auch im Trommler- und Pfeifenkorps mitspielte. Er war gleichzeitig bei den „Freien Schwimmern" und als Auszubildender im Metallarbeiter-Verband organisiert. Seine Lehre als Feinmechaniker begann 1932 und dauerte dreieinhalb Jahre (die Stelle hatte er durch Fürsprache eines Bekannten aus dem Arbeitersport erhalten).

Helmut E., wie auch sein älterer Bruder Siegfried, war durch das Elternhaus ins sozialdemokratische Milieu integriert. Es gab aber auch Verwandte im kommunistischer Lager (die Großeltern mütterlicherseits und Onkel und Tanten), zu denen die Familie in engem Kontakt stand. Die Großeltern wohnten im selben Haus.

Vater und Mutter waren außer in der Partei Mitglieder in den meisten Kulturorganisationen der SPD, u.a. in der AWo, im Arbeitersport, bei den Freidenkern. Der Vater arbeitete als Schmied bei der Reichsbahn, die Mutter beschränkte sich auf ihre familiären Aufgaben.

Kurz nach seinem Eintritt in die SAJ sympathisierte Herr Eisenblätter eine Zeitlang mit einer Linksabspaltung, dem Sozialistischen Jugendverband („Jung-Seydewitz" – nach dem Mitgründer der SAP Max Seydewitz). Nach mehrwöchigen Diskussionen gingen die „Ab-weichler" aber doch zur SAJ zurück. Funktionen übernahm Helmut E. dort nicht. Nach 1933 gehörte er zu den SAJler(inne)n aus dem östlichen Essen, die eine vergleichsweise harmlose Form illegaler Arbeit versuchten, indem sie sich ein Zimmer in der Innenstadt mieteten, um sich dort, nach dem Verbot der SPD-Jugendorganisation, regelmäßig und ungestört treffen zu können. Dieser Versuch wurde aber schon bald von den Nationalsozialisten aufgedeckt. Verhöre und Mißhandlungen folgten. Herrn E.s Regimegegnerschaft erfuhr durch dieses Erlebnis eine weitere Festigung. Ihm wurde dabei auch klar, was er im biographischen Rückblick oft unterstrichen hat, daß besonders die jüdischen Mitglieder seiner SAJ-Gruppe gefährdet waren.[1]

Helmut E. wechselte zusammen mit seinem Bruder und einigen anderen SAJ-Mitgliedern in einen bürgerlichen Sportverein. Neue Kontakte entstanden zu christlichen Kreisen, die bis 1938 Ersatz für die zerschlagene SAJ waren. 1938 kam Herr E. seiner Arbeitsdienstpflicht nach, vorher und auch noch kurze Zeit danach war er als Grubenmonteur mit der Elektrifizierung von Schachtanlagen beschäftigt. Ihm gelang es, keiner NS-Organisation beitreten zu müssen, auch nicht, worauf er besonders stolz war, der DAF. Ende 1938 mußte er Soldat werden. Während des Zweiten Weltkrieges kämpfte er wider Willen u.a. in Frankreich, Griechenland und in der

---

1   Vgl. Mikuscheit, a.a.O., S.93f.

Sowjetunion. Wegen sog. politischer Unzuverlässigkeit stellten ihn die Nationalsozialisten in der Wehrmacht „unter Aufsicht". 1942/43 geriet Helmut E. in russische Kriegsgefangenschaft. Die sowjetischen Militärs ließen ihn 1945 an einer „Antifa-Schulung" teilnehmen, die dazu diente, eine Art Avantgarde für das neue Deutschland politisch heranzubilden[2].

Helmut E. wurde 1947 aus der Gefangenschaft entlassen. Nach seiner Rückkehr trat er der SPD bzw. den Jusos bei und war eine Zeitlang im Ortsverein aktiv. Außerdem wurde er Mitglied der AWo, der „Naturfreunde" und der IG-Metall. Seine alte Firma stellte ihn wieder als Gruben-monteur ein. Ende der 50er Jahre gehört H.E. dem Betriebsrat an.

Bei den „Naturfreunden" lernte H.E. nach dem Krieg auch seine spätere Ehefrau, eine zehn Jahre jüngere Putzmacherin und „Naturfreunde"-Funktionärin, kennen. Das Paar heiratete 1950, 1960 wurde eine Tochter geboren.

Seine SPD-Mitgliedschaft währte nicht lange. Schon 1948 gab Helmut E., u.a. aus Unzufrie-denheit über die Präsenz ehemaliger HJ-Mitglieder, sein Parteibuch zurück. Das Ehepaar Eisen-blätter wahrte bei den „Naturfreunden", im Bekannten- und Verwandtenkreis seine ‚überfraktio-nelle' Haltung. Man ging zu den Ostermärschen und auf Demonstrationen, die von Kommunisten (mit-)organisiert waren.

Nach einem Herzinfarkt ist Helmut Eisenblätter mit 55 Jahren pensioniert worden. Mit den „Naturfreunden" und mit seiner Gewerkschaft unternahm er weite Reisen (auch in die Sowjet-union und andere Ostblockländer), lernte gemeinsam mit seiner Frau Englisch und besuchte politische Vorträge. Er war einer der Zeitzeugen der Weimarer und der NS-Zeit in Essen, die durch eigene Spurensuche, mit Hilfe von Bildquellen und mündlichen Informationen die Histo-riographie der Arbeiterbewegung unterstützten. Er nahm an Gesprächskreisen zur Geschichte der SAJ und der Zwischenkriegszeit in der Mahn- und Gedenkstätte „Alte Synagoge" sowie im Ruhrland-Museum teil.

1991 starb Helmut E.. Die weltliche Trauerfeier führte noch einmal den aus Kommunisten und Sozialdemokraten bestehenden Freundeskreis zusammen.

Lotti Förster, Jg. 1919

Frau F. wuchs als einziges Kind in einem sozialdemokratisch orientierten Elternhaus auf. Ihre Mutter war außer in der Partei bei der AWo aktiv, ihr Vater im Reichsbanner „Schwarz-Rot-Gold". Er arbeitete bis zu seinem Tod im Jahr 1929 als Dreher bei Krupp. Frau F.s Mutter nahm ab 1930 eine Beschäftigung in der Essener Stadtverwaltung auf.

Lotti F. gehörte von sechs bis zum Alter von zehn Jahren den „Kinderfreunden" an und anschließend bis zum Verbot 1933 den „Roten Falken", der Vorläuferorganisation der SAJ.

Die weltliche Schule ihres Wohnbezirks verließ Lotti F. nach fünf Jahren, weil ihre Mutter, obwohl antiklerikal eingestellt, sie auf der Waldorf-Schule angemeldet hatte, wo sie bis zu ihrer Schulentlassung im Jahr 1933 blieb. 1934 begann Frau F. eine Hauswirtschaftslehre.

Handgreifliche Auseinandersetzungen der beiden Arbeiterparteien mit NS-Formationen, aber auch untereinander, am Ende der Weimarer Republik beeindruckten Frau F. nachhaltig. Sie begründet damit ihre Sympathien für den Nationalsozialismus. 1937 meldete sie sich freiwillig

---

2   Siehe zu den Antifa-Schulungen EINSIEDEL, HEINRICH GRAF VON 1950, S. 34 ff.; S.118 ff.

zum Arbeitsdienst und stellte eine Distanz zu ihrem Elternhaus her: Politische Gespräche wurden nun in ihrer Anwesenheit nicht mehr geführt. Lotti F. setzte ihre Ausbildung in Mecklenburg fort und schloß sie in Berlin ab. Im Anschluß entschied sie sich für eine zweite Arbeitsdienstphase und übernahm auch Leitungsfunktionen. Die Chance auf einen weiteren Aufstieg innerhalb der Organisation verbaute sich Frau F. durch „Aufsässigkeiten".

1940 heiratete sie einen Kunst- und Bauschlosser, der sich in verschiedenen Jobs versuchte und ein „unstetes" Leben führte. Aus der Ehe gingen vier Kinder, zwei Söhne und zwei Töchter, hervor. Die jüngste Tochter wurde 1956 geboren. In ihrer rd. 30 Jahre dauernden Ehe arbeitete Frau F. im Anschluß an ihre ehrenamtliche Tätigkeit bei der NS-Frauenschaft nur anfangs zur Aushilfe in der Hauswirtschaft, sie blieb Familienfrau und war während dieser Phase weder an Politik noch an Fort- und Weiterbildung interessiert.

Nach dem Scheitern ihrer Ehe trat Frau F. 1967 der SPD bei, sie lernte Sprachen und besuchte u.a. Geschichtskurse. In Partei und Gewerkschaft übernahm sie Funktionen. Über die AsF entdeckte sie das Thema „Frauen", auf das sie sich nun schon seit vielen Jahren konzentriert (Frau F. gründete das Frauenhaus ihres Wohnorts mit, sie liest die Zeitschrift „Emma"). Die Trennung von ihrem Mann ließ Lotti F. auch beruflich nach neuen Möglichkeiten suchen: Sie begann mit 48 Jahren einen Meisterkurs im Fach Hauswirtschaft und beendete diesen mit 52 Jahren erfolgreich. Mit über 60 Jahren schied sie aus ihrem Beruf als Hauswirtschaftsmeisterin im öffentlichen Dienst aus und intensivierte die Parteiarbeit.

Lotti F.s Mutter erlebte die ‚Rückkehr' ihrer Tochter zur Sozialdemokratie gerade noch, nicht aber das starke politische und berufliche Engagement, das Frau F. erst nach ihrer Scheidung und dem Tod der Mutter entwickelte.

Kurt G., geb. 1915

Für Kurt G. war der Weg in die Sozialdemokratie nicht durch einen familären Hintergrund vorgezeichnet bzw. intendiert. Seine Mutter hatte sich parteipolitisch nicht gebunden und blieb der protestantischen Konfession verhaftet; sie war nicht berufstätig. Sein Vater, bis zum Ende der 20er Jahre Mitglied der Essener Kommunistischen Partei, hatte das Bäckerhand-werk erlernt, arbeitete aber u.a. als Redakteur der kommunistischen Tageszeitung „Ruhr-Echo".

1921 ging Kurt G. zunächst auf eine evangelische Volksschule. Mit Gründung einer Freien Schule in seinem Wohnquartier – der nördlichen Stadtmitte – wurde er zusammen mit seinen zwei jüngeren Brüdern 1923 dort eingeschult. In seiner Freizeit besuchte er auf Initiative seines Vaters eine kommunistische Kindergruppe.

Als Kurt G. 14 Jahre alt war, trennten sich die Eltern. Seine Mutter meldete ihre zwei jüngeren Söhne wieder auf einer Bekenntnisschule an, nur Kurt blieb wegen des Einflusses seines Klassenlehrers bis zur Entlassung nach der 8. Klasse auf der weltlichen Segeroth-Schule und erhielt 1929 einen Ausbildungsplatz als Schriftsetzer bei der sozialdemokratischen „Volkswacht" (Bedingung war, daß Kurt G.s Mutter der SPD beitrat).

Mit 15 Jahren besuchte Kurt G. zum erstenmal die SAJ-Gruppe Altenessen. Schon ein Jahr später wurde er zum zweiten Vorsitzender des Unterbezirks Essen der SAJ gewählt und übernahm den Bereich „Schulungsarbeit" sowie die Verwaltung der Jugendbibliothek. Im selben Jahr, 1931, gehörte Herr G. zu den Sympathisanten des SAP-Kurses, die fast eine Spaltung der

SAJ herbeigeführt hätten (siehe auch den Lebenslauf Helmut Eisenblätter). Wegen eines internen Streits gab Kurt G. seinen Vorstandsposten im Unterbezirk einige Zeit später ab, übernahm statt dessen den Vorsitz einer SAJ-Gruppe in Altenessen-Süd.

Nach dem Papen-Putsch in Preußen und aus Enttäuschung über den zögerlichen und ‚legalistischen‘ Kurs der Sozialdemokratie am Ende der Weimarer Republik suchte Kurt G. 1932 die Verbindung zum „Roten Kämpferkreis“, der ein linkssozialistisches und antibolschewistisches Profil hatte.

Kurt G. trat zwar noch im Februar 1933 der SPD bei, entschloß sich aber schon kurz darauf zur Mitarbeit im „Roten Kämpferkreis“. 1936 wurden die illegalen kleinen Gruppen dieses Widerstandskreises entdeckt, dessen Mitglieder angeklagt. Neben anderen wurde auch Kurt G. zu vier Jahren Zuchthaus verurteilt. Er nutzte diese Zeit zur intensiven Weiterbildung, u.a. lernte er Englisch und Französisch.

1940 kehrte Kurt G. aus der Haft nach Essen zurück, ein Jahr später heirateten Kurt und seine langjährige Freundin aus der SAJ Altenessen. In diesen Jahren wechselte Herr G. seinen Beruf. Mit Hilfe eines Fernkurses ließ er sich zum technischen Zeichner ausbilden. Gerade als er 1942 eine Anstellung in Dortmund gefunden hatte, wurde er für „versuchsweise wehrwürdig“ erklärt und ins berüchtigte Strafbataillon „999“ eingezogen. In Tunesien kam er schon 1943 – was er begrüßte – in französische Kriegsgefangenschaft. Dort verbesserte er seine französischen Sprachkenntnisse und konnte Dolmetscherdienste übernehmen. 1947 kehrte Kurt G. nach Essen zurück und ging zunächst in seinen alten Beruf, „an den Setzkasten“. Diskussionen und Erfahrungen im Zuchthaus und in der Gefangenschaft führten dazu, daß er seine politische Heimat wieder in der SPD sah.

Nach einem Volontariat bei einer Essener Tageszeitung wurde er 1948 Redakteur (1947 war er Vater eines Sohnes geworden) und stieg bis in leitende Funktionen, schließlich zum stellv. Chefredakteur auf. Er blieb bis zu seiner Pensionierung im Jahr 1978 in der Redaktion, schrieb noch lange Jahre Beiträge. Kurt G. starb 1988.

Otto Haupt, Jg. 1915

Otto Haupts Elternhaus erfüllt die ‚typischen' Merkmale des sozialdemokratischen Milieus: Seine Mutter war Familienfrau (vor der Ehe Kindermädchen) und aktiv in der SPD-Frauengruppe, im Volkschor und bei den „Kinderfreunden". Der Vater, Klempner auf einer Zeche, hatte Funktionen im Metallarbeiterverband und wurde Ende der 20er Jahre bezahlter Gewerkschaftssekretär. Beide waren nach ihrem Austritt aus der evangelischen Kirche passive Mitglieder bei den Freidenkern. Die Eltern gingen mit der „Volksbühne" regelmäßig ins Theater, der Vater bezog die literarischen Produkte der Büchergilde Gutenberg.

Mit neun oder zehn Jahren nahm die Mutter Otto H. und seine fünf Jahre jüngere Schwester regelmäßig zu den „Kinderfreunden" mit. Nach zwei Jahren auf einer evangelischen Schule wurde Herr H. 1923, als auch im Essener Norden eine (zunächst behelfsmäßige) weltliche Schule entstanden war, dorthin umgeschult. Als einziger seiner Klasse wechselt er 1925 auf eine Realschule. Mit dem Ende der Schulzeit ging Herr H. wie selbstverständlich in die Jugendorganisation der SPD, war eine Zeitlang Vorsitzender seiner Gruppe und ca. zwei Jahre lang Bücherwart in der zentralen Bibliothek der SAJ, wo er zweimal wöchentlich abends die Ausleihe verwaltete.

Im Jahre 1932 wurde Otto H. Hilfsarbeiter in einer Druckerei und hoffte dort auf einen Ausbildungsplatz. 1933 konnte er tatsächlich eine Lehre als Schriftsetzer beginnen, die er 1937 (mit Auszeichnung) abschloß. Da sein Vater als Gewerkschaftsfunktionär 1933 vorübergehend inhaftiert war und die Familie von der Sozialhilfe leben mußte, plante sie seinen Lehrlingslohn, rd. 5 M. wöchentlich, für den Lebensunterhalt mit ein.

An die Endphase der Weimarer Republik erinnert er sich insbesondere im Zusammenhang mit Schlägereien zwischen SAJ- und HJ-Angehörigen in einem Strandbad. Auch aus seiner Gruppe wechselten einige Jungen zur HJ. Nach dem Verbot der SPD-Jugendorganisation hat es weiterhin vorsichtig organisierte Treffen in kleinen Gruppen gegeben, gemeinsames Wandern und auch Leseabende. Über die Bekanntschaft mit den „Roten Kämpfern" (siehe die Lebensläufe von Kurt G. und Dieter O.) erhielten die Jugendlichen z.B. die Prager Exil-Zeitung der SPD. Als die „Rote Kämpfer"-Gruppen 1936 aufflogen, trafen sich auch die ehemaligen SAJler/ -innen nicht mehr.

Nur einen Monat war Herr H. in seiner Firma als Geselle angestellt. Noch 1937 leistete er seinen Arbeitsdienst, wurde anschließend zum Militär gezogen und mit Beginn des Zweiten Weltkrieges Soldat in Polen. Während dieser Zeit stieg er in der Hierarchie der Wehrmacht auf.[3]

Herr H. kam in amerikanische, dann kanadische Kriegsgefangenschaft, in der es ihm verhältnismäßig gut erging. Als ehemaliges Mitglied des Offizierskorps konnte er die Gefangenschaft zu seiner allgemeinen Weiterbildung nutzen.

Nachdem er nach 1945 zunächst in Hessen als Schriftsetzer Arbeit fand, mußte er seinen Beruf wegen einer Kriegsverletzung aufgeben. 1947 kehrt er nach Essen zurück und sprach bei der Tageszeitung vor, die Dieter O., ein Bekannter aus SAJ-Tagen, leitete. Über ein Volontariat erhielt er 1948/49 die Chance, Journalist zu werden. 1950 heiratet Herr H. eine Kollegin. Bis vor einigen Jahren sind seine Frau und er regelmäßige Theaterbesucher gewesen.

Otto H. interessierte sich seit seiner Jugendzeit für politische Bücher, auch Romane mit politischen Hintergrund. Seine Arbeit bei der Zeitung habe ihn, bedauert er, bis zu seiner Pensionie-

---

3   Unter welchen Bedingungen der sozialen Öffnung ein Aufstieg in der Wehrmacht ablaufen konnte, stellt KROENER, BERNHARD R. 1989, dar.

rung weitgehend von ruhigen Lesestunden abgehalten. Jetzt, im Alter, sei ein Augenleiden der Hinderungsgrund.

Betty Hildebrand, Jg. 1903

Betty H. war die älteste Interviewpartnerin der Befragtengruppe. Sie trat noch in der Kaiserzeit, im Jahr 1917, der „Arbeiter-Jugend" bei. Bettys Vater, geb. 1870, übte lange Jahre den Schneiderberuf aus, später arbeitete er als selbständiger Dienstmann. Ihre Mutter, Jg. 1872, lernte Köchin und übernahm nach der Heirat ausschließlich Familienaufgaben. Die Eltern erwarben schon als junge Erwachsene das sozialdemokratische Parteibuch und lösten sich vom Katholizismus. Der Vater schloß sich den Monisten an; er war auch künstlerisch-musisch interessiert und konnte seine Kinder – Frau H. war das zweitjüngste von vier Geschwistern, zwei älteren Schwestern und einem jüngeren Bruder – für Musik, Theater, Lyrik begeistern. Er trat häufig mit Gedichten bei Veranstaltungen der „Arbeiter-Jugend" auf.

Außer in der „A.-J." war Frau H. im Volkschor aktiv und stand den „Naturfreunden" nahe. Mit 18 Jahren wurde sie Mitglied der SPD, ohne dort Funktionen zu übernehmen.

Frau H. war katholisch getauft und besuchte eine Volksschule ihrer Konfession. (Mit 18 Jahren erklärte sie ihren Austritt aus der Kirche.) Nach der Schulentlassung wurde Betty H. 1917 Laufmädchen bei Krupp, anschließend in einer Buchhandlung. Sie schlug das Angebot aus, dort eine Lehre zu absolvieren. Nach längerem Suchen erhielt sie einen Ausbildungsplatz als Verkäuferin im Konsumverein „Eintracht", in dem ihre Eltern Mitglieder waren. Sie nahm an Kursen für Stenographie und Maschineschreiben teil, um sich für eine Bürotätigkeit zu qualifizieren, und arbeitete anschließend eine Zeitlang im Parteibüro der SPD.

Mit ca. 22 Jahren begann Betty H. eine Ausbildung zur Fürsorgerin an der Sozialakademie in Mannheim („Diesterweg-Schule"), finanziell unterstützt von der „Arbeiterwohlfahrt" und ihrer inzwischen vermögenden Schwester. 1927 heiratete Frau H. ihren Jugendfreund aus dem Volkschor, einen Dreher und Kruppianer. Das Studium an der Mannheimer Akademie brach sie ab; 1928 wurde ihr Sohn geboren.

Um 1940 warb der Chefredakteur der Essener DAF-Zeitung[4] Betty H. an, regelmäßig Kolumnen über Alltagsbegebenheiten in der Kriegszeit zu schreiben. Außerdem war sie als Sachbearbeiterin in der „Volksbildungsstätte", der NS-Folgeeinrichtung der VHS, tätig.

Nach dem Krieg hatte Betty H. mit der Bewältigung der unmittelbaren Nöte, mit der Betreuung ihrer Mutter und ihres kranken Bruders so viel zu tun, daß sie an die Weiterentwicklung ihrer Fähigkeiten gar nicht dachte. Sie ermutigte statt dessen ihren Mann, den gesundheitlich anstrengenden Beruf des Maurers, dann den des Elektroschweißers aufzugeben und Polizist zu werden. An ihre persönlichen Interessen erinnerte sich Betty H. erst wieder in den 50er Jahren: Sie begann erneut zu schreiben, diesmal Filmkritiken und Glossen für eine Essener Lokalzeitung.

In den 70er Jahren, nach dem Tod ihrer Schwester, die ihr ein beträchtliches Erbe vermachte, unternahm sie Studienreisen und Exkursionen – zum Teil ohne ihren Ehemann. Erst im Alter

---

4   Die Deutsche Arbeitsfront (DAF) verstand sich als Arbeitnehmervertreterin. Die meisten ehemaligen Gewerkschaftsmitglieder wurden nach dem Verbot der Gewerkschaften quasi automatisch als Mitglieder der DAF übernommen.

von ungefähr 80 Jahren ließ ihre Gesundheit solche Herausforderungen nicht mehr zu. Ihr Interesse an der Kunst verlor Frau H. nicht. Ihre Drei-Raum-Wohnung in der Genossenschaftssiedlung dekorierte sie mit vielen Vasen, Plastiken, Bildern. Seit 1979 war Frau H. Witwe. Sie nahm über die Tageszeitung und das Fernsehen am politischen Geschehen teil und pflegte wegen einer Gehbeeinträchtigung ihren Bekanntenkreis nur noch telefonisch oder schriftlich. Sie starb kurz nach dem Tod ihres Sohnes im Jahr 1992.

Erika Hohmann, Jg. 1917

In ihrer Wohngegend, dem Essener Süden, fühlte sich Frau H. als Angehörige der sozialdemokratischen Solidargemeinschaft weitgehend isoliert. Sie war häufig dem Spott und der Ablehnung der christlichen Nachbarskinder ausgesetzt. Frau H. wurde als zweites Kind des Lokführers K. und seiner Ehefrau, einer gelernten Schneiderin, geboren. Ihre Eltern waren nicht nur Mitglieder der SPD. Die Mutter, geb. 1890, half beim organisatorischen Aufbau der sozialdemokratischen Frauenbewegung, der AWo und der „Kinderfreunde". Beide gehörten der Essener Freien Schulgesellschaft und der Freidenkerbewegung an. Sohn und Tochter wurden wie selbstverständlich von Frau H.s Mutter in die Anfang der 20er Jahre entstehenden Kindergruppen der SPD mitgenommen und in einer weltlichen Schule angemeldet. (Der ältere Bruder hat später ein Aufbaugymnasium besucht.) Frau H. war seit ungefähr ihrem zehnten Lebensjahr Mitglied im Arbeiter-Turnverein und bei den „Roten Falken". Sie spielte auch in einer Musik-Gruppe dieser Organisation mit.

Nach dem Ende der Volksschule besuchte Frau H. eine Nähschule für Mädchen. Ihre Lehrstellensuche mit dem Berufswunsch Schneiderin oder Putzmacherin blieb erfolglos. Bis Anfang der 40er Jahre war Frau H. als ungelernte Näherin erwerbstätig.

1939 lernte Erika H. ihren späteren Mann, einen Büroangestellten aus katholischem Haus, kennen. Das Paar heiratete 1940. Mit der ersten Schwangerschaft gab Frau H. ihre Anstellung bewußt auf. 1943 wurde ihre Tochter geboren, 1948 ihr Sohn.

Alle wichtigen Stationen ihres Lebens, sei es die Evakuierung während des Bombenkrieges, das behelfsmäßige Wohnen nach 1945 und das mit finanziellen Einschränkungen verbundene Bauen eines Einfamilienhauses Anfang der 50er Jahre, erlebte Frau H. gemeinsam mit ihrer Mutter. Frau H. trat vor allem mit Rücksicht auf ihren Mann, einen Christdemokraten, nur der „Arbeiterwohlfahrt", nicht jedoch der SPD, bei. Ihr Ehemann teilte weder ihre politischen noch ihre atheistischen Einstellungen. Beide Kinder wurden katholisch getauft.

Nach dem Zweiten Weltkrieg nahm Frau H. keine Berufstätigkeit mehr auf. Auch an organisierter oder autodidaktischer Weiterbildung war Frau H. nicht interessiert. Seit 1981 ist Frau H. Witwe. Sie informiert sich per TV und Tageszeitung über politische Ereignisse, besucht Veranstaltungen der AWo und treibt Sport. Frau H. ist sozial in die Siedlergemeinschaft, der sie seit rd. 40 Jahren angehört, integriert. Nach dem Tod ihres Mannes hat sie den Kontakt gesucht zu einer Freundin aus der Zeit bei den „Roten Falken" und dem Trommler- und Pfeifenkorps. Gemeinsam werden Erinnerungen ausgetauscht und seit dem Tod von Frau H.s Mutter Reisen gemacht. Mit 74 Jahren, nachdem ihre Mutter gestorben war, begann für Erika H. ein neuer, selbständiger Lebensabschnitt.

Wilma Kammer, geb. 1913

Frau Kammer wuchs zusammen mit zwei jüngeren Schwestern auf. Ihr Vater war Maurer und arbeitete über Tage auf einer Essener Zeche (er verunglückte dort Ende der 20er Jahre tödlich). Ihre Mutter war für den Haushalt und die Kinder zuständig und trug durch Putzarbeiten und Zeitungaustragen zum Einkommen bei. Zur Familie gehörte auch die katholisch gebundene Großmutter mütterlicherseits; Wilma K.'s Eltern hatten sich nach der Revolution 1918/19 vom katholischen Glauben gelöst. Beide waren Mitglieder der SPD, die Mutter außerdem aktiv in der AWo und im Volkschor.

Frau K. hat von 1919–1925 eine katholische Bekenntnisschule besucht. Ihre Mutter drängte sie zu einem Wechsel auf die weltliche Volksschule ihres Stadtteils. Schon einige Zeit vorher nahm Frau K. nachmittags die Spielangebote der „Kinderfreunde" wahr, besuchte aber weiterhin den katholischen Gottesdienst. Mit 14 Jahren löste sie sich aus ihrer Konfession.

Frau K.'s Klassenlehrer empfahl nach der siebten Klasse einen Besuch des Aufbaugymnasiums in Kettwig (wo die mittlere Reife und das Abitur nachholend erreicht werden konnten). Der Übergang scheiterte daran, so erinnnert sich Frau K., daß nur einer begrenzten Zahl von Mädchen das Absolvieren dieser Schule ermöglicht wurde. Frau K. erhielt stattdessen nach der achten und letzten Volksschulklasse einen Freiplatz in der städtischen Handelsschule, die sie fast zwei Jahre lang besuchte. Sie verließ die Schule vor dem Abschluß, als sich die Chance einer Lehrstelle bot.

Mit dem Ausscheiden aus der Freien Schule war Frau K. im Jahr 1927 der SAJ beigetreten. Sie war dort eine der fleißigsten Funktionärinnen, gehörte lange Jahre dem Vorstand ihrer Stadtteilgruppe und auch als Schriftführerin dem Vorstand des Unterbezirks Essen an. Mit 20 Jahren wurde sie Mitglied der SPD. Sie sang, wie ihre Mutter, im Volkschor, ging häufig ins Theater.

Frau K. begann nach der Handelsschulzeit eine Verkäuferinnen-Lehre in der sozialdemokratischen „Volksbuchhandlung". Sie schloß diese Phase 1930/31 ab, eine feste Anstellung konnte man ihr nicht anbieten. 1931/32 erhielt sie durch Vermittlung ihrer Mutter eine Aushilfsanstellung im Geschäftsbüro, später in der Redaktion der SPD-nahen Tageszeitung „Volkswacht". Als 1933 die Parteizeitung verboten und das Büro aufgelöst wurde, blieb Wilma K. längere Zeit erwerbslos. Sie nahm Jobs als Haushaltshilfe an.

Ende der 20er Jahre lernte Frau K. einen vier Jahre älteren Jungen, einen Schlosser und Mitglied des Guttempler-Ordens, kennen. Gemeinsames Musizieren und Wandern führten 1935 zur Ehe. Durch ihren Mann kam Frau K. in Kontakt zu den (abstinenten) Guttemplern, denen sie sich in den 30er Jahren anschloß. Ihr Ehemann wurde unmittelbar nach seiner Meisterprüfung 1942 zur Wehrmacht eingezogen und starb als Soldat im Zweiten Weltkrieg.

In der NS-Zeit nahm Frau K. verschiedene Gelegenheitsarbeiten an, erst in den 40er Jahren fand sie eine Anstellung im Büro eines Gemüsehandels. 1945 verließ sie nach dem Räumungsbefehl mit ihrer Familie Essen. Sie fand Unterkunft bei Verwandten ihres verstorbenen Mannes in Norddeutschland und lernte dort einen serbischen Kriegsgefangenen kennen, den sie unter Verlust ihrer deutschen Staatsbürgerschaft 1948 heiratete. Nach ihrer Rückkehr sind in Essen eine Tochter (1948) und ein Sohn (1951) geboren worden. Wilma K. erneuerte nach dem Zweiten Weltkrieg ihre SPD-Mitgliedschaft. Die strenge Lebensweise des Guttempler-Ordens fand jedoch nicht die Sympathie ihres zweiten Mannes, so daß sich das Ehepaar den „Naturfreunden" anschloß.

Frau K. ging, als ihre Kinder die Schule besuchten, verschiedenen Jobs und jahrelang auch einer Halbtagstätigkeit in einem Büro nach. Ihr Mann arbeitete als Fußbodenleger.

Anfang der 80er Jahre starb ihr zweiter Mann. Um die deutsche Staatsangehörigkeit bemühte sich Wilma K. nicht wieder. Sie ist also nicht wahlberechtigt. Auch jetzt spielt sie noch in zwei Musikgruppen aus dem „Naturfreunde"Zusammenhang (Gitarre und Bandoneon) und macht ehrenamtlich Musik mit AWo-Altenheimbewohnern und Altenclub-Mitgliedern. Bis vor wenigen Jahren hat sie das Theater und vor allem Konzerte besucht. Heute, im Alter von 79 Jahren, geht sie abends nicht mehr gern aus dem Haus. Sie hört Schallplatten, sieht fern. Täglich liest Frau K. die „Neue Ruhr-Zeitung", wie viele ältere Sozialdemokraten/-innen.

Sophie Lochner, Jg. 1913

Frau Lochner war Mitglied bei den „Kinderfreunden", den „Roten Falken" und der SAJ; 1930/ 31 arbeitete sie im Vorstand ihrer SAJ-Stadtteilgruppe mit.

Vater und Mutter gehörten beide der SPD an. Sophie L.s Mutter unterstützte aktiv die AWo, bekleidete aber keine Ämter. Ihr Vater hatte verschiedene Funktionen in der Sozialdemokratischen Partei. Er war Kruppscher Arbeiter gewesen, bevor er 1918/19 in den Polizeidienst eintrat. Die Mutter hatte keinen Beruf erlernt und verdiente ihren Lebensunterhalt vor der Ehe als Hotelköchin. Ihre Familie lebte in einer Zwei-Raum-Wohnung im Nordwesten Essens. 1927 wurde Frau Lochners Bruder geboren.

Nach drei Jahren auf einer evangelischen Konfessionsschule wechselte Sophie L. auf eine weltliche Schule über. Ihre Eltern gehörten der protestantischen Kirche nicht mehr an (die Großmutter mütterlicherseits war konvertierte Jüdin), Frau L. war dennoch getauft worden.

Nach der Grundschule wurde Frau L. von ihren Eltern in einer Mittelschule angemeldet, sie beharrte jedoch wegen der guten Atmosphäre darauf, in der Freien Schule zu bleiben. Ihr Klassenlehrer wollte ihr die Möglichkeit verschaffen, in Berlin eine Fürsorgerinnen-Ausbildung mit nachgeholter Fachschulreife zu beginnen. Sophie Lochner entschied sich nach einem mehrmonatigen Praxiseinblick gegen diesen Weg. Sie erlernte statt dessen Stenographie und Maschineschreiben, ohne sich gezielt nach einem Ausbildungsplatz umzusehen. Einen Verdienst erreichte sie durch kurzfristige Arbeiten in Haushalten. Sie fand eine Anstellung als Kontoristin und übte diese Tätigkeit anschließend auch im Parteibüro der SPD aus, wo sie bis zur Schließung durch die Nationalsozialisten im Frühjahr 1933 blieb. Ein getarnter sozialdemokratischer Zeitungs- und Zeitschriftenverlag konnte sie noch einige Monate beschäftigen und entließ sie dann in die Arbeitslosigkeit.

Während der NS-Zeit suchte Frau L. – auch wegen der Arbeitslosigkeit ihres Vaters – intensiv nach einer Anstellung und fand diese schließlich in der Praxis eines Zahnarztes. Sie war dort acht Jahre lang als Allroundkraft angestellt. Ihre Berufserfahrung glich nun die fehlende Ausbildung so weit aus, daß sie sich 1940 mit Erfolg um eine Stelle bei einer großen Essener Bank bewarb. Nach der Geburt ihres Sohnes im Jahr 1943 ging sie ihrer Anstellung lediglich reduziert nach und gab sie Anfang der 50er Jahre schließlich ganz auf. Als ihr Mann, ein Malermeister und ehemaliger SAJ-Genosse, den sie 1938 geheiratet hatte, aus russischer Kriegsgefangenschaft heimkehrte, gründete er ein Malergeschäft. Frau L. setzte ihre Büro- und Verwaltungskenntnisse nun für den Betrieb ihres Mannes ein.

Als Erwachsene hat Sophie L. außer Englischlernen keine systematisch berufliche oder allgemeine Fortbildung betrieben. Sie war jedoch, wie sie betont, stets an Büchern wie auch an der Politik interessiert.

Nach dem Zweiten Weltkrieg offerierte die SPD Frau L. innerparteiliche Ämter; sie lehnte aus familiären Gründen ab. Die Mitgliedschaft in ihrer Partei hat sie bis heute aufrechterhalten und unterstreicht im Gespräch die frauenpolitischen Fortschritte und die allmähliche gesellschaftliche Anerkennung der Sozialdemokratie, die sie in ihrer Jugend vermißt hat. Sie lebt jetzt im Haus ihres Sohnes, eines Hochschullehrers, in Rheinland-Pfalz.

August Mader, Jg. 1909

Herr M. war zunächst in Posen in eine evangelische Volksschule gegangen, 1919, als seine Mutter mit den Kindern nach Essen übersiedelte (sein Vater folgte erst 1920), meldete sie ihn auf der protestantischen Tiegelschule im nördlichen Segeroth-Viertel an. Die Familie hatte über den älteren schon berufstätigen Sohn eine Zechenwohnung in der Altstadt gefunden. August M.s Eltern waren in der Provinz Posen in der Landwirtschaft tätig gewesen, der Vater arbeitete seit seiner Heirat in der Reparaturabteilung der Reichsbahn, die Mutter ging keiner Erwerbstätigkeit nach. Beide waren evangelisch, ließen ihre Kinder taufen und konfirmieren, sie hatten keinen Kontakt zum sozialdemokratischen Milieu.

Als sein Bruder 1922 tödlich verunglückte, zog Herrn M.'s Familie in einen westlichen Stadtbezirk um. Herr M. lief noch ein Jahr lang, seine Schulzeit endete 1923, jeden Tag mehrere Kilometer in die reformpädagogisch orientierte Tiegel-Schule. Dort, glaubt Herr M., wurde seine Lust am Lesen und Lernen geweckt.

Herrn M.s Berufswunsch war das Schlosserhandwerk, doch es gab Mitte der 20er Jahre nur wenige Lehrstellen. Nach längerem Suchen und mit Hilfe von Bekannten erhielt er die Stelle eines Laufburschen im Walzwerk der Firma Krupp. Einige Zeit später übernahm August M. diese Funktion auch in der Kruppschen Elektrowerkstatt, wo sein Interesse an der Radiotechnik geweckt (und vom Werkstattleiter unterstützt) wurde. Über die Berufsschule bekam August M. Kontakt zu den „Naturfreunden", schloß sich diesen nach einiger Zeit an und bekleidete außerdem das Amt des Jugendvertreters im freigewerkschaftlichen Metallarbeiter-Verband. Auch bei der Gründung des Arbeiterradio-Clubs war er dabei. Während seiner Laufburschen-Zeit lernte er SAJlerinnen kennen, die ihn dazu bewegen konnten, auch im SPD-Jugendverband aktiv zu werden. Er war einige Jahre 2. Vorsitzender der Gruppe Essen-West (sein drei Jahre jüngerer Bruder schloß sich dem kommunistischen Jugendverband an).

Als er bei Krupp seine Arbeit verlor, erhielt August M. einen Job in einem Radio-Geschäft. Erst 1930 stellte man ihn regulär an, im selben Jahr, in dem er zum Vorsitzenden des Gewerkschaftsjugend-Kartells aufstieg und in die SPD eintrat.

Nach 1933 umwarben NSDAP-Funktionäre, mit denen er in seinem Betrieb zu tun hatte, Herrn M. wegen seiner fachlichen und seiner Führungsfähigkeiten und schlugen ihm vor, in der Jugendarbeit der Nationalsozialisten mitzutun. Herr M. ging darauf nicht ein. Er wurde, obwohl er keine Lehre absolviert hatte (die es in der Weimarer Zeit noch nicht gab) zur Meisterprüfung in Radio- und Elektrotechnik zugelassen. Unmittelbar darauf zog man August M. zum Kriegsdienst ein. Zuvor hatte er seine Kampfgefährtin aus der SAJ geheiratet. Seine Kenntnisse verhalfen ihm dazu, nicht mit der Waffe kämpfen zu müssen. Er war in Frankreich, bei Kriegsende auch im Sudetenland, für Sendeanlagen und andere technische Einrichtungen zuständig.

Nach dem Zweiten Weltkrieg, mit 37 Jahren, machte sich Herr M. mit einem eigenen Elektrogeschäft selbständig. Anfang der 50er Jahre – mit Aufkommen des Fernsehens – profilierte er sich zu einem Pionier des Radio- und Fernsehtechniker-Handwerks und brachte es bis zum Innungsmeister. In der Nachkriegszeit setzte sich auch die politische Karriere August M.s fort: In den 50er und 60er Jahren gehörte er dem Stadtparlament an, neun Jahre war er Mitglied des Landtags und Funktionär der SPD. Seine Mitgliedschaft bei den „Naturfreunden" kündigte er auf, weil er den kommunistischen Einfluß für zu gravierend hielt.

1969/70 war Herr M. als Unternehmer und Ausbilder Gegenstand der Essener Lehrlingsproteste, einer Auseinandersetzung, die auch vor Gericht ausgetragen wurde und seine sozialdemokratische Identität tief erschütterte. Trotz starker Zweifel (und trotz des mangelnden Rückhalts in der Partei) blieb er SPD-Mitglied.

Herr M. gab erst vor einigen Jahren seine Firma auf. Er lebt in gesicherten wirtschaftlichen Verhältnissen, hat viele Ehrenämter inne. Seit 1977 ist Herr Mader Witwer. Sein Sohn (geb. 1947) hat sich beruflich ähnlich orientiert und ist Nachrichten-Ingenieur geworden. Herr M. lebt mit der Familie seines Sohnes in einer Villa im Grünen.

Berta M.-D., Jg. 1909

Frau M.-D. kam 1914 mit ihren Eltern und ihrer jüngeren Schwester (der Bruder blieb bei Verwandten) aus Ostpreußen nach Essen. Mutter und Vater hatten als Ungelernte in der Landwirtschaft gearbeitet. Frau M.-D.s Vater fand eine Anstellung in der Metallverarbeitung bei Krupp, ihre Mutter versorgte den Haushalt und machte politische Arbeit für die SPD: Sie gehörte von 1924 bis 1933 dem Essener Stadtparlament an, war Vorsitzende der SPD-Frauenorganisation und hatte eine Reihe weiterer Parteiämter. Wenn es notwendig wurde, trug sie durch Gelegenheitsjobs zum Lebensunterhalt der Familie bei. Die Eltern waren kulturell interessiert, sie besuchten über den Volksbühnenverein regelmäßig das Theater und Konzerte, nahmen an VHS-Kursen teil und waren Mitglieder im Kruppschen Bildungsverein. Der protestantischen Kirche gehörten sie nicht mehr an.

Berta M.-D. besuchte von 1915 bis 1923 eine evangelische Bekenntnis-Volksschule. Sie wurde konfirmiert, während ihre jüngere Schwester eine Freie Schule besuchte und an einer Jugendweihe teilnahm. Frau M.-D. begann nach einem durch den Lehrstellenmangel begründeten Landjahr 1924 eine Verkäuferin-Ausbildung in einem Dekorationsgeschäft. Mit Beginn der Lehre trat sie dem freigewerkschaftlichen Zentralverband der Angestellten bei. Im Anschluß an die Lehrzeit war Berta M.-D. arbeitslos, konnte nur hin und wieder als Aushilfe in Kaufhäusern unterkommen.

Der SAJ gehörte Frau M.-D. von 1923 – 1927 an, eine Zeitlang war sie Kassiererin und Schriftführerin im Unterbezirk Essen. Mit 18 Jahren lockerte sich die Verbindung zur Jugendorganisation. Berta M.-D. trat der SPD bei und half ihrer Mutter bei der Parteiarbeit.

Nach Kriegsende beteiligte sich Frau M.-D. am Aufbau der SPD und der „Arbeiterwohlfahrt". 1948 wurde sie in den Rat der Stadt gewählt und war dort bis 1979 tätig.

In den 30er Jahren hatte Frau M.-D. einen Automechaniker geheiratet (1937 wurde ein Sohn geboren), von dem sie sich Ende der 40er Jahre trennte. Mit einer Anstellung bei der AWo sorgte Frau M.-D. für ihren und den Lebensunterhalt ihres Sohnes. Einige Jahre später ging sie eine zweite Ehe mit einem Journalisten (und Parteigenossen) ein. Sie übernahm weitere Parteiämter und Funktionen in gesellschaftlichen und politischen Gremien, u.a. im Landschaftsverband Rheinland und wurde 1969, im Alter von 60 Jahren, schließlich Essens erste Bürgermeisterin.

Wenn auch heute nicht mehr in der Parteiarbeit aktiv, ist Frau M.-D. weiterhin eine prominente Essenerin. Sie nimmt, soweit es ihre Gesundheit zuläßt, an Veranstaltungen der Partei teil. Ihre freie Zeit füllt sie mit Lektüre aus. Neben der Belletristik interessiert sie sich seit einigen Jahren für Literatur über Ostpreußen, der Heimat ihrer Eltern. Ihre Verbindungen zur Musik wie zum Theater hat sie bis heute aufrechterhalten.

Elsbeth Nienkamp, Jg. 1908

Frau Nienkamp ist die einzige Kommunistin unter den befragten Zeitzeug(inn)en. Anfang der 50er Jahre hat sie mit der SPD gebrochen bzw. die Partei mit ihr, indem nicht mehr kassiert wurde. Frau N. näherte sich der KPD zuerst über eine berufliche Tätigkeit bei der Essener Partei-Zeitung, 1955 wurde sie Mitglied. Ihre Entscheidung für den Kommunismus überdauerte auch das Verbot der KPD und die Zeit der Illegalität. Seit Gründung der DKP im Jahr 1968 ist sie deren Mitglied. Bis zu ihrer Altersgrenze arbeitete Elsbeth N. bei der „Deutschen Volkszeitung".

Ihre Sozialisation war auf die Sozialdemokratie hin orientiert gewesen: Der Vater, gelernter Schreiner, und die Mutter (vor der Ehe Dienstmädchen) gehörten der SPD an, der Vater außerdem dem freigewerkschaftlichen Holzarbeiter-Verband. Beide waren organisierte Freidenker.

Elsbeth N. wuchs als Einzelkind auf. Sie besuchte von 1914 bis 1922 eine evangelische Volksschule. Der Besuch einer weiterführenden Schule wurde zwar von den Lehrkräften vorgeschlagen, vom Vater aber abgelehnt. Frau N. war nicht getauft worden und seit 1919 (als einzige Schülerin) vom Religionsunterricht abgemeldet. Sie nahm 1923 an einer Jugendweihe teil. Nach der Schulentlassung fand Frau N. Anschluß an die SAJ und blieb dort bis 1927. In Erinnerung geblieben sind ihr Ausflüge, der Jugendtag der SAJ in Hamburg 1925 und besonders gemeinsame Theaterbesuche, weniger Politisches. Im jungen Erwachsenenalter fand Frau N.'s geselliges Leben vor allem bei den „Freien Schwimmern" statt. In diese Zeit fallen auch erste Auseinandersetzungen mit dem Vater über den Kurs der SPD.

Nach der Schulentlassung wäre Elsbeth gern Schneiderin geworden, doch sie fand trotz eines guten Zeugnisses keinen Ausbildungsplatz und wurde zunächst Laufmädchen in einem Bankhaus. Da dort keine Chance auf eine Lehrstelle bestand, bewarb sie sich nach einem Jahr im „Eintracht"-Konsum; sie wurde der erste weibliche Bürolehrling. Elsbeth N. trat nun dem Zentralverband der Angestellten bei, der Büchergilde Gutenberg, mit 19 Jahren auch der SPD. Der Konsum übernahm Frau N. ins Angestelltenverhältnis, entließ sie aber im Jahr 1933 wegen „Arbeitsmangels". Anschließend fand sie nur kurzzeitige Beschäftigungen.

Ein „Naturfreund" und Schlosser bei Krupp wurde 1934 Elsbeth N.s Ehemann, 1936 kam ein Sohn zur Welt. Frau N. gab zunächst ihren Beruf auf. Kontakte mit Gleichgesinnten pflegten Frau und Herr N. in der NS-Zeit im Sportklub „Kanu-Gilde", dem sie 1934 beigetreten waren. Während des Krieges arbeitete Herr N. in Schlesien, wohin ihm Frau N. mit dem Kind folgte, als ihre Wohnung 1944 bei einem Luftangriff zerstört wurde. Nach dem Ende des Zweiten Weltkrieges zog die Familie N. zu Frau N.'s Eltern in eine Zwei-Raum-Wohnung. Erst 1948 hatten die N.s eigene vier Wände: Sie wurden Hüttenwarte im Haus der „Naturfreunde" und lebten dort bis Anfang der 50er Jahre.

Frau N. liest, wie schon in ihrer Jugend, weiterhin viel. Sie betont aber auch den Informationswert des Fernsehens. Bis weit ins Rentenalter hinein nutzte sie zusammen mit ihrem Mann ein Theater-Abonnement. Sie gab es aus gesundheitlichen Gründen und wegen zunehmender kultureller Distanz auf.

Dieter O., Jg. 1917

1923 wurde Herr O. in die weltliche Schule seines im Westen Essens liegenden Wohnbezirks eingeschult und ging zur gleichen Zeit nachmittags zu den „Kinderfreunden". Nach der Grundschule wechselt er auf die Mittelschule in Essen-West, die er bis zum Abschluß im Jahr 1933 besuchte.

Schon 1930, mit 13 Jahren, schloß er sich (wie vor ihm seine ältere Schwester) der SAJ an und wurde nach einiger Zeit Vorsitzender seiner Stadtteilgruppe. Er sorgte für die Bildungsarbeit und die geselligen Veranstaltungen. Die politische Bildung seiner Gruppe sah er als Möglichkeit einer argumentativen Auseinandersetzung mit den poltischen Gegnern von links und rechts, die die Jugendlichen der SAJ zunehmend nicht nur verbal angriffen. Man wählte Dieter O. zusätzlich in den Unterbezirksvorstand und übertrug ihm die Leitung der „Vertriebsstelle", ein Amt, in dem er für die Anschaffung und den Verkauf von Wanderausrüstungen, Abzeichen usw. zuständig war. Als 1932 das SAJ-Kabarett „Der eiserne Besen" entstand, wirkte er auch darin mit.

Die Eltern O. stehen für die während der Weimarer Zeit auch in Essen präsente säkularisierte deutsch-jüdische Kultur, an der die Kinder teilhaben sollten: Dieter O.s Vater, ein gelernter Dreher, gehörte dem Deutschen Metallarbeiter-Verband an und war über berufliche Fortbildungsmaßnahmen bis zum Werkmeister bei Krupp aufgestiegen, seine Mutter hatte vor der Ehe als ausgebildete Köchin in Barmen einen koscheren Mittagstisch betrieben. Sie arbeitete in Essen während der Erwerbslosigkeit ihres Mannes einige Jahre als freie Handelsvertreterin. Beide gehörten der SPD, dem Arbeitersport, der „Volksbühne", dem „Bücherkreis", den Impfgegnern und den Freidenkern an. Die sozialdemokratische Tageszeitung „Volkswacht" nennt Herrn O.s Vater 1929 außerdem als Funktionär der Essener Freien Schulgesellschaft. Dieter O.s Mutter hatte sich als Erwachsene vom jüdischen, sein Vater vom protestantischen Glauben gelöst. Dieter O. und seine Schwester Marga wurden nicht getauft und nahmen am Ende ihrer Schulzeit an einer Jugendweihe teil. Dieter O. war Mitglied im jüdischen Sportverein „Hakoah" und besuchte regelmäßig die Veranstaltungen des 1932 von der Essener Synagogengemeinde errichteten jüdischen Jugendheims.

Durch Fürsprache des Rektors der weltlichen Schule Essen-Altendorf hatte Dieter O. kein Problem bei der Lehrstellensuche. Er machte eine Ausbildung zum Anwaltsgehilfen und bemüht sich abends in der Verwaltungs- und Wirtschaftsakademie sowie in der „Volksbildungsstätte" (der früheren VHS) um die Erweiterung seiner Kenntnisse: Er belegte das Fach Rechnungswesen und lernte Spanisch im Hinblick auf seine geplante Auswanderung, zusätzlich bildete er sich im Französichen und Englischen fort. In der verbleibenden Freizeit las er viel, und zwar sowohl Klassiker als auch die sozialkritischen Romane und Reportagen der Weimarer Zeit. Dieter O. ging vor und nach 1933 regelmäßig ins Theater.

1936 beendete Herr O. seine Ausbildung und wurde noch im selben Jahr als Mitglied des illegalen „Roten Kämpferkreises" verhaftet. (Auch er hatte sich mit einer zunehmend kritischen

Haltung gegenüber dem legalistischen Kurs der SPD dieser linkssozialistischen Gruppe angeschlossen).[5] Seine Zuchthausstrafe wegen „Vorbereitung zum Hochverrat" dauerte bis 1939.[6]

1940 bis 1945 arbeitete Dieter O. in verschiedenen Abteilungen eines NS-Zeitungsverlags. Sein politisches ‚Vorleben' und die Tatsache, daß er in der NS-Terminologie „Mischling I. Grades" war, konnte er vertuschen; durch Verschwindenlassen von Papieren gelang es Herrn O. zusammen mit seinem Vater, die Mutter vor der Deportation zu bewahren.[7]

Nach 1945 wurde Dieter O. Mitglied der SPD. Er strebte bewußt keine Parteiämter an, sondern hatte den Wunsch, sich mit einer Zeitung für die Ideen der Sozialdemokratie einzusetzen, ohne jedoch wieder ein „Funktionärsblatt" nach Weimarer Modell zu konzipieren. Er entsprach damit den pressepolitischen Vorstellungen der englischen Besatzungsmacht.[8] 1946, also im Alter von 29 Jahren, erhielt Herr O. von den britischen Behörden eine Zeitungslizenz und wurde Verleger und Herausgeber der „Neuen Ruhr-Zeitung". Eine Reihe ehemaliger Gefährten aus der Jugendbewegung fand bei ihm eine Anstellung.

1945 heiratete Dieter O. Seine Frau hatte vor der Ehe zwangsverpflichtet im Kaufmännischen und in der Verwaltung gearbeitet. Sie ging seit der Eheschließung keiner Berufsarbeit mehr nach, sondern übernahm im Zuge der Expansion der Zeitung eine Fülle ehrenamtlicher Aufgaben im kulturellen Leben der Stadt Essen. 1947 wurde eine Tochter, 1950 ein Sohn geboren.

Noch im Jahr 1946 übertrug man Herrn O. den Vorsitz des rheinisch-westfälischen Zeitungsverlegervereins und im Anschluß eine Vielzahl von leitenden Funktionen in Gremien des Presse- und Verlagswesens. Darüber hinaus fördert er bis heute Kunst- und Kultureinrichtungen Essens, u.a. das Folkwang-Museum. Theateraufführungen besuchen Dieter O. und seine Frau im gesamten Bundesgebiet. Bis heute denkt er nicht an den Ruhestand, sondern ist weiterhin in der von ihm gegründeten Zeitung, in einer großen Verlagsgruppe und in zahlreichen verbandspolitischen und Ehrenämtern tätig. Im Jahr 1992 verlieh ihm die Ruhr-Universität Bochum die Ehrendoktorwürde und die Landesregierung von Nordrhein-Westfalen ernannte ihn zum Professor.

Paul Priebe, Jg. 1913

Über die Mitgliedschaften und Helferin-Tätigkeiten seiner Mutter war Paul P., wie seine 1915 geborene Schwester, in die sozialdemokratischen Erziehungseinrichtungen gekommen: zuerst zu den „Kinderfreunden". Ab 1923, nachdem er vier Jahre lang eine evangelische Volksschule besucht hatte, wurde Paul P. weltlicher Schüler und ab 1928 Mitglied der SAJ. Sein Vater war Hilfsarbeiter bei Krupp, seine Mutter nicht erwerbstätig. Beide gehörten der SPD an.

An ungefähr drei Abenden in der Woche war Paul Priebe mit der SAJ unterwegs, er nahm regelmäßig an den Gruppenabenden teil, war Mitglied des Trommler- und Pfeifenkorps und des Sprechchors. Innerhalb der Organisation übernahm Herr P. Funktionen und war u.a. von 1930 bis 1932 Beisitzer im Ortsvereinsvorstand. Darüber hinaus betätigte er sich im Arbeitersport und trat schon als Auszubildender dem Metallarbeiter-Verband bei.

Nach der 6. Klasse versuchte Herr P. vergebens, auf die sog. „verkürzte Realschule"[9] zu

---

5   Siehe auch den Kurzlebenslauf von Kurt G. und weitere Einzelheiten in Kapitel 5.
6   Vgl. STEINBERG, a.a.O., S. 84.
7   Ab 1943/44 stellte die Ehe mit einem Nichtjuden keinen Schutz vor einer Deportation mehr dar.
8   STEININGER, Rolf 1983, S. 133.

wechseln. Er blieb bis zur Entlassung weltlicher Volksschüler. Nach einem halben Jahr als Laufbursche wurde er 1927/28 Schlosserlehrling in den Kruppschen Werkstätten. Eine Eignungsprüfung und die Firmenzugehörigkeit seines Vaters hatten ihm dazu verholfen.

Nach Beendigung seiner Lehrzeit war Herr P. zunächst arbeitslos und ging mit einer kleinen Gruppe von SAJlern auf die „Walz". Er schlief in Jugendherbergen und Nachtasylen, lebte von dem, was er an Brot oder Groschen erbitten konnte und bekam eine geringe Unterstützung von seiner Gewerkschaft. Nach wenigen Wochen wurde Herr P. jedoch unerwartet von der Firma Krupp eingestellt.

Als Jugendlicher hatte Herr P. an Schulungen von SAJ, SPD und Gewerkschaft teilgenommen, nach 1933 bildete er sich systematisch zum Techniker fort. Schon als Lehrling trat Paul P. auch einer sozialdemokratischen Buchgemeinschaft bei.

Herr P. heiratete 1937 die Verkäuferin Trude, die ein kommunistisches Elternhaus hatte und in der Freidenkerjugend organisiert gewesen war. 1942 begann für Herrn P. der Kriegsdienst. Er war bei der Flak im Ruhrgebiet und in Frankreich eingesetzt und gelangte im Mai 1945 zuerst in amerikanische, dann in französische Kriegsgefangenschaft. Bis 1947 war Paul P. Kriegsgefangener in Frankreich, erhielt dann den Status eines freien Arbeiters. Er verpflichtete sich für ein weiteres Jahr zur Erwerbsarbeit in einer chemischen Fabrik in den Pyrenäen. Als er eine Stelle in der dortigen Konstruktionsabteilung erhielt, zogen seine Frau und sein 1939 geborener Sohn zu ihm. Familie P. blieb bis zum Ende der Schulausbildung des Sohnes (französisches Abitur) in Frankreich und ging 1958 zurück nach Essen. Herr P. konnte wieder als Konstrukteur im Krupp-Konzern arbeiten, wo er bis zu seiner Pensionierung angestellt war.

Ende der 50er Jahre trat Herr P. der SPD bei, wurde Mitglied der AWo und der IG Metall. Er suchte und fand ehemalige SAJler/-innen, denen er bis heute verbunden ist. In seiner Partei hat er Funktionen übernommen, so gehörte er eine Zeitlang der Bezirksvertretung an. Herr P. ist nach wie vor politisch sehr interessiert. Er nahm ab und zu an VHS-Kursen teil sowie an historisch-politischen Gesprächskreisen. Er liest täglich die Westdeutsche Allgemeine Zeitung.

Hans Sch., Jg. 1905

Herr Sch.besuchte eine evangelische Volksschule und nahm, weil eine Befreiung davon erst ab 1919 möglich war, am Religionsunterricht teil. Er wurde auch konfirmiert, trat aber mit 18 Jahren aus der Kirche aus. Im Alter von 14 Jahren begann er zunächst eine Kunst- und Bauschlosserlehre, die er nach einem Jahr abbrechen mußte, weil er sich mit seinem Lehrherrn über die Teilnahme an einer Maidemonstration zerstritten hatte. 1919 bis 1923 erlernte er in der Firma Krupp das Schlosserhandwerk.

Mit Beginn der Lehre trat Hans Sch. dem freigewerkschaftlichen Metallarbeiter-Verband bei, wurde Arbeiter-Turner und wandte sich der „Freien Jugend" zu, die ein Jahr später in der „Sozialistischen Proletarierjugend" (SPJ), der Jugendorganisation der Unabhängigen Sozialdemokratie, aufging. Anders als die „Arbeiter-Jugend" der Mehrheits-SPD schlug die SPJ einen strenger politischen Kurs ein. 1922 fand auf Reichs- wie auf lokaler Ebene ein Teil der USPD-Jugend zur alten, mehrheitssozialdemokratischen „Arbeiter-Jugend" zurück und schloß sich mit

---

9   Siehe ‚Weimarer Schulverhältnisse', Kap. 3.3.

dieser zur „Sozialistischen Arbeiter-Jugend Deutschlands" (SAJ) zusammen. Hans Sch. ging diesen Weg; er übernahm in den Jugendgruppen auch Funktionen, beispielsweise die des Wanderleiters und des Kassierer. Hans blieb Sch. bis Mitte/Ende der 20er Jahre in der Organisation. Mit 18 Jahren wurde er Mitglied der SPD. Als die demokratischen Parteien 1923/24 zum Schutz der Republik auch in Essen das Reichsbanner „Schwarz-Rot-Gold" ins Leben riefen, meldete Vater Sch. seine beiden Söhne dort an.

Hans Sch. wuchs zusammen mit einem jüngeren Bruder und einer jüngeren Schwester im Süden Essens auf. Seine Mutter war nicht erwerbstätig; sie übernahm Betreuungsfunktionen in der Arbeiter-Jugendorganisation und leitete in der Weimarer Zeit einen Stadtbezirk der AWo. Vater Sch., gelernter Buchbinder, gehörte wie die Mutter der SPD, der USPD und ab 1922 wieder der Mehrheitssozialdemokratischen Partei an. Hans Sch. sen. vertrat die USPD und die SPD im Stadtparlament und arbeitete mehrere Jahre u.a. als Revisor im Vorstand der Essener SPD mit. Darüber hinaus war er Vertrauensmann der „Büchergilde Gutenberg", verbrachte einen großen Teil seiner freien Zeit mit Lesen. Die Geschwister Sch. wurden schon als Kinder in politische Versammlungen mitgenommen. Sie erlebten 1920 zum Beispiel den Kapp-Putsch und die Kämpfe der Roten Ruhrarmee, an denen sich der Vater aktiv beteiligte.

Auf einer politischen Veranstaltung lernte Hans Sch. eine fünf Jahre jüngere „Jugendgenossin" kennen. Das Paar heiratete 1932, beschleunigt dadurch, daß Hans, der einer Wohnungsbaugenossenschaft angehörte, eine Wohnung zugeteilt bekam. Hans Sch. pflegte neben seinem Beruf auch seine Hobbys: Er fotografierte und engagierte sich im Arbeiter-Radioclub.

Während der NS-Zeit beteiligte sich Hans Sch. an der Widerstandsarbeit der SPD und war schon 1933 vorübergehend inhaftiert. Die Nationalsozialisten deckten 1935 die Verteilung illegaler Schriften auf und verurteilten anschließend Hans Sch. zu 18 Monaten Gefängnis.[10] Nach Zeiten der Arbeitslosigkeit war es Herrn Sch. 1929 gelungen, Schlosser und Heizer im „Eintracht"-Konsum zu werden; dort war er bis zu seiner Festnahme beschäftigt.

Nach seiner Entlassung aus der Haft im Jahr 1937 war Hans Sch. zunächst arbeitslos (den Konsum gab es nicht mehr). Während der Haftzeit hatte er sich bereits theoretisch mit Autoelektrik befaßt und hoffte, mit Hilfe von Verwandten anschließend in diesem Metier unterzukommen. Er fand eine Anstellung als Elektromechaniker in einer großen Firma und war dort in den Kriegsjahren „uk" gestellt, was ihn vor dem Fronteinsatz bewahrte. Nach kurzfristigen anderen Beschäftigungen stellte ihn der Konsum 1946 als Autoelektriker und Magazinverwalter an. Hans Sch. blieb dort bis zum Erreichen der Altersgrenze; er vertrat während dieser Zeit seine Kollegen im Betriebsrat.

In der Gemeinnützigen Wohnungsbau-Genossenschaft Essen-West half Herr Sch. nach dem Zweiten Weltkrieg mit, Wohnungen wieder herzurichten, die durch Bombenschäden unbewohnbar geworden waren. Über die SPD seines Stadtteils lebten die Verbindungen aus der Weimarer Zeit wieder auf. Herr Sch. war lange Jahre Kassierer und Revisor seiner Partei und arbeitete eine Zeitlang in der Bürgerversammlung (heute Bezirksvertretung) mit. Hans Sch. und seine Frau nahmen an den Treffen und Veranstaltungen der „Naturfreunde" teil, Deren Mitglieder wurden sie aus finanziellen Erwägungen erst in den 50er Jahren.

Das Ehepaar Sch. hat zwei Kinder und zwei Enkel, an deren Bildungsgang sie regen Anteil nehmen. Man trifft sich regelmäßig in einem Ferienhaus im Schwarzwald. Hans Sch. ist an politischen Diskussionen noch immer sehr interessiert, er ist kritisches SPD-Mitglied geblieben, respektiert dabei die Grenzen Andersdenkender, die es in seiner Familie gibt. Herr Sch. hat die

---

10   Siehe STEINBERG, a.a.O., S. 75; SCHMIDT, ERNST 1988, S. 29ff.

„Neue Ruhr-Zeitung" abonniert und informiert sich zusätzlich über das Fernsehen. Hans Sch. lebt nach wie vor in seiner Genossenschaftswohnung in Essen-West.

Viele Jahre lang hat Herr Sch. zusammen mit seiner Frau das Essener Schauspiel besucht. Beide waren Mitglieder im „Theaterring". Die zeitgenössischen Aufführungen gefiel ihnen nicht mehr, und mit zunehmendem Alter kündigten sie schließlich ihr Abonnement.

Irmgard Schmitz, Jg. 1916

Frau Schmitz wuchs als Einzelkind in einer sozialdemokratischen Familie auf: Ihr Vater war Arbeiter bei der Firma Krupp, eine Zeitlang Angestellter des Metallarbeiter-Verbandes, ihre Mutter ging keiner Lohnarbeit nach. Die Eltern Schm. hielten u.a. die „Leipziger Volkszeitung", die Zeitschriften „Urania" und „Wahrer Jacob".

Irmgard Schm. durchlief vor ihrem Parteieintritt alle Sozialisationsagenturen der SPD, die „Kinderfreunde", die weltliche Schule, die „Roten Falken" und die SAJ.

Trotz guter schulischer Leistungen wurde der Besuch einer weiterführenden Schule im Anschluß an die vierjährige Grundschulzeit aus finanziellen Gründen nicht erwogen. Während ihrer Ausbildung zur Kaufmannsgehilfin erhielt Frau Schm. rund zwei Jahre lang Privatunterricht bei einem Handelsschullehrer. Sie besuchte darüber hinaus Stenographie- und Schreibmaschinenkurse.

Irmgard Schmitz wurde 1930, mit Beginn einer Bürolehre, Mitglied in einem südwestlichen Bezirk der Essener SAJ (und blieb dort bis zum Verbot 1933). Gleichzeitig meldete ihr Vater sie im freigewerkschaftlichen Zentralverband der Angestellten an. Politische Funktionen übernahm Frau Schm. nicht.

1941 wechselte sie in einen technischen, „kriegswichtigen" Betrieb, in dem sie zur Geschäftsführerin aufstieg.

Frau Schm. trat 1946 in die SPD ein (auch erneut in die Gewerkschaft). Trotz gelegentlicher Frustrationen ist Irmgard Schm. bis heute Sozialdemokratin geblieben. Sie pflegt Kontakte zu Bekannten unterschiedlichster politischer Orientierungen, auch, wie sie es nennt, zu solchen „der anderen Fakultät". Frau Schmitz ist Mitglied im Deutschen Frauenring, besucht ab und zu die Volkshochschule sowie Kunstausstellungen, macht (Bildungs-)Reisen, liest populärwissenschaftliche und belletristische Bücher. Nach 1945 trat sie außerdem dem Essener „Theaterring" bei, und verlor erst in den letzten Jahren das Interesse daran, u.a., weil sie sich künstlerisch nicht mehr angesprochen fühlt.

Wegen einer Krankheit mußte Frau Schm. im Alter von 55 Jahren ihren Beruf aufgeben. Sie ist viel und weit gereist und genießt seitdem ihre finanziellen Spielräume. Auch heute, im Alter von 77 Jahren, nimmt sie weiterhin das politische und kulturelle Geschehen wahr. Sie ist sozial in einen weitläufigen Freundeskreis integriert. Ihr Nichtfestgelegtsein auf Freundinnen und Freunde gleicher Gesinnung führt Irmgard Schm. auf ihre Erziehung zur Toleranz innerhalb der Familie und durch die Einrichtungen der Sozialdemokratie zurück.

Gertrud Schneidereit, Jg. 1916

Gertrud Schneidereits Mutter war Familienfrau, ihr Vater arbeitete als Schmied bei Krupp. Beide waren vermutlich Mitglieder der SPD, ganz sicher der AWo. Der Vater hatte sich im freigewerkschaftlichen Metallarbeiter-Verband organisiert und setzte sich auch im Elternbeirat für die Sozialdemokratie ein.

Gertrud Schn.gehörte nacheinander den „Kinderfreunden", den „Roten Falken" und ab 1930 der SAJ und ihrem Trommler- und Pfeifenkorps an. Nach einigen Monaten auf einer evangelischen Volksschule wurde sie mit Gründung der weltlichen Schule 1923 dorthin umgeschult.

Frau Schn. wuchs als zweitjüngstes Kind mit drei Schwestern auf. 1933 starb ihr Vater, kurz darauf ihre Mutter. Gertrud wohnte zunächst bei ihrer gerade vermählten älteren Schwester, dann unter sehr schwierigen räumlichen und finanziellen Verhältnissen zusammen mit ihrer jüngsten Schwester, für die sie sorgte.

Nach Aushilfsarbeiten in der Wäscherei des „Eintracht"-Konsums begann Frau Schn. Ende 1931 eine Textil-Verkäuferin-Lehre im Konsum. (Dort übernahm man sie 1934 ins Angestelltenverhältnis.) Als 1936 die Konsum-Filiale geschlossen wurde, arbeitete Frau Schn. bis zu ihrer Heirat noch ein Jahr in der Bäckerei desselben Unternehmens.

Nach dem Verbot der SAJ im Frühjahr 1933 war Gertrud Schn. dem abstinenten Guttempler-Orden beigetreten. Eine Reihe ehemaliger SAJler/-innen glaubte, dort das Ende der NS-Zeit „abwarten" zu können. Mit 21 Jahren heiratete Frau Schn. einen Guttempler-Genossen, der schon ein gutes Jahr später, kurz nach der Geburt des Sohnes, starb. Mit einer geringen Rente, verschiedenen Jobs und einem Zuschuß der Wohlfahrt konnte Frau Schn. sich und ihr Kind unterhalten. Das Kriegsende erlebten beide in der Evakuierung, und ab 1946 verdiente Gertrud Schn. ihren Lebensunterhalt wieder mit unterschiedlichen Arbeiten.

Anfang der 50er Jahre heiratete Frau Schn. erneut und gab ihre Anstellung als Verkäuferin auf, weil ihr Mann als kaufmännischer Angestellter und Filialleiter ein ausreichendes Einkommen hatte.

Nach dem Zweiten Weltkrieg wurde Frau Schn. (wieder) SPD-Mitglied und half beim Aufbau der Jugendorganisation der SPD, den „Falken". Sie war außerdem in ihre Guttempler-Gruppe integriert und pflegte Kontakte zu den „Naturfreunden" und zur „Arbeiterwohlfahrt". Innerhalb der AWo gründete sie in den 70er Jahren einen Seniorenclub, den sie ein Jahrzehnt lang leitete. Sie betreute darüber hinaus bis 1991 einen Handarbeits- und Gesprächskreis sozialdemokratischer Frauen. Frau Schn. lebt mit ihrem Mann in einer komfortablen Altenwohnung der AWo.

Anna S., Jg. 1910

Frau S. wuchs in einer sechsköpfigen Familie im Südwesten Essens auf. Sie hat einen älteren Bruder und zwei jüngere Schwestern. Ihr Vater, Jg. 1877, war freigewerkschaftlich organisierter Schmied in der Federwerkstatt der Firma Krupp, ihre Mutter, geb. 1888, war vor der Ehe in einer Kettwiger Spinnerei beschäftigt gewesen. Ihre Eltern standen der Sozialdemokratie nahe, lasen die Essener Arbeiter-Zeitung/„Volkswacht", traten der SPD aber nicht bei. Beide hatten der protestantischen Kirche den Rücken gekehrt. Frau S. besuchte fünf Jahre lang eine evangelische Konfessionsschule und nahm am Religionsunterricht teil. Sie wechselte 1923 (sobald es in Essen möglich war) auf eine weltliche Volksschule, auf der sie bis zum Abschluß blieb. Frau S. trat nach ihrer Lehrzeit aus der Kirche aus.

Um 1925 begann sie eine Ausbildung als Schneiderin, verzichtete aber nach der Lehre auf eine Anstellung. Sie entschied sich, privat zu arbeiten, und hatte einen verbindlichen und gutsituierten Kundenkreis.

Ende 1924 trat Frau S. der SAJ Holsterhausen bei, Funktionen übernahm sie dort nicht. Sie las neben den Aktivitäten der Jugendorganisation viel. Ihr Bruder und sie liehen sich unterhaltsame Literatur in der Kruppschen Bücherhalle und in einer Leihbücherei. Sie besuchte auch häufig zusammen mit Teilnehmer(inne)n des Jugendchors der SAJ, dem sie angehörte, das Theater. Außerdem war sie Mitglied im Arbeiter-Schwimm-Verein.

In der SAJ lernte Anna einen fünf Jahre älteren Schlosser kennen und heiratete ihn im Jahr 1932. Frau S. übte während ihrer Ehe das Schneiderhandwerk freischaffend weiter aus und konnte so den Lebensunterhalt verdienen, als ihr Mann während der NS-Zeit eine mehrjährige Strafe verbüßen mußte. Das Ehepaar hat zwei Töchter, geboren 1939 und 1945. Nach dem Zweiten Weltkrieg setzte Frau S. ihre Schneiderin-Tätigkeit nicht mehr zum Broterwerb, sondern nur noch für den Bedarf der Familie ein. Sie ist auch heute an Handarbeiten und dem Erlernen neuer Techniken interessiert. An organisierter beruflicher oder allgemeiner Weiterbildung hat Anna S. nicht teilgenommen.

In den 40er und 50er Jahren stellte sich Frau S. 13 Jahre lang der „Arbeiterwohlfahrt" ehrenamtlich als Wohlfahrtpflegerin zur Verfügung. Sie übernahm Ende der 40er Jahre den Posten einer Vertrauensfrau der Büchergilde Gutenberg und übte dieses Amt 10 Jahre lang aus.

Anna S. hat in Folge verwandtschaftlicher Beziehungen und durch die „Naturfreunde"-Organisation den Kontakt zu alten Mitstreitern aus der Jugendbewegung und anderen Nebenorganisationen der SPD nicht verloren. Sie gehört nunmehr seit über 65 Jahren der SPD an. Freundschaftliche Verbindungen bestehen aber auch über die alten Arbeiter-Parteigrenzen bzw. das sozialistische Lager hinweg.

Liese Steffens, Jg. 1918

Liese Steffens' Familie wohnte am Anfang der 20er Jahre zu sechst in einer Drei-Raum-Wohnung im Essener Süden. Frau St. ging dort zu den „Kinderfreunden" und, obwohl evangelisch getauft, von 1925–1932 in die Freie Schule.[11] Von 1929 bis 1933 gehörte sie einer Stadtteilgruppe der „Roten Falken" und dem Trommler- und Pfeifenkorps der SAJ an. Liese St. blieb auch dann bei ihrer „Rote-Falken"-Gruppe, als die Familie in eine etwas größere Zechenwohnung am Stadtrand umgezogen war. Sie legte mehrmals wöchentlich weite Fußwege zurück, um an den Gruppenaktivitäten teilnehmen zu können.

Frau St. ist das jüngste von vier Geschwistern, einer Schwester und zwei Brüdern. Ihr Vater arbeitete als Bergmann auf einer Essener Zeche, ihre Mutter versorgte die Kinder und den Haushalt. Die Eltern standen der sozialdemokratischen Arbeiterbewegung nahe, Frau St. konnte aber

---

11 Einige Jahre hat Frau St. die Freie Schule Rellinghausen besucht, die als besonders fortschrittlich unter den Essener weltlichen Schulen anzusehen ist, siehe BEHRENS-COBET/SCHMIDT/BAJOHR, a.a.O., S.85f.

über einzelne Funktionen und Mitgliedschaften keine Auskünfte geben. Sie erinnert sich daran, daß sie schon als Kind mit ihrer Mutter Frauennachmittage von SPD und AWo besucht hat.

Frau St.'s Berufswunsch war Schneiderin, sie fand jedoch trotz hervorragender Noten keinen Ausbildungsplatz und verdiente in Haushalten einen kleinen Beitrag zum Einkommen der Familie. Als sie Ende 1933 eine Schneiderin-Lehre begonnen hatte, mußte sie diese schon ein Dreivierteljahr später wieder aufgeben, denn ihre Mutter starb und ihr Vater und ihre Brüder benötigten sie für die Haushaltsführung.

1935 lernte Frau St. den gleichaltrigen Werner kennen, der sich noch in der Ausbildung zum Repro-Fotografen befand. Die zwei heirateten 1939, kurz darauf schon wurde Werner St. Soldat und galt seitdem als vermißt. Frau St. zog zu ihrer Schwiegermutter.

Nach 1939 versuchte Frau St., in einem Büroberuf eine Anstellung zu finden, was ihr nach einer Fortbildung im Maschineschreiben und in Stenographie 1942 tatsächlich gelang. Sie blieb bis 1945 Angestellte im Einwohnermeldeamt und kam auch, als das Amt in städtische Trägerschaft überging, nach den Wirren der „Stunde Null" wieder dort unter. Aus dem Krieg heimgekehrte ehemalige Verwaltungsangestellte machten ihr den Arbeitsplatz streitig, doch Frau St. gehörte eine Zeitlang dem Personalrat an und genoß dadurch Kündigungsschutz. Auch einer zweiten Entlassungswelle nach der Währungsreform entging sie mit Hilfe der Anerkennung als Kriegshinterbliebene.

1946 trat Frau St. der SPD und der AWo bei. Beide Mitgliedschaften bestehen bis heute. Nach 1945 hatte Liese St. außerdem Kontakte zu einer sozialistisch-lebensreformerischen Essener Gruppe, dem „Bund".[12] Sie nahm an deren Veranstaltungen teil, besucht bis heute Körperbildungskurse, kann sich aber zu einer verbindlichen Mitarbeit nicht entschließen.

Angebote der organisierten Weiterbildung nahm Frau St. nach 1945 nicht wahr. Sie ist politisch sehr interessiert, liest die „Neue Ruhr-Zeitung", kauft und leiht sich zeitgeschichtliche und belletristische Bücher. Sie befaßt sich darüber hinaus mit Ernährungskunde – unterstützt durch kurähnliche und auf andere Weise bildende Reisen. Sie besucht das Theater und hat ein Konzert-Abonnement.

Käthe Winter, Jg. 1910

Frau Winters Mutter, geb. 1868, war bereits vor dem Ersten Weltkrieg in die SPD eingetreten. Von 1919 bis zum Ende der Weimarer Republik vertrat sie die Partei im Essener Stadtparlament, schrieb Zeitungs- und Zeitschriftenartikel, setzte sich gegen den § 218 ein und war aktiv in der „Arbeiterwohlfahrt". Frau W.s Eltern gehörten vor 1914 der katholischen bzw. der protestantischen Kirche an (Frau W. feierte wie ihr älterer Bruder und ihre jüngere Schwester die Erstkommunion und trat erst 1930/31 aus der Kirche aus).

Der Vater, Jg. 1876, war ebenfalls Mitglied der SPD, allerdings nicht mit Funktionen betraut. Er war lange Jahre selbständiger Malermeister und verdiente den Lebensunterhalt für die Familie nach der Aufgabe seines Geschäftes als Hilfsarbeiter u.a. bei Krupp.

Käthe W. besuchte eine Mädchen-Mittelschule. Um 1926, nach der Mittleren Reife, schloß sich eine Hausfrauenschule an. Frau Winter absolvierte anschließend ein praktisches

---

12 Siehe BRAMESFELD, a.a.O.

Jahr in einem bürgerlichen Haushalt in Hannover. Dort ging sie erstmals zu Veranstaltungen der SAJ.

Zwischen 1928 und 1930 war Frau W. beschäftigungslos. Sie wartete in Essen auf einen Ausbildungsplatz in einem Krankenhaus, um zunächst Säuglingsschwester und – darauf aufbauend – Wohlfahrtspflegerin zu werden. Die 1930 begonnene Lehrzeit mußte sie allerdings nach einem Jahr abbrechen, weil sich bei ihr ein Hörfehler herausstellte. Dieser Umstand beendete Frau W.'s Berufspläne. Sie fand keine feste Arbeitsstelle, war nur ab und zu als Aushilfe im Haushalt tätig.

Von 1928 bis 1930 schloß sich Käthe W. der „Älteren-Gruppe" der SAJ Essen-Stadt an. Sie wirkte auch im Sprech-, Jugend- und Bewegungschor mit, war Vorstandsmitglied des Unterbezirks Essen und darüber hinaus Helferin bei den „Kinderfreunden".

Frau W.s Familie lebte sparsam. Dennoch führte sie ein reges kulturelles Leben mit häufigen Theater- und Museumsbesuchen. Abends wurde gesungen, gespielt und gemeinsam gelesen.

In einem Volkstanzkreis lernte Frau W. ihren späteren Ehemann kennen, einen drei Jahre älteren Funktionär des Guttempler-Ordens. Das Paar heiratete 1933. Einen weiteren Versuch, ihre Berufsausbildung abzuschließen, unternahm Frau W. während ihrer Ehe nicht. Sie war auch nicht mehr erwerbstätig. 1939 wurden ihre Söhne (Zwillinge), 1940 ihre Tochter geboren. Herr W., ein gelernter Schlosser, arbeitete u.a. in einem Hüttenwerk der Firma Krupp.

Nach der Rückkehr aus der Evakuierung nahm Frau W. 1945 Kontakt zur SPD in einem nordwestlichen Vorort Essens auf und beteiligte sich außerdem an der Arbeit der AWo. In den 50er Jahren lebte sie wegen der Berufstätigkeit ihres Mannes in Gelsenkirchen und war auch dort der SPD verbunden. Seit 1945 bis zum Umzug in die Nachbarstadt lebten Frau W.'s Eltern im selben Haushalt.

Als Herr W. Rentner wurde, bezog das Paar eine Wohnung in Essens Osten (dem Stadtteil, in dem Frau W. aufgewachsen war). Frau W. engagierte sich stärker in ihrer Partei und in der AWo. Sie übernahm die Leitung eines Seniorenclubs, die sie erst mit 70 Jahren abgab.

Seit Mitte der 80er Jahre ist Käthe W. Witwe, besucht regelmäßig Theateraufführungen und Konzerte, z.B. hört sie gern Gustav Mahler und zeitgenössische Musik. Käthe W. trifft sich unter anderem mit älteren Frauen und Männern, die sie in einem Gesprächskreis im Ruhrland-Museum kennengelernt hat, und tauscht sich mit ihnen über das Zeitgeschehen aus. Ihre Informationen über Politik und Naturwissenschaft bezieht Frau W. aus Zeitungen und Zeitschriften (etwa „Geo") und aus dem Fernsehen.

Max Zimmermann, Jg. 1908

Herr Zimmermann kam 1920 zusammen mit seinen Eltern und seinem jüngeren Bruder von Bielefeld nach Essen. Sein Vater hatte in einem Kruppschen Betrieb Arbeit als Maschinist gefunden, seine Mutter ging keiner Erwerbstätigkeit nach. Sie war als Ledige Webereiarbeiterin gewesen. Max Z.'s Eltern gehörten der SPD an und hatten in der Partei auch Funktionen inne. Der Vater war in der Weimarer Zeit Vorsitzender des Ortsvereins Essen-Altstadt. (Nach 1945 beteiligte er sich an der Wiedergründung eines Ortsvereins im Nordwesten Essens.) Seine Mutter kassierte eine Zeitlang. Sie gehörten außerdem der AWo an, Max Z.s Vater der Gewerkschaft und dem Reichsbanner „Schwarz-Rot-Gold".

Von 1920 bis 1922 besuchte Max die 7. und die 8. Klasse einer Essener evangelischen Volksschule, ohne am Religionsunterricht teilzunehmen. (Seine Eltern waren schon vor der Heirat, 1907, aus der Kirche ausgetreten.)

Der Eintritt in die SAJ Essen-Altstadt fiel bei Max Z. mit der Schulentlassung zusammen. Er nahm an allen Aktivitäten teil, die ihm geboten wurden. Er spielte im Trommler- und Pfeifenkorps mit. Auch regte er an, gemeinsam einen Fotoapparat anzuschaffen, und realisierte dies 1924. (Dadurch sind viele Bildquellen erhalten geblieben.)[13] Mit 18 Jahren verließ Max Z. seine Arbeiterjugendgruppe und wurde SPD- und Reichsbanner-Mitglied. Gleichzeitig ging er zu den „Freien Schwimmern".

Sein Ausbildungswunsch, eine Kraftfahrzeugschlosserlehre, erfüllt sich nicht: Herr Z. fand nach 1922 keine Lehrstelle. Zweieinhalb Jahre blieb er Laufbursche in einer Spedition und ging im Anschluß verschiedenen Beschäftigungen nach. Er arbeitete im Baugewerbe, bei der Reichsbahn, wurde Beifahrer in einer Schraubenfabrik. 1928 erhielt er schließlich eine Anstellung als Gleiswerker bei der Straßenbahn und trat dem „Deutschen Verband der öffentlichen Betriebe", dem Vorläufer der ÖTV, bei.

Auf einem Parteifest lernte Max Z. Ende der 20er Jahre eine gleichaltrige Haushaltshilfe und Sozialdemokratin kennen und heiratete sie 1931. In den dreißiger Jahren wurden zwei Kinder geboren.

Auseinandersetzungen mit Nationalsozialisten, aber auch mit Kommunisten waren kurz vor und nach 1933 für den Reichsbanner-Mann Max Z. an der Tagesordnung. Nachdem sein Vater 1933 von den Natinalsozialisten verhört worden war, verhielt er sich vorsichtiger. Langjährige Verbindungen brachen ab. Max Z. und sein Bruder ließen sich von einem ‚bürgerlichen' Schwimmverein anwerben.

Im Jahr 1943, also mit 35 Jahren, wurde Herr Z., obwohl er nicht ganz gesund war, zur Wehrmacht eingezogen und nach der Grundausbildung an die Ostfront geschickt. Seinen Überzeugungen blieb er auch in der Kriegszeit treu. Er geriet in Kriegsgefangenschaft und kam 1947 nach Essen zurück. Herr Z. fand eine Anstellung in seinem alten Beruf und wirkte, wie die gesamte Familie Z., mit beim Aufbau von Partei und „Arbeiterwohlfahrt".

Herr Z. verkörpert nicht den Typus des „schöngeistigen" SAJlers. Er hatte keine Lesegewohnheiten, nahm Weiterbildungsangebote von Partei, Gewerkschaften nicht wahr. Er war durch die schwere körperliche Arbeit für den Genuß von Kunst und Literatur, wie er rückblickend einschätzt, zu verbraucht. Mit Jugendlichen, später mit seiner Frau besuchte er häufig ein Essener Operetten-Theater in der Innenstadt. Er favorisiert Blas- und Marschmusik (im Reichsbanner spielte er auf der Schalmei). In der Partei, im Reichsbanner usw. war er immer zur Stelle, wenn etwa Wahlhilfe zu leisten war oder Veranstaltungen vor politischen Gegnern geschützt werden mußten. Kritisiert hat er einzelne Parteientscheidungen, nie jedoch seine Mitgliedschaft in Frage gestellt.

---

13 Überliefert in den Nachrichten aus der Jugendbewegung in der Essener Arbeiter-Zeitung vom 24.7.1924.

Quellen- und Literaturverzeichnis

Quellen

ABRAHAM, Rudolf: Arbeiterjugend und geistige Kultur. In: Arbeiter-Jugend, 13. Jg. (Sept. 1921), Heft 9, S. 289–291.

DERS.: Die Theorie des modernen Sozialismus: für die Jugend dargestellt. Hrsg. vom Hauptvorstand des Verbandes der Arbeiterjugendvereine Deutschlands. Berlin 1922.

ADAMS, Kurt: Der Andrang zu den höheren Schulen. In: Sozialistische Bildung, Jg. 1930, Heft 5, S. 133–135.

DERS.: Volkshochschule und sozialistische Bildungsarbeit. In: Sozialistische Bildung Jg. 1931, Heft 7, S. 193–197.

ADAMS, Margarete: Ausnutzung der Freizeit des Arbeiters. Köln 1929.

ADLER, Max: Neue Menschen. Gedanken über sozialistische Erziehung. Berlin 1924.

ALBRECHT, Lisa: Liebe Mädel. In: Arbeiterjugend, Jg. 1921, S. 310.

ALLGEMEINER DEUTSCHER GEWERKSCHAFTSBUND, Ortsausschuß Essen (Hrsg.): Fest der Arbeit 1927. Essen 1927.

ARBEITER ÜBER IHR LEBEN. Von den Anfängen der Arbeiterbewegung bis zum Ende der Weimarer Republik. Ausgew. und eingef. von Ursula Münchow. Berlin (DDR) 1976.

DIE ARBEITERJUGEND UND WIR. In: Die Junge Garde, 3. Jg. (1920), Nr. 5, S. 88.

BEHLER, Ph.: Psychologie des Berufsschülers. Ein Beitrag zur Industriepädagogik. Köln 1928 (= Schriftenreihe des Staatlichen Berufspädagogischen Instituts Köln, Heft 2).

BLIEVERNICHT, Heinz: Wann wir schreiten Seit' an Seit'. Geschichte und Leistung der Arbeiterjugendbewegung. Berlin-Neukölln (Selbstverlag) 1983[2].

BOHM-SCHUCH, Klara: An die Mädchen! In: Arbeiter-Jugend, 13. Jg. (März 1921), Heft 3, S. 84–86.

BONDY, Kurt: Die proletarische Jugendbewegung unter besonderer Berücksichtigung der Hamburger Verhältnisse. Ein methodischer und psychographischer Beitrag zur Jugendkunde. Lauenburg 1922 (Faks. Münster 1985).

BOTHUR, Gerd: Bildungsaufgaben der Arbeiterjugend. In: Der Führer, 8. Jg. (1926), Nr. 8, S. 118f.

BRAMESFELD, Else u.a. (Hrsg.): Gelebte Utopie. Aus dem Leben einer Gemeinschaft. Nach einer Dokumentation von Dore Jacobs. Essen 1990.

BRANDT, Willy: Links und frei. Mein Weg 1930 – 1950. Hamburg 1982.

Ders.: Erinnerungen. Frankfurt a.M. und Zürich 1990[5].

BRAUNE, Rudolf: Junge Leute in der Stadt. Berlin/Wien 1975[3] (zuerst erschienen 1932).

BREITENSTEIN, Desiderius: Die sozialistische Erziehungsbewegung. Freiburg i. Br. 1930.

BRUNS, Adelheid: Anna – eine Jugend im Revier, 4. Folge. In: Westdeutsche Allgemeine Zeitung vom 1.2.1987.

BUCHWALD, Reinhard: Die Bildungsinteressen der deutschen Arbeiter. Tübingen 1934.

BÜHLER, Charlotte: Das Seelenleben des Jugendlichen. Versuch einer Analyse und Theorie der psychischen Pubertät. Jena 1927[4].

BUGDAHN, Karl: Arbeiterjugend und Volkshochschulen. In: Arbeiter-Jugend, 21. Jg. (Febr. 1929), Heft 2, S. 28f.

BUSSE-WILSON, Elisabeth: Die Frau und die Jugendbewegung. Ein Beitrag zur weiblichen Charakterologie und zur Kritik des Antifeminismus. Hamburg 1920.

CRONER, Else: Die Psyche der weiblichen Jugend. Langensalza 1925. Zweite Auflg. mit einem Nachtrag: Zur Psyche der Mädchen aus einfacheren Volksschichten. (= Schriften zur Frauenbildung. Hrsg. von Jakob Wychgram, Heft 6).

DÄBRITZ, W.: 50 Semester Akademische Kurse Essen 1907–1932. Denkschrift im Auftrag der Gesellschaft zur Förderung der Akademischen Kurse. Essen 1932.

DANTZ, Carl: Peter Stoll. Ein Kinderleben. Von ihm selbst erzählt. Berlin 1925. Neu hrsg. von J. Merkel und D. Richter. o.O., o.J. (1978) Reprint.

DERS.: Peter Stoll der Lehrling erzählt von Flegel-, Lehr- und Wanderjahren. Berlin 1930.

DERS.: Peter und die Mädel. In: Arbeiter-Jugend, 18. Jg. (1926), Heft 8, S. 252f.

DEHN, D. Günther: Proletarische Jugend. Lebensgestaltung und Gedankenwelt der großstädtischen Proletarierjugend. Berlin o.J. (1929).

DEHNKAMP, Willy: Zum Bildungshunger der Arbeiterjugend. Von Arbeiterjugendvereinen und Zeitschriften. In: Jahrbuch des Archivs der deutschen Jugendbewegung, Bd. 10 (1978), S. 59–69.

DICKE, Heinrich: Die Gründung und die bisherige Entwicklung der Essener Volkshochschule. In: Heimatblätter, 1. Jg. (1920), Nr. 12, S. 279–281.

DIEDERICH, Ludwig: Die Arbeiterjugend und die Erwerbslosigkeit. In: Arbeiter-Jugend, 18. Jg. (März 1926), Heft 3, S. 88–90.

DINSE, Robert: Das Freizeitleben der Großstadtjugend. 5000 Jungen und Mädchen berichten. Berlin 1932 (= Schriftenreihe des Deutschen Instituts für Jugendwohlfahrt, Heft 10).

DRAHN, Ernst: Die sozialistische Arbeiterjugend. In: Süddeutsche Monatshefte, 23. Jg. (1926), Heft 9, S. 187–196.

DREISSIG JUNGE ARBEITER BERICHTEN VON IHREM LEBEN. Hrsg. und kommentiert von Georg Beyer. In: Kulturwille 9 (1930), S. 162–177; 186–191 (Auszüge in Emmerich, Wolfgang (Hrsg.): Proletarische Lebensläufe. Autobiograph. Dokumente, Bd. 2: 1914–1925. Reinbek 1975, S. 253–257.

EBEL, Wilhelm: Ein Beitrag zur Psychologie des Industriekindes. In: Vierteljahrsschrift für Wissenschaftliche Pädagogik, Jg. 5 (1929), Nr. 1, S. 45–54.

ENGELHARDT, Viktor: An der Wende des Zeitalters. Individualistische oder sozialistische Kultur? Berlin 1925.

DERS.: Die deutsche Jugendbewegung als kulturhistorisches Phänomen. Berlin 1923.

DERS.: Jugendbewegung und Volkshochschule. In: Der Führer, 8. Jg. (Sept. 1926), Nr. 9, S. 139f.

DERS.: Der Mann in der Jugendbewegung. Berlin 1924.

DAS ERGEBNIS DER STATISTISCHEN ERHEBUNG. In: Der Führer, 14 Jg. (Juni 1932), Nr. 6, S. 83–87.

FEHR, Franz (Hrsg.): Stimmen aus dem Schacht! Bergmanns Urteile über Erziehung und Schule. Arbeiterstimmen aus dem Ruhrgebiet. Fichtenau 1921 (= Aus Gesellschaft und Erziehung Nr.11).

FISCHER, Ernst: Krise der Jugend. Wien/Leipzig 1931.

FISCHER, Josepha: Die Mädchen in den deutschen Jugendverbänden. Stand, Ziele und Aufgaben. Leipzig 1933.

FÖRSTER, Ernst: Das Jugendproblem im Volksbildungswesen. In Leopold v. Wiese (Hrsg.): Soziologie des Volksbildungswesens. München und Leipzig 1921, S. 351–361.

FRANK, Johannes: Das erzieherische System der Arbeiterjugendbewegung und -jugendpflege der Nachkriegszeit. Staatsexamensarbeit Universität Hamburg 1931.

FRANZEN-HELLERSBERG, Lisbeth: Die jugendliche Arbeiterin. Ihre Arbeitsweise und Lebensform. Ein Versuch sozialpsychologischer Forschung zum Zweck der Umwertung proletarischer Tatbestände. Tübingen 1932.

FRICKE, Fritz: Die Grundlagen gewerkschaftlicher Bildungsarbeit. In: Volkswacht vom 17.2.1930.

FRISTER, Herbert: Sozialistische Studienreisen. Eine kritische Betrachtung. In: Urania, 2. Jg. (Mai 1926), Heft 8, S. 241–245.

FRÖHBRODT, Käte: Das Arbeiterjugend-Mädel. In: Arbeiter-Jugend, 20. Jg. (Juli 1928), Heft 7/8, S. 164.

258

DIES.: Die jugendliche Arbeiterin. In: Der Führer, 14 Jg. (Juni 1932), Nr. 6, S. 87f.

FROMM, Erich: Arbeiter und Angestellte am Vorabend des Dritten Reiches. Eine sozialpsychologische Untersuchung. München 1983.

FUSS, Karl: Das Vortrags- und das Bildungswesen. In: H. Spethmann (Hrsg.): Die Stadt Essen. Berlin 1938.

GLAS-HÜMMERICH, Eva: Markscheide Nr. 7. Erinnerungen an meine Kindheit. Mönchengladbach 1993 (hekt.).

GRAF, Georg Engelbert: Wege zur Selbstbildung des Arbeiters. Berlin 1931 (3. erw. Auflage).

GRÜNBERG, Karl: Brennende Ruhr. Roman aus der Zeit des Kapp-Putsches. Berlin (DDR) 1952 (zuerst erschienen 1928).

HACKMACK, Hans: Arbeiterjugend und sexuelle Frage. Berlin 1921.

HAETZEL, Rudi: Vorschläge zur Bildungs- und Schulungsarbeit. Programmaufstellung und Auswahl der Themen. In: Der Führer, 11. Jg. (1929), Nr. 11, S. 163–165.

HEILAND, Herbert: Die höheren Schüler und unsere Arbeiterjugend. In: Arbeiter-Jugend, 12. Jg. (August 1920), Nr. 15, S. 164.

HEILBUT, Kurt: Mädchenabende. In: Arbeiter-Jugend, 12. Jg. (1920), Nr. 11, S. 123.

HER ZU UNS! MARSCHIERE MIT. o.O., o.J. (1928).

HERRNSTADT, Ernst: Die Lage der arbeitslosen Jugend in Deutschland. Berlin 1927.

HETZER, Hildegard: Der Einfluß von Begabung und sozialem Milieu auf die Zukunftswünsche junger Mädchen. In: Paul F. Lazarsfeld (Hrsg.): Jugend und Beruf. Kritik und Material. Jena 1931 (= Quellen und Studien zur Jugendkunde, Heft 8), S. 140–156.

HIRSCH, Paul: Wohnungsnot als Krankheitsursache. In: Urania, Jg. 3 (November 1926), Heft 2, S. 39–41.

HIRSCHBERG, Susanne: Das Bildungsschicksal des gewerblichen Probletariats im Lichte der Arbeiterautobiographie (Untersuchungen über proletarische Bildungsfragen unter vorwiegender Berücksichtigung autobiographischer Darstellungen). Köln 1928.

HOCHBERGER, G.: Essener Volkshochschularbeit. In: Volkswacht vom 5.3.1927 (Teil I) und 10.3.1927 (Teil II).

HODANN, Max: Bub und Mädel. Gespräche unter Kameraden über die Geschlechterfrage. Leipzig 1924 (= Entschiedene Schulreform, Heft 25).

DERS.: Entschiedene Schulreform und Arbeiterbildung. In: Gerhard Danziger und Siegfried Kawerau, (Hrsg.): Jugendnot. Vorträge gehalten auf der IX. öffentlichen Tagung des Bundes entschiedener Schulreformer im Neuen Rathaus von Berlin Schöneberg am 1., 2. und 3. Oktober 1922. Leipzig o.J. (1923), S. 150–153.

HONE, Josef: Zur Berufswahl. In: Volkswacht vom 12.4.1928.

HUDDE, Hans: Die Wirtschafts- und Bevölkerungsentwicklung der Stadt Essen in den Jahren 1800–1914. Diss. Freiburg 1922.

HÜSER, Fritz: Kultureller Aufbruch junger Arbeiter. Zur Dichtung der Arbeiterjugend. In: Jahrbuch des Archivs der deutschen Jugendbewegung, Bd. 10 (1978), S. 70–85.

ILGENSTEIN, Wilhelm: Die Gedankenwelt der modernen Arbeiterjugend. Eine Beleuchtung der roten Jugendbewegung. Berlin 1912.

JACOBS, Artur: Charakter und Aufgaben eines Arbeiterkulturkartells. In: Essener Arbeiter-Zeitung vom 22.9.1924.

DERS.: Über Wesen und Ziele der Volkshochschule. Ein Entwurf zu einer Volkserziehung. Der proletarischen Jugend gewidmet. Essen 1919.

JACOBY, Henry: Von des Kaisers Schule zu Hitlers Zuchthaus. Erlebnisse und Begegnungen. Geschichte einer Jugend links-außen in der Weimarer Republik. Frankfurt a.M. 1980.

10 JAHRE VOLKSHOCHSCHULE ESSEN. Essen o.J. (1929).

JAHRESBERICHT der Zentralstelle für die Arbeitende Jugend Deutschlands für die Zeit vom 1. April 1915 bis 31. März 1916. Berlin 1916.

JENSSEN, Otto: Erziehung zum politischen Denken. Eine marxistische Betrachtung. Berlin 1931 (= Jung-sozialistische Schriftenreihe. Hrsg. von der Reichsleitung der Jungsozialisten).

JUGENDSEKRETARIAT FÜR RHEINLAND-WESTFALEN (Hrsg.): Die Arbeiter-Jugend-Bewegung in Rheinland-Westfalen 1913/14. Barmen o.J. (1914).

JUNG, Franz: Der Weg nach unten. Aufzeichnungen aus einer großen Zeit. In: Die Republik, hrsg. von Uwe Nettelbeck, Nr. 34–40 (März 1979).

JUNG, Hubert: Das Phantasieleben der männlichen werktätigen Jugend. Münster 1930.

JUNGE UND MÄDCHEN IN DER PROLETARISCHEN JUGENDBEWEGUNG. (= Die Bresche 4/1932, hrsg. vom „Bund", Essen-Stadtwald).

KANITZ, Otto Felix: Kämpfer der Zukunft. Für eine sozialistische Erziehung. Hrsg. von Lutz v. Werder. Frankfurt a.M. 1970.

KATZENSTEIN, Simon: Vom Lesen. In: Arbeiter-Jugend, 17. Jg. (November 1925), Heft 11, S. 348–350.

KAUTZ, Heinrich: Im Schatten der Schlote. Versuche zur Seelenkunde der Industriejugend. Einsiedeln u.a. 1929.

KELCHNER, Mathilde: Kummer und Trost jugendlicher Arbeiterinnen. Eine sozialpsychologische Unter-suchung an Aufsätzen von Schülerinnen der Berufsschule. Leipzig 1929.

KELLER, Emma: Volksbildung und Arbeiterschaft. In: Leopold von Wiese (Hrsg.): Soziologie des Volks-bildungswesens. München und Leipzig 1921 (= Schriften des Forschungsinstituts für Sozialwissen-schaften in Köln, Bd. 1), S. 363–378.

KIPPER, Joseph: Die sozialistische Jugendbewegung in Deutschland. Mönchengladbach 1913[2].

KLEIN, Anton und LABUDAT, Fritz: Überleben und Widerstehen. Nationalsozialismus, Krieg und Nach-krieg in den Tagebüchern von Sozialdemokraten. Hrsg. von Frank Bajohr und Ernst Schmidt. Essen 1985.

KORN, Karl: Die Arbeiterjugendbewegung. Einführung in ihre Geschichte. Berlin 1922.

KRILLE; Otto: Arbeiter-Jugend und Bildung. Konstanz 1924.

DERS.: Unter dem Joch. Die Geschichte einer Jugend. Hrsg. von Ursula Münchow. Berlin (DDR) 1975 (= Textausgaben zur frühen sozialistischen Literatur in Deutschland, Bd. XV).

KRISCHE, Paul: Die Frau als Kamerad. Grundsätzliches zum Problem des Geschlechts. Bonn 1920.

DERS.: Neuland der Liebe. Eine Soziologie des Liebeslebens vom Standpunkt der Gemeinschaftskunde. Dresden 1923.

KROLZIG, Günter: Der Jugendliche in der Großstadtfamilie. Berlin 1930 (= Deutsche Akademie für soziale und pädagogische Frauenarbeit. Forschungen über Bestand und Erschütterung der Familie in der Gegenwart. Bd. IV).

KRÜGER, Heinz: Keine Verbürgerlichung der Begabtenbildung! In: Sozialistische Bildung, Jg. 1930, Heft 8, S. 241–243.

LASST UNS KAMERADEN SEIN! Eine Jugendweihegabe, dargeboten von Max Sievers u.a. Jena 1933.

LEVY, Berthold: Morgenfeier des Arbeiter-Kulturkartells. In: Essener Arbeiter-Zeitung vom 19.3.1925.

LEWE, Josef: Das Leben eines Proletariers. Hrsg. vom Arbeitskreis Arbeitende Jugend Bochums vor 1933. Bochum 1983.

LÖWENSTEIN, Kurt: Die Heimat der proletarischen Jugend. In: Laßt uns Kameraden sein! Eine Jugend-weihegabe. Jena 1933, S. 38–57.

DERS.: Sozialismus und Erziehung. Eine Auswahl aus den Schriften 1913–1933, hrsg. von Ferdinand Bran-decker und Hildegard Feidel-Mertz. Berlin und Bonn 1976.

LUDWIG, Walter: Die Technik der geistigen Arbeit. In: Der Führer, 11. Jg. (Januar 1929), Nr. 1, S. 10f.

LÜTKENS, Charlotte: Die deutsche Jugendbewegung. Ein soziologischer Versuch. Münster 1986 (Faks. der Ausgabe von 1925).

LUTHER, Hans: Zusammenbruch und Jahre nach dem Krieg. In: Beiträge zur Geschichte von Stadt und Stift Essen. 73. Heft (1958), S. 7–130.

MATCHKE, W.: Die Not der Lehrlinge. In: Arbeiter-Jugend (1922), Heft 1, S. 20f.

„MEIN ARBEITSTAG – MEIN WOCHENENDE": Arbeiterinnen berichten von ihrem Alltag 1928. Neu hrsg. von Alf Lüdtke. Hamburg 1991 (zuerst erschienen 1930; hrsg. vom Arbeiterinnensekr. beim Hauptvorstand des Deutschen Textilarbeiterverbandes).

MEURER, Albert: Die Stellung der Großstadt Essen in der Volkswirtschaft. Im Auftrag des Bürgermeisters hrsg. vom Statistischen Amt. Essen 1929.

MEWES, Bernhard: Die erwerbstätige Jugend. Eine statistische Untersuchung. Berlin/Leipzig 1929.

MÜLLER, E.R.: Die Pflicht zum Neuen. In: Volk von morgen. Der Hamburger Reichsjugendtag der deutschen Arbeiterjugend, von ihr selbst geschildert. Berlin 1925, S. 86–89.

DERS. (Bearb.): Das Weimar der arbeitenden Jugend. Niederschriften und Bilder vom ersten Reichsjugendtag der Arbeiterjugend vom 28. bis 30. August 1920 in Weimar. Berlin 1923 (2. ergänzte Auflg.)

MÜLLER, Kurt und FÜRNBERG, Friedrich: Die Lage der arbeitenden Jugend in den kapitalistischen Ländern. Berlin 1928.

MÜLLER, Lene: Mädchenkurs in Tännich. In: Essener Arbeiter-Zeitung vom 3.11.1924, Beilage „Für unsere arbeitende Jugend".

MÜLLER, Paul: Romantik & Militanz. In: Deutscher Werkbund e.V. und Württembergischer Kunstverein Stuttgart (Hrsg.): Schock und Schöpfung. Jugendästhetik im 20. Jahrhundert. Darmstadt und Neuwied 1986, S. 367–372.

NELSON, Leonard: Nicht bürgerliche, sondern proletarische Bildungsarbeit. Ein Wort an die sozialistische Arbeiterschaft. 2. Aufl. d. Schrift: „Vom Bildungswahn". Göttingen 1931 (= Öffentliches Leben, Bd. 40).

NIEMEYER; Heinz: Im Ringen um den sozialistischen Kulturwillen. In: Essener Arbeiter-Zeitung vom 20.3.1926.

OLLENHAUER, Erich (Bearb.): Von Weimar bis Bielefeld. Ein Jahr Arbeiterjugendbewegung. Hrsg. vom Hauptvorstand der Arbeiterjugend-Vereine Deutschlands. Berlin o.J. (1921).

OLLENHAUER, Hilde: Das Mädchen in der Bewegung. In: Arbeiter-Jugend, 15. Jg. (August 1923), Heft 8, S. 138f.

OSTERROTH, Franz: Am Marterpfahl der Sioux oder Ein Mädchenraub im Wilden Westen. Ein Schmökerspiel. Berlin 1927.

PAULSEN, Peter: Die Arbeiterjugend und die „bunten Mützen". In: Arbeiter-Jugend, 16. Jg. (August 1924), Heft 8, S. 223f.

PIECHOWSKI, Paul: Proletarischer Glaube. Die religiöse Gedankenwelt der organisierten deutschen Arbeiterschaft nach sozialistischen und kommunistischen Selbstzeugnissen. Berlin 1927.

PÖPPEL, Walter: Es war einmal. Eine Jugend in Deutschland. Stockholm 1984.

RADA, Margarete: Das reifende Proletariermädchen. Wien/Leipzig 1931.

RATHMANN, August: Ein Arbeiterleben. Erinnerungen an Weimar und danach. Wuppertal 1983.

DERS.: Arbeiter und Akademiker (Brief an einen Studenten). In: Volk von morgen. Der Hamburger Reichsjugendtag der deutschen Arbeiterjugend, von ihr selbst geschildert. Berlin 1925, S. 89f.

REICHARDT, Artur: Systematische Bildungsarbeit. In: Der Führer, 8. Jg. (Juni 1926), Nr. 6, S. 86f.

DERS.: Neue Kampffront – neue Bildungsarbeit. In: Der Führer, 14. Jg. (Okt. 1932), Nr. 10, S. 147–149.

REININGER, Karl: Berufswünsche und Berufseinstellungen von 12-14jährigen Volksschülern. In: Paul F. Lazarsfeld (Hrsg.): Jugend und Beruf. Kritik und Material. Jena 1931 (= Quellen und Studien zur Jugendkunde, Heft 8), S. 101–129.

RÖMER, Bruno: Die Mädel in der Gruppe. Gedanken eines Jungen. In: Der Führer, 13. Jg. (August 1931), Nr. 8, S.116.

ROTE JUGEND AUF ROTER ERDE. Erinnerungsbuch an den 5. Reichsjugendtag 1928 in Dortmund und das erste Reichszeltlager der S.A.J. im Teutoburger Walde. Zus. gest. von Willi Hofmann und Gustav Weber. Berlin 1929.

RUBIN, J.: Volkshochschule und Arbeitnehmerschaft. In: Essener Arbeiter-Zeitung vom 10.10.1924.

SATZUNGEN DES VERBANDES DER SOZIALISTISCHEN ARBEITERJUGEND DEUTSCHLANDS. In: Hauptvorstand des Verbandes der Arbeiterjugend-Vereine Deutschlands (Hrsg.): Unsere Arbeit. Die Arbeiterjugendbewegung 1922. Berlin 1923, S. 56–61.

SCHÄFER, Lisbeth: Mädel auf Wanderschaft. In: Urania, 3. Jg. (Dez. 1926), Heft 10, S. 310–314.

SCHIEBEL, R.: Die Mietskaserne. In: Volkswacht vom 5.9.1930.

SCHIRRMEISTER, Paul: Die Emanzipation der Frau und die Aufgabe der proletarischen Jugendbewegung. In: Arbeiter-Jugend, 14. Jg. (Juni 1922), Heft 6, S. 179f.

SCHMIDT, Erich: Sozialistische Erziehung in der „Sozialistischen Arbeiterjugend". In: Sozialistische Erziehung. Organ der RAG der Kinderfreunde und der Arbeitsgemeinschaft sozialdemokratischer Lehrer und Lehrerinnen Deutschlands. Jg. 1932, Heft 3, S. 22f.

SCHMIDT, Erich R.: Meine Jugend in Groß-Berlin. Triumph und Elend der Arbeiterbewegung 1918–1933. Bremen 1988.

SCHNECKENBURGER, Hans: Wie die Proletarierjugend ihre Armut erlebt. In: Sozialistische Erziehung, Jg. 1931, Heft 6, S. 43–45.

SCHUBERT, Rudolf: Arbeiteraufstieg zur Hochschule? In: Neue Blätter für den Sozialismus, 1. Jg. (1930), Heft 5, S. 227–233.

SCHULT, Johannes: Die Schule der arbeitenden Jugend. Berlin 1922.

SCHULZ, Heinrich: Sozialdemokratie und Schule. Die praktischen Forderungen des sozialdemokratischen Parteiprogramms in Einzelerläuterungen. Berlin 1919[2].

SEELBACH, Hermann: Funktionärsbildung ist Volksbildung. In: Volkswacht vom 17.3.1931.

SEGER, Gerhart: Die Werkstatt des Geistes. Berlin 1922 (= Proletarische Jugend. Sammlung Sozialistischer Jugendschriften, Heft 1).

SEYDEWITZ, Max: Es hat sich gelohnt zu leben. Lebenserinnerungen eines alten Arbeiterfunktionärs. Berlin (DDR) 1976.

SIEMSEN, Anna: Jugend und Buch. In: Volkswacht vom 22./23.3.1930(a).

DIES.: Zur Frage des Berechtigungswesens. In: Sozialistische Erziehung, Jg. 1930(b), Heft 3, S. 17–20.

DIES.: Freiwilliges neuntes Schuljahr in Preußen. In: Sozialistische Erziehung, Jg. 1931, Heft 4, S. 29f.

DIES.: Selbsterziehung der Jugend. Berlin 1929.

SIEMSEN, August: Die proletarisch-sozialistische Volkshochschule. In: Franz Hilker (Hrsg.): Deutsche Schulversuche. Berlin 1924, S. 410–417.

DERS.: Zum dritten Sommersemester der Essener Volkshochschule. In: Essener Arbeiter-Zeitung vom 3.5.1922.

SOLDES, Wilhelm: Die Jungen und die Alten. Berlin 1919.

SOMPLATZKI, Herbert: Erinnern und nach vorne sehen. Zwölf Portraits der Arbeiterwohlfahrt Essen. Essen 1990.

SOZIALISMUS UND PERSÖNLICHE LEBENSGESTALTUNG. Texte aus der Zwischenkriegszeit. Wien 1981.

DIE SOZIALISTISCHE ARBEITERJUGEND IM VORMARSCH. Bericht über die Tätigkeit des Verbandes der sozialistischen Arbeiterjugend Deutschlands in den Jahren 1928–29. Hrsg. vom Hauptvorstand des Verbandes der Sozialistischen Arbeiterjugend Deutschlands. Berlin 1930.

SPENGEMANN, Walter: Die höhere Schule als politischer Seuchenherd. In: Sozialistische Bildung, Jg. 1931, Heft 2, S. 43–46.

SPERBER, Manès: Die erotische Frage in der proletarischen Jugendbewegung. In: Aufbau, 3. Jg. (1930), Nr. 9, S. 262–266.

SPIES, Heinrich: Die sozialistische Jugendbewegung. In: Arbeiterführer von Essen und Umgegend 1924/ 25. Nachschlagewerk für die Arbeiter, Angestellten und Beamten. o.O., o.J. (Essen 1924), S. 58–60.

STOCKHAUS; Carl: Die Arbeiterjugend zwischen 14 und 18 Jahren. Beiträge zum Problem der Arbeiterjugendpsychologie. Wittenberg 1926.

SWET, Kurt: Arbeiterschaft und Akademische Kurse. In: Essener Arbeiter-Zeitung vom 6.10.1919 (Teil I) und 7.10.1919 (Teil II).

TEWS, Johannes: Sozialdemokratie und öffentliches Bildungswesen. Langensalza 1921 (7. erw. Auflage). (= Pädagogisches Magazin, Heft 9).

THIELE, Josef: Jugendbewegung und VHS. In: Der Führer, 8. Jg. (1926), Nr. 12, S. 181f.

THOMAS, Theodor: An ihren Büchern sollt ihr sie erkennen... In: Arbeiter-Jugend, 14. Jg. (Mai 1922), Heft 5, S. 150f.

THORBECKE, Klara: Die Reifungsprobleme der proletarischen weiblichen Großstadtjugend (III). Berlin 1928.

TRIPPLER, Charlotte: Mädels in die Vorstände! In: Der Führer, 15. Jg. (Febr. 1933), Nr. 2, S. 25f.

TUREK, Ludwig: Ein Prolet erzählt. Lebensschilderung eines deutschen Arbeiters. Köln 1972 (Nachdruck der 1930 im Malik-Verlag ersch. Ausgabe).

UNSER WEG. Die Arbeiterjugendbewegung 1923. Bericht des Verbandes der Sozialistischen Arbeiterjugend über das Jahr 1923. Berlin 1924.

UNSERE ARBEIT. Bericht des Verbandes der Arbeiterjugend-Vereine Deutschlands über das Jahr 1922. Berlin 1923.

VERBAND DER ARBEITERJUGEND-VEREINE DEUTSCHLANDS (Hrsg.): Jahresbericht 1919/20. Bericht von der Reichskonferenz in Weimar im August 1920. Berlin 1920.

VERBAND DER SOZIALISTISCHEN ARBEITERJUGEND DEUTSCHLANDS (Hrsg.): Bericht über die Jahre 1924 und 1925. Berlin 1926.

VOLK VON MORGEN. Der Hamburger Reichsjugendtag der deutschen Arbeiterjugend, von ihr selbst geschildert. Berlin 1925.

WAGENER, Hermann: Der jugendliche Industriearbeiter und die Industriefamilie (Beiträge zur Psychologie der Reifezeit). Münster 1931 (= Vierteljahrsschrift für wissenschaftliche Pädagogik, Heft 9).

WAGNER, Helmut: Volkstanz und Sexualerziehung. In: Urania, 6. Jg. (November 1929), Heft 2, S. 60f. (Beilage: „Der Leib“).

WAGNER, Siegfried: Vierzehn Tage auf ‚großer‘ Fahrt. In: Urania, 7. Jg. (1930/31), Heft 10, S. 306–309.

DERS.: Ferien eines Arbeiters. In: Urania, 6. Jg. (Juni 1930), Heft 9, S. 281–283.

WALZ, Reinhold: Erinnerungen an die Jugendzeit. In: Interventionen, 1. Jg. (1991), Heft 1, S. 62–81.

WARTENBERG, Fritz: Erinnerungen eines Mottenburgers. Kindheits- und Jugendjahre eines Arbeiterjungen 1905–1925. Hamburg o.J. (1983).

WEIMANN, Hermann (jr.): Mit dem Fahrrad quer durch Europa. In: Volkswacht vom 15.7.1931 (Teil I), vom 22.7.1931 (Teil II).

WEIMANN, Richard: Eiserne Front und Bildungsarbeit. In: Sozialistische Bildung, Jg. 1932, Heft 2, S. 33–36.

WESTPHAL, Max: Handbuch für sozialistische Jugendarbeit. Berlin 1928. S. 27–29; wiederabgedruckt in: Sozialismus und persönliche Lebensgestaltung. Texte aus der Zwischenkriegszeit. Wien 1981, S. 72–74.

DERS.: SAJ und Elternhaus. In: Essener Arbeiter-Zeitung vom 25.3.1926 bzw. in: Arbeiter-Jugend, 18. Jg. (April 1926), Heft 4, S. 100–103.

DERS.: Unsere Mädel in Tännich. In: Arbeiter-Jugend, 16. Jg. (Okt. 1924), Heft 10, S. 290f.

DERS.: Was wir wollen! Die wirtschaftlichen und kulturpolitischen Ziele der Arbeiterjugendbewegung. Vortrag gehalten auf der 2. Reichskonferenz des Verbandes der Arbeiterjugend-Vereine Deutschlands am 1. August 1921 in Bielefeld. Berlin 1923[3].

DERS.: Unser Wirken. Die Arbeiterjugendbewegung 1921. Berlin 1922.

WIECHERT, Trude: Laßt uns Kameraden sein! In: Laßt uns Kameraden sein! Eine Jugendweihegabe. Jena 1933, S. 7–23.

ZEPLER, Wally: Beruf und weibliche Psyche. In: Dies. (Hrsg.): Sozialismus und Frauenfrage. Berlin 1919, S. 83–98.

ZIEGLER, Siegfried: Fabrik- und Arbeitersiedlungen im Ruhrgebiet. In: Urania, Jg. 5 (1928/29), Heft 4, S. 121–124.

ZIMMERMANN, Immanuel: Entwicklung und Typen des freien (insbesondere literarischen) Bildungswesens in Essen. Diss. Phil. Fak. der Universität Köln 1936. Essen 1936.

Mündliche Quellen

BICK, Elli, Jg. 1908, Gespräch im März 1987 (zusammen mit Petra Kamburg).

BODE, Werner, Jg. 1917, Gespräche im Mai 1988, Mai 1991 und November 1991.

BRAUNE, Doris, Jg. 1902, Gespräch im Oktober 1991.

EISENBLÄTTER, Helmut, Jg. 1917, Gespräch im Mai 1988, Nachfragen bei seiner Ehefrau im Juli 1991.

FÖRSTER, Lotti, Jg. 1919, Gespräch im Oktober 1987; Telefonat im Mai 1991.

G., Kurt, Jg. 1915, verschiedene nicht aufgezeichnete Gespräche 1987/88, biographische Notizen vom Mai/ Juni 1988 („Altersgrübeleien"), Nachfragen bei seiner Ehefrau Klara G. 1990.

HAUPT, Otto, Jg. 1915, Gespräch im Juli 1989.

HILDEBRAND, Betty, Jg. 1903, Gespräch im Februar 1988 (zusammen mit Petra Kamburg), im März 1991 sowie mehrere Telefonate und Briefe zwischen 1988 und 1992.

HOHMANN, Erika, Jg. 1917, Gespräch zusammen mit ihrer Mutter, Helene Kempkes, im Juni 1988 und zusammen mit ihrer Freundin, Liese Steffens, im Juli 1991.

KAMMER, Wilma, Jg. 1913, Gespräche 1987 (Petra Kamburg/Anne Tepaß), Juni 1988 und im November 1991.

KEMPKES, Helene, Jg. 1890, Gespräch im Juni 1988.

LOCHNER, Sophie, Jg. 1913, Telefonate im Dezember 1991, Januar 1992, Gespräch (gemeinsam mit Frau M.-D. und Frau Schmitz) im Juli 1992.

M.-D., Berta, Jg. 1909, Gespräch im Oktober 1988, Telefonat im Mai 1991, Gruppengespräch (gemeinsam mit Sophie Lochner und Irmgard Schmitz) im Juli 1992.

MADER, August, Jg. 1909, Gespräch im Juli 1990, Telefonat im Juli 1991.

NIENKAMP, Elsbeth, Jg. 1908, Gespräch im Januar 1991, mehrere Telefonate.

O., Dieter, Jg. 1917, Gespräch im Juli 1989, Telefonat im Mai 1991.

PRIEBE, Paul, Jg. 1913, Gespräche im Juli 1985, Juli 1987 (zusammen mit Petra Kamburg), im Oktober 1991 sowie Telefonate und informelle Kontakte.

SAMUEL, Kurt, Jg. 1912 (lebt heute in São Paulo), Gespräch im Juli 1990.

SCH., Hans, Jg. 1905, Gespräche im Oktober 1988 und im November 1991, mehrere Telefonate.

SCHMITZ, Irmgard, Jg. 1916, Gespräche im Mai 1988, im Mai 1991 und im Juli 1992 (gemeinsam mit Frau M.-D. und Frau Lochner).

SCHNEIDEREIT, Gertrud, Jg. 1916, Gespräch im Januar 1991, nachbereitendes Telefonat im selben Monat.

SIMON, Anna, Jg. 1910, Gespräche im Oktober 1988 und im November 1991.

STEFFENS, Liese, Jg. 1918, Gespräche im April 1988, Telefonate im Juli und August 1988 sowie mehrere informelle Kontakte.

WINTER, Käthe, Jg. 1910, Gespräche im Februar 1988 (Petra Kamburg/Anne Tepaß), im Juli 1990 und im Januar 1991 sowie mehrere Briefe und Telefonate.

ZIMMERMANN, Max, Jg. 1908, Gespräch im Juli 1988, Telefonat im Mai 1991.

Periodika

ARBEITER-JUGEND. Organ für die geistigen und wirtschaftlichen Interessen der jungen Arbeiter und Arbeiterinnen. 11. Jg. (1919) bis 14. Jg. (1922). Ab 15. Jg. (1923) Untertitel: Monatsschrift des Verbandes der Sozialistischen Arbeiterjugend Deutschlands. Ab Jg. 23 (1931) Untertitel: Monatsschrift der sozialistischen Arbeiterjugend.

ARBEITER-ZEITUNG. bzw. ESSENER ARBEITER-ZEITUNG. Sozialdemokratisches Organ für den Stadt- und Landkreis Essen. Publikationsorgan der freien Gewerkschaften. Jg. 12 (1918) bis Jg. 20 (1926). Ab 1.5.1926 unter:

VOLKSWACHT. Essener Arbeiter-Zeitung. Allgemeiner Beobachter. Sozialdemokratisches Organ für Essen Stadt und -Land, Mitteilungsblatt der freien Arbeiter-, Angestellten- und Beamtenverbände. Jg. 20 (1926) bis Jg. 26 (1932).

CHRONIKEN DER STADT ESSEN. Hrsg. von der Verwaltung der Stadt. 1920 – 1929; 1933: bearb. im Auftrage des Oberbürgermeisters Dr. Reismann-Grone vom Beigeordneten i.R. Dr. H. Hüttner.

DER FÜHRER. Monatsschrift für Führer und Helfer der Arbeiterjugendbewegung. Jg. 3 (1921) bis Jg. 15 (April 1933). Jg. 1 und 2 sind unter „Rundschreiben des Hauptvorstandes des Verbandes der Arbeiterjugend-Vereine Deutschlands" erschienen).

JUNGVOLK AM NIEDERRHEIN. Mitteilungsblatt der sozialistischen Arbeiterjugend. 1925 – 1928 (einzelne Nummern im Archiv der Arbeiterjugendbewegung, Oer-Erkenschwick).

SOZIALISTISCHE BILDUNG. Monatsschrift des Reichsausschusses für sozialistische Bildungsarbeit, Berlin. Jahrgänge 1929 – 1933.

SOZIALISTISCHE ERZIEHUNG. Organ der Reichsarbeitsgemeinschaft der Kinderfreunde und der Arbeitsgemeinschaft sozialdemokratischer Lehrer und Lehrerinnen Deutschlands. Jahrgänge 1930 – 1932.

URANIA. Kulturpolitisches Monatsheft über Natur und Gesellschaft. 1. Jg. (1924/25) bis 8.Jg. (1932/33).

VERWALTUNGSBERICHTE DER STADT ESSEN 1926 – 1932. Hrsg. im Auftrag des Oberbürgermeisters der Stadt Essen.

Archivalien

STADTARCHIV ESSEN: Rep. 102, Abt. IX (Schulamt) Nr. 46, 56, 66–69, 85, 86, 90, 99, 100, 101, 103, 120, 171, 183, 188, 190, 206, 225, 226, 227, 228, 234, Rep. 102, Abt. I (Hauptamt) Nr. 399, 400, 433, 657; Sign. 3775, 3792, 3822, 3970, 3999, 4001–4003; Nachlässe: Artur Jacobs, Heinrich Spies und Eugen Sulz, Personalakten: Franz Feldens, Erna Schattke und August Siemsen.

LANDESHAUPTARCHIV KOBLENZ: Best. 405 A, Nr. 218.

ARCHIV DER ARBEITERJUGENDBEWEGUNG, Oer Erkenschwick: SAJ-HH 22/1. Zur Mitgliederstatistik der SAJ in ausgewählten Bezirken der Jahre 1928 und 1929 (Dez. 1985).

ARCHIV ALTE SYNAGOGE, Essen: Interview Kurt G. (undatiert); Interview Otto Boestfleisch (1983).

Sekundärliteratur

ABENDROTH, Wolfgang: Die deutschen Gewerkschaften. Ihre Geschichte und politische Funktion. o.O., o.J. (ca. 1973), Reprint der Ausgabe Heidelberg 1954 mit dem Untertitel „Weg demokratischer Integration".

ABRAMS, Lynn: Entwicklung einer kommerziellen Arbeiterkultur im Ruhrgebiet (1850–1914). In: Dagmar Kift (Hrsg.): Kirmes – Kneipe – Kino. Arbeiterkultur im Ruhrgebiet zwischen Kommerz und Kontrolle (1850–1914), Paderborn 1992 (= Forschungen zur Regionalgeschichte, Bd. 6), S. 33–59.

ALHEIT, Peter: Alltägliche Moderne. Versteckte Wirkungen moderner Arbeiterkultur. In: Ursula Apitzsch (Hrsg.): Neurath – Gramsci – Williams. Theorien der Arbeiterkultur und ihre Wirkung. Hamburg/ Berlin 1993(a), S. 149–163.

DERS.: Ambivalenz von Bildung in modernen Gesellschaften: Strukturprinzip kumulativer Ungleichheit oder Potential biographischer Handlungsautonomie? In: Artur Meier und Ursula Rabe-Kleberg (Hrsg.): Weiterbildung, Lebenslauf, sozialer Wandel. Neuwied/Kriftel/Berlin 1993(b), S. 87–103.

DERS.: Die „biographische Frage" als Herausforderung. In: Wilhelm Mader (Hrsg.): Weiterbildung und Gesellschaft. Grundlagen wissenschaftlicher und beruflicher Praxis in der Bundesrepublik Deutschland. Bremen 1986, S. 289–292.

DERS.: Biographizität als Projekt. Der biographische Ansatz in der Erwachsenenbildung. Bremen 1990 (= Werkstattberichte des Forschungsschwerpunkts „Arbeit und Bildung", Bd. 12).

DERS. und DAUSIEN, Bettina: Arbeitsleben. Eine qualitative Untersuchung von Arbeiterlebensgeschichten. Frankfurt/New York 1985.

DERS. und DOMINICE, Pierre: Biographieforschung und Lebensgeschichte. Ansätze in der Erwachsenenbildung. Beiträge zum 14. Kongreß der Deutschen Gesellschaft für Erziehungswissenschaft vom 14.–16. März 1994 in der Universität Dortmund. In: Zeitschrift für Pädagogik, 32. Beiheft (1994), S. 375–378.

DERS. und HOERNING, Erika (Hrsg.): Biographisches Wissen. Beiträge zu einer Theorie lebensgeschichtlicher Erfahrung. Frankfurt a.M./New York 1989.

ANDRES-MÜLLER, Heide: „Sich nett kleiden". Mädchen in der Sozialistischen Arbeiterjugend. In: Monika Lehmann und Hermann Schnorbach: Aufklärung als Lernprozeß. Festschrift für Hildegard Feidel-Mertz. Frankfurt a.M. 1992, S. 79–85.

AUERNHEIMER, Gustav: „Genosse Herr Doktor". Zur Rolle von Akademikern in der deutschen Sozialdemokratie 1890 bis 1933. Gießen 1985.

AXMACHER, Dirk: Der Widerspenstigen Bildung. In: päd.extra, 2. Jg. (März 1989), Heft 3, S. 11–14.

DERS.: Widerstand gegen Bildung. Zur Rekonstruktion einer verdrängten Welt des Wissens. Weinheim 1990.

BAACKE, Dieter: Ausschnitt und Ganzes. Theoretische und methodologische Probleme bei der Erschließung von Geschichten. In: Ders. und Theodor Schulze (Hrsg.): Aus Geschichten lernen. Zur Einübung pädagogischen Verstehens. München 1984[2], S. 11–50.

DERS.: Normalbiographie, Empathie und pädagogische Phantasie. In: Zeitschrift für Pädagogik. Beiträge zum 8. Kongreß der DGfE vom 22.–24. März 1982 in der Universität Regensburg. 18. Beiheft. Weinheim/Basel 1983, S. 298–306.

BAHRDT, Hans Paul: Erzählte Lebensgeschichten von Arbeitern. In: Arbeitssituation, Lebenslage und Konfliktpotential. Festschrift für Max E. Graf zu Solms-Roedelheim. Hrsg. von Martin Osterland. Köln 1975 (= Studienreihe des Forschungsinstituts Göttingen, SOFI).

BAJOHR, Frank: In doppelter Isolation. Zum Widerstand der Arbeiterjugendbewegung gegen den Nationalsozialismus. In: Wilfried Breyvogel (Hrsg.): Piraten, Swings und Junge Garde. Jugendwiderstand im Nationalsozialismus. Bonn 1991, S. 17–35.

DERS.: „Unmündige Opfer der kapitalistischen Produktionsweise?" Die Essener Arbeiterjugendbewegung im Kaiserreich. In: Heidi Behrens-Cobet (Hrsg.): Rote Jugend im schwarzen Revier. Bilder aus der

Geschichte der Essener Arbeiterjugendbewegung. Essen 1989, S. 17–32. (= Essener Beiträge zur Geschichte der Sozialdemokratie und Arbeiterbewegung, Bd. IV)

DERS.: Zwischen Krupp und Kommune. Sozialdemokratie, Arbeiterschaft und Stadtverwaltung in Essen vor dem 1. Weltkrieg. Essen 1988 (= Essener Beiträge zur Geschichte der Sozialdemokratie und Arbeiterbewegung, Bd. III).

DERS. und GAIGALAT, Michael (Hrsg.): Essens wilder Norden. Segeroth – Ein Viertel zwischen Mythos und Stigma. Hamburg 1990.

BAJOHR, Stefan: Die Hälfte der Fabrik. Geschichte der Frauenarbeit in Deutschland 1914 bis 1945. Marburg 1979 (= Schriftenreihe für Sozialgeschichte und Arbeiterbewegung Bd. 17).

BECKER, Helmut, BRANDECKER, Ferdinand und DUDEK, Peter (Hrsg.): „Es hat immer nur grad' so gereicht...". Arbeiterkinder und -jugendliche in Bockenheim 1918 – 1933. Frankfurt a.M. 1986(a) (= Studien zur Arbeiterkindheit und -jugend in ausgewählten Stadtteilen von Frankfurt am Main zur Zeit der Weimarer Republik, Bd.1).

DIES.: „Wer klassenbewußt war, war im Konsum." Arbeiterkinder und -jugendliche im Gallus-Viertel 1918-33. Frankfurt a.M. 1986(b) (= Veröffentlichungen des Vereins für Frankfurter Arbeitergeschichte e.V., Reihe B: „Forschungsergebnisse", Bd. 2).

BECKER, Horst u.a.: Die SPD von innen. Bestandsaufnahme an der Basis der Partei. Bonn 1983.

BEHN, Sabine: „....und die Mädels verbengeln und verwildern!" Mädchen in der Jugendbewegung – Tradierung und Abgrenzung von weiblichen Rollenzuweisungen. In: Archiv für die Geschichte des Widerstandes und der Arbeit Nr. 9, Bochum 1989, S. 77–90.

BEHRENS-COBET, Heidi: Parteijugend und kulturelle Avantgarde. Die Essener SAJ in der Weimarer Republik. In: Wilfried Breyvogel und Heinz-Hermann Krüger (Hrsg.): Land der Hoffnung – Land der Krise. Jugendkulturen im Ruhrgebiet 1900 – 1987. Berlin/Bonn 1987, S. 79–83.

DIES.: „Dem Sozialismus ergeben." Die sozialdemokratische Jugend der Weimarer Republik. In: Dies. (Hrsg.): Rote Jugend im schwarzen Revier. Bilder aus der Geschichte der Essener Arbeiterjugendbewegung. Essen 1989, S. 33–51.

DIES. und REICHLING, Norbert: „Dürfen sich Arbeiterkinder schlagen?" Die Freie Schule Segeroth in der Weimarer Republik. In: Frank Bajohr und Michael Gaigalat (Hrsg.): Essens wilder Norden. Segeroth – ein Viertel zwischen Mythos und Stigma. Hamburg 1990, S. 34–45.

DIES. und REICHLING, Norbert: „Wir fordern die freie Schule, weil sie die Schule des Sozialismus ist." Die Bewegung für freie weltliche Schulen in der Weimarer Republik. In: Internationale wissenschaftliche Korrespondenz zur Geschichte der deutschen Arbeiterbewegung, 23. Jg. (Dez. 1987), Heft 4, S. 485–505.

DIES., SCHMIDT, Ernst und BAJOHR, Frank: Freie Schulen. Eine vergessene Bildungsalternative. Essen 1986.

BEINERT, Heinz u.a.: Zwischen Anpassung und politischem Kampf. Zur Geschichte der organisierten Arbeiterjugendbewegung 1904–1974. o.O., o.J. (1974) (= Schriftenreihe der Sozialistischen Jugend Deutschlands – Die Falken).

BENDELE, Ulrich: Sozialdemokratische Schulpolitik und Pädagogik im wilhelminischen Deutschland (1890 – 1914). Eine sozialhistorisch-empirische Analyse. Frankfurt/New York 1979 (= Campus Forschung Bd. 75).

BENNINGHAUS, Christina: Mädchen – die unbekannten Wesen? Forschungen zur weiblichen Jugend im deutschen Kaiserreich und in der Weimarer Republik. In: Beate Fieseler und Birgit Schulze (Hrsg.): Frauengeschichte: Gesucht – gefunden? Auskünfte zum Stand der historischen Frauenforschung. Köln/Weimar/Wien 1991, S. 75–91.

DIES.: Stolpersteine auf dem Weg ins Leben – Die Arbeitsmarktsituation weiblicher Jugendlicher nach der Berufszählung von 1925. In: Tel Aviver Jahrbuch für Deutsche Geschichte (1992), Schwerpunkt Neuere Frauengeschichte, S. 227–242.

BERG, Christa: Familie, Kindheit, Jugend. In: dies. (Hrsg.): Handbuch der deutschen Bildungsgeschichte Bd. IV 1870–1918. Von der Reichsgründung bis zum Ende des Ersten Weltkriegs. München 1991, S. 91–145.

BERGER, Hartwig: Untersuchungsmethode und soziale Wirklichkeit. Eine Kritik an Interview und Einstellungsmessung in der Sozialforschung. Frankfurt a.M. 1974.

BERGMANN, Klaus: Lebensgeschichte als Appell. Autobiographische Schriften der „kleinen Leute" und Außenseiter. Opladen 1991.

BERLINER GESCHICHTSWERKSTATT (Hrsg.): Alltagskultur, Subjektivität und Geschichte. Zur Theorie und Praxis von Alltagsgeschichte. Münster 1994.

BERNHARD, Armin: „Wir hatten stammelnd begonnen". Die Ästhetik des Widerstands als Bildungsgeschichte der Arbeiterbewegung. In: Das Argument, 34. Jg. (1992), Heft 2, S. 191–204.

BILDER DER FREUNDSCHAFT. Fotos aus der Geschichte der Arbeiterjugend. Mit Beiträgen von Diethard Kerbs u.a. Hrsg. vom Archiv der Arbeiterjugendbewegung Oer-Erkenschwick. Münster 1988.

BLOSSFELD, Hans-Peter: Sensible Phasen im Bildungsverlauf. Eine Längsschnittanalyse über die Prägung von Bildungskarrieren durch den gesellschaftlichen Wandel. In: Zeitschrift für Pädagogik, 34. Jg. (1988), S. 45–63.

BOURDIEU, Pierre: Die biographische Illusion. In: Bios. Zeitschrift für Biographieforschung und Oral History, Heft 1 (1990), S. 75–81.

DERS.: Klassenschicksal, individuelles Handeln und das Gesetz der Wahrscheinlichkeit. In: Ders. u.a.: Titel und Stelle. Über die Reproduktion sozialer Macht. Frankfurt a.M. 1981, S. 169–226.

DERS. und PASSERON, J.-C.: Die Illusion der Chancengleichheit. Untersuchungen zur Soziologie des Bildungswesens am Beispiel Frankreichs. Stuttgart 1971.

BRANDECKER, Ferdinand: Notizen zur Sozialisation des Arbeiterkindes in der Weimarer Republik. In: Manfred Heinemann (Hrsg.): Sozialisation und Bildungswesen in der Weimarer Republik. Stuttgart 1976, S. 39–56 (= Veröff. der Historischen Kommission des DGfE, Bd.1).

DERS. u.a.: Klassiker der sozialistischen Erziehung. Hrsg. vom Bundesvorstand der Sozialistischen Jugend Deutschlands – Die Falken. Bonn 1989.

BREYVOGEL, Wilfried und KAMP, Martin: Weltliche Schule in Preußen und im Ruhrgebiet. Forschungsstand und statistische Grundlagen. In: Ullrich Amlung u.a. (Hrsg.): „Die alte Schule überwinden". Reformpädagogische Versuchsschulen zwischen Kaiserreich und Nationalsozialismus. Frankfurt a.M. 1993, S. 185–220.

BRÜCHER, Bodo: Die Forschungen in der Bundesrepublik Deutschland zur Geschichte der Arbeiterjugendbewegung. Vortrag in der Gesellschaftswissensch. Fakultät der Wilhelm-Pieck-Universität in Rostock am 24.9.1985. (Sammlung SOPAED) Universität Bielefeld. Bielefeld 1985.

DERS. und HARTMANN, Günter: Hebt unsere Fahnen in den Wind! Bilder aus der Geschichte der Sozialistischen Arbeiterjugendbewegung in Ostwestfalen und Lippe. Bonn 1983.

BRÜCKER, Eva und GRÖSCHEL, Roland: Zur These von der Erosion arbeiterkultureller Milieus oder: Die praktische Bedeutung symbolischer Handlungen. Zum Beispiel: Die Jugendweihe. In: Interventionen, 1. Jg. (März 1991), Heft 1, S. 49–58.

BRÜCKNER, Peter und RICKE, Gabriele: Über die ästhetische Erziehung des Menschen in der Arbeiterbewegung. In: Chris Bezzel u.a.: Das Unvermögen der Realität. Beiträge zu einer anderen materialistischen Ästhetik. Berlin 1975[2], S. 37–68.

BRÜGGEMEIER, Franz-Josef und WIERLING, Dorothee: Einführung in die Oral History. Kurseinheit 2: Das Interview. Fernuniversität – Gesamthochschule Hagen, FB Erziehungs- und Sozialwissenschaften. Hagen 1986.

BUBLITZ, Hannelore: Überlebensarbeit und Geschlechterverhältnisse. ArbeiterFrauen und -Töchter im intergenerativen Vergleich: Chancen ihrer „Individualisierung" vor dem Hintergrund gesellschaftlichen Strukturwandels. In: Anne Schlüter (Hrsg.): Arbeitertöchter und ihr sozialer Aufstieg. Zum Verhältnis von Klasse, Geschlecht und sozialer Mobilität. Weinheim 1992, S. 16–35.

BUDE, Heinz: Deutsche Karrieren. Lebenskonstruktionen sozialer Aufsteiger aus der Flakhelfer-Generation. Frankfurt a.M. 1987.

DERS.: Rekonstruktion von Lebenskonstruktionen – eine Antwort auf die Frage, was die Biographieforschung bringt. In: Martin Kohli und Günther Robert (Hrsg.): Biographie und soziale Wirklichkeit. Neue Beiträge und Forschungsperspektiven. Stuttgart 1984, S. 7–28.

BUSCHMEYER, Hermann u.a.: Erwachsenenbildung im lebensgeschichtlichen Zusammenhang. Hrsg. von der Pädagogischen Arbeitsstelle des Deutschen Volkshochschul-Verbandes. Frankfurt a.M. 1987 (= Berichte, Materialien, Planungshilfen).

BUTTERHOF: Hans-Wolf: Wissen und Macht. Widersprüche sozialdemokratischer Bildungspolitik bei Harkort, Liebknecht und Schulz. München 1978.

CARDORFF, Peter: Irrationalismus und Rationalismus in der sozialistischen Bewegung. Hamburg 1980.
CASTELL RÜDENHAUSEN, Adelheid Gräfin zu: Familie, Kindheit, Jugend. In: Dieter Langewiesche und Heinz-Elmar Tenorth (Hrsg.): Handbuch der deutschen Bildungsgeschichte. Bd. V 1918–1945. Die Weimarer Republik und die nationalsozialistische Diktatur. München 1989, S. 65–110.
CHRIST, Karl: Sozialdemokratie und Volkserziehung. Die Bedeutung des Mannheimer Parteitages der SPD im Jahre 1906 für die Entwicklung der Bildungspolitik und Pädagogik der deutschen Arbeiterbewegung vor dem Ersten Weltkrieg. Bern/Frankfurt a.M. 1975 (= Europäische Hochschulschriften, Reihe XI Pädagogik).
CLARKE, Michael: Der Werkswohnungsbau der Firma Krupp. In: Ruhrlandmuseum (Hrsg.): Vom Hausen zum Wohnen. Wohnungsbau für Arbeiter zur Zeit der Industrialisierung. Essen 1988, S. 28–53.

DEPPE, Wilfried: Drei Generationen Arbeiterleben. Eine sozio-biographische Darstellung. Hrsg. vom Soziologischen Forschungsinstitut Göttingen. Frankfurt/New York 1982 (= Studienreihe des Soziologischen Forschungsinstituts).
DERICHS-KUNSTMANN, Karin, FAULSTICH, Peter und TIPPELT, Rudolf (Hrsg.): Theorien und forschungsleitende Konzepte der Erwachsenenbildung. Dokumentation der Jahrestagung 1994 der Kommission Erwachsenenbildung der Deutschen Gesellschaft für Erziehungswissenschaft. Beiheft zum „Report". Frankfurt a.M. 1995.
DEUTSCHER BILDUNGSRAT: Empfehlungen der Bildungskommission. Strukturplan für das Bildungswesen. Bonn 1970.
DÖRSCHEL, Alfons: Geschichte und Erziehung im Wandel von Wirtschaft und Gesellschaft. Berlin 1972 (= Ausbildung und Fortbildung, Bd. 1).
DUDEK, Peter: Erziehung durch Arbeit. Arbeitslagerbewegung und Freiwilliger Arbeitsdienst 1920–1935. Opladen 1988.
DUKA, Barbara und MÖHLE-BUSCHMEYER, Rosemarie: Weibliche Jugendliche in Zechensiedlungen. Zum Mädchenalltag zwischen den Weltkriegen. In: Wilfried Breyvogel und Heinz-Hermann Krüger (Hrsg.): Land der Hoffnung – Land der Krise. Jugendkulturen im Ruhrgebiet 1900–1987. Berlin/Bonn 1987, S. 70–77.

EBERTS, Erich: Arbeiterjugend 1904 – 1945. Frankfurt a.M. 1979. (Quellen und Beiträge zur Geschichte der Jugendbewegung 20)
EINSIEDEL, Heinrich Graf von: Tagebuch der Versuchung. Berlin/Stuttgart 1950.
EMIG, Brigitte: Die Veredelung des Arbeiters. Sozialdemokratie als Kulturbewegung. Frankfurt a.M. 1980.
EMMERLING, Erich: 50 Jahre Volkshochschule in Deutschland. Berlin (DDR) 1958.
EPPE, Heinrich: Wie kam man früher zur SAJ? In: Schlaglichter. Zeitschrift der Sozialistischen Jugend Deutschlands – Die Falken, Nr. 1 (1992), S. 37f.
DERS.: Zur Mitgliederstatistik der SAJ in ausgewählten Bezirken der Jahre 1928 und 1929 (Archiv zur Geschichte der Arbeiterjugendbewegung, unveröff.).

FISCHER, Wolfgang und KOHLI, Martin: Biographieforschung. In: Wolfgang Voges, (Hrsg.): Methoden der Biographie- und Lebenslaufforschung. Opladen 1987, S. 25–49.
FISCHER, Wolfram: Funktion und Struktur erzählter Lebensgeschichten. In: Martin Kohli (Hrsg.): Soziologie des Lebenslaufs. Neuwied 1978.
FLEMMING, Jens, SAUL, Klaus und WITT, Peter-Christian (Hrsg.): Familienleben im Schatten der Krise. Dokumente und Analysen zur Sozialgeschichte der Weimarer Republik. Düsseldorf 1988.
FOITZIK, Jan: Zwischen den Fronten. Zur Politik, Organisation und Funktion linker politischer Kleinorganisationen im Widerstand 1933 bis 1939/40. Bonn 1986.
FRANZKE, Jürgen u.a.: Der Zusammenbruch der Weimarer Republik als biographisches Ereignis. Bewältigungs- und Anpassungsformen innerhalb eines zentralen Krisenzeitraumes im Lebenslauf einer

Nürnberger Arbeitergeneration. In: Martin Kohli und Günther Robert (Hrsg.): Biographie und soziale Wirklichkeit. Stuttgart 1984, S. 261–283.

FREVERT, Ute: „Wo du hingehst..." – Aufbrüche im Verhältnis der Geschlechter. Rollentausch anno 1908. In: August Nitschke u.a. (Hrsg.): Jahrhundertwende. Der Aufbruch in die Moderne 1880–1930. Bd. 2, Reinbek 1990, S.89–118.

FREYBERG, Thomas v.: ausspioniert und angeschmiert. Das Bewußtsein der Arbeiterjugend als Objekt von Forschung und Erziehung. Gießen 1978 (= Argumentationen Bd. 41).

FRIEDEMANN, Peter: Anspruch und Wirklichkeit der Arbeiterkultur 1891–1933. In: Dietmar Petzina (Hrsg.): Fahnen, Fäuste, Körper. Symbolik und Kultur der Arbeiterbewegung. Essen 1986, S. 101–111.

DERS. (Hrsg.): „Die Arbeiterjugend war unsere Hochschule." Biographie Karl Stein. In: Mitteilungen des Instituts zur Erforschung der europäischen Arbeiterbewegung Nr. 8 (1987), S. 43–48.

FUCHS, Werner: Möglichkeiten der biographischen Methode. In: Lutz Niethammer (Hrsg.): Lebenserfahrung und kollektives Gedächtnis. Die Praxis der „Oral History". Frankfurt a.M. 1980, S. 323–348.

DERS.: An die gleichen Jahrzehnte andere Erinnerungen. „Die andere Bundesrepublik": Geschichtsschreibung der Arbeiterbewegung müßte sich von der Wahrnehmungsweise der Führungsgruppen (und solcher, die es werden wollen) lösen. In: Frankfurter Rundschau vom 4.6.1980.

DERS.: Biographische Forschung. Eine Einführung in Praxis und Methoden. Opladen 1984.

DERS.: Biographische Forschung. Kurseinheit 1: Biographische Kommunikation. Fernuniversität – Gesamthochschule Hagen. Fachbereich Erziehungs- und Sozialwissenschaften. Hagen 1982.

DERS.: Biographische Forschung. Kurseinheit 2: Forschungsansätze. Fernuniversität – Gesamthochschule Hagen. Fachbereich Erziehungs- und Sozialwissenschaften. Hagen 1982.

DERS.: Biographische Forschung. Kurseinheit 3: Arbeitsschritte. Fernuniversität – Gesamthochschule Hagen. Fachbereich Erziehungs- und Sozialwissenschaften. Hagen 1981.

FÜHR, Christoph: Zur Schulpolitik der Weimarer Republik. Die Zusammenarbeit von Reich und Ländern im Reichsschulausschuß (1919–1923) und im Ausschuß für das Unterrichtswesen (1924–1933). Weinheim 1972².

FÜHRER, Karl Christian: Unterstützung und Lebensstandard der Arbeitslosen 1918–1927. In: Klaus Tenfelde (Hrsg.): Arbeiter im 20. Jahrhundert. Stuttgart 1991, S. 275–298.

GEIER, Jens: „Praktischer Sozialismus oder Mildtätigkeit?" Die Geschichte der Arbeiterwohlfahrt Essen 1919–1933. Essen 1989(a) (= Essener Beiträge zur Geschichte der Sozialdemokratie und Arbeiterbewegung. Hrsg. von der SPD Essen, Bd. V).

DERS.: „Die Sorgenkinder" – Essener Jungsozialisten in der Weimarer Republik. In: Heidi Behrens-Cobet (Hrsg.): Rote Jugend im schwarzen Revier. Essen 1989(b), S. 66–70.

GEISSEL, Brigitte und LUMMERT, Andrea: Zur Sozialisation von Mädchen in der Sozialistischen Arbeiterjugend (SAJ) Berlins in der Weimarer Republik. Ein Beitrag zur Geschlechterfrage in der SAJ und zur Erforschung geschlechtsunterschiedlicher politischer Sozialisation. In: Interventionen, 1. Jg. (März 1991), Heft 1, S. 34–48.

GENTSCH, Dirk H.: Zur Geschichte der sozialdemokratischen Schulpolitik in der Zeit der Weimarer Republik. Eine historisch-pädagogische Analyse zur Schulpolitik der SPD in Deutschland in den Jahren von 1919 bis 1933. Eine Studie. Frankfurt a.M. 1994 (= Europäische Hochschulschriften, Reihe 11, Pädagogik, Bd. 569).

GEPPERT, Alexander C.T.: Forschungstechnik oder historische Disziplin? Methodische Probleme der Oral History. In: Geschichte in Wissenschaft und Unterricht, Jg. 45 (1994), Heft 5, S. 303–323.

GESTRICH, Andreas, KNOCH, Peter und MERKEL, Helga (Hrsg.): Biographie – sozialgeschichtlich. Sieben Beiträge. Göttingen 1988.

GIESECKE, Hermann: Vom Wandervogel bis zur Hitlerjugend. Jugendarbeit zwischen Politik und Pädagogik. München 1981.

GILLIS, John: Geschichte der Jugend. Weinheim/Basel 1980.

GOCH, Stefan: Sozialdemokratische Arbeiterbewegung und Arbeiterkultur im Ruhrgebiet. Eine Untersuchung am Beispiel Gelsenkirchen 1848–1975. Düsseldorf 1990 (= Beiträge zur Geschichte des Parlamentarismus und der politischen Parteien, Bd. 91).

GORZ, André: Abschied vom Proletariat. Jenseits des Sozialismus. Frankfurt a.M. 1980 (Orig.: Adieux au prolétariat. Au delà du socialisme. Paris 1980).

GRAU, Dieter: Erziehung in der weltlichen Schule: Funktion und Grenzen. In: Peter Friedemann und Gustav Seebold (Hrsg.): Struktureller Wandel und kulturelles Leben. Politische Kultur in Bochum 1860 – 1990. Essen 1992, S. 273–283.

GRÖSCHEL, Roland: Die mehrheitssozialdemokratische Arbeiterjugendorganisation in Berlin 1919–1922: Politische Auseinandersetzungen und sozialisatorische Bedeutung. Diplomarbeit, FU Berlin (Soziologie) 1986.

DERS.: „....wir kämpfen, weil wir gläubig sind..." Notizen zur Geschichte der Berliner Arbeiterjugendbewegung. In: Gert-Joachim Glaessner, Detlef Lehnert und Klaus Sühl (Hrsg.): Studien zur Arbeiterbewegung und Arbeiterkultur in Berlin. Berlin 1989, S. 147–170.

GROSCHOPP, Horst: Zwischen Bierabend und Bildungsverein. Zur Kulturarbeit in der deutschen Arbeiterbewegung vor 1914. Berlin (DDR) 1985.

GROSSBRÖHMER, Rainer und KIRCH, Karin: Von Bildungsbakterien und Volkshochschulepidemien. Ein Beitrag zur Geschichte der Volkshochschule Essen 1919 – 1974. Essen 1994.

GRÜTER, Monika: Der „Bund für ein sozialistisches Leben": Seine Entwicklung in den 20er Jahren und seine Widerständigkeit unter dem Nationalsozialismus. Hausarbeit an der Universität Gesamthochschule Essen (Fach Geschichte) 1988.

GÜNTHER, Ute: Erwachsenenbildung in ihrer Vielfalt. Eine Studie zur Geschichte der Erwachsenenbildung in der Stadt Essen. Frankfurt a.M. u.a. 1993 (= Europäische Hochschulschriften, Reihe XI, Bd. 530).

DIES.: Eugen Sulz. In: Günther Wolgast und Joachim H. Knoll (Hrsg.): Biographisches Handwörterbuch der Erwachsenenbildung. Bonn 1986, S. 393f.

DIES.: Zur Lokalgeschichte der Volkshochschulen. Hrsg. von der Pädagogischen Arbeitsstelle des Deutschen Volkshochschul-Verbandes. Frankfurt a.M. 1988 (= Berichte, Materialien, Planungshilfen).

HÄGEL, Helmuth: Die Stellung der sozialdemokratischen Jugendorganisation zu Staat und Partei in den Anfangsjahren der Weimarer Republik. In: Internationale wissenschaftliche Korrespondenz zur Geschichte der deutschen Arbeiterbewegung, 12. Jg. (1976), Heft 2, S. 166–216.

HAFENEGER, Benno: „Alle Arbeit für Deutschland". Arbeit, Jugendarbeit und Erziehung in der Weimarer Republik, unter dem Nationalsozialismus und in der Nachkriegszeit. Köln 1988.

HAGEMANN, Karen: Frauenalltag und Männerpolitik. Alltagsleben und gesellschaftliches Handeln von Arbeiterfrauen in der Weimarer Republik. Bonn 1990 (a).

DIES.: „Ich glaub' nicht, daß ich Wichtiges zu erzählen hab'...". Oral History und historische Frauenforschung. In: Herwart Vorländer (Hrsg.): Oral History. Mündlich erfragte Geschichte. Göttingen 1990 (b), S. 29–48.

HAHN, Heinrich Wolfgang: Die technische Weiterbildung unter besonderer Berücksichtigung des rheinisch-westfälischen Industriegebietes und der Stadt Essen in den Jahren 1910 bis 1933. Berlin 1986.

HALBWACHS, Maurice: Das kollektive Gedächtnis. Stuttgart 1967.

HAMANN, Bruno: Geschichte des Schulwesens. Werden und Wandel der Schule im ideen- und sozialgeschichtlichen Zusammenhang. Bad Heilbrunn 1986.

HARDTWIG, Wolfgang: Was kommt nach der Alltagsgeschichte? Einige Überlegungen zu ihrer Aktualität. In: Neue Zürcher Zeitung vom 8.1.1993.

HARTEWIG, Karin: Das unberechenbare Jahrzehnt. Bergarbeiter und ihre Familien im Ruhrgebiet 1914–1924. München 1993.

HARTMANN, Günter und LIENKER, Heinrich: Sozialistische Arbeiterjugendbewegung in der Weimarer Republik. Hrsg. von der Universität Bielefeld. Bielefeld 1982 (= Forschungsbericht 2).

HEIDENREICH, Frank: Arbeiterbildung und Kulturpolitik. Kontroversen in der sozialdemokratischen Zeitschrift „Kulturwille" 1924–1933. Berlin 1983 (= Argument Studienhefte, SH 58).

HEIMANN, Antje: Arbeiterbildung am Beispiel der sozialistischen Einrichtungen in der Weimarer Republik. Diplomarbeit Universität Köln (FB Erziehungswissenschaften) 1987.

HEINEMANN, Manfred (Hrsg.): Sozialisation und Bildungswesen in der Weimarer Republik. Hrsg.

von der Histor. Kommission der Deutschen Gesellschaft für Erziehungswissenschaft. Stuttgart 1976.

HEINZE, Thomas und KLUSEMANN, Hans-W.: Ein biographisches Interview als Zugang zu einer Bildungsgeschichte. In: Dieter Baacke und Theodor Schulze (Hrsg.): Aus Geschichten lernen. Zur Einübung pädagogischen Verstehens. München 1984[2].

HENNINGSEN, Jürgen: Autobiographie und Erziehungswissenschaft. Fünf Studien. Essen 1981 (= neue pädagogische bemühungen, Bd. 87).

HERBIG, Rudolf: Notizen aus der Sozial-, Wirtschafts- und Gewerkschaftsgeschichte vom 14. Jahrhundert bis zur Gegenwart. Hrsg. vom DGB-Bundesvorstand, o.O., o.J. (Düsseldorf 1973).

HERMANNS, Manfred: Jugendarbeitslosigkeit seit der Weimarer Republik. Ein sozialhistorischer und soziologischer Vergleich. Opladen 1990.

HERRE, Günther: Arbeitersport, Arbeiterjugend und Obrigkeitsstaat 1893 bis 1914. In: Gerhard Huck (Hrsg.): Sozialgeschichte der Freizeit. Wuppertal 1980[2], S. 187–205.

HERRLITZ, Hans Georg, HOPF, Wulf und TITZE, Hartmut: Deutsche Schulgeschichte von 1800 bis zur Gegenwart. Eine Einführung. Königstein/Ts. 1981.

HERRMANN, Ulrich: Biographische Konstruktionen und das gelebte Leben. Prolegomena zu einer Biographie- und Lebenslaufforschung in pädagogischer Absicht. In: Zeitschrift für Pädagogik, 33. Jg. (1987a), Heft 3, S. 303–323.

DERS. (Hrsg.): „Neue Erziehung", „Neue Menschen". Ansätze zur Erziehungs- und Bildungsreform in Deutschland zwischen Kaiserreich und Diktatur. Weinheim/Basel 1987 (b) (= Geschichte des Erziehungs- und Bildungswesens in Deutschland, Bd. 5).

DERS.: Pädagogisches Denken und Anfänge der Reformpädagogik. In: Christa Berg (Hrsg.): Handbuch der deutschen Bildungsgeschichte Bd. IV 1870–1918. Von der Reichsgründung bis zum Ende des Ersten Weltkriegs. München 1991, S. 147–178.

HESSE, Alexander: „Bildungsinflation" und „Nachwuchsmangel". Zur deutschen Bildungspolitik zwischen Weltwirtschaftskrise und Zweitem Weltkrieg. Hamburg 1986 (= Erziehungswiss. Dissertationen, Bd.2).

HILDENBRAND, Bruno u.a.: Biographiestudien im Rahmen von Milieustudien. In: Martin Kohli und Günther Robert (Hrsg.): Biographie und soziale Wirklichkeit. Neue Beiträge und Forschungsperspektiven. Stuttgart 1984, S. 29–52.

HORN, Klaus-Peter und TENORTH, Heinz-Elmar: Remigration in der Erziehungswissenschaft. In: Exilforschung, ein internationales Jahrbuch. Bd. 9: Exil und Remigration. Hrsg. im Auftrag der Gesellschaft für Exilforschung. München 1991, S. 171–191.

IHLAU, Olaf: Die roten Kämpfer. Ein Beitrag zur Geschichte der Arbeiterbewegung in der Weimarer Republik und im Dritten Reich. Meisenheim an der Glan 1969 (= Marburger Abhandlungen zur Politischen Wissenschaft, Bd. 14).

JACKOB, Kerstin: Die Bildungsarbeit der SPD in den zwanziger Jahren. Bemerkungen zu Struktur, Organisation und Konzeption. In: Beiträge zur Geschichte der Arbeiterbewegung, Heft 2 (1990), S. 233–241.

JAHN, Robert: Essener Geschichte. Die geschichtliche Entwicklung im Raum der Großstadt Essen. Essen 1952.

JASCHKE, Hans-Gerd: Zur politischen Orientierung von Frauen und Frauenverbänden in der Weimarer Republik. In: Detlef Lehnert und Klaus Megerle (Hrsg.): Politische Teilkulturen zwischen Integration und Polarisierung. Zur politischen Kultur in der Weimarer Republik. Opladen 1990, S. 143–160.

KAMBURG, Petra und TEPASS, Anne: ‚Mädels' zwischen Volkstanz und Klassenkampf. Die Rolle der Mädchen in SAJ und KJ. In: Heidi Behrens-Cobet (Hrsg.): Rote Jugend im schwarzen Revier. Essen 1989, S. 52–65.

KLEMM, Klaus: Bildungsexpansion und ökonomische Krise. In: Zeitschrift für Pädagogik, 33. Jg. (Nov. 1987), Heft 6, S. 823–839.

DERS., ROLFF, Hans-Günter und TILLMANN, Klaus-Jürgen: Bildung für das Jahr 2000. Bilanz der Reform, Zukunft der Schule. Hrsg. von der Max-Traeger-Stifung. Reinbek 1985.

KLENKE, Dietmar: Die SPD-Linke in der Weimarer Republik. Eine Untersuchung zu den regionalen organisatorischen Grundlagen und politischen Praxis und Theoriebildung des linken Flügels der SPD in den Jahren 1922–1932. Bd. II. Münster 1987 (= Arbeiterbewegung und Arbeiterkultur, Bd. 11).

KLÖNNE, Irmgard: „Ich spring' in diesem Ringe". Mädchen und Frauen in der deutschen Jugendbewegung. Pfaffenweiler 1990.

KLUTH, Heinz: Arbeiterjugend – Begriff und Wirklichkeit. In: Helmut Schelsky (Hrsg.): Arbeiterjugend gestern und heute. Heidelberg 1955, S. 16–174.

KÖHLER, Helmut: Bildungsbeteiligung und Sozialstruktur in der Bundesrepublik. Zu Stabilität und Wandel der Ungleichheit von Bildungschancen. Hrsg. vom Max-Planck-Institut für Bildungsforschung. Bonn/Berlin 1992 (= Studien und Berichte, Bd. 53).

KOHLI, Martin: Erwartungen an eine Soziologie des Lebenslaufs. In: ders. (Hrsg.): Soziologie des Lebenslaufs. Neuwied 1978, S. 9–31.

DERS. (Hrsg.): Soziologie des Lebenslaufs. Neuwied 1978.

DERS.: Wie es zur „biographischen" Methode kam und was daraus geworden ist. Ein Kapitel aus der Geschichte der Sozialforschung. In: Zeitschrift für Soziologie 1981, S. 273–293.

DERS. und ROBERT, Günther (Hrsg.): Biographie und soziale Wirklichkeit. Neue Beiträge und Forschungsperspektiven. Stuttgart 1984.

KOHLMEIER, Franz-Georg u.a.: Freundschaft – Ordnung – Solidarität. Die Kinderfreundebewegung in Essen. Aufbau, Ziele und Entwicklung. In: Heidi Behrens-Cobet (Hrsg.): Rote Jugend im schwarzen Revier. Bilder aus der Geschichte der Essener Arbeiterjugendbewegung. Essen 1989, S. 71–89.

KRAUL, Margret: Das deutsche Gymnasium 1780–1980. Frankfurt a.M. 1984

KROENER, Bernhard R.: Auf dem Weg zu einer „nationalsozialistischen Volksarmee". Die soziale Öffnung des Heeresoffizierkorps im Zweiten Weltkrieg. In: Martin Broszat, Klaus-Dietmar Henke und Hans Woller (Hrsg.): Von Stalingrad zur Währungsreform. Zur Sozialgeschichte des Umbruchs in Deutschland. München 1989 (= Quellen und Darstellungen zur Zeitgeschichte. Hrsg. vom Institut für Zeitgeschichte, Bd. 26), S. 651–682.

KROMBERG, Hermann: Politische Strömungen und Wahlen in Stadt- und Landkreis Essen von der Novemberrevolution 1918 bis zur Reichstagswahl vom Dezember 1924. Diss. Universität Bonn 1968.

KRÜGER, Heinz-Herrmann und MAROTZKI, Winfried (Hrsg.): Erziehungswissenschaftliche Biographieforschung. Opladen 1995.

KUCZYNSKI, Jürgen: Darstellung der Lage der Arbeiter in Deutschland von 1917/18 bis 1932/33. Bd. 5, Berlin (DDR) 1966.

DERS.: Die Geschichte der Lage der Arbeiter unter dem Kapitalismus. Bd. 20, Berlin (DDR) 1969.

KÜHR, Herbert: Parteien und Wahlen im Stadt- und Landkreis Essen in der Zeit der Weimarer Republik. Unter bes. Berücksichtigung des Verhältnisses von Sozialstruktur und politischen Wahlen. Düsseldorf 1973 (= Beiträge zur Geschichte des Parlamentarismus und der politischen Parteien, Bd. 49).

KULTURAMT DER STADT ESSEN (Hrsg.): Zwischen Alternative und Protest. Zu Sport- und Jugendbewegungen in Essen 1900 bis 1933. Essen 1983.

LANGEWIESCHE, Dieter: Arbeiterkultur in Österreich: Aspekte, Tendenzen und Thesen. In: Gerhard A. Ritter, (Hrsg.): Arbeiterkultur. Königstein/Ts. 1979, S. 40–57.

DERS.: Zur Freizeit des Arbeiters. Bildungsbestrebungen und Freizeitgestaltung österreichischer Arbeiter im Kaiserreich und in der ersten Republik. Stuttgart 1980.

DERS.: Freizeit und „Massenbildung". Zur Ideologie und Praxis der Volksbildung in der Weimarer Republik. In: Gerhard Huck, (Hrsg.): Sozialgeschichte der Freizeit. Wuppertal 1980, S. 223–247.

DERS.: Freizeit und „Massenbildung". Zur Ideologie und Praxis der sozialdemokratisch-gewerkschaftlichen Volksbildung der Weimarer Republik. In: Ulrich Herrmann, (Hrsg.): „Neue Erziehung", „Neue Menschen". Ansätze zur Erziehungs- und Bildungsreform in Deutschland zwischen Kaiserreich und

Diktatur. Weinheim/Basel 1987 (= Geschichte des Erziehungs- und Bildungswesens in Deutschland, Bd. 5) S. 123–140.

DERS.: Die Gewerkschaften und die kulturellen Bemühungen der Arbeiterbewegung in Deutschland und Österreich (1890er bis 1920er Jahre). In: Internationale Wissenschaftliche Korrespondenz zur Geschichte der deutschen Arbeiterbewegung, 18. Jg. (März 1982), Heft 1, S. 1–17.

DERS.: Die proletarische Großstadtfamilie um 1930. In: Arbeitsgruppe Pädagogisches Museum (Hrsg.): Hilfe Schule. Ein Bilder-Lese-Buch über Schule und Alltag Berliner Arbeiterkinder. Von der Armenschule zur Gesamtschule 1827 bis heute. Berlin 1981, S. 141–144.

DERS. und TENORTH, Heinz-Elmar: Bildung, Formierung, Destruktion. Grundzüge der Bildungsgeschichte von 1918–1945. Einleitung von dies. (Hrsg.): Handbuch der deutschen Bildungsgeschichte. Bd. V 1918–1945. Die Weimarer Republik und die nationalsozialistische Diktatur. München 1989, S. 1–24.

LANTERMANN, Friedrich W.: Essener Filmtheater – Von den Anfängen bis zum Jahr 1939. In: Beiträge zur Geschichte von Stadt und Stift Essen, hrsg. vom Historischen Verein für Stadt und Stift Essen, 104. Heft (1991/92). Essen 1992, S. 123–234.

LAQUEUR, Walter: Die deutsche Jugendbewegung. Eine historische Studie. Köln 1978 (zuerst erschienen 1962).

LEHNERT, Detlef: Mietskasernen-Realität und Gartenstadt-Träume. Zur Wohnsituation Jugendlicher in Großstädten der 20er Jahre. In: Deutscher Werkbund e.V. und Württembergischer Kunstverein Stuttgart (Hrsg.): Schock und Schöpfung. Jugendästhetik im 20. Jahrhundert. Darmstadt/Neuwied 1986, S. 338–341.

DERS.: „Staatspartei der Republik" oder „revolutionäre Reformisten"? Die Sozialdemokraten. In: Ders. und Klaus Megerle (Hrsg.): Politische Identität und nationale Gedenktage. Zur politischen Kultur in der Weimarer Republik. Opladen 1989, S. 89–113.

LENGKEIT, Reinhold: Entwicklung der Parteiorganisation. In: „Ein schwerer Kampf ist's, den wir wagen." 125 Jahre Sozialdemokratische Partei in Duisburg. Hrsg. im Auftrag der Sozialistischen Bildungsgemeinschaft Duisburg von Hartmut Pietsch und Horst Scherschel. Duisburg 1989.

LENZ, Karl: Sabrina, 18 Jahre alt. Interpretationen zu einem narrativen Interview und einige Anmerkungen zur Technik. In: Grounded. Arbeiten aus der Sozialforschung Nr. 6 (1988), Fernuniversität Hagen.

LESCHINSKY, Achim und ROEDER, Peter Martin: Schule im historischen Prozeß. Stuttgart 1976.

LIEBAU, Eckart und MÜLLER-ROLLI, Sebastian (Hrsg.): Lebensstil und Lernform. Zur Kultursoziologie Pierre Bourdieus. Themenheft der Neuen Sammlung 3/1985.

LIEBEL, Manfred und SCHONIG, Bruno: Sozio-biographische Zugänge zur Geschichte der Arbeiterjugend (Vorüberlegungen zu einem Forschungsprojekt, Juli 1978) In: Probleme des Klassenkampfs Nr. 33 (1978), S. 127–146.

LIENKER, Heinrich: „Geist von Weimar". Partizipationsbestrebungen, kulturelle Orientierungen und politisch-pädagogische Handlungsfelder der mehrheitssozialistischen Jugendbewegung in der Frühphase der Weimarer Republik. Hrsg. von der SJD – Die Falken. Bundesvorstand. Bonn 1987 (= Schriftenreihe des Archivs der Arbeiterjugendbewegung Nr. 12).

LINDSTAEDT, Erich: Geschichte der Arbeiterjugendbewegung. In: Erziehung und Gesellschaft, Heft 9 (1950) bis Heft 7 (1951).

LINSE, Ulrich: Entschiedene Jugend 1919–1921. Deutschlands erste revolutionäre Schüler- und Studentenbewegung. Frankfurt a.M. 1981 (= Quellen und Beiträge zur Geschichte der Jugendbewegung, Bd. 23).

DERS.: „Geschlechtsnot der Jugend". Über Jugendbewegung und Sexualität. In: Thomas Koebner, Rolf-Peter Janz und Frank Trommler (Hrsg.): „Mit uns zieht die neue Zeit". Der Mythos Jugend. Frankfurt a.M. 1985, S. 245–309.

DERS.: Lebensformen der bürgerlichen und der proletarischen Jugendbewegung. Die Aufbrüche der Jugend und die Krise der Erwachsenenwelt. In: Jahrbuch des Archivs der deutschen Jugendbewegung Bd. 10 (1978), S. 24–58.

LÖSCHE, Peter und WALTER, Franz: Zur Organisationskultur der sozialdemokratischen Arbeiterbewegung in der Weimarer Republik. Niedergang der Klassenkultur oder solidargemeinschaftlicher Höhepunkt? In: Geschichte und Gesellschaft, 15. Jg. (1989), Heft 4, S. 511–536.

274

DIES.: Zwischen Expansion und Krise. Das sozialdemokratische Arbeitermilieu. In: Detlef Lehnert und Klaus Megerle (Hrsg.): Politische Teilkulturen zwischen Integration und Polarisierung. Zur politischen Kultur in der Weimarer Republik. Opladen 1990, S. 161–187.

DIES.: Die SPD. Klassenpartei – Volkspartei – Quotenpartei. Zur Entwicklung der Sozialdemokratie von Weimar bis zur deutschen Vereinigung. Darmstadt 1992.

LUCAS, Erhard: Vom Scheitern der deutschen Arbeiterbewegung. Frankfurt a.M. 1983.

LÜDTKE, Alf: „Deutsche Qualitätsarbeit", „Spielereien" am Arbeitsplatz und „Fliehen" aus der Fabrik: industrielle Arbeitsprozesse und Arbeiterverhalten in den 1920er Jahren – Aspekte eines offenen Forschungsfeldes. In: Friedhelm Boll (Hrsg.): Arbeiterkulturen zwischen Alltag und Politik. Beiträge zum europäischen Vergleich in der Zwischenkriegszeit. Wien/München/Zürich 1986, S. 155–197.

DERS.: Wo blieb die „rote Glut"? Arbeitererfahrungen und deutscher Faschismus. In: ders.: Alltagsgeschichte. Zur Rekonstruktion historischer Erfahrungen und Lebensweisen. Frankfurt a.M./New York 1989, S. 224–282.

MAROTZKI, Winfried: Bildungsprozesse in lebensgeschichtlichen Horizonten. In: Erika Hoerning u.a.: Biographieforschung und Erwachsenenbildung. Bad Heilbrunn 1991, S. 182–205.

DERS.: Entwurf einer strukturalen Bildungstheorie. Biographietheoretische Auslegung von Bildungsprozessen in hochkomplexen Gesellschaften. Weinheim 1990 (= Studien zur Philosophie und Theorie der Bildung, Bd. 3).

MARTINY, Martin: Sozialdemokratie und junge Generation am Ende der Weimarer Republik. In: Wolfgang Luthhardt (Hrsg.): Sozialdemokratische Arbeiterbewegung und Weimarer Republik. Materialien zur gesellschaftlichen Entwicklung. 1927–1933, Bd.2, Frankfurt a.M. 1978, S. 56–117.

MEIER, Artur: Proletarische Erwachsenenbildung. Die Bestrebungen der revolutionären deutschen Arbeiterbewegung zur systematischen sozialistischen Bildung und Erziehung erwachsener Werktätiger (1918–1923). Diss. Berlin (DDR) 1964, Hamburg 1971.

MEIER-CRONEMEYER, Hermann: Leitbild und Lebensform. Zu Dokumenten und Darstellungen der deutschen Jugendbewegung. In: Internationale wissenschaftliche Korrespondenz zur Geschichte der deutschen Arbeiterbewegung, 19. Jg. (Dez. 1983), Heft 4, S. 570–594.

MERKEL, Wolfgang und OLDIGS, Bernhard: Morgen Rot. 80 Jahre Bremer Arbeiterjugendbewegung. 40 Jahre Landesjugendring. Hrsg. vom Landesjugendring Bremen. Bremen 1987.

MEURER, Albert: Die Stellung der Großstadt Essen in der Volkswirtschaft. Im Auftrag des Oberbürgermeisters hrsg. vom Statistischen Amt. Essen 1929.

MICHAL, Wolfgang: Die SPD – staatstreu und jugendfrei. Wie altmodisch ist die Sozialdemokratie? Reinbek 1988.

MICHEL, Gabriele: Biographisches Erzählen – zwischen individuellem Erlebnis und kollektiver Geschichtentradition. Untersuchungen typischer Erzählfiguren, ihrer sprachlichen Form und ihrer interaktiven und identitätskonstituierenden Funktion in Geschichten und Lebensgeschichten. Tübingen 1985.

MIKUSCHEIT, Achim: Sozialistische Arbeiterjugend unter dem Hakenkreuz. In: Heidi Behrens-Cobet (Hrsg.): Rote Jugend im schwarzen Revier. Essen 1989, S. 89–103.

MITTERAUER, Michael: Die Entwicklung zum modernen Familienzyklus. In: ders. und Reinhard Sieder: Vom Patriarchat zur Partnerschaft. Zum Strukturwandel der Familie. München 1977, S. 66–93.

MOHRMANN, Heinz: Zur Bildungspolitik und Bildungsarbeit der deutschen Sozialdemokratie. Berlin (DDR) 1980 (= Studien zur Hochschulentwicklung).

MOMMSEN, Hans: Die Rolle der „Jungen Generation" in der deutschen Arbeiterbewegung nach 1914. In: Lutz Niethammer u.a. (Hrsg.): „Die Menschen machen ihre Geschichte nicht aus freien Stücken, aber sie machen sie selbst". Einladung zu einer Geschichte des Volkes in NRW. Berlin/Bonn 1984, S. 123–126.

MOOSER, Josef: Arbeiterleben in Deutschland 1900–1970. Klassenlage, Kultur und Politik. Frankfurt a.M. 1984 (= Neue Historische Bibliothek).

MÜLLER-ROLLI, Sebastian: Familie und Schule im historischen Prozeß der sozialen und kulturellen

Reproduktion. In: Eckart Liebau und ders. (Hrsg.): Lebensstil und Lernform. Zur Kultursoziologie Pierre Bourdieus. Themenheft der Neuen Sammlung 3/1985, S. 340–358.

MUSIAL, Magdalena: Jugendbewegung und Emanzipation der Frau. Diss. Essen 1982.

NAUJOKS, Martina: Mädchen in der Arbeiterjugendbewegung in der Weimarer Republik. Hamburg 1984 (= Zeitschrift für demokratische Geschichtswissenschaft, Bd. 25).

DIES.: Profile einer Minderheit. Mädchen in der Sozialistischen Arbeiterjugend. In: Jahrburch des Archivs der Deutschen Jugendbewegung Bd. 15 (1984–85), S. 137–152.

NEGT, Oskar und KLUGE, Alexander: Geschichte und Eigensinn. Frankfurt a.M. 1981.

NIENHAUS, Ursula: Berufsstand weiblich. Die ersten weiblichen Angestellten. Berlin 1982.

NIETHAMMER, Lutz: Fragen – Antworten – Fragen. Methodische Erfahrungen und Erwägungen zur Oral History. In: Ders. und Alexander von Plato (Hrsg.): „Wir kriegen jetzt andere Zeiten". Auf der Suche nach der Erfahrung des Volkes in nachfaschistischen Ländern. Lebensgeschichte und Sozialkultur im Ruhrgebiet 1930 bis 1960. Bd.3. Berlin/Bonn 1985, S. 392–445.

DERS. (Hrsg.): „Die Jahre weiß man nicht, wo man die heute hinsetzen soll". Faschismuserfahrungen im Ruhrgebiet. Lebensgeschichte und Sozialkultur im Ruhrgebiet 1930 bis 1960, Bd. 1. Berlin/Bonn 1983.

DERS.: Kommentar zu Pierre Bourdieu: Die biographische Illusion. In: Bios. Zeitschrift für Biographieforschung und Oral History, Heft 1 (1990), S. 91–93.

DERS.: Wozu taugt Oral History? In: Prokla. Zeitschrift für politische Ökonomie und sozialistische Politik, 15. Jg. (1985), Nr. 3, Heft 60, S. 105–124.

NIGGEMANN, Heinz (Hrsg.): Frauenemanzipation und Sozialdemokratie. Frankfurt a.M. 1981 (= Die Frau in der Gesellschaft. Frühe Texte).

NIPPERDEY, Thomas: Deutsche Geschichte 1866–1918. Erster Band, Arbeitswelt und Bürgergeist. München 1990.

NOHL, Herman: Über Reformpädagogik und ihre Theorie. Frankfurt a.M. 1961.

DERS. und PALLAT, L.(Hrsg.): Handbuch der Pädagogik. Bd. 5, Abschnitt Jugendpflege und Jugendbewegung. S. 97–146. Langensalza 1929.

NOVY, Klaus, MERSMANN, Arno und HOMBACH, Bodo (Hrsg.): Reformführer NRW. Soziale Bewegungen, Sozialreform und ihre Bauten. Köln/Weimar/Wien 1991.

NÜSSLEIN, Werner und STADELMAIER, Martin: Dem Morgenrot entgegen... 80 Jahre Arbeiterjugendbewegung. Quellen und Materialien zur Geschichte der sozialistischen Jugend. Bonn o.J.(1984) (= „Aus der Geschichte lernen").

OEVERMANN, Ulrich u.a.: Die Methodologie einer „objektiven Hermeneutik" und ihre allgemeine forschungslogische Bedeutung in den Sozialwissenschaften. In: Hans-Georg Soeffner (Hrsg.): Interpretative Verfahren in den Sozial- und Textwissenschaften. Stuttgart 1979, S. 352–434.

OSTERLAND, Martin: Lebensgeschichtliche Erfahrung und gesellschaftliches Bewußtsein. In: Soziale Welt, 24. Jg. (1973), Heft 4, S. 409–417.

PÄTZOLD, Günter: Berufsbildung, Kap. I: Handwerkliche, industrielle und schulische Berufserziehung. In: Dieter Langewiesche und Heinz-Elmar Tenorth (Hrsg.): Handbuch der deutschen Bildungsgeschichte. Bd. V: 1918–1945: Die Weimarer Republik und die nationalsozialistische Diktatur. München 1989, S. 259–288.

PETER, Marianne: Chancen und Grenzen der Alltagsgeschichte. Lebenserinnerungen aus der sozialistischen Arbeiterjugend in Wetzlar und Umgebung (1919–1945). Mag.-Arbeit Universität Gießen 1990.

DIES.: Nicht mit dem Rüstzeug der Barbaren... Lebenserinnerungen ehemaliger SAJ'ler aus dem Raum Gießen-Wetzlar von den zwanziger Jahren bis nach dem Zweiten Weltkrieg. O.O., o.J. (1992).

PEUKERT, Detlev J.K.: Alltag und Barbarei. Zur Normalität des Dritten Reiches. In: Dan Diner (Hrsg.): Ist der Nationalsozialismus Geschichte? Zu Historisierung und Historikerstreit. Frankfurt a.M. 1987 (a), S. 51–61.

DERS.: Jugend zwischen Krieg und Krise. Lebenswelten von Arbeiterjungen in der Weimarer Republik. Köln 1987(b).

DERS.: „Mit uns zieht die neue Zeit..." Jugend zwischen Disziplinierung und Revolte. In: August Nitschke u.a.(Hrsg.): Jahrhundertwende. Der Aufbruch in die Moderne 1880–1930. Bd. 1, Hamburg 1990, S. 176–202.

DERS.: Der Schund- und Schmutzkampf als „Sozialgeschichte der Seele". Eine Vorgeschichte der Bücherverbrennung? In: Akademie der Künste (Hrsg.): „Das war ein Vorspiel nur..." Bücherverbrennungen Deutschland 1933: Voraussetzungen und Folgen. Ausstellungskatalog. Berlin/Wien 1983, S. 51–63.

DERS.: Die Weimarer Republik. Krisenjahre der Klassischen Moderne. Frankfurt a.M. 1987(c).

PLATO, Alexander v.: Die verschlungenen Wege zur Nachkriegs-SPD. In: Heidi Behrens-Cobet (Hrsg.): Rote Jugend im schwarzen Revier. Essen 1989, S. 120–125.

DERS.: „Ich bin mit allen gut ausgekommen" oder War die Ruhrarbeiterschaft vor 1933 in politische Lager zerspalten? In: Lutz Niethammer (Hrsg.): „Die Jahre weiß man nicht, wo man die heute hinsetzen soll". Faschismuserfahrungen im Ruhrgebiet. Berlin/Bonn 1983, S. 31–65.

PLÖGER, Wilfried: Bericht über die Arbeitsgruppe: Was ist, zu welchem Zweck betreibt man und wo sind die Grenzen für biographische Forschung? In: Joachim Dikow (Hrsg.): Die Bedeutung biographischer Forschung für den Erzieher. Münster 1988 (= Münstersche Gespräche zu Themen der wissenschaftlichen Pädagogik, Heft 5), S. 110–112.

PRELLER, Ludwig: Sozialpolitik in der Weimarer Republik. Kronberg/Düsseldorf 1978 (zuerst ersch. 1949).

PROSS, Harry: Jugend – Eros – Politik. Die Geschichte der deutschen Jugendverbände. Bern/München/ Wien 1964.

RABE, Bernd: Der sozialdemokratische Charakter. Drei Generationen aktiver Parteimitglieder in einem Arbeiterviertel. Frankfurt a.M./New York 1978.

RABE-KLEBERG, Ursula: Bildungsbiographien – oder: Kann Hans noch lernen, was Hänschen versäumt hat? In: Artur Meier und dies. (Hrsg.): Weiterbildung, Lebenslauf, sozialer Wandel. Neuwied/Kriftel/Berlin 1993, S. 167–182.

RECTOR, Martin: Wozu der Arbeiter die bürgerliche Kultur braucht. Anmerkungen zur Schiller-Feier der SPD von 1905. In: Peter Eric Stüdemann und ders. (Hrsg.): Arbeiterbewegung und kulturelle Identität. Ein interdisziplinäres Kolloquium. Frankfurt a.M. 1983, S. 74–101.

REESE-NÜBEL, Dagmar: Kontinuitäten und Brüche in den Weiblichkeitskonstruktionen im Übergang von der Weimarer Republik zum Nationalsozialismus. In: Hans-Uwe Otto und Heinz Sünker (Hrsg.): Soziale Arbeit und Faschismus. Volkspflege und Pädagogik im Nationalsozialismus. Bielefeld 1986, S. 223–241.

REH, Sabine: Arbeitslose Mädchen in der Weimarer Republik – Zur Geschichte weiblicher Jugend. In: Klaus-Jürgen Tillmann (Hrsg.): Jugend weiblich – Jugend männlich. Opladen 1992, S. 94–108.

REICHLING, Norbert: Akademische Arbeiterbildung in der Weimarer Republik. Münster 1983 (= Arbeiterkultur, Bd. 10).

DERS.: „...absolute Trennung der beiden Systeme durch Aufstellung von Bretterwänden...". Der Kampf um die freie weltliche Schule in Holsterhausen und Hervest-Dorsten 1920–1933. In: Vestische Zeitschrift, Bd. 84/85 (1985/1986), S. 317–336.

REULECKE, Jürgen: Jugend und „junge Generation" in der Gesellschaft der Zwischenkriegszeit. In: Dieter Langewiesche und Heinz-Elmar Tenorth (Hrsg.): Handbuch der deutschen Bildungsgeschichte. Bd. V: 1918–1945. Die Weimarer Republik und die nationalsozialistische Diktatur. München 1989, S. 86–110.

RICHARTZ, Nikolaus: Arbeiterbildung – politische Bildung – Erwachsenenbildung. Eine erziehungswissenschaftliche Begründung als Synthese aus Individualpsychologie und soziologischer Phantasie. In: Adolf Brock, Oskar Negt und Nikolaus Richartz (Hrsg.): Bildung – Wissen – Praxis: Beiträge zur Arbeiterbildung als politische Bildung. Köln 1991, S. 74–83.

RÖHRIG, Paul: Erwachsenenbildung. In: Christa Berg (Hrsg.): Handbuch der deutschen Bildungsgeschichte, Bd. IV: 1870–1918. Von der Reichsgründung bis zum Ende des Ersten Weltkriegs. München 1991, S. 441–471.

ROGER, Gerhard: Die pädagogische Bedeutung der proletarischen Jugendbewegung Deutschlands. Frankfurt a.m. 1971 (= Revolutionäre Bibliothek der Arbeiterjugend, Bd. 1).

ROHE, Karl: Wahlen und Wählertraditionen in Deutschland. Kulturelle Grundlagen deutscher Parteien und Parteiensysteme im 19. und 20. Jahrhundert. Frankfurt a.m. 1992.

RUTHMANN, Danièle: Vers une nouvelle culture social-démocrate. Conditions, objectifs et évolution de l'œuvre éducative realisée par la social-démocratie allemande sous la République de Weimar de 1924 à 1933. Frankfurt a. M. und Bern 1982 (= Germanus Legens, Bd. 4).

SAAGE, Richard (Hrsg.): Solidargemeinschaft und Klassenkampf. Politische Konzeptionen der Sozialdemokratie zwischen den Weltkriegen. Frankfurt a.m. 1986

SCHARFENBERG, Günter (Hrsg.): Die politische Bildungsarbeit der deutschen Sozialdemokratie. Bd. 1: Von den Anfängen bis zum Beginn des Ersten Weltkrieges. Bd. 2: In der Weimarer Republik. Hekt. Manuskript, FB Politische Wissenschaft der FU Berlin, 1984.

SCHLEICHER, Barbara: „Wir sind die mächtige Kinderfreunde-Bewegung – keine Frage, daß wir die Zukunft haben". Klassenpädagogik im Roten Wien. In: Internationale wissenschaftliche Korrespondenz zur Geschichte der deutschen Arbeiterbewegung, 26. Jg. (Sept. 1990), Heft 3, S. 323–354.

SCHLEY, Cornelius: Die sozialistische Arbeiterjugend Deutschlands (SAJ). Frankfurt a.m. 1987 (= Quellen und Beiträge zur Geschichte der Jugendbewegung, Bd.30).

SCHMIDT, Ernst: Lichter in der Finsternis. Widerstand und Verfolgung in Essen 1933–1945. Bd. 2, Essen 1988.

SCHNEIDER, Hartmut: Die sozialistische Jugendbewegung: Ihre Geschichte, ihr Wesen, ihre Ziele und ihre Formen. Hrsg.: SJD – Die Falken Bez. Niederrhein o. O. 1960 (Auszug aus der Dissertation, Köln 1952).

SCHÖRKEN, Rolf: Jugend 1945. Politisches Denken und Lebensgeschichte. Opladen 1990.

SCHOLING, Michael und WALTER, Franz: Der „Neue Mensch". Sozialistische Lebensreform und Erziehung in der sozialdemokratischen Arbeiterbewegung Deutschlands und Österreichs. In: Richard Saage (Hrsg.): Solidargemeinschaft und Klassenkampf. Politische Konzeptionen der Sozialdemokratie zwischen den Weltkriegen. Frankfurt a.m. 1986, S. 250–273.

SCHRÖTER, Hermann: Geschichte und Schicksal Essener Juden. Hrsg. von der Stadt Essen. Essen 1980.

SCHÜREN, Reinhard: Mobilitätsprozesse in der Zwischenkriegszeit: Die Arbeiterschaft im Vergleich zu anderen Schichten. In: Klaus Tenfelde (Hrsg.): Arbeiter im 20. Jahrhundert. Stuttgart 1991, S. 694–702.

SCHÜTTE, Friedhelm: Berufserziehung zwischen Revolution und Nationalsozialismus. Ein Beitrag zur Bildungs- und Sozialgeschichte der Weimarer Republik. Weinheim 1992.

SCHÜTZE, Fritz: Narrative Repräsentation kollektiver Schicksalsbetroffenheit. In: Eberhard Lämmert (Hrsg.): Erzählforschung. Ein Symposium. Stuttgart 1982 (= Germanistische Symposien-Berichtsbände, 4), S. 568–590.

DERS.: Kognitive Figuren des autobiographischen Stegreiferzählens. In: Martin Kohli und Günther Robert (Hrsg.): Biographie und soziale Wirklichkeit. Neue Beiträge und Forschungsperspektiven. Stuttgart 1984, S. 78–117.

SCHULT, Johannes: Aufbruch einer Jugend. Der Weg der deutschen Arbeiterjugendbewegung. Bonn 1956.

SCHULZ, Günther: Wohnungspolitik und soziale Sicherung nach 1945: das Ende der Arbeiterwohnungsfrage. In: Klaus Tenfelde (Hrsg.): Arbeiter im 20. Jahrhundert. Stuttgart 1991, S. 483–506.

SCHULZE, Theodor: Pädagogische Dimensionen der Biographieforschung. In: Erika M. Hoerning u.a.: Biographieforschung und Erwachsenenbildung. Bad Heilbrunn 1991, S. 135–181.

SCHULZE, Winfried (Hrsg.): Sozialgeschichte, Alltagsgeschichte, Mikro-Historie. Eine Diskussion. Göttingen 1994.

SEYFARTH-STUBENRAUCH, Michael: Erziehung und Sozialisation in Arbeiterfamilien im Zeitraum 1870–1914 in Deutschland. Ein Beitrag historisch-pädagogischer Sozialisationsforschung zur Sozialgeschichte der Erziehung. 2 Bde. Frankfurt a.M./Bern/New York 1985 (= Europäische Hochschulschriften, Reihe 11, Pädagogik, Bd. 247).

SIEBERT, Horst: Identitätslernen in der Diskussion. Hrsg. von der Pädagogischen Arbeitsstelle des Deutschen Volkshochschul-Verbandes. Bonn 1985 (a) (= Berichte, Materialien, Planungshilfen).

DERS.: Lernen im Lebenslauf. Zur biographischen Orientierung der Erwachsenenbildung. Hrsg. von der Pädagogischen Arbeitsstelle des Deutschen Volkshochschul-Verbandes. Frankfurt a.M. 1985 (b) (= Berichte, Materialien, Planungshilfen).

SPEHR, Christoph: Zerstörter Fortschritt. Die bayerische Kinderfreundebewegung – ein sozialdemokratisches Lehrstück. Hrsg. vom Archiv der Arbeiterjugendbewegung. Bonn 1991.

STADELMAIER, Martin: Zwischen Langemark und Liebknecht. Arbeiterjugend und Politik im I. Weltkrieg. Hrsg. von der Sozialistischen Jugend Deutschlands – Die Falken. Bonn 1986 (= Schriftenreihe des Archivs der Arbeiterjugendbewegung, Nr. 10).

STADT RECKLINGHAUSEN (Hrsg.): Hochlarmarker Lesebuch. Kohle war nicht alles. 100 Jahre Ruhrgebietsgeschichte. Oberhausen 1981.

STEINBACH, Lothar: Lebenslauf, Sozialisation und „erinnerte Geschichte". In: Lutz Niethammer: Lebenserfahrung und kollektives Gedächtnis. Die Praxis der „Oral History". Frankfurt a.M. 1980, S. 291–322.

STEINBERG, Hans-Josef: Widerstand und Verfolgung in Essen 1933–1945. Bonn 1973[2] (= Schriftenreihe des Forschungsinstituts der Friedrich-Ebert-Stiftung, Bd. 71).

STEININGER, Rolf: Deutsche Geschichte 1945–1961. Darstellung und Dokumente in zwei Bänden. Bd. 1. Frankfurt a.M. 1983.

STORM, Gerd, SCHOLING, Michael und FROHMANN, Arnim: Arbeiterkultur zwischen Gegenkultur und Integration. Ein Literaturbericht. In: Internationale wissenschaftliche Korrespondenz zur Geschichte der deutschen Arbeiterbewegung Jg. 22 (Sept. 1986), Heft 3, S. 318–357.

STREICH, Gustav: 100 Jahre SPD in Essen 1876–1976. Hrsg. von der Sozialdemokratischen Partei Deutschlands, Unterbezirk Essen. Essen o.J.

STÜDEMANN, Peter Eric und RECTOR, Martin (Hrsg.): Arbeiterbewegung und kulturelle Identität. Ein interdisziplinäres Kolloquium. Frankfurt a.M. 1983.

TEICHLER, Ulrich, HARTUNG, Dirk und NUTHMANN, Reinhard: Hochschulexpansion und Bedarf der Gesellschaft. Wissenschaftliche Erklärungsansätze, bildungspolitische Konzeptionen und internationale Tendenzen. Stuttgart 1976.

TENFELDE, Klaus: Vereinskultur im Ruhrgebiet. Aspekte klassenspezifischer Sozialisation. In: Ludger Heid und Julius H. Schoeps (Hrsg.): Arbeit und Alltag im Revier. Arbeiterbewegung und Arbeiterkultur im westlichen Ruhrgebiet im Kaiserreich und in der Weimarer Republik. Duisburg 1985 (= Duisburger Forschungen, Bd. 33), S. 22–33.

DERS.: 1914 bis 1990 – Einheit der Epoche. In: Aus Politik und Zeitgeschichte. B 40/91 (Sept. 1991), S. 3–11.

TENORTH, Heinz-Elmar: Geschichte der Erziehung. Einführung in die Grundzüge ihrer neuzeitlichen Entwicklung. Weinheim/München 1988 (= Grundlagentexte Pädagogik).

DERS.: Zur deutschen Bildungsgeschichte 1918–1945. Probleme, Analysen und politisch-pädagogische Perspektiven. Köln/Wien 1985 (= Studien und Dokumentationen zur deutschen Bildungsgeschichte, Bd. 28).

TIETGENS, Hans: Historische Varianten der Zurückhaltung gegenüber Bildungsangeboten für Erwachsene. In: Literatur- und Forschungsreport Weiterbildung, Nr. 28 (Dezember 1991), S. 11–18.

DERS.: Warum kommen wenig Industrie-Arbeiter in die Volkshochschule? Frankfurt a.M. 1964 (Arbeitspapier des Deutschen Volkshochschul-Verbandes).

DERS.: Ein Blick der Erwachsenenbildung auf die Biographieforschung. In: Erika M. Hoerning u.a.: Biographieforschung und Erwachsenenbildung. Bad Heilbrunn 1991, S. 206–223.

TILSNER-GRÖLL, Rotraud: Jugendarbeit der SPD von den Anfängen bis zum Ende der Weimarer Republik. Hrsg. von der Projektgruppe Politik in der Weiterbildung. Münster 1978.

UELLENBERG, Wolfgang: Die Auseinandersetzungen sozialdemokratischer Jugendorganisationen mit dem Nationalsozialismus. Bonn 1981.

DERS. und RÜTZ, Günter: 80 Jahre Arbeiterjugendbewegung in Deutschland. 1904–1984. o.O., o.J. (1984).

VASSEN, Florian: Sozialdemokratischer Bildungsbegriff und proletarische Literatur – „gesprochenes Wort" und „autobiographisches Erzählen" bei Adolf Lepp. In: Peter Eric Stüdemann und Martin Rector (Hrsg.): Arbeiterbewegung und kulturelle Identität. Ein interdisziplinäres Kolloquium. Frankfurt a.M. 1983, S. 52–73.
VEREIN ZUR ERFORSCHUNG der Geschichte der Sozialistischen Jugendbewegung in Frankfurt am Main e.V.: Die junge Garde. Arbeiterjugendbewegung in Frankfurt am Main 1904–1945. (Hrsg. von Neuland, F. und Werner-Cordt, A.) Gießen o.J. (1980).

WACK, Otto Georg: Lernprojekte von Erwachsenen. Selbstgeplantes und institutionell geplantes Lernen Erwachsener und Konsequenzen für die Zukunft der Weiterbildung. Soest o.J. (unveröff. Manuskript)
WALTER, Franz: Jugend in der sozialdemokratischen Solidargemeinschaft. Eine organisationssoziologische Studie über die Sozialistische Arbeiterjugend Deutschlands (SAJ). In: Internationale wissenschaftliche Korrespondenz zur Geschichte der deutschen Arbeiterbewegung, 23. Jg. (Sept. 1987), Heft 3, S. 311–376.
DERS.: Nationale Romantik und revolutionärer Mythos. Politik und Lebensweisen im frühen Weimarer Jungsozialismus. Berlin 1986.
DERS.: Sozialistische Akademiker- und Intellektuellenorganisationen in der Weimarer Republik. Solidargemeinschaft und Milieu: Sozialistische Kultur- und Freizeitorganisationen in der Weimarer Republik, Bd. 1. Im Auftrage der Historischen Kommission zu Berlin, hrsg. und eingel. von Peter Lösche. (Forschungsinstitut der Friedrich-Ebert-Stiftung. Reihe Politik und Gesellschaftgeschichte, Bd. 22 Bonn 1990.
WEBER-KELLERMANN, Ingeborg: Die deutsche Familie. Versuch einer Sozialgeschichte. Frankfurt a.M. 1974.
DIES.: Die Familie. Geschichte, Geschichten und Bilder. Frankfurt a.M. 1977^2.
WEISS, Peter: Die Ästhetik des Widerstands. Frankfurt a.M. 1983.
WENZEL, Hartmut und WOLLENHAUPT, Jürgen: Aufbrüche. Zu den Anfängen sozialistischer Erziehung in Essen (unveröff. Manuskript).
WERDER, Lutz von: Das Problem der politischen Mädchenarbeit in der Arbeiterjugendbewegung. In: Schlaglichter, Zeitschrift des SJD – Die Falken, Heft 3 (1978), S. 25–30.
WIERLING, Dorothee: Alltagsgeschichte und Geschichte der Geschlechterbeziehungen. Über historische und historiographische Verhältnisse. In: Alf Lüdtke (Hrsg.): Alltagsgeschichte. Zur Rekonstruktion historischer Erfahrungen und Lebensweisen. Frankfurt a.M./New York 1989, S. 169–190.
WILL, Wilfried van der und BURNS, Rob: Arbeiterkulturbewegung in der Weimarer Republik. Eine historisch-theoretische Analyse der kulturellen Bestrebungen der sozialdemokratisch organisierten Arbeiterschaft. Frankfurt a.M./Berlin/Wien 1982 (a).
DIES. (Hrsg.): Arbeiterkulturbewegung in der Weimarer Republik. Texte – Dokumente – Bilder. Frankfurt a.M./Berlin/Wien 1982 (b).
WINKLER, Heinrich August: Der Schein der Normalität. Arbeiter und Arbeiterbewegung in der Weimarer Republik 1924 bis 1930. Berlin/Bonn 1985 (= Geschichte der Arbeiterbewegung in Deutschland seit dem Ende des 18. Jahrhunderts, hrsg. von Gerhard A. Ritter).
DERS.: Der Weg in die Katastrophe. Arbeiter und Arbeiterbewegung 1930 bis 1933. Berlin/Bonn 1987.
WITT, Peter-Christian: Inflation, Wohnungszwangswirtschaft und Hauszinssteuer. Zur Regelung von Wohnungsbau und Wohnungsmarkt in der Weimarer Republik. In: Lutz Niethammer (Hrsg.): Wohnen im Wandel des Alltags in der bürgerlichen Gesellschaft. Wuppertal 1979.
WITTROCK, Christine: Die „Akademie der Arbeit" in Frankfurt a.M. und ihre Absolventen. Frankfurt a.M. 1991 (= Pädagogische Beispiele, Institutionengeschichte in Einzeldarstellungen, Bd. 7).
WITTWER, Wolfgang W.: Die sozialdemokratische Schulpolitik in der Weimarer Republik. Ein Beitrag zur politischen Schulgeschichte im Reich und in Preußen. Berlin 1980 (= Historische und Pädagogische Studien, Bd. 12).

WOLF, Hartmut K.: Bildung und Biographie. Der zweite Bildungsweg in der Perspektive des Bildungslebenslaufs. Weinheim/Basel 1985.

WOLTER-BRANDECKER, Renate: Stiefkinder einer Revolution. Arbeiterleben in Frankfurt am Main 1918 – 1923. Frankfurt a.M. 1989 (= Veröff. des Vereins für Frankfurter Arbeitergeschichte e.V., Reihe A).

WUNDERER, Hartmann: Arbeitervereine und Arbeiterparteien: Kultur- und Massenorganisationen in der Arbeiterbewegung (1890–1933). Frankfurt a.M. 1980.

DERS.: Neue Massenkultur und traditionelle Arbeiterkultur. Beobachtungen zu Kino, Film und Filmpolitik in der Groß- und Filmstadt Wiesbaden. Referat, gehalten auf dem Kolloquium „Massenkultur und Freizeitkommerz" vom 21. – 23.2.1992 an der Humboldt-Universität Berlin (unveröff.).

WURZBACHER, Gerhard: Leitbilder des gegenwärtigen deutschen Familienlebens. Methoden, Ergebnisse und sozialpädagogische Forderungen einer soziologischen Analyse von 164 Familienmonographien. Stuttgart 1969[4].

ZELLER, Susanne: Die Stellung der Frau in der Weimarer Reichsverfassung, im Bürgerlichen Gesetzbuch und in der Personalabbauverordnung. In: Geschichtsdidaktik, 12. Jg (1987), Heft 4, S. 387–394.

ZINNECKER, Jürgen: Einige strategische Überlegungen zur hermeneutischen lebensgeschichtlichen Forschung. In: Zeitschrift für Sozialisationsforschung und Erziehungssoziologie 2. Jg. (1982), Heft 1, S. 297–306.

ZUR GESCHICHTE DER ARBEITERJUGENDBEWEGUNG IN DEUTSCHLAND. Eine Auswahl von Materialien und Dokumenten aus den Jahren 1904 bis 1946. Berlin (DDR) 1956.

ZYMEK, Bernd: Schulen, Hochschulen, Lehrer. In: Dieter Langewiesche und Heinz-Elmar Tenorth (Hrsg.): Handbuch der deutschen Bildungsgeschichte. Band V: 1918–1945. Die Weimarer Republik und die nationalsozialistische Diktatur. München 1989, S. 155–208.

Abkürzungen

A.-J.	Arbeiter-Jugend – bis 1922 Bezeichnung des mehrheitssozialdemokratischen Flügels der proletarischen Jugendbewegung, ab 1922 Umbenennung in SAJ
ADGB	Allgemeiner Deutscher Gewerkschaftsbund
AsF	Arbeitsgemeinschaft Sozialdemokratischer Frauen (in der SPD)
AWo	Arbeiter-Wohlfahrt
BDM	„Bund Deutscher Mädel"
DAF	Deutsche Arbeitsfront, Arbeitnehmerorganisation der Nationalsozialisten
DMV	Deutscher Metallarbeiter-Verband (eine der im ADGB zusammengeschlossenen freien Gewerkschaften)
FAD	Freiwilliger Arbeitsdienst
FSJ	Freie Sozialistische Jugend, Jugendorganisation der USPD
HJ	Hitler-Jugend
MSPD	Mehrheitssozialdemokratische Partei Deutschlands
SAJ	Sozialistische Arbeiter-Jugend
SAPD	Sozialistische Arbeiterpartei Deutschlands
SJD – „Die Falken"	Sozialistische Jugend Deutschlands
SPJ	Sozialistische Proletarier-Jugend
UB	Unterbezirk (der SPD)
USPD	Unabhängige Sozialdemokratische Partei Deutschlands
ZdA	Zentralverband der Angestellten

Die Autorin

Heidi Behrens-Cobet, geboren 1946, Dr. phil., Studium der Erziehungswissenschaft in Berlin und Frankfurt a. M.; Veröffentlichungen im Bereich der Arbeiterbewegungskultur und der historisch-politischen Erwachsenbildung, ist wissenschaftlich-pädagogische Mitarbeiterin im Bildungswerk der Humanistischen Union NRW, Essen.

Verlag J.H.W. Dietz Nachfolger, Bonn

In der Raste 2, 53129 Bonn

Die Dokumentation über die (Zwangs-)Vereinigung von SPD und KPD: jetzt als preiswerte Studienausgabe

Andreas Malycha

Auf dem Weg zur SED

Die Sozialdemokratie und die Bildung einer Einheitspartei in den Ländern der SBZ

Eine Quellenedition

Ungekürzte Studienausgabe
608 S., Broschur,
39,80 DM, sFr / 311,- öS
ISBN 3-8012-4065-7

Kurztext

Das vielbeachtete Buch von Malycha zum Zwangsvereinigungsprozeß zwischen SPD und KPD zur SED liegt jetzt als ungekürzte Studienausgabe vor. Es enthält zahlreiche bislang unveröffentlichte Dokumente jener dramatischen Monate 1945/46 und einen längeren, resümierenden Text des Autors.

Andreas Malycha

Auf dem Weg zur SED

Die Sozialdemokratie und die Bildung einer Einheitspartei in den Ländern der SBZ

Ungekürzte Studienausgabe

Dietz

In diesem Buch, einer ungekürzten Studienausgabe des vielbeachteten Beihefts zum „Archiv für Sozialgeschichte", werden Dokumente zu den historischen Vorgängen um die Verschmelzung von SPD und KPD im Osten Deutschlands veröffentlicht und erläutert. Dadurch werden verallgemeinernde Aussagen über Entscheidungsmotive, zeitgeschichtliche Hintergründe, Widersprüche und Überzeugungen von Sozialdemokraten in den dramatischen Monaten der Jahre 1945 und 1946 ermöglicht.

Pressestimmen:

„Andreas Malycha legt erstmals Material aus den fünf Ländern der SBZ vor. Er hat 178 Dokumente von Juni 1945 bis April 1946 ausgewählt, Schreiben und Protokolle von Ortsvereinen, Kreis- und Landesvorständen. Sie spiegeln die damaligen Auseinandersetzungen innerhalb der SPD um die Gründung der ‚Einheitspartei' wider, ebenso ihre Differenzen mit den Kommunisten ... Widerstand war vergebens. Der massive Druck der Besatzung, begleitet von den Täuschungsmanövern der deutschen Kommunisten, führte 1946 zur Einheitspartei ... Die Sozialdemokraten - einerlei, ob mit Zwang in die neue Partei überführt, ob freiwillig beigetreten, weil ohne Alternative oder gar im Glauben an die ‚notwendige Einheit' sowie im Vertrauen auf Zusicherungen der KPD - waren nun ohne politische Heimat. Viele von ihnen wurden verfolgt oder mußten flüchten. Die Entstehung der SED wie ihre rasche Stalinisierung beweisen: Die Gründung erfolgte 1946 unter Zwang und durch Betrug."
Hermann Weber, in: Die Zeit

„Die vorliegende Quellenedition belegt definitiv, daß neben dem Gleichschaltungsdruck seitens der Sowjetischen Militäradministration die Unterstützung des kommunistischen Vernichtungswillens und eigene sozialistische Zielvorstellungen in der SPD den Weg zur zweiten Auslöschung der Partei nach dem Verbot durch Hitler geebnet haben."
Manfred Wilke, in: Frankfurter Allgemeine Zeitung

Andreas Malycha, geb. 1956, Dr. phil., bis 1992 Forschungsgruppenleiter im Institut für Geschichte der Arbeiterbewegung in Berlin, ist freiberuflicher Historiker.

Wegbereiter der Einheit oder „Architekt der deutschen Spaltung"? Der Politiker Egon Bahr

Andreas Vogtmeier

Egon Bahr und die deutsche Frage

Zur Entwicklung der sozialdemokratischen Ost- und Deutschlandpolitik vom Kriegsende bis zur Vereinigung

Reihe: Politik und Gesellschaftsgeschichte, Bd. 44

400 Seiten, Hardcover
DM, sFr 49,80/öS 369,–
ISBN 3-8012-4070-3

Verlag J.H.W. Dietz Nachfolger

Kurztext

Wegbereiter der deutschen Einheit oder „Architekt der deutschen Spaltung"? Das vorliegende Buch untersucht anhand zahlreicher, bislang unveröffentlichter Quellen Egon Bahrs Einstellung zur deutschen Frage und seinen Beitrag zur Entwicklung der sozialdemokratischen Ost- und Deutschlandpolitik.

Seit Bahr 1963 seine Konzeption „Wandel durch Annäherung" erstmals der Öffentlichkeit präsentierte, standen Politik und Person in der Kritik. Die vorliegende Studie löst auf Grundlage vieler erstmals zugänglicher Dokumente die häufigsten Widersprüche über die deutsche Ostpolitik und ihren konzeptionellen Vordenker auf.

Nation, Europa, Sicherheit – anhand zahlreicher, bislang unveröffentlichter Quellen werden die zentralen Begriffe im politischen Denken Egon Bahrs, seine Einstellung zur deutschen Frage und sein Beitrag zur Entwicklung der sozialdemokratischen Ost- und Deutschlandpolitik analysiert

„Eine ungemein gründliche, sorgfältige und geschlossene Analyse, die den strategischen Denker und handelnden Politiker Egon Bahr erstmals minutiös und präzise vorstellt und damit einen ganz wesentlichen Beitrag zur wissenschaftlichen Erschließung eines Kernbereichs deutscher Nachkriegsgeschichte leistet."

Prof. Dr. Christoph Kleßmann, Universität Potsdam

F ür die einen war er ein „roter Nationalist", für die anderen ein „Verzichtspolitiker". Über kaum einen Politiker der bundesdeutschen Nachkriegsgeschichte existieren so viele widersprüchliche Urteile wie über Egon Bahr. War der Architekt der sozialdemokratischen Ostpolitik nun ein Wegbereiter der deutschen Einheit oder ein entschiedener „Zwei-Staatler"?

Der Autor

ANDREAS VOGTMEIER, geb. 1965, Dr. phil., Studium der politischen Wissenschaft, Geschichte und Publizistik, 1991 –1992 Mitarbeiter im Archiv der sozialen Demokratie der Freidrich-Ebert-Stiftung, wo er mit der wissenschaftlichen Einrichtung des Depositums Egon Bahr betraut war, ist für verschiedene Tageszeitungen, Hörfunk und Fernsehen journalistisch tätig.